KB126792

박영택

창의발상론

박영택

창의발상론

Creativity in My Hand

KMAC

'창의적 발상에도 공통적 패턴이 있다'는 것을 전제로 창의적 사례들의 사고 유형을 정리한 초판을 발행한 지 만 3년이 지났습니다. 이후 더 많은 창의적 사례들을 접하면서 초판에서 독자들에게 전달하고자 했던 메시지에 대한 개인적 확신이 한층 더 강화되었습니다.

개정판에서는 창의적 발상의 공통적 패턴에 대한 이해와 공감을 높일 수 있도록 많은 창의적 사례를 추가했습니다. 또한 필자가 개설한 대학의 교양과목 '창의적 발상'을 수강한 2천 명 넘는 학생들과의 질의응답 등을 통해 개선이 필요하다고 느낀 부분들을 전반적으로 수정했습니다.

천재들의 사고방식을 정리한 『생각의 탄생Sparks of Genius』이란 책을 보면 "모든 지식은 관찰에서 시작된다"고 합니다. 여기서 관찰이란 수동적으로 보는 것이 아니라 적극적으로 집중해서 살피는 것을 말합니다. 아무리 많은 것을 접하더라도 무심코 보는 것은 수동적으로 보는 행위에 불과합니다.

이 책을 통해 창의적 발상의 보편적 사고 패턴을 이해하고 나면 자신도 모르는 사이 관찰하는 능력이 놀랍게 성장해, 평소에 무심코 지나쳤던 것들이 새롭게 보이는 경험을 하게 될 것입니다.

초판에 이어 개정판에서도 많은 창의적 사례를 인용할 수 있도록 뒷받침해준 홍익대학교 국제디자인전문대학원IDAS 나건 원장님께 다시 한 번 감사의 마음을 전합니다.

2019년 2월

박영택

CONTENTS

3부 창의발상코드(CIC)

1부

창의적 발상 들어가기

Creative Ideation

"상자 밖에서 생각하라(Think Outside the Box)!"는 낯익은 구호나 머릿속에서 아이디어가 폭풍처럼 일어난다는 '브레인스토밍'의 신화에서 벗어날 때 비로소 창의성의 관문 안으로 들어설 수 있다.

01

창의성의 신화에서 깨어나기

창의성! 가까이 하기엔 너무 먼 당신?

창의성creativity이란 무엇인가? 옥스퍼드 영어사전에 따르면 "무언가를 창조하기 위해 상상력이나 독창성을 활용하는 것"이라고 정의하고 있으며 동의어로 발명성inventiveness을 들고 있다. 좀 더 전문적인 정의를 알아보기 위해 학자들의 견해를 살펴보면 그야말로 각양각색이라서 한마디로 표현하기 어렵지만, 대체로 "창의성은 독창성originality과 유효성effectiveness이라는 두 개의 요소로 구성되어 있다"는 점에는 의견이 일치하고 있다(Runco and Jaeger, 2012). 독창성은 참신성novelty이라고도 표현되며 유효성은 유용성usefulness 또는 가치value를 의미한다.

그런데 창의적인 인물들은 창의성에 대해 어떤 생각을 갖고 있을까? 누가 창의적 인물인가에 대해서는 다양한 시각이 있을 수 있겠지만 과학계에서는 알베르트 아인슈타인Albert Einstein, 예술계에서는 파블로 피카소Pablo Picasso, 산업계에서는 스티브 잡스Steve Jobs가 창의적 인물 중 하나라는 데는 이견이 없을 것이다. 창의성에 대한 이들의 생각을 보면 다음과 같다.

"창의성의 비밀은 그 출처를 숨기는 것이다." - 알베르트 아인슈타인

"훌륭한 예술가는 베끼고 위대한 예술가는 훔친다." - 파블로 피카소

"만약 당신이 창의적인 사람들에게 어떻게 그런 일을 해냈느냐고 묻는다면 그 사람들은 약간의 죄책감을 느낄 것이다. 왜냐하면 그들이 실제로 한 것이 아니라 무언가를 보았기 때문이다."

- 스티브 잡스

창의성에 대한 이들의 공통적인 생각은 '창의성이란 무無에서 유有를 창조하는 능력이 아니다'라는 점이다. 창의성이라고 하면 많은 사람이 예전에 없던 것, 무언가 독창적인 것, 전혀 새로운 것을 연상하기 때문에, 창의성이 '가까이 하기엔 너무 먼 당신'처럼 느껴지는 것이다. 듣지도 보지도 생각지도 못했던 것, 전혀 새로운 것, 무언가 독창적인 것을 만들어내야 한다고 생각하기 때문에 한 치 앞도 보이지 않는 것이다. 모두가 창의성이 중요하다고 생각하면서도 어렵게 받아들이는 이유는 '무언가 새롭고 독창적인 게 창의성이다'라는 고정관념 때문이다.

지혜의 왕 솔로몬이 쓴 것으로 추정되는 구약성경 「전도서」에도

"하늘 아래 새로운 것은 없다"는 말이 있다. 앞서 살펴본 창의적 인물들의 이야기와 일맥상통한다. 하늘 아래 새로운 게 없다면 창의적인 생각과 창의적인 행위란 무엇을 의미하는가?

그것은 한마디로 재발명reinventing이다. 많은 사람이 보고 무심코 지나친 것을 새롭게 해석하고 새로운 의미를 부여하는 것, 또한 그를 통해 새로운 가치를 창출하는 것이 창의성의 본질이다. 18세기 유명한 계몽주의 작가 볼테르Voltaire도 같은 생각을 했다.

"독창성이란 단지 사려 깊은 모방일 뿐이다." -볼테르

창의성에 대해 우리가 갖고 있던 잘못된 믿음, 잘못된 고정관념에 대해 좀 더 살펴보자.

상자 밖 사고의 허구

창의성에 대한 공부를 조금이라도 해본 사람들은 '9점 문제Nine-Dot Problem'에 대해 들어보거나 실습해봤을 것이다. 1970년대 초반 저명한 심리학자 길퍼드J. P. Guilford가 소개한 이 문제에 대해 다시 생각해보자.

9점 문제는 〈그림 1.1〉에 표시한 9개의 점을 모두 4개의 직선만 이용해서 지워보라는 것이다. 그런데 여기서 한 가지 조건은 일단 펜을 지면에 대면 9개의 점을 모두 지울 때까지 펜을 들면 안 된다는 것이다. 이 문제를 처음 접하는 사람들은 대부분 4개의 직선으로 9개의

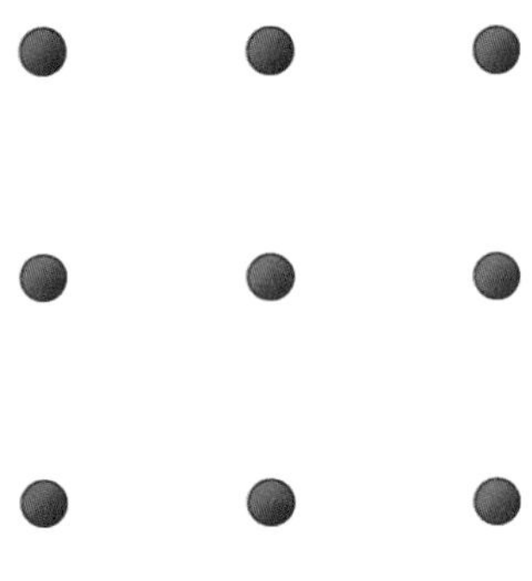

〈그림 1.1〉 9점 문제

점을 모두 지울 수 있는 방법을 찾지 못한다.

4개의 직선으로 지울 수 있는 방법은 〈그림 1.2〉와 같다. 이러한 방법을 찾지 못하는 이유는 〈그림 1.3〉에 나타낸 9개의 점을 포함하는 상자(사각형) 안에서만 직선을 그리려고 하기 때문이다. 그런데 문제에서는 이 상자를 벗어나면 안 된다는 제약조건이 없다. 창의성 분야에서는 이처럼 원래 문제에 없던 제약을 스스로 부과하는 현상을

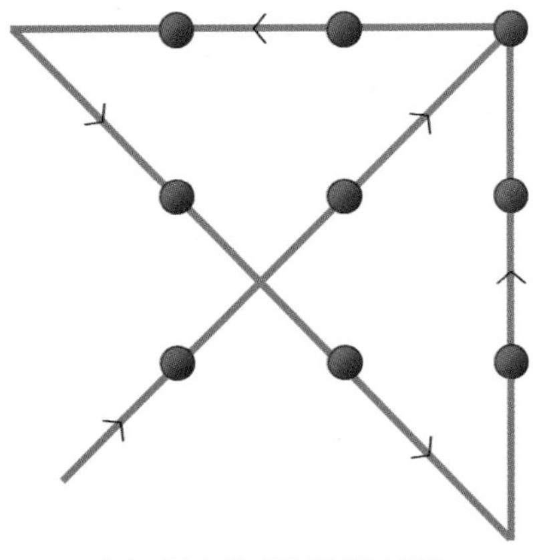

〈그림 1.2〉 9점 문제의 해답

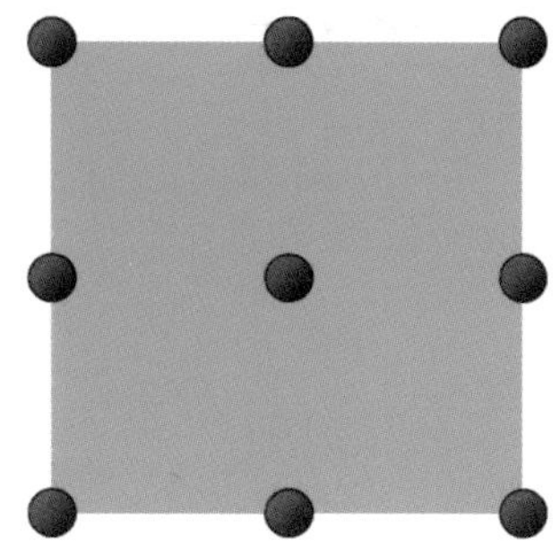

〈그림 1.3〉 9점 문제의 인지적 장벽

인지적 장벽perceptual block의 일종으로 본다.

이 예를 통해 지금까지 창의성 교육에서는 "상자 밖을 벗어나 생각해야 한다!You have to think outside the box!"고 강조해왔다. 매우 그럴듯한 비유다.

이러한 주장이 광범위하게 통용되자 다른 연구 팀이 그것의 진실성을 검증하기 위해 보완 연구를 진행했다. 피실험자 그룹을 둘로 나눈 뒤 한 그룹은 길퍼드의 실험과 동일하게 진행하고, 다른 그룹은 〈그림 1.3〉에 표시한 가상의 상자를 벗어나도 무방하다는 정보를 미리 주고 실험을 실시했다(Boyd and Goldenberg, 2013). 실험 결과는 어땠을까?

길퍼드의 실험에서는 피실험자의 20% 정도가 해결책을 찾았으나, 사전에 상자 밖을 벗어나도 무방하다는 정보를 받은 그룹에서 해결책을 찾은 사람의 비율은 25%였다. 말하자면 5명 중 1명꼴로 해결책을 찾던 것이 4명 중 1명으로 늘어났다. 그러나 이러한 증가는 통계적으로 의미 있는 수치의 변화가 아니었다. "상자 밖을 벗어나 생각해야 한다!"는 매우 호소력 있는 비유였지만, 사실은 그럴듯한 구호에 불과하다는 결론이었다.

브레인스토밍의 신화

상자 밖 사고의 허구와 아주 관련이 높은 것으로 브레인스토밍의 신화가 있다. 경영 분야에서 신화라는 단어는 많은 사람이 사실로 믿고 있으나 실제로는 그것이 검증되지 않았으며 많은 경우 사실과 다른 것을 의미한다.

광고전문가였던 알렉스 오즈번Alex Osborn이 1953년에 출간한 저서 『응용 상상력Applied Imagination』에서 브레인스토밍을 소개한 이후, 이것은 말 그대로 '두뇌brain 속에서 아이디어가 폭풍storm처럼 쏟아져나온다'는 의미로 받아들여져 폭발적으로 보급되었다. 브레인스토밍에서는 아이디어 발상을 위한 회합 시 다음과 같은 원칙의 준수를 강조한다.

- **다다익선** 아이디어의 수가 많으면 많을수록 좋다. 우선 질보다 양을 추구하라.
- **비판금지** 다른 사람의 아이디어에 어떤 비판도 하지 마라.
- **자유분방** 어떤 아이디어든지 주저하지 말고 말하라.
- **결합개선** 다른 사람의 아이디어를 토대로 새로운 아이디어를 도출하라.

이상과 같은 '브레인스토밍의 4대 원칙'을 잘 지키면 아이디어가 폭풍처럼 쏟아져나오고, 그 안에 좋은 아이디어가 포함되게 마련이라는 것이다. 그러나 많은 연구에 의하면 이러한 주장은 사실과 다르다(Goldenberg, Mazursky and Solomon, 1999; Johansson, 2006). 예를 들어, 미국 미네소타주에서 과학자 및 3M의 광고전문가들이 브레인스토밍의 실효성을 검증하기 위해 실시한 실험연구를 요약하면 다음과 같다(Ashton, 2015).

동질적인 집단에서 8명의 피실험자를 뽑아 그중 4명은 브레인스토밍을 통해 아이디어를 도출하도록 하고, 나머지 4명은 개별적으로 아이디어를 내도록 했다. 실험 결과, 그룹으로 브레인스토밍을 하는 것보다 개별적으로 아이디어를 낸 후 취합하는 것이 더 좋은 것으로 나타났다. 개별적으로 낸 아이디어를 취합한 후 중복된 아이디어를 걸러낸 경우가 브레인스토밍을 실시한 것보다 30% 이상 더 많은 아이디어가 나왔다. 이러한 양적 우세뿐 아니라 질적으로도 더 우수한 것으로 나타났다. 또한 그룹의 크기가 늘어날수록 브레인스토밍의 상대적 생산성은 더욱 저하되었다.

그렇다면 일반적인 믿음과 달리 브레인스토밍은 왜 효과가 없을까? 여기에는 다음과 같은 3가지 이유가 있다(Furnham, 2000).

첫째, 사회적 태만Social Loafing의 문제다. 사람들은 혼자 일할 때보다 여럿이 공동으로 일할 때 노력을 덜하는 경향이 있다. 그룹으로 브레인스토밍을 실시할 경우에는 '내가 적극적으로 아이디어를 내지 않더라도 다른 사람들이 낼 테니까, 적당히 묻어가자'는 심리가 발동한다. 흔히 무임승차free riding라고 하는 것이다.

둘째, 평가에 대한 우려Evaluation Apprehension다. 브레인스토밍의 4대 원칙 중 하나가 비판금지, 좀 더 강하게 이야기하면 비판엄금이지만 '내가 이런 아이디어를 내면 다른 사람들은 무슨 생각을 할까?' 하는 우려를 누구나 하고 있다. 색다른 아이디어를 내면 다른 사람들이 회의 규칙상 말로는 비판하지 않지만, 머릿속에서는 '저걸 말이라고', '무슨 뚱딴지같은 소리', '뭘 몰라도 한참 모르구먼' 등과 같이 생각하지 않을까 하는 염려를 누구나 갖고 있다. 비판금지와 자유분방이 브레인스토밍의 규칙이지만, 현실적으로 지킬 수 없는 것이다.

셋째, 생산성 저해Production Blocking의 문제다. 브레인스토밍에서는 한 번에 한 사람만 의견을 낼 수 있다. 다른 사람이 의견을 낼 때는 기다려야 한다. 그러므로 기다리는 동안 내가 말하고자 했던 것을 잊어버리는 경우도 발생한다. 그뿐만 아니라, 다른 사람이 이야기하는 동안 아이디어의 흐름이 끊기고 발상에 몰입할 수 없다.

참고로, 이러한 브레인스토밍의 문제를 극복하기 위해 그룹으로 브레인스토밍을 실시하기 전 개인별로 아이디어를 내는 시간을 갖거나 브레인스토밍 대신 브레인라이팅brainwriting 기법을 사용할 수 있다(Johansson, 2006).

지금까지 설명한 창의성의 신화에서 벗어날 때 비로소 창의적 발상에 대한 건전한 논의가 시작될 수 있다.

02

전통적 발상의 근원

미국 100달러 지폐 속의 인물인 벤저민 프랭클린Benjamin Franklin은 "인간은 도구를 만드는 동물"이라고 말했다. 인간이 만물의 영장으로 군림하게 된 것은 도구를 만드는 능력이 있었기 때문이다. 그런데 위대한 도구의 출현을 가능케 한 발상의 근원은 무엇일까? 그것은 본질적으로 '결핍의 충족'을 위한 인간의 욕구다.

우리가 충족시키고 싶은 욕구는 두 가지로 나눌 수 있다. 하나는 기존 도구에서 불만스러운 부분을 해결하자는 것이고, 다른 하나는 욕구를 충족시킬 수 있는 새로운 도구를 만들자는 것이다. 이러한 두 가지 욕구를 충족시키기 위한 가장 기초적인 발상법이 결점열거Bug Lists와 희망점열거Wish Lists다. 불편한 것과 원하는 것을 모아서 정리하고, 그것의 해결 방안을 찾아보자는 것이다.

결점 제거

먼저 결점을 제거한 몇 가지 훌륭한 디자인을 살펴보자.

누구나 한 번쯤 국이나 찌개를 먹을 때 국자가 냄비 속에 빠져서 곤혹스러웠던 경험이 있을 것이다. 이런 일을 막기 위해서는 국자를 접시 모서리에 조심스럽게 걸쳐 놓아야 한다. 많은 사람이 일상적으로 겪는 이런 불편을 해소할 방법이 없을까?

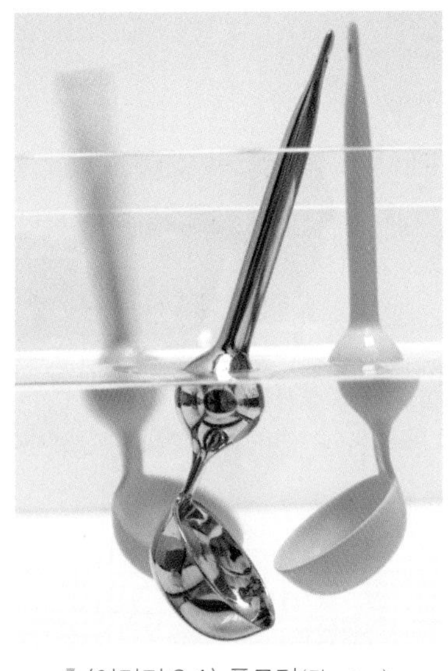

〈이미지 2.1〉 플로터(Floater)

이성용 디자이너가 고안한 물에 뜨는 국자 '플로터Floater'는 멋진 해결책이다. 손잡이 윗부분을 두툼하게 하고 그 안을 진공 상태로 만들어 국자가 국물 위에 뜨도록 한 것이다. iF 디자인 어워드iF Design Award 콘셉트 부문 수상작이다.

전기 플러그의 예를 보자. 콘센트에 꽂아놓은 플러그가 의도하지 않게 빠지면 안 되기 때문에 콘센트에 꽉 밀착되어 있다. 그러다 보니 플러그를 뽑을 때 힘이 많이 든다. 누구라도 플러그를 손쉽게 뽑을 방법이 없을까?

김승우 디자이너는 플러그 손잡이 부분에 손가락을 끼울 수 있는 구멍을 넣어 이 문제를 간단히 해결했다. 또한 구멍의 고리 부분에서 은은한 빛이 나오도록 만들어 실내가 어두워지면 대기전력이 낭비되고 있음을 알려줌으로써 사용하지 않는 플러그를 뽑도록 유도한다.

〈이미지 2.2〉 유니버설 플러그(Universal Plug)

그뿐만 아니라 플러그를 뽑지 않고 그냥 두면 야간 침실등 역할도 할 수 있다. '유니버설 플러그Universal Plug'도 iF 디자인 어워드 콘셉트 부문 수상작이다.

이번에는 역으로 플러그를 콘센트에 꽂는 문제를 생각해보자. 대부분 가정에서는 미관상 벽에 붙은 콘센트를 가구나 가전제품으로 가려놓는다. 이 경우 눈으로 볼 수 없기 때문에 콘센트의 작은 구멍에 맞추어 플러그 핀을 끼우는 일이 여간 성가시지 않다.

〈이미지 2.3〉 도넛(Donut)

국민대학교 학생이던 유수현, 김은아, 채진우는 도넛 모양의 콘센트를 해결책으로 제시했다. 콘센트의 플러그용 구멍을 반지 모양의 원으로 만들어 원의 절반은 플러스 전기, 나머지 절반은 마이너스 전기가 흐르도록 하면 플러그의 핀이 어떤 각도로 놓여도 무방하기 때문에 훨씬 쉽게 꽂을 수 있다. '도넛Donut' 콘센트는 레드닷 디자인 어워드Red Dot Design Award 디자인 콘셉트 부문 수상작이다.

20세기 생산성 혁명을 태동시킨 과학적 관리 방법에 동작경제 원칙이라는 것이 있는데, 요지는 '신체활동의 생산성을 높이려면 가능한 한 말단의 관절을 이용하라'는 것이다. 이에 따르면 좋은 작업설계는 손가락만 까딱해도 일이 진행되도록 하는 것이고, 최악의 설계는 허리까지 움직여야 일이 진행되는 것이다.

그런데 테니스를 치는 사람이라면 누구라도 땅에 떨어진 공을 집기 위해 허리를 굽힌다. 수없이 허리를 굽히는 불편한 동작을 하면서도 이를 당연시하거나 불가피하게 여긴다. 허리를 굽히지 않고 테니스공을 집을 방법이 없을까?

상명대학교 학생이던 김승현, 유윤조는 테니스 라켓의 테두리에 찍찍이라고 불리는 벨크로를 부착해, 허리를 굽히는 대신 팔을 뻗어 라켓에 공이 붙도록 했다. 이 '테니스 피커Tennis Picker' 아이디어는 레

〈이미지 2.4〉 테니스 피커(Tennis Picker)

드닷 디자인 어워드의 디자인 콘셉트 부문 수상작이다.

작은 불편이라도 개선하고자 하는 마음에서 좋은 디자인이 나온 사례를 하나 더 보자. 게시물 등을 고정하기 위해 사용하는 압정은 간편하게 꽂을 수 있다. 그러나 게시판에 밀착돼 있는 압정을 빼려면 손톱을 끼워야 한다. 불편하기도 하지만 손톱이 손상되는 경우도 적지 않다. 영남대학교 학생이던 양준원은 압정의 머리 한쪽을 들린 형태로 설계해, 표면에 밀착되지 않은 머리 부분을 살짝 누르면 쉽게 뺄 수 있도록 만들었다. '이지 투 프레스Easy to Press'라고 이름 붙인 이 아이디어는 레드닷 디자인 어워드의 디자인 콘셉트 부문 수상작 선정과 더불어 IDEAInternational Design Excellence Awards에서도 은상을 수상했다.

〈이미지 2.5〉 이지 투 프레스(Easy to Press)

희망점 구현

결점열거가 기존 제품의 개량을 위한 것이라면, 희망점열거는 결핍을 충족하기 위해 기존에 없던 새로운 제품의 모색을 위한 것이다. 희망점열거의 산물이라고 볼 수 있는 디자인을 살펴보자.

원하는 길이만큼 직선을 그으려면 펜과 자가 필요하다. 우기하 디자이너는 자가 없어도 직선을 그을 수 있는 간단한 소품을 고안했다. '제약 볼Constrained Ball'이라고 명명한 소품을 볼펜에 끼우고 선을 그으면 직선이 된다. 또한 소품에 부착된 작은 바퀴의 회전수를 이용해 직선의 길이까지 알 수 있다. 이 아이디어가 값싼 자를 대체할 수는 없겠지만 발상 자체는 그야말로 참신하다.

디지털 시대의 두드러진 현상 중 하나는 자기가 찍은 사진을 SNS로 남들과 공유하는 것이다. 심지어 우주비행사들까지 셀카 사진을 SNS에 올리고 있다. 그중 하나가 미국 NASA의 우주비행사 마이크 홉킨스Mike Hopkins가 2014년 12월 24일 우주유영 도중 지구를 배경으로 셀카를 찍어 인스타그램에 올린 것이다.

〈이미지 2.6〉 제약 볼(Constrained Ball)

〈이미지 2.7〉 우주비행사 마이크 홉킨스가 인스타그램에 올린 사진

이러한 세태를 반영하듯 2013년 영국 옥스퍼드 사전은 '올해의 단어'로 우리나라에서 셀카로 통용되는 '셀피selfi'를 선정했다.

그런데 카메라를 손에 쥐고 팔을 뻗어 셀카를 찍으면 얼굴만 크게 나오고 주위 배경이나 다른 사람들의 얼굴은 아주 작게 나온다. 관광지 등에서 다른 사람에게 부탁하지 않고, 자연스러운 사진을 내가 원하는 구도대로 찍을 수 있으면 좋겠다는 희망사항의 산물이 '셀카봉selfie stick'이다. 2014년 미국의 시사주간지 『타임』은 셀카봉을 '올해의 25대 발명품' 중 하나로 선정했다. 요즈음은 카메라 기술의 발달로 셀카봉의 필요성이 사라지고 있지만 당시로서는 상당한 고객 가치를 제공했다. [참고: '결점 제거'와 '희망점 구현'은 이분법적으로 구분되는 것이 아니다. 예를 들어 셀카봉의 경우 예전에 없던 것을 실현했다는 점에서는 희망점 구현이 되지만 셀카의 단점을 해결했다는 점에 주목하면 결점 제거가 된다.]

03

발명적 문제해결론 (TRIZ)

우리는 보통 발명특허의 핵심은 무언가 남다르고 독창적인 것이라고 생각한다. 그러나 학습을 통해 남다르고 독창적이면서도 현실적인 해결책을 발명한다는 것은 범인凡人이 할 수 있는 일이 아니다. 그러나 관점을 바꾸어 생각해보자. 수많은 발명적 해결책에는 공통적 패턴이 존재하지 않을까? 만약 이러한 공통점들을 규명하고 추출할 수 있다면, 발명특허의 노하우를 누구라도 학습하고 적용할 수 있지 않을까? 이것이 TRIZ라고 알려진 발명적 문제해결론의 기본적 발상이다. 다음은 TRIZ의 주요 내용을 요약한 것이다.

발명의 규칙성

발명적 문제해결론Theory of Inventive Problem Solving이라는 말의 영문 머리글자를 모으면 TIPS가 되지만, 이 이론이 러시아에서 개발되었기 때문에 이에 해당하는 러시아 말의 머리글자를 따서 TRIZ라고 한다. 유대계 러시아인 겐리히 알트슐러Genrich Altshuller는 자신이 조사한 20만 건 넘는 특허 중 혁신적인 해결책이 포함된 4만 건을 면밀히 검토한 결과 동일한 해결원리들이 여러 분야를 넘나들며 반복적으로 사용되는 것을 발견했다. [참고: 이후 TRIZ 전문가들에 의해 200만 건 넘는 특허에 대한 분석이 추가적으로 이루어져 현대적 TRIZ의 이론 체계가 확립되었다.]

다음 예를 보자(Ideation International, 2008).

■ 피망의 씨앗 제거

피망을 통조림으로 만들려면 꼭지와 씨를 제거해야 한다. 모양과 크기가 각양각색인 피망의 속을 제거하는 작업은 자동화가 어렵기 때문에 수작업에 의존해왔다. 이 작업의 자동화를 위한 해결책은 다음과 같다.

밀폐된 용기에 피망을 넣고 압력을 점차 높인다. 그러면 피망이 쭈그러들면서 가장 약한 꼭지 부분에 균열이 생긴다. 압축된 공기가 이 균열을 통해 피망 속으로 들어가 피망의 내부 압력과 외부 압력이 같아지게 된다. 이때 용기의 압력을 갑자기 낮추면 피망의 가장 약한 부분인 꼭지가 터지면서 꼭지에 달린 줄기와 씨가 함께 제거된다. 이 방법은 1945년에 특허를 받았다.

■ 도토리의 껍질 제거

도토리 껍질을 제거하는 방법은 다음과 같다. 밀폐된 용기 안에 물과 함께 도토리를 넣고, 용기 내 압력이 일정 수준에 도달할 때까지 열을 가한 후 갑자기 압력을 낮춘다. 이렇게 하면 높은 압력 때문에 열매 껍질 속에 스며들었던 물이 낮아진 압력으로 인해 껍질을 터뜨리면서 분출하기 때문에 껍질이 분리된다. 이 방법은 1950년에 특허를 받았다. 남극 새우로 불리는 크릴의 껍질을 벗기는 방법도 이와 동일하다.

■ 해바라기 씨앗의 껍질 제거

해바라기 씨의 껍질을 제거하는 방법은 앞의 두 사례에서와 같이 밀폐된 용기 안에 씨앗을 넣고 내부 압력을 높인 다음 갑자기 압력을 낮추면 된다. 그러나 한 번에 일정량의 껍질을 벗기는 방식 대신 이를 연속공정으로 바꿀 수 없을까?

씨앗을 넣은 용기의 내부 압력을 높은 상태로 유지한 상태에서 라발 노즐Laval nozzle(중간의 매우 좁은 부분을 통과하면 갑자기 넓어지는 관)을 통해 공기를 내보내면, 노즐의 좁은 부분을 빠져나올 때 껍질과 씨앗이 분리된다. 무게 차이 때문에 껍질과 씨앗의 떨어지는 위치가 달라 손쉽게 작업할 수 있다. 이 방법은 1950년에 특허를 받았다.

■ 인조 다이아몬드 쪼개기

인조 다이아몬드로 공구를 만들 때 균열이 있는 결정체結晶體는 사용할 수 없다. 균열이 간 틈새를 따라 분리하면 사용 가능한 부분을 얻을 수 있지만, 틈새를 분리하려고 힘을 가하면 새로운 균열이 발생한다. 어떻게 하면 새로운 균열을 발생시키지 않고 인조 다이아몬드를 쪼갤 수 있을까? 방법은 다음과 같다. 밀폐된 용기 속에 균열이 있는 인조 다이아몬드를 넣고 수천 기압이 되도록 압력을 가한 다음 갑자기 기압을 낮춘다. 이렇게 하면 기존에 균열된 틈 속으로 스며들었던 공기가 팽창하면서 균열을 따라 결정체가 갈라진다. 이 방법은 동일한 원리를 이용한 피망의 씨앗 제거법이 특허를 받은 지 27년이 지난 1972년에 특허를 받았다. 설탕 결정을 쪼개는 방법도 훨씬 낮은 압력을 사용하지만 원리는 동일하다.

대부분 사람은 당면 문제에 대한 해결책이 떠오르지 않으면 시행착오적인 방법으로 이렇게도 해보고 저렇게도 해본다. 그러나 앞의 4가지 예에서처럼 서로 다른 문제에서 동일한 해결원리가 적용된다면, 이러한 원리를 찾아서 자신의 문제에 적용해볼 수는 없을까?

그렇게 하려면 먼저 서로 다른 문제나 영역에서 작동되고 있는 공통의 해결원리를 알아야 한다. 또한 자신의 문제를 일반화하고 이에 대한 일반적 해결원리를 찾아야 한다. 〈그림 3.1〉은 이러한 개념을 도식화한 것이다.

앞서 설명한 4가지 사례에 이러한 개념을 적용해보자. 먼저 추상

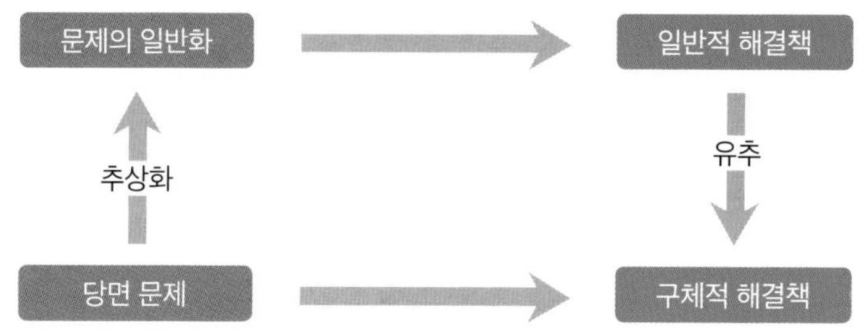

〈그림 3.1〉 TRIZ의 일반적 적용절차

화를 통해 다음과 같이 문제를 일반화할 수 있을 것이다.

- **일반적 문제** – 어떻게 하면 전체에서 일부분을 분리할 수 있을까?

또한 4가지 문제의 해결책도 다음과 같이 일반화할 수 있다.

- **일반적 해결책** – 서서히 압력을 높인 다음 어느 순간 갑자기 압력을 낮춘다(좀 더 일반화하면, 에너지를 축적한 다음 갑자기 그 에너지를 방출한다).

〈그림 3.2〉는 이러한 TRIZ의 일반적 적용절차를 예시한 것이다.

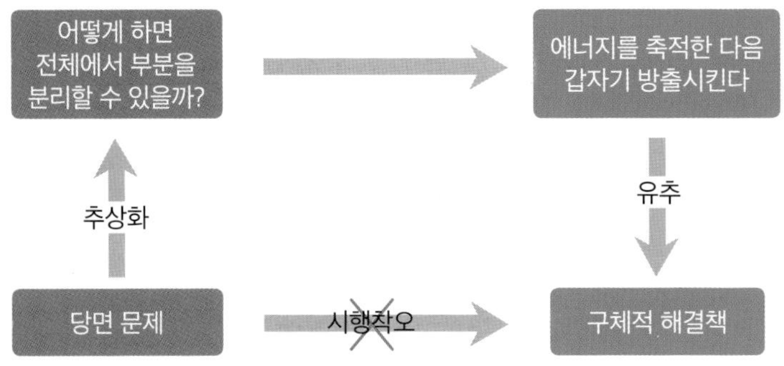

〈그림 3.2〉 TRIZ의 일반적 적용절차 적용 예

기술적 모순과 발명원리

동일한 발명원리가 서로 상이한 기술 분야에서 반복적으로 사용된다는 것은 발명적 해결책에 공통적인 원리가 있다는 뜻이다. 이러한 발명의 규칙성을 찾아내 활용한다면 당면한 문제들을 보다 쉽게 해결할 수 있을 것이다.

〈이미지 3.1〉 TRIZ의 기본적 발상

"문제해결을 위해 앞서간 현인賢人들의 지혜를 빌릴 수는 없을까?" 라는 생각으로, 이에 필요한 정보를 추출해 이용하기 쉽게 체계적으로 정리한 것이 TRIZ다.

TRIZ를 이해하기 위해서는 다음과 같은 용어들을 알아야 한다.

① 기술적 모순 Technical Contradictions

하나의 특성을 개선하고자 하면 다른 특성이 악화되는 상황을 말한다. 예를 들어 자동차의 안전성을 높이기 위해 두꺼운 강판을 쓰면 차체가 무거워져서 연비가 떨어지는 문제가 있다.

② 발명적 문제 Inventive Problems

해결되지 않은 기술적 모순이 포함된 문제를 말한다. 예를 들어 배

〈이미지 3.2〉 고속정과 화물선

를 생각해보자. 고속정과 같이 빠른 속도가 요구되는 배는 뾰족해야 하지만, 날렵하게 생긴 배는 거센 풍랑에 전복되기 쉽다. 이에 반해 화물선과 같이 넓적하게 생긴 배는 안정성이 높지만 물의 저항 때문에 속도가 떨어진다. 이처럼 선체의 폭이라는 특성에는 속도와 안정성 사이의 기술적 모순이 존재하므로, 선체의 폭을 결정하는 것은 발명적 문제가 된다.

③ 발명적 해결책Inventive Solutions

한 가지 특성을 개선하려면 다른 특성이 나빠지는 기술적 모순이 존재할 경우, 전통적으로 최적의 절충점을 찾으려고 했다. 이를테면 "속도와 안정성의 양면을 고려하면 선체의 폭이 어느 정도 되는 게 좋을까?"라는 생각이다. 그러나 발명적 해결책은 이러한 타협이 아니라 기술적 모순을 근원적으로 해소하는 해결책을 말한다.

배의 경우 속도와 안정성 사이의 모순을 해소하기 위한 시도 중 하나가 쌍동선雙胴船이다. 쌍동선은 두 개의 선체를 하나의 갑판에 연결한 형태인데, 선체가 넓기 때문에 안정성이 높고 수면 아래 잠기는 부분이 상대적으로 적기 때문에 물의 저항을 적게 받는다.

〈이미지 3.3〉 미 해군이 운용 중인 고속 쌍동선

④ 발명원리Inventive Principles

기술적 모순을 해소하는 발명적 해결책 도출에 사용되는 공통적 원리를 말한다. 알트슐러는 수많은 특허 분석을 통해 〈표 3.1〉과 같은 40가지의 발명원리를 추출했다.

1. 분할(Segmentation)
2. 추출(Extraction)
3. 국소적 성질(Local quality)
4. 비대칭(asymmetry)
5. 통합(Combining, Integration)
6. 범용성/다용도(Universality)
7. 포개기(Nesting)
8. 평형추(Counterweight)
9. 선행 반대조치(Prior counteraction)
10. 선행조치(Prior action)
11. 사전보호(Cushion in advance)
12. 높이 맞추기(Equipotentiality)
13. 반대로 하기(Inversion)
14. 타원체 형상(Spheroidality)
15. 역동성(Dynamicity)
16. 과부족 조치(Partial or overdone action)
17. 차원 바꾸기(Moving to a new dimension)
18. 기계적 진동(Mechanical vibration)
19. 주기적 작동(Periodic action)
20. 유익한 작용의 지속(Continuity of useful action)
21. 고속처리(Rushing through)
22. 전화위복(Convert harm into benefit)
23. 피드백(Feedback)
24. 매개체(Mediator)
25. 셀프서비스(Self-service)
26. 복제(Copying)
27. 일회용품(An inexpensive short-life object instead of an expensive durable one)
28. 기계 시스템의 대체 (Replacement of mechanical system)
29. 공압식/유압식 구조물 (Use a pneumatic or hydraulic construction)
30. 유연한 필름 또는 얇은 막 (Flexible film or thin membranes)
31. 다공질재료(Porous material)
32. 색깔변경(Changing the color)
33. 동종성(Homogeneity)
34. 폐기 및 재생(Rejecting and regenerating parts)
35. 속성변환(Transformation of properties)
36. 상전이(Phase transition)
37. 열팽창(Thermal expansion)
38. 강력한 산화제 사용(Use strong oxidizers)
39. 불활성 환경(Inert environment)
40. 복합재료(Composite materials)

〈표 3.1〉 40가지 발명원리

⑤ **표준특성**Engineering Parameters

기술적 모순을 일으키는 수많은 특성을 일반화한 것으로, 〈표 3.2〉와 같이 39가지로 정리되었다. 예를 들어 앞서 설명한 선체의 폭 결정 문제에는 9번 표준특성(속도)과 13번 표준특성(물체의 안전성) 간 모순이 존재한다.

1. 움직이는 물체의 무게(Weight of moving object)
2. 고정된 물체의 무게(Weight of non-moving object)
3. 움직이는 물체의 길이(Length of moving object)
4. 고정된 물체의 길이(Length of non-moving object)
5. 움직이는 물체의 면적(Area of moving object)
6. 고정된 물체의 면적(Area of non-moving object)
7. 움직이는 물체의 부피(Volume of moving object)
8. 고정된 물체의 부피(Volume of non-moving object)
9. 속도(Speed)
10. 힘(Force)
11. 압력(Tension/Pressure)
12. 모양(Shape)
13. 물체의 안정성(Stability of object)
14. 강도(Strength)
15. 움직이는 물체의 내구력 (Durability of moving object)
16. 고정된 물체의 내구력 (Durability of non-moving object)
17. 온도(Temperature)
18. 밝기(Brightness)
19. 움직이는 물체가 소모한 에너지 (Energy spent by moving object)
20. 고정된 물체가 소모한 에너지 (Energy spent by non-moving object)
21. 동력(Power)
22. 에너지의 낭비(Waste of energy)
23. 물질의 낭비(Waste of substance)
24. 정보의 손실(Loss of information)
25. 시간의 낭비(Waste of time)
26. 물질의 양(Amount of substance)
27. 신뢰성(Reliability)
28. 측정의 정확성(Accuracy of measurement)
29. 제조의 정확성(Accuracy of manufacturing)
30. 물체에 작용하는 해로운 요인 (Harmful factors acting on object)
31. 유해한 부작용(Harmful side effects)
32. 제조용이성(Manufacturability)
33. 사용편의성(Convenience of use)
34. 수리가능성(Repairability)
35. 적응성(Adaptability)
36. 장치의 복잡성(Complexity of device)
37. 조절의 복잡성(Complexity of control)
38. 자동화의 정도(Level of automation)
39. 생산성(Productivity)

〈표 3.2〉 39가지 표준특성

⑥ **모순행렬**Contraction Matrix

기술적 모순을 해소하기 위해 과거에 어떠한 발명원리들이 많이 활용되었는지 보여주는 행렬 형태의 도표를 말한다. 행렬의 행과 열은 모두 39가지 표준특성을 나타내고, 행렬 내에는 해당 모순을 해결하는 데 많이 사용되었던 발명원리가 들어 있다.

발명원리 활용사례

TRIZ가 어떻게 활용되는지 보기 위해 피자 배달상자를 생각해보자. 피자 상자는 일반적으로 두꺼운 종이로 만든다. 그런데 한 번에 피자 여러 판을 운반하려고 상자를 쌓으면 피자의 무게와 온도 때문에 상자의 아래 판이 처지면서 밑의 상자를 짓눌러 망가뜨린다. 더 두꺼운 종이를 사용하면 문제가 간단히 해결되겠지만 상자 재료비가 늘어난다.

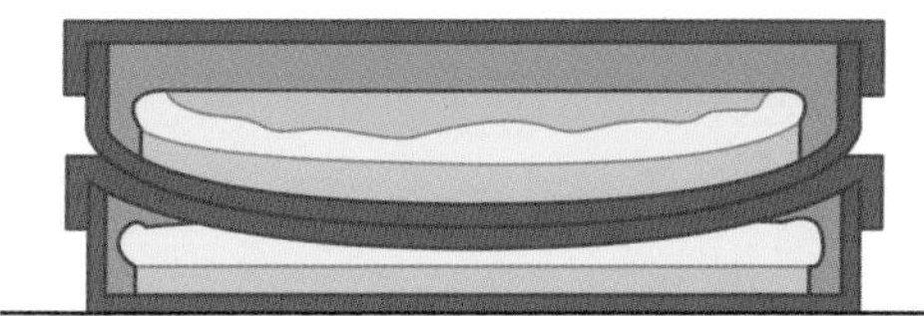

〈그림 3.3〉 피자 배달상자 문제

전통적으로 이러한 문제에서는 〈그림 3.4〉와 같이 총비용(즉, 상자의 재료비와 상자가 약해서 발생하는 피해액의 합)을 최소화하는 종이 두께를 구한다. 일반적으로 경영과학에서는 이러한 해결책 찾는 것을 최적해를 구한다고 이야기하지만, 정확하게 표현하면 최적 절충점을 찾는 것이다.

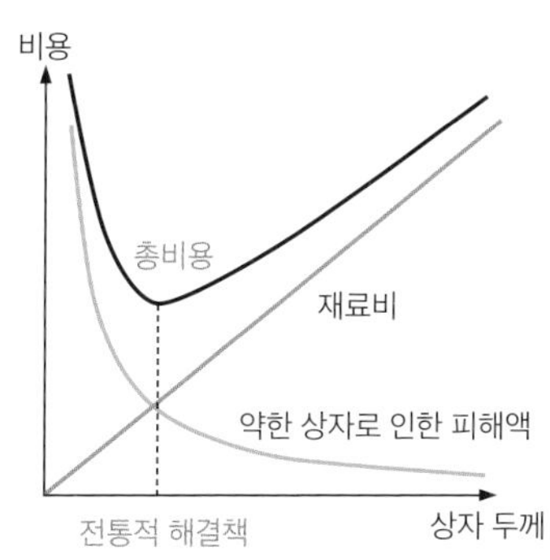

〈그림 3.4〉 피자 배달상자 문제의 전통적 해결책

개선하려는 특성 \ 악화되는 특성	23. 물질의 낭비
13. 물체의 안정성	2. 추출 14. 타원체 형상 30. 유연한 필름이나 막 40. 복합재료

〈표 3.3〉 모순행렬이 추천하는 해결책

TRIZ에서는 절충점을 찾는 것이 아니라 모순을 근원적으로 해소하는 발명적 해결책을 추구한다. 피자 상자 문제에서는 13번째 표준특성인 물체의 안정성을 높이기 위해 상자 제작에 사용되는 종이의 두께를 두껍게 하면 재료비가 증가하므로 23번째 표준특성인 물질의 낭비가 늘어난다.

TRIZ의 모순행렬은 이러한 모순을 근원적으로 해소하기 위해 종래에 어떤 발명원리들이 많이 사용되었는지 보여준다. 〈표 3.3〉은 모순행렬의 13번째 행과 23번째 열이 마주치는 부분을 보여준다. 모순행렬의 세로축은 개선하고자 하는 특성을, 가로축은 그로 인해 악화되는 특성을 나타낸다. 따라서 〈표 3.3〉의 의미는 다음과 같다.

13번째 특성인 물체의 안정성을 개선하고자 하면 23번째 특성인 물질의 낭비가 커지는 유형의 문제해결을 위해 발명원리 2번(추출), 14번(타원체 형상), 30번(유연한 필름 또는 얇은 막), 40번(복합재료)이 지금까지 자주 사용되었다. [참고: 발명원리의 추천은 과거에 적용된 빈도순으로 보여준다. 여기서는 사용빈도 순서가 우연히 오름차순으로 되어 있을 뿐이다.]

제시된 4가지 발명원리 중 14번째 원리인 타원체 형상을 이용하

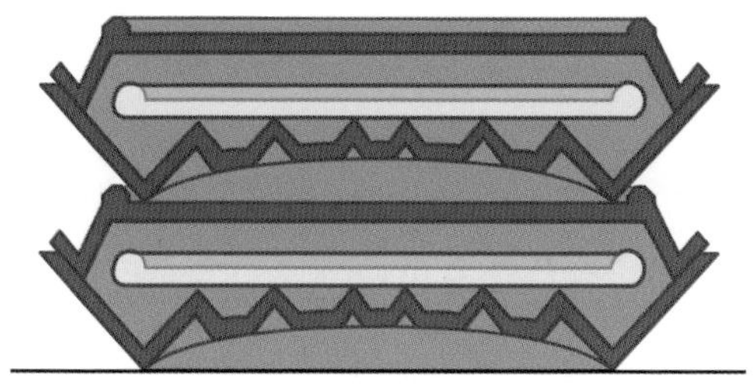

〈그림 3.5〉 피자 배달상자 문제의 해결책

면 〈그림 3.5〉에 나타낸 것처럼 상자 밑바닥을 돔 형태로 만드는 것을 생각할 수 있다. 이러한 방법은 종이 외에 다른 재료가 들어가지 않고 추가 비용이 적다는 점에서 좋은 해결책이 될 수 있다. 이 아이디어는 1995년 미국에서 특허를 받았다.

사실 눈여겨보면 주변에서 이러한 원리가 적용된 사례들을 쉽게 찾아볼 수 있다. 맥주 캔이나 음료수 병의 밑바닥이 오목하게 설계된 것도 이 때문이다.

물리적 모순과 분리원리

두 가지 서로 다른 특성 사이의 모순을 나타내는 기술적 모순과 달리 하나의 요소가 상반된 특성을 가져야 하는 상황을 지칭한다. 예를 들어 비행기의 이착륙을 위해서는 날개가 커야 하지만 빠른 비행을 위해서는 항력抗力을 줄여야 하기 때문에 날개가 작아야 한다. 즉, 날개는 커야 하면서도 작아야 하는 모순적 상황이 존재한다. 이러한 물리적 모순을 극복하기 위해 TRIZ에서는 '분리원리Separation Principles'를 사용한다. [참고: TRIZ에서 고려되는 모순은 보는 관점에 따라 기술적 모순이 될 수도 있고 물리적 모순이 될 수도 있다. 예를 들어 비행기 날개의 경우 '이착륙을 쉽게 하기 위해 양력揚力을 높이려면 비행 중 항력抗力이 커져 속도가 희생된다'라는 관점은 기술적 모순이고, '날개는 커야 하면서도 작아야 한다'는 관점은 물리적 모순이다. 이처럼 문제해결을 위해 모순적 상황의 극복에 초점을 맞추는 것은 기술적 모순의 해소를 모색하는 데 반해, 모순을 발생시키는 요소 자체의 개선에 초점을 맞추는 것은 물리적 모순의 해소를 추구한다. 이것은 동일한 문제를 해결하는 접근방법의 차이로 생각할 수 있다.]

분리원리는 다음과 같은 4가지 하부원리로 구성되어 있다.

- 시간에 의한 분리
- 공간에 의한 분리
- 조건에 의한 분리
- 부분과 전체의 분리

이 4가지 분리원리의 적용 예를 살펴보자.

① 시간에 의한 분리 Separation in Time

앞서 설명한 비행기 날개에 대해 생각해보자. '이착륙 시에는 날개가 커지고 비행 시에는 날개가 작아지게' 하는 것처럼 시간대에 따라 특성이 달라지도록 하는 것이 시간적 분리다. 미국의 군수업체 제너럴 다이내믹스General Dynamics가 제작한 F-111 전폭기는 비행기 날

〈이미지 3.4〉 F-111 전폭기의 3가지 날개 형상

개에 시간적 분리를 적용한 가변익可變翼 비행기다. 이착륙 시에는 날개를 최대한 펼치고, 공중전에서는 반만 펼치고, 고속 비행 시에는 날개를 접을 수 있는 이 전폭기는 1991년 '사막의 폭풍 작전Operation Desert Storm'으로 명명된 걸프전에 투입되어 다른 어떤 전폭기들보다 뛰어난 성능을 발휘한 바 있다.

물론 가변익 항공기에도 단점은 있다. 날개를 접었다 펴도록 만들려면 구조가 복잡해지고 날개 연결 부위에 하중이 집중되는데, 하중이 몰리는 부분의 보강 때문에 기체 중량이 늘어난다. 지금은 항공기술의 발달로 고정익固定翼 비행기의 단점이 상당 부분 극복되어 가변익 항공기가 더 이상 생산되지 않는다.

항공기에 시간적 분리가 적용된 다른 예를 보자. 회전날개의 축이 수직 방향인 헬리콥터는 활주로가 필요 없지만 비행속도가 느리다. 그러나 비행속도를 높이기 위해 터보프롭turboprop 항공기처럼 날개

〈이미지 3.5〉 V-22 오스프리

축을 수평으로 만들면 활주로가 필요하다. 헬리콥터처럼 수직이착륙이 가능하면서도 고속비행이 가능하도록 할 수는 없을까? 미국 군용기 V-22 오스프리는 시간적 분리를 통해 수직이착륙과 고속비행이 모두 가능하도록 설계되었다.

V-22 오스프리는 이착륙 시에는 날개가 위를 향하지만 비행 시에는 날개축의 방향이 전방을 향하도록 앞으로 회전시킨다. 이 항공기는 수직이착륙이 가능하면서도 비행속도가 헬리콥터보다 두 배 빠르기 때문에 해병대와 특수전 부대의 적진 침투용으로 사용된다.

② 공간에 의한 분리 Separation in Space

초기의 자전거는 〈이미지 3.6〉의 왼쪽 그림과 같은 형상이었는데, 운전자가 앞바퀴에 부착된 페달을 밟았다. 속도를 높이려면 앞바퀴가 커야 하지만 앞바퀴가 커지면 올라타기 힘들 뿐 아니라 페달을 밟는 데도 많은 힘이 든다. 즉, 앞바퀴는 커야 하면서도 작아야 하는 물리적 모순이 있었다.

이러한 물리적 모순을 극복하기 위해 오늘날 우리가 이용하는 자

〈이미지 3.6〉 자전거의 발전

전거는 (체인을 이용해) 바퀴와 그것을 굴리기 위해 밟는 페달을 공간적으로 분리했다.

③ 조건에 의한 분리 Separation on Condition

자동차 에어백은 충돌 시에는 필요하지만 평소에는 필요 없다. 즉, 에어백은 있어야 하면서도 없어야 하는 물리적 모순을 갖고 있다. 평소에는 운전대 안에 숨겨져 있다가 충돌 시 부풀어 오르는 에어백은 (충돌이라는) 조건에 의한 분리가 적용된 것이다.

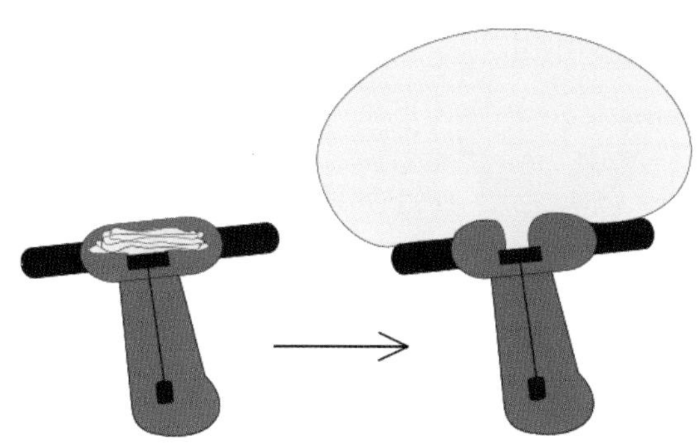

〈이미지 3.7〉 에어백

④ **부분과 전체의 분리**Separation by Scale

자전거 체인은 페달에 가해진 힘을 뒷바퀴에 전달한다. 힘을 제대로 전달하기 위해 체인은 단단해야 하지만 감으려면 부드러워야 한다. 이러한 물리적 모순을 극복하기 위해 자전거 체인은 단단한 작은 요소들을 연결해 전체적으로 유연하게 만들었다.

〈이미지 3.8〉 자전거 체인

이처럼 부분과 전체를 분리하면 상반된 특성을 모두 수용할 수 있다. 이것을 개념적으로 나타낸 것이 〈이미지 3.9〉에 있는 문자 디자인이다. 전체적으로는 'YES'를 나타내지만 각각의 글자는 'NO'라는 작은 단어들로 구성되어 있다.

〈이미지 3.9〉 부분과 전체를 분리한 문자 디자인

TRIZ의 3가지 기본개념

TRIZ는 오랜 기간에 걸쳐 여러 전문가에 의해 진화론적으로 발전해 왔기 때문에, TRIZ의 다양한 측면을 일사불란하게 체계화하기가 어렵다. 그러나 TRIZ를 모순해결을 위한 방법론의 집합체로 보는 대신 TRIZ가 지향하는 방향이란 관점에서 보면, '모순', '자원', '이상성'이라는 3가지 기본개념으로 구성되어 있다.

① 모순Contradiction

TRIZ에서 고려하는 기술적 모순과 물리적 모순에 대해서는 이미 설명했다. TRIZ에서는, 모든 기술 시스템의 발전은 모순을 극복해가는 과정이며, 이러한 과정 역시 '기술 시스템 진화의 법칙Laws of technical systems evolution'이라는 보편적 패턴을 따른다고 본다. [참고: 이 책에서는 다루지 않았지만, 기술 시스템 진화의 법칙은 TRIZ의 핵심 요소 중 하나다.]

② 자원Resources

모순해결에 활용될 수 있는 모든 것으로서, 이용 가능하지만 아직 활용되지 않은 물질, 정보, 에너지 등을 말한다. 자원을 활용해 모순을 해결하면 해결책이 이상적 최종 결과에 더 가까워진다. 효과적인 해결책이 되기 위해서는 모순해결을 위해 사용되는 자원이 시스템 내에 존재하거나 그 주변에서 쉽게 구할 수 있는 것이어야 한다.

③ 이상성Ideality

모든 기술 시스템은 '이상성'이 증가하는 방향으로 진화한다. 여기서 이상성이란 해결책과 관계된 유용한 기능의 총량을 유해한 기능의 총량으로 나눈 것이다. 유용한 기능이나 유해한 기능을 정량적으로 측정한다는 것이 현실적으로 어렵겠지만 개념적으로 유용한 기능은 많고 유해한 기능이 적으면 이상성의 정도가 높다고 볼 수 있다.

$$\text{이상성} = \frac{\text{유용한 기능의 합}}{\text{유해한 기능의 합}}$$

그런데 유용한 기능만 있고 유해한 기능이 없다면 이상성의 값은 무한대∞가 된다. 이처럼 돈이나 시간이나 노력 등이 전혀 들어가지 않으면서 유용한 기능만 있다면 가장 이상적이다. 이러한 해결책을 '이상적 해결책Ideal Final Results, IFR'이라고 한다. 따라서 이상적 해결책은 기술 시스템 진화의 종착역이라고 할 수 있으며, 모든 기술 시스템은 '자원'의 효과적 활용을 통해 '모순'을 해결함으로써 '이상성'이 이상적 해결책에 가까이 가는 방향으로 진화한다고 볼 수 있다.

04

탁월한 아이디어의 조건

창의적 아이디어가 되기 위한 두 가지 충분조건이 있다. 닫힌 세계의 조건과 질적 변화의 조건이다. 충분조건이므로 충족되지 않더라도 창의적 아이디어로 인정받는 경우가 있지만, 이 두 가지 조건이 충족되면 누구라도 인정하는 탁월한 아이디어가 된다. 따라서 문제해결을 위한 아이디어 도출과 평가 시 이러한 조건을 염두에 두면 큰 도움이 된다.

닫힌 세계의 조건

'닫힌 세계Closed World, CW'의 조건이란 문제해결을 위해 외부자원을 투입하지 말고 기존 가용자원만 이용하라는 것이다. 이 조건을 충족시키는 좋은 예가 적정기술이다. 우리는 통상 무의식적으로 신기술이나 첨단기술이 좋다고 생각하는데, 그러한 기술을 구매할 수 있는 경제적 여유가 없거나 그것을 유지관리할 수 있는 기술적 능력이 부족하면 제대로 활용할 수 없다. 적정기술이란 그 기술을 사용할 사회가 경제적으로 부담 없이 수용할 수 있고 쉽게 유지관리할 수 있는 기술을 말한다.

많이 알려진 적정기술의 사례 중 하나로 '빛 1리터A Liter of Light'라는 프로젝트가 있다. 이 프로젝트는 기찻길 옆에 있는 필리핀의 빈민가에서 시작되었다고 한다. 경제적으로 어려운 사람들이 밀집해 있는 곳이므로 좁은 공간 안에 집이 다닥다닥 붙어 있다. 그런데 이러한 지역에는 전기가 들어오지 않거나, 전기가 들어온다고 해도 전기요금 때문에 불을 마음 놓고 켜지 못한다. 전등을 켜지 않으면 대낮에도 집 안이 캄캄하기 때문에 사람들이 집 밖으로 나와서 지낸다. 이러한 문제를 해결하기 위해 나온 것이 빛 1리터 프로젝트다.

해결책의 요지는 지붕 위에 작은 구멍을 뚫고 물을 넣은 페트병을 꽂아두는 것이다. 이렇게 해두면 햇빛을 받은 물병이 어두운 실내를 비춰주는 전등 역할을 한다. 이 경우 시간이 지나면 페트병 안의 물

〈이미지 4.1〉 빛 1리터 프로젝트

에서 녹조류 등이 성장해 물이 혼탁해질 수 있기 때문에 이를 방지하기 위해 물과 함께 약간의 표백제를 넣는다. 이렇게 하면 유지관리를 위해 별다른 노력을 기울일 필요가 없다.

이 프로젝트를 수행하는 데 돈이나 다른 노력이 수반되는 외부자원이 들어가지 않았다. 페트병은 쓰레기통에서 얼마든지 구할 수 있다. 이와 같이 외부자원을 투입하지 않고 가용자원만 가지고 문제를 해결할 때 닫힌 세계CW의 조건이 충족되었다고 한다.

군사용 레이더 장치를 제작하는 기업이 경험한 다른 예를 하나 보자(Boyd and Goldenberg, 2013). 이 회사는 정부기관이 공고한 제안요청서RFP를 보고 입찰에 참여했는데, 요청서 내용은 수신전용 안테나의 납품에 관한 것이었다. 안테나를 설치할 지역은 기온이 영하 20도 이하로 내려가고 바람도 거센 곳이다. 안테나는 지면에서 약 10미터 높이로 설치되어야 하며 강풍에 흔들리지 않을 만큼 튼튼해야 한다. 3인 1조의 팀이 안테나를 들고 도보로 이동해 전략적 요충지에 설치한 뒤 귀환하면 유지관리를 위한 별도의 사후 노력이 없어도 안테나가 지속적으로 작동해야 한다는 것이 요구사항이었다.

이 회사는 높은 가격을 써냈음에도 불구하고 그 계약을 따냈다. 입찰에 성공한 이유는 안테나의 지지대 무게가 다른 경쟁업체들이 제안한 것보다 훨씬 더 가벼웠기 때문이다. 그런데 여기에는 큰 문제가 있었다. 이 업체는 눈이 내리지 않는 따뜻한 지역에 자리 잡고 있었기 때문에 안테나 수신부에 눈이 쌓여서 얼면 무게 때문에 안테나가 뒤틀리거나 부러지기 쉽다는 점을 감안하지 못하고 제안서를 작성했다. 뒤늦게 자신들의 실수를 깨달았으나 그렇다고 계약을 파기할 수

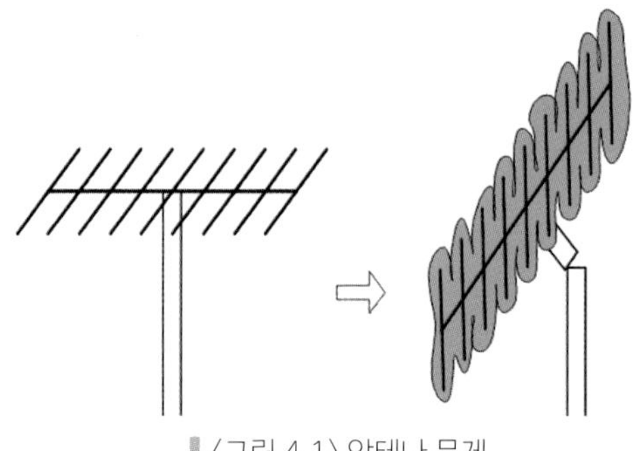

〈그림 4.1〉 안테나 문제

도 없는 매우 난처한 상황에 처했다.

만약 여러분이라면 이러한 어려움을 어떻게 극복하겠는가? 대부분 다음과 같은 시도 중 하나를 생각할 것이다.

- 눈이 쌓이기 전에 녹인다.

  많은 사람이 가장 먼저 머리에 떠올리는 아이디어지만, 수신전용 안테나이기 때문에 눈을 녹일 수 있는 에너지원이 없다.

- 진동을 이용해 눈을 털어낸다.

  앞의 아이디어와 마찬가지로 진동을 발생시킬 에너지원이 없다. 또한 별도의 진동발생 장치를 부가할 경우 안테나가 무거워져 도보로 운반하기 힘들다.

- 눈이 쌓이는 것을 방지한다.

  테플론과 같이 매끈한 소재로 안테나 표면을 코팅하면 안테나 위에 눈이 쌓이는 것을 방지할 수 있다. 그러나 영하 25도 이하에서도 이러한 기능을 갖는 소재는 없다. 또한 기름이나 그리스를 안테나 위에 바를 경우 영하 20도 이하에서는 오히려 결빙을 촉진한다.

• 안테나 덮개를 부착한다.

안테나 위에 덮개를 고정하려면 덮개 지지대나 별도의 기둥이 필요하다. 이 경우 안테나가 무거워져 도보로 운반하기 힘들다.

• 지지대를 없앤다.

헬륨 풍선 등을 이용해 안테나를 공중에 띄우면 지지대가 없어도 된다. 그러나 안테나의 무게 때문에 공중부양 자체가 어려울 뿐 아니라, 강풍이 부는 곳에서는 그런 풍선 장비를 원하는 높이로 고정시키기 힘들다.

이상과 같은 방법들은 현실성이 부족하기도 하지만 창의적 해결책이라고 생각되지 않는다. 문제해결이 어려운 이유는 도보로 운반할 수 있을 정도로 가벼우면서도 부러지지 않을 정도로 튼튼해야 한다는 점이다. 그런데 공학적 관점에서 볼 때 튼튼하게 만들려면 무거워질 수밖에 없다.

곰곰이 생각해보면, 안테나 기둥이 항상 그렇게 튼튼할 필요는 없다. 안테나 위에 눈이 쌓여 결빙될 경우에만 이를 지탱할 수 있으면 된다. 이러한 깨달음을 토대로 이 회사의 엔지니어들은 〈그림 4.2〉와 같은 해결책을 찾았다.

안테나 기둥의 표면을 거칠게 만들어 눈이 내리면 안테나 상부뿐만 아니라 기둥에도 쉽게 눈이 달라붙도록 했다. 이럴 경우, 쌓인 눈이 결빙되어 안테나 상부가 무거워지면 기둥에 붙은 눈도 얼음 기둥이 되어 지지대를 보강하는 역할을 한다. 정말 창의적이지 않은가? 모두가 창의적이라고 여기는 이러한 해결책에는 외부자원이 추가된

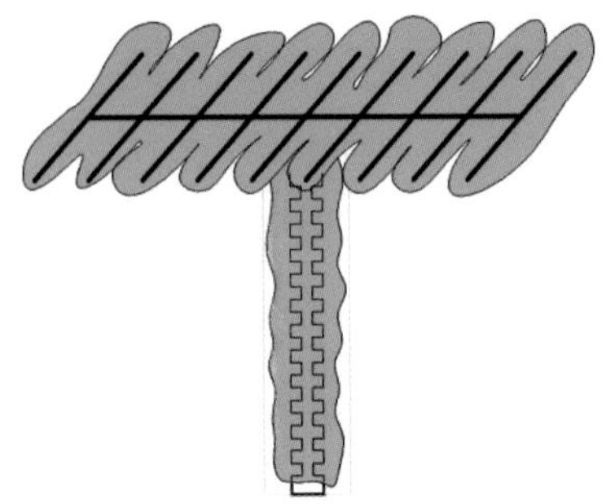

〈그림 4.2〉 안테나 문제의 해결책

것이 없다. 문제와 문제 주변에 있는 기존 요소를 활용했을 뿐이다. 닫힌 세계의 조건이 충족되는 해결책이다.

질적 변화의 조건

'질적 변화Qualitative Change, QC'의 조건을 설명하기 위해 한때 최고 시청률을 기록했던 MBC 드라마 〈주몽〉의 한 대목을 소개하기로 한다.

주몽은 고구려를 건국한 동명 성왕의 본명이다. 주몽이 강대한 나라를 세우기 위해 영토 확장 전쟁을 벌일 때 가장 중요한 것은 무기였다. 당시 핵심 무기는 칼이었는데, 주몽의 군대가 사용하던 칼은 초강법抄鋼法이란 비법으로 만든 중국 한漢나라의 칼에 비해 강도가 형편없었다. 주몽의 군대가 사용하던 칼은 연철로 만들었는데, 연철은 강도가 약해 힘을 받으면 잘 휘어진다. 강도를 높이려면 주철을 사용해야 하는데, 주철은 충격을 받으면 쉽게 부러진다. 문제는 강도가 높으면서도 잘 부러지지 않는 칼을 만드는 것이었다.

이 문제에서 개선하려는 특성은 칼의 강도이며, 악화되는 특성은 충격에 부러지는 것이다. '강도를 높이면 부러지기 쉽다'는 기술적 모순은 〈그림 4.3〉에서 적색 선으로 표시되어 있다. 그런데 해결책을 적용했더니 개선하려는 특성과 악화되는 특성의 관계가 적색 선에서 청색 선으로 바뀌었다고 생각해보자.

먼저 〈그림 4.3〉의 왼쪽 청색 선을 보면 개선하려는 특성이 좋아지더라도 악화되는 특성에 변함이 없다(즉, 칼의 강도를 높이더라도 부러질 가능성은 변함이 없다). 또한 오른쪽 그림의 청색 선을 보면 개선하려는 특성이 좋아질수록 악화되는 특성도 개선된다(즉, 칼의 강도를 높일수록 부러질 가능성도 줄어든다). 따라서 청색 선과 같은 관계에서는 '하나의 특성을 개선하면 다른 특성이 나빠진다'는 기술적 모순이 더 이상 존재하지 않는다. 해결책의 도입으로 인해 이러한 변화가 일어났을 때 질적 변화QC의 조건이 충족되었다고 한다. 이러한 조건을 충족시키는 해결책은 기술적 모순 자체를 해소하는 것이므로 발명적 해결책이 된다.

앞서 살펴본 안테나 문제의 해결책이 질적 변화의 조건을 충족

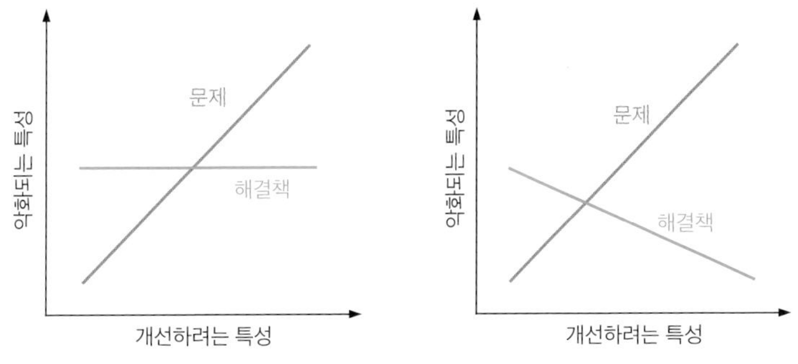

〈그림 4.3〉 질적 변화(QC)의 조건

시키는지 생각해보자. 문제의 핵심은 튼튼하면서도 가벼운 지지대를 설계하는 것이다. 따라서 개선하고자 하는 특성은 지지대의 강도이며 악화되는 특성은 무게다. 〈그림 4.2〉와 같은 해결책은 얼음 기둥이 지지대의 강도를 높이는 역할을 하므로 안테나 자체의 무게는 늘어나지 않는다. 따라서 이 해결책은 질적 변화의 조건을 충족시킨다.

혁신의 최적지점

마케팅의 기초는 고객의 목소리Voice of the Customer, VOC에 귀를 기울이는 것이다. VOC를 경청하는 것이 중요하다는 점은 두말할 필요가 없지만, 반드시 유념해야 할 것이 있다. VOC는 기존 상품을 개량하는 데는 요긴하지만 혁신적인 상품의 창출에는 별 도움이 안 된다. 스티브 잡스의 전기에 나오는 다음 대목이 그 이유를 잘 설명해준다(Isaacson, 2011).

> "고객에게 그들이 원하는 것을 제공해야 한다"고 말하는 사람들이 있다. 하지만 그것은 내 방식이 아니다. 우리의 일은 고객이 욕구를 느끼기 전에 그들이 무엇을 원할 것인가를 파악하는 것이다. 헨리 포드가 이렇게 말한 것으로 알고 있다. "내가 고객들에게 무엇을 원하느냐고 물었다면 그들은 '더 빠른 말!'이라고 대답했을 것이다." 사람들에게 직접 보여주기 전에는 자신이 무엇을 원하는지 모른다. 내가 절대 시장조사에 의존하지 않는 것은 바로 이 때문이다. 아직

쓰이지도 않은 것을 읽어내는 것이 우리의 임무다.

말하자면 호롱불이나 양초를 켜던 시절에 고객들한테 무엇을 원하는지 물으면 "호롱불의 그을음이 적게 나왔으면 좋겠다", "양초의 촛농이 적게 떨어지면 좋겠다", "조금 더 오래가는 양초", "조금 더 밝은 양초" 등과 같은 이야기만 하지, 혁신적인 아이디어가 나오지 않는다는 것이다.

그렇다고 해서 고객들에게 브레인스토밍에서와 같이 무엇이라도 좋으니 주저하지 말고 자유분방하게 거침없이 말해달라고 하면 현실과 동떨어진 아이디어만 넘쳐난다.

브레인스토밍은 현재 문제에서 너무 벗어난 아이디어를 내놓는 반면, VOC는 너무 근접한 과제를 제시한다. 창의적 해결책이 발생할 가능성이 높은 영역은 현재의 문제에서 너무 가깝지도 너무 멀지도 않은 위치에 있다. 이러한 혁신의 최적지점Innovation Sweet Spot을 개념적으로 묘사하면 〈그림 4.4〉와 같다. 이 그림에서 동심원의 중앙은 현재의 문제를 나타낸다.

창의적 해결책이 되기 위한 두 가지 충분조건이 혁신의 최적지점과 어떤 관계가 있는지 생각해보자.

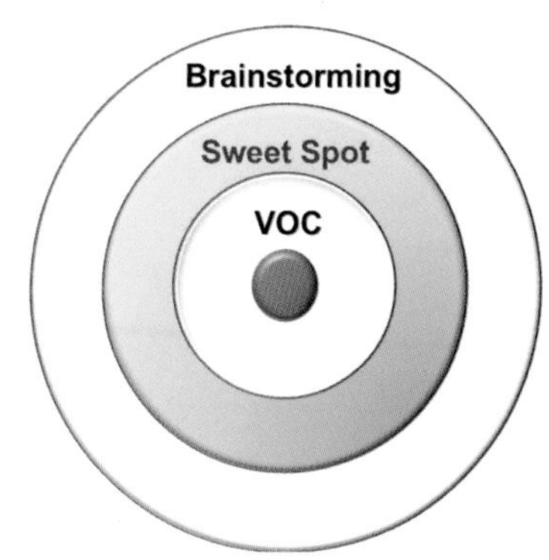

〈그림 4.4〉 혁신의 최적지점

먼저 외부자원을 추가로 투입하지 말고 현재 갖고 있는 자원만으로 문제를 해결하라는

〈그림 4.5〉 닫힌 세계(CW)의 역할

〈그림 4.6〉 질적 변화(QC)의 역할

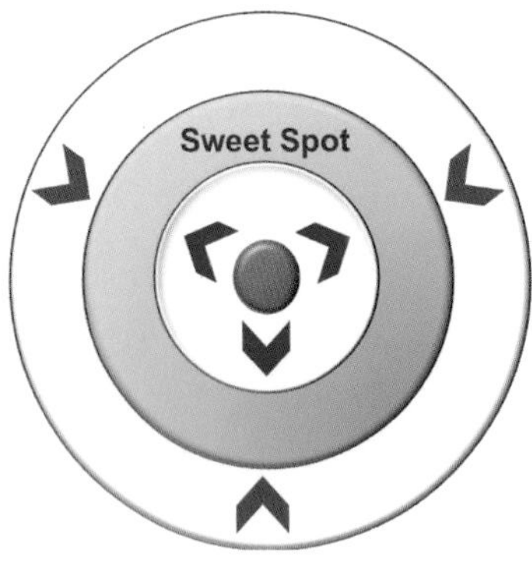

〈그림 4.7〉 두 가지 충분조건의 역할

닫힌 세계CW의 조건은 해결책이 현실 문제에 너무 가까워지는 것을 방지할까, 아니면 너무 멀어지는 것을 방지할까? 누구라도 어렵지 않게 대답할 수 있을 것이다. 기존 가용자원만으로 해결할 수 있는 대책은 현실성이 높다. 따라서 이를 요구하는 조건은 해결책이 현실에서 너무 멀어지는 것을 방지한다.

다음으로 문제가 안고 있던 기술적 모순을 근원적으로 해소해야 한다는 질적 변화QC 조건의 역할에 대해 생각해보자. 이 조건은 해결책이 현실 문제에 너무 가까워지는 것을 방지할까, 아니면 너무 멀어지는 것을 방지할까? 모순을 근원적으로 해소한다는 것은 사소한 변화가 아니라 본질적인 변화다. 따라서 이러한 변화는 해결책이 현실 문제에 너무 가까워지는 것을 방지한다.

이처럼 창의적 해결책이 되기 위한 두 가지 충분조건 중 하나는 해결책이 현실 문제에 너무 가까워지는 것을 방지하고, 다른 하나는 너무 멀어지는 것을 방지한다. 따라서 앞서 설명한 안테나 문제의 해결책처럼 이 두 가지 조건을 모두 충족시키면 〈그림 4.7〉처럼 해결책이 혁신의 최적지점에 위치한다.

안테나 문제의 해결책을 처음 접하는 사람들은 기발한 아이디어에 놀라는 한편, "이렇게 쉬운 해결책을 왜 나는 생각하지 못했지?"라고 생각한다. 이 예에서 보듯이 창의적인 해결책은 우리의 생각이 미치지 못하는 상자 너머에 있는 것이 아니라, 우리가 충분히 볼 수 있는 상자 안에 있는 것이다.

2부

체계적 발명사고 (SIT)

Creative Ideation

발명적 문제해결론TRIZ이 매우 유용하기는 하지만 극복해야 할 두 가지 중요한 문제가 있다. 하나는 기술적 영역을 벗어나면 적용이 어렵다는 것이고, 다른 하나는 자신의 문제해결에 적용할 수 있을 정도의 역량을 확보하려면 수많은 시간과 노력이 요구된다는 점이다. 체계적 발명사고SIT는 이러한 문제를 해결하기 위해 TRIZ를 개조한 것이다.

05
체계적 발명사고(SIT) 개요

TRIZ에서 SIT로

체계적 발명사고Systematic Inventive Thinking, SIT는 이스라엘의 로니 호로위츠Roni Horowitz와 제이컵 골든버그Jacob Goldenberg가 TRIZ를 간소화해 누구라도 쉽게 배우고 널리 활용할 수 있도록 만든 매우 유용한 사고도구다. TRIZ에서 SIT가 어떻게 나왔는지 요약하면 다음과 같다(Horowitz, 2001).

1988년 박사과정 학생이던 호로위츠는 한 기술 전문지에 실린 '발명적 사고 40시간 과정'이라는 광고에 마음이 끌렸다. "발명하는 방법에 대해 40시간이나 가르친다면 틀림없이 무언가 건질 게 있을 거야"라고 생각해, 동료인 골든버그와 함께 교육에 참여했다. 강사는 TRIZ의 창시자인 알트슐러의 제자였던 필콥스키G. Filkovsky였는데, 그는 1970년대 이스라엘로 이주해 텔아비브 방송통신대학에서 TRIZ를 가르치고 있었다. 이 교육에 참여한 호로위츠는 TRIZ가 일생을 바쳐 연구할 만한 주제라는 확신을 갖고 이후 계속 독학했다. 마침내 그는 TRIZ가 유용하긴 하지만 반드시 개선해야 할 점이 있음을 깨닫고, 다음과 같은 4단계 절차를 거쳐 SIT를 개발했다.

① 단계 1: '이상적 해결책(IFR)'에서 '닫힌 세계(CW)'의 조건 도출

발명적 문제해결론TRIZ에서 설명한 바와 같이 돈, 시간, 노력 등이 전혀 들어가지 않으면서 유용한 기능만 있다면 이상적 해결책IFR이 된다. 앞 장에서 설명한 안테나 문제의 해결책과 같이 외부자원을 투입하지 않고(즉, 닫힌 세계 안에서) 문제를 해결하면 돈이나 다른 노력이 들어가지 않으므로 이상적 해결책이 된다.

한 가지 주목할 점은 문제점 자체를 해결책으로 이용하면 문제점을 없애기 위한 다른 외부자원이 필요하지 않으므로 이상적 해결책이 나올 수 있다. 안테나 문제에서 문제점은 안테나 상부에 눈이 쌓여 얼음으로 변하는 것이다. 그런데 〈그림 4.2〉에서 제시한 해결책도 안테나 기둥에 눈이 쌓여 얼음이 생기도록 하는 것이다. 즉, 문제점을 해결책으로 이용한 것이다.

이러한 이상적 해결책의 또 다른 특징 중 하나는 문제가 생기면 해결책이 나타나고, 문제가 사라지면 해결책도 함께 사라지는 것이다. 예로 든 안테나 문제에서 상부가 결빙되어 무거워지면 지지대 주위로 얼음 기둥이 생기고, 날씨가 따뜻해져 안테나 상부의 눈이 녹아내리면 얼음 기둥도 사라진다.

② 단계 2: '모순 해결'에서 '질적 변화(QC)'의 조건 도출

TRIZ의 핵심은 기술적 모순을 해소하는 발명적 해결책을 찾는 것이다. TRIZ에서는 발명적 해결책을 개념적으로만 기술했으나 호로위츠는 〈그림 4.3〉과 같이 이를 '질적 변화'라는 것으로 명확히 정의했다.

③ 단계 3: '40가지 발명원리'에서 '5가지 사고도구' 도출

닫힌 세계와 질적 변화의 조건이 창의적이지 못한 아이디어를 걸러내는 데는 유용하지만, 그에 앞서 새로운 아이디어의 창출을 위한 방법이 있어야 한다. 특히 닫힌 세계 내에 숨겨진 기회를 발굴하는 데 도움을 줄 도구가 필요하다. TRIZ에서는 발명적 해결책을 찾기 위한 지침으로 40가지 발명원리를 제공하지만, 여기에는 다음과 같은 문제가 있다.

• 발명원리들이 적용되는 추상적 수준이 일정하지 않다.

'차원 바꾸기(발명원리 17)'처럼 매우 일반적인 것이 있는 반면, '기계적 진동(발명원리 18)'이나 '공압식/유압식 구조물의 이용(발명원리 29)' 등과 같이 특정 문제에만 제한적으로 사용되는 것도 있다.

• 발명원리들의 사용빈도가 천차만별이다.

'차원 바꾸기(발명원리 17)'처럼 자주 사용되는 것도 있지만, '포개기(발명원리 7)'처럼 거의 사용되지 않는 것도 있다.

• 발명원리의 수가 너무 많다.

현실적으로 40가지 발명원리를 제대로 배우고 활용하긴 힘들다. 또한 40가지 발명원리의 활용을 돕기 위한 모순행렬이 있긴 하지만 모순행렬에 포함된 39가지 표준특성은 모두 기술적 특성이다. 이 때문에 발명원리의 적용 범위가 기술적 문제로 국한된다. 40가지 발명원리 중 기술적 문제뿐만 아니라 일반적 문제해결에도 도움이 될 만한 것들이 있다.

이러한 문제를 해결하기 위해 SIT에서는 40가지 발명원리를 5가지 사고도구로 간소화했다.

④ 단계 4: TRIZ의 기타 요소 제거

TRIZ에는 40가지 발명원리와 모순행렬 외에도 표준해결책과 물리효과, 기술진화의 법칙, SLPSmart Little People 등과 같은 다른 많은 요소가 포함되어 있다. SIT에서는 이런 요소들을 모두 배제했다.

SIT의 5가지 사고도구

SIT의 5가지 사고도구thinking tools는 40가지 발명원리 중에서 유사한 것들끼리 묶고, 특정 문제에만 제한적으로 사용되는 것과 사용빈도가 낮은 것을 제외시켜 단순화한 것이다. 〈표 5.1〉은 이러한 5가지 사고도구를 정리한 것이다.

5가지 사고도구	설 명
제거 (Subtraction)	시스템을 구성하는 요소 중 일부, 가능하면 핵심적 요소를 제거한다. (예) 날개 없는 선풍기
용도통합 (Task Unification)	시스템을 구성하는 요소 중 하나가 다른 역할까지 수행하도록 한다. (예) 스마트폰 충전기 겸용 거치대
복제 (Multiplication)	시스템을 구성하는 요소 중 하나를 시스템 내에 추가한다. 추가되는 요소는 필요에 따라 변형할 수 있다. (예) 이중 면도날 안전면도기
분리 (Division)	시스템의 구성요소를 분리하여 필요에 따라 재구성하거나 관절로 연결하여 동작 유연성을 높인다. (예) 무게조절 덤벨
속성의존 (Attribute Dependency)	외부환경(외부조건)과 내부속성 사이 또는 내부속성과 다른 내부속성 사이에 관계를 맺어준다. (예) 자외선의 양에 따라 색상이 변하는 변색렌즈, 중심으로 갈수록 용융점이 낮은 양초

〈표 5.1〉 5가지 사고도구

40가지 발명원리가 어떻게 5가지 사고도구로 집약되었는지 일부만 설명하면 다음과 같다.

- '국소적 성질(3번 발명원리)', '비대칭(4번 발명원리)', '차원 바꾸기(17번 발명원리)'는 묶어서 '속성의존'에 포함시켰다.
- '역동성(15번 발명원리)'은 '분리' 또는 '속성의존'을 통해 실현된다.
- '범용성(6번 발명원리)'은 '제거'나 '용도통합'을 통해 실현된다.
- '포개기(7번 발명원리)'와 '평형추(8번 발명원리)' 및 '타원체 형상(14번 발명원리)'은 특정 문제에만 제한적으로 사용되기 때문에 제외했다.

기능적 고착과 구조적 고착

5가지 사고도구와 관련해 한 가지 주목할 점은 그것이 인지적 고착cognitive fixedness을 극복하는 데 도움이 된다는 것이다. SIT 5가지 사고도구 중 용도통합은 '기능적 고착', 분리는 '구조적 고착'을 벗어나는 데 도움이 된다.

'기능적 고착functional fixedness'이란 사물을 기존에 쓰이던 용도로만 사용하려는 심리적 편향을 말한다. 따라서 기능적 고착은 기존 요소를 새로운 방식으로 활용하려는 창의적 해결책 모색을 가로막는 정신적 장애물이 된다. 기능적 고착이란 용어는 심리학자 칼 던커Karl Dunker가 만든 것으로, 이를 설명하기 위해 사용되었던 촛불 문제는 많이 알려져 있다.

던커가 고안한 촛불 문제는 매우 간단하다. 〈이미지 5.1〉과 같이 탁자 위에 양초 하나, 압정 한 상자와 성냥을 두고 피실험자들에게 "양초를 벽에 붙이되 촛농이 바닥에 떨어지지 않도록 하라"는 과제

〈이미지 5.1〉 촛불문제

를 주었다. 물론 벽은 압정이 들어갈 수 있는 합판이나 코르크로 되어 있다.

어떤 사람들은 압정으로 양초를 벽에 고정시키려고 하지만 잘 되지 않는다. 다른 사람들은 촛농으로 벽에 붙이려 애쓰지만 그것도 통하지 않는다. 이렇게 몇 분 허비하고 나서야 다른 방법을 모색한다. 대략 5~10분 지나면 대부분 사람이 〈이미지 5.2〉와 같은 해결책을 찾는다.

이 문제에 대한 해결책을 쉽게 찾지 못하는 이유는 압정을 담아놓은 상자를 단지 압정 용기로만 인지해 다른 용도로 활용할 생각을 하지 않기 때문이다. 이처럼 사물의 일반적 용도에 대한 사전 인식 때문에 그것을 새로운 용도로 사용할 생각을 하지 못하는 것이 기능적 고착이다.

'구조적 고착structural fixedness'은 사물 전체를 하나의 단일체로 생각하는 심리적 편향을 말한다. TV 수상기는 1920년대 후반에 등장

〈이미지 5.2〉 촛불 문제의 해결책

했지만 1955년 제니스Zenith의 엔지니어였던 유진 폴리Eugene Polley가 무선 리모컨을 개발하기 전까지는 전원, 채널, 음량 조정 버튼이 모두 TV 수상기에 붙어 있었다. 지금은 리모컨이 없는 TV를 생각하기 어렵지만, 리모컨을 구경하기 전에는 대부분 사람이 조정 버튼은 당연히 몸체에 붙어 있어야 하는 것으로 생각했다. 이처럼 수상기와 조정 버튼 전체를 하나로 묶어서 생각하는 것은 구조적 고착에 속한다.

06

SIT 사고도구: 제거
Subtraction

앙꼬 없는 찐빵의 재발견

1501년, 당시 26세의 젊은 청년 미켈란젤로 부오나로티Michelangelo Buonarroti가 버려진 대리석을 이용해 조각한 '다윗상David Statue'은 르네상스 시대의 명작 중 하나로 잘 알려져 있다. 이와 관련해서 전해져오는 이야기가 있다. 다윗상을 본 교황이 찬탄을 금치 못하며 "그대는 어떻게 이런 걸작을 만들 수 있었는가?"라고 묻자, 미켈란젤로는 "그야 간단한 일이죠, 다윗처럼 보이지 않는 것을 모두 제거했을 뿐입니다"라고 답했다. 이 일화는 디자인 분야에서 '제거'의 중

〈이미지 6.1〉 미켈란젤로의 다윗상 (David Statue)

요성을 이야기할 때 종종 인용된다.

무엇을 개선하고자 할 때, 우리는 무의식적으로 무언가 더 좋은 것을 추가할 생각을 한다. 이런 식으로 문제해결을 하면 기존 시스템이 점점 더 복잡해지고 가격도 올라간다. 또한 이러한 접근방법은 창의적 아이디어가 되기 위한 조건 중 하나인 닫힌 세계에 위배되는 것이다.

SIT의 첫 번째 사고도구인 '제거'는 더 좋은 것을 추가하려 하지 말고 기존에 있던 것을 빼보라고 한다. 물론 SCAMPER와 같은 전통적인 아이디어 발상법에도 제거라는 개념은 있었다. 그러나 전통적 발상법에서 말하는 '제거elimination'는 카페인을 뺀 디카페인 커피처럼 유해한 것이나 부작용이 있는 요소를 빼자는 개념이지만, SIT의 '제거subtraction'는 가능한 한 가장 핵심적인 것을 없애보라는 것이다.

예를 들어 의자에서는 다리를 없애고, 자전거에서는 바퀴를 제거하라는 식이다. 말이 되지 않는 이야기처럼 들린다. 그렇게 하면 어떤 효용이 있을까?

의자에서 다리를 없애면 온돌방이나 일식집에서 많이 사용하는 좌식의자가 된다. 흔히 방석의자라고 불리는 이것은 다리가 달린 보통 의자의 경쟁상품이 아니다. 또한 이동용 자전거에서 바퀴를 제거하면 운동용 실내 자전거가 되는데, 이동용 자전거와 운동용 자전거는 시장 자체가 다르다. 이처럼 핵심적인 요소를 제거하면 신제품의 출시로 인해 기존 제품의 매출액이 줄어드는 자기잠식cannibalization 문제가 사라지는 경우가 많다. 다른 예를 몇 가지 더 보자.

술에서 가장 중요한 것은 두말할 필요도 없이 알코올이다. 알코올이 없는 술을 생각해보자. 그런데 알코올이 없어도 술이라고 할 수 있을까? 2009년 일본 기린Kirin사가 출시한 무알코올 맥주는 선풍적인 인기를 끌어 출시된 지 1개월 만에 품귀현상을 보였으며, 올해의 히트상품 4위로 선정되었다.

이후에도 무알코올 맥주는 꾸준히 잘 팔리고 있다. 알코올 섭취에 대한 부담 없이 시원한 맥주 맛을 즐기고 싶은 임산부나 20~30대 젊은 층이 많이 구매한다고 한다. 이외에도 운전자나 체질적으로 술을 못 마시는 사람들이 회식 자리에서 이를 찾는다. 이보다 더 큰 잠재시장이 있다. 종교적인 이유로 술을 금기시하는 중동지역에서도 무알코올 맥주의 판매가 가능하다.

일반적으로 알코올 도수가 1% 미만일 때 무알코올 맥주라고 하는데, 일반 맥주에 비해 칼로리가 40%가량 적다. 또한 술이 아니라 청량음료로 분류되기 때문에 주세가 붙지 않아 가격도 상대적으로 저렴하다.

다른 예로 줄넘기를 생각해보자. 권투 선수들이 체중관리를 위해 줄넘기를 애용하는 것을 보면 줄넘기는 다이어트를 위한 가장 효과적이고 간편한 운동인 것 같다. 그런데 줄넘기용 줄에서 줄을 빼보자. 점프스냅JumpSnap사는 이러한 아이디어를 상품화하고 특허로 등록했다.

줄넘기에서 줄이 없으면 어떤 장점이 있을까? 우선 실내에서도 마음 놓고 운동할 수 있다. 회전하는 줄이 천장에 매달아놓은 전등을 깨뜨릴 일도 없고, 천장이나 바닥을 때리는 소리도 없기 때문이다. 또한 아무리 기분을 내고 돌려도 줄이 발에 걸리지 않는다. 앞으로 돌

〈이미지 6.2〉 점프스냅(JumpSnap)

리고, 뒤로 돌리고, 엑스(×) 자로 돌리고, 한번 뛰어 두세 번 돌려도 걸리지 않는다.

이를 두고 세상에서 가장 멍청한 특허 상품이라고 비판하는 사람이 있다. 맨손으로 돌리면 될 것을 구태여 돈 주고 살 이유가 없다는 것이다. 과연 그럴까? 물론 그렇지 않다.

손목을 돌리면 손잡이 앞에 매달아놓은 작은 추가 돌아가면서 쌩쌩쌩쌩 소리를 내기 때문에 진짜 줄넘기하는 기분이 난다. 또한 손잡이에 있는 작은 액정 화면을 통해 운동시간, 회전수, 칼로리 소모량 등의 정보를 볼 수 있다. 그뿐 아니라 손잡이 뒷부분을 열어서 무거운 쇠막대기를 넣을 수 있기 때문에 팔 근력운동도 함께 할 수 있다.

일반적으로 무언가를 더 좋게 하려면 더 좋은 요소들을 투입해야 한다고 생각하지만, SIT의 첫 번째 사고도구인 '제거'는 그 반대로 기존에 있던 것, 그것도 가능하다면 핵심적 요소를 빼라고 하기 때문에 심리적으로 '저항이 가장 큰 경로Path of Most Resistance, PMR'를 따르는 원칙이라고 한다. 더 많은 사례를 유형별로 나누어서 보자.

요소 제거

'요소 제거'란 제품이나 시스템을 구성하는 특정 요소를 제거하는 것을 말한다. 예를 들어 수프에서 물을 빼면 분말수프가 된다. 수프에서 물이라는 요소를 빼면 부피가 줄어들기도 하지만 장기간 보관할 수 있다. 앞서 살펴본 무알코올 맥주나 줄 없는 줄넘기도 요소 제거에 속한다. 다른 예를 몇 가지 더 살펴보자.

2009년 다이슨Dyson사가 날개를 제거한 선풍기를 출시하기 전까지는 '날개 없는 선풍기'를 상상조차 하기 힘들었다. 영국의 디자이너이자 기업가인 제임스 다이슨James Dyson이 설계한 이 선풍기는 원통형 받침대 안에 있는 모터가 회전하면서 공기를 빨아들인다. 받침

〈이미지 6.3〉 다이슨사의 날개 없는 선풍기(Air Multiplier)

대 안으로 들어온 공기가 위에 있는 둥근 고리의 틈새로 빠르게 빠져나가면 주변 공기가 합류해 원래 흡입된 공기보다 15배나 많은 바람이 나온다.

날개가 없기 때문에 아이들 손가락이 회전날개와 부딪혀 다칠 염려가 없고, 청소나 운반이 쉬울 것이라는 점은 누구나 생각할 수 있다. 그보다 더 큰 장점은 바람의 질이다. 종래의 선풍기는 회전하는 날개가 공기를 때려서 앞으로 보내기 때문에 바람이 단속적이지만 다이슨 선풍기에서 나오는 공기는 자연풍과 같이 연속적이다.

날개 없는 선풍기에 이어 이제는 날개 없는 풍력발전기가 등장할 것 같다. 기존 풍력 발전기는 자연풍을 이용해 발전기의 날개를 회전시키고, 이 회전력을 이용해 전기를 생산한다. 그러나 청정에너지로 알려진 풍력발전에도 몇 가지 큰 문제가 있다. 우선 발전기의 날개가 매우 커 주변 경관을 해칠 뿐 아니라 날개가 회전할 때 발생하는 소음도 만만치 않다. 또한 새들이 돌아가는 날개에 부딪혀 다치거나 죽는 일도 적지 않다. 그뿐 아니라 고장 발생 시 복구하는 것도 만만치 않다.

네덜란드 정부 혁신 프로그램의 일환으로, 델프트 공대와 바헤닝언 대학 등이 참여한 컨소시엄은 정전식 풍력 변환Electrostatic WInd energy CONverter, EWICON 기술을 개발했다. 이 기술을 적용하면 양극과 음극 사이에 양전하를 가진 물 입자가 이동하면서 전기를 발생시킨다. 여기에는 움직이는 기계적 장치가 들어가지 않으므로 부품의 마모로 인한 유지보수 비용이 거의 들지 않는다. 또한 소음이 없으며 회전날개에서 발생하던 그림자의 현란한 움직임도 없다. '더

〈이미지 6.4〉 더치윈드휠(Dutch Windwheel)

치윈드휠Dutch Windwheel'이라는 이 신형 풍력발전기는 물 위에 두 개의 큰 고리가 떠 있는 듯한 아름다운 형상을 하고 있는데, 안쪽 고리는 스카이라운지나 호텔, 식당, 주거 및 상업 시설 등으로 활용할 수 있다.

이번에는 우산을 생각해보자. 우산에서 가장 중요한 것은 갓이다. 갓은 우산의 가장 중요한 부분이지만 가장 문제가 많은 부분이기도 하다. 바람이 세게 불면 갓을 지탱하는 우산살이 부러지거나 갓 자체가 뒤집힌다. 또한 혼잡한 곳에서는 갓끼리 부딪치기 때문에 우산을 펴고 걷기가 불편하다. 비가 그친 뒤에도 젖은 우산을 말려야 하는 일이 남아 있다. 갓이 없으면 이런 불편이 모두 사라진다. 그러나 비를 막아주는 갓이 없는 우산이 말이나 되는가?

제임스 다이슨상James Dyson Award을 받은 'AIRBLOW 2050'이 바로 그것이다. 다이슨상은 차세대 디자이너를 발굴하기 위해 제임스

〈이미지 6.5〉 AIRBLOW 2050

다이슨 재단이 후원하는 디자인상이다.

AIRBLOW 2050의 겉모양은 마치 지팡이와 같다. 갓과 그것을 지탱하는 우산살이 없고 우산대만 남았기 때문이다. 우산대 안에 장착된 작은 모터를 돌려서 우산대 위로 공기를 뿜어 올리면 이 분출 공기가 빗방울을 위로 밀어 올려 옆으로 떨어지도록 하자는 개념이다. 이것이 가능하려면 모터가 우산대 안에 들어갈 만큼 작아야 하고, 1회 충전으로 모터를 돌릴 수 있는 시간이 길어야 된다. 또한 대중적으로 보급되기 위해서는 가격까지 내려가야 한다. 아마도 이 우산을 고안한 디자이너는 2050년쯤 되어야 이러한 조건이 충족될 것이라고 본 것 같다. 그러나 이것이 현실화된다면 천 년 넘도록 기본구조가 변하지 않았던 우산의 역사를 다시 쓰는 획기적 상품이 될 것이다.

핵심적인 요소를 제거하는 대신 핵심적인 것만 남기고 나머지를 제거하는 것도 생각해볼 수 있다. 전기주전자의 예를 보자.

호텔 방에 비치된 커피를 한 잔 마시기 위해 전기주전자로 물을 끓이려면 500밀리리터 생수 한 병이 다 필요하다. 이러한 자원과 에너지의 낭비를 줄일 수 있는 방법이 없을까? 네덜란드 아인트호번 디자인 아카데미Design Academy Eindhoven, DAE에 재학 중이던 닐스 처디Nils Chudy와 자스미나 그레이스Jasmina Grase가 이 문제를 해결했다. 이들은 전기주전자의 핵심 요소인 가열하는 부분만 남겨두고 나머지를 모두 제거하는 아이디어를 졸업 작품으로 제출했는데, 이를 상품화한 것이 '미토Miito'다. 미토라는 제품명은 특별한 뜻이 있는 것이 아니라 어느 나라 언어로도 발음하기 편하고 기억하기 쉽도록 지은 것이라고 한다.

이 제품은 주전자에 물을 끓인 후 필요한 만큼 컵에 따르는 것이 아니라, 필요한 양만큼의 물을 사용하고자 하는 컵에 담아서 끓인다. 코일이 내장된 유도판induction base 위에 물을 담은 컵을 놓고 가느다란 금속 막대를 물속에 넣으면 유도판이 전자기장을 발생시켜서 이 막대를 가열한다. 전자기장은 철분이 함유된 재료에 열을 발생시키기 때문에 비철재료로 만든 용기라면 형태나 크기에 상관없이 물을 포함한 각종 액체를 끓일 수 있다.

영화관에서 3D 영화를 보려면 3D용 안경을 껴야 한다. 평소에 안경을 쓰는 사람들은 시력 교정용 안경 위에 3D용 안경을 하나 더 쓰

〈이미지 6.6〉 미토(Miito)

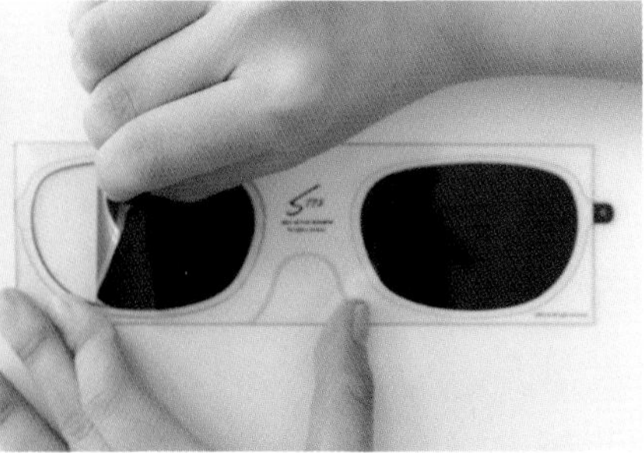

〈이미지 6.7〉 스틱스(Stix)

는 것이 어색하고 불편하다. 그런데 3D용 영화를 즐기기 위해 필요한 것은 편광 렌즈이지 안경테나 안경다리가 아니다. 이미 안경을 쓰고 있는 사람들에게 안경테와 안경다리를 다시 착용하게 할 필요가 없다. 정수민과 안대진 디자이너는 이러한 점에 착안해 시력교정용 안경 렌즈 위에 부착할 수 있는 3D용 필름 스티커인 '스틱스Stix'를 고안했다.

이번에는 자전거를 생각해보자. 자전거에서 가장 중요한 바퀴를 제거하면 야외 이동용 자전거가 실내 운동용 자전거로 바뀐다. 그런데 어지간히 넓은 집이 아니라면 운동용 자전거를 실내에 둘 곳이 마땅치 않다. 거실이나 안방에 둘 수는 있겠지만 인테리어 용품이 아니므로 눈에 거슬리기 마련이다.

불필요한 요소를 모두 제거한다는 관점에서 이 문제를 바라보자. 하체 운동, 그중에서도 특히 무릎관절 부위의 근육 강화를 위한 운동용 자전거에서 핸들과 안장이 꼭 있어야 할까?

'사이클리Cycli'는 실내 운동용 자전거에서 무릎운동에 필요한 구동 부분만 남기고, 핸들과 안장 및 이들을 지지하던 프레임을 모두

〈이미지 6.8〉 사이클리(Cycli)

제거한 제품이다. 거추장스러운 핸들과 안장 및 프레임이 없기 때문에 실내에 두기가 한층 수월하다. 책상 밑에 두면 업무나 공부를 하면서, 소파 앞에 두면 쉬거나 TV 시청을 하면서 운동할 수 있다.

미국 쿼키Quirky사는 일반인들의 아이디어를 상품화해 제안자와 회사가 그 이익을 공유하는 벤처 기업이다. 이 회사에서 출시한 재미있는 아이디어를 하나 보자.

레몬 즙을 음식 위에 뿌리기 위해 손이나 집게로 레몬 조각을 짜는 동작은 성가실 뿐 아니라 보기에도 그다지 좋지 않다. 쿼키에서

〈이미지 6.9〉 스템(Stem)

출시한 주스 스프레이어인 '스템Stem'은 분무기의 통을 제거하고 분사장치만 남긴 것이다. 분무통 대신 레몬에다 직접 분사장치를 꽂아서 사용하면 편리할 뿐 아니라 레몬 즙도 훨씬 더 신선할 것 같은 느낌을 준다.

참고로, 2015년 9월 쿼키는 미국 연방파산법 챕터 11에 따른 파산절차를 신청했다. 2009년 설립된 쿼키는 벤처캐피털로부터 우리나라 화폐가치로 무려 2천억 원을 투자받았으며 100만 명의 회원을 확보했다. 또한 쿼키를 통해 상업화된 제품도 400종이나 되며, 2014년 매출이 1억 달러에 달했다. 그러나 냉장고 속에 얼마나 많은 계란이 남아 있는지 알려주는 디지털 계란판 등의 실패작들이 쿼키의 수익을 잠식하면서 제작비용이 발목을 잡아 결국 파산 신청에 이른 것으로 보인다.

다음은 적정기술의 재미있는 사례 중 하나다. "자동차 회전 깜빡이를 비상 경고등으로, 에어필터와 팬을 이용한 신선한 공기 공급, 헤드라이트를 이용한 보온, 도어 문걸이를 이용한 덮개 개폐." 이것은 운송기구가 아니라 미국의 DtMDesign that Matters이 만든 '네오너처NeoNurture 인큐베이터'에 대한 설명이다. DtM은 디자인을 통해 가난한 개발도상국의 문제 해결에 도움을 주는 비영리 조직이다.

전 세계에서 매년 약 2천만 명의 미숙아가 태어나며 그중 400만 명이 한 달 내 사망하는데, 사망자의 대부분은 인큐베이터가 보급되지 않은 저개발 국가의 아이들이다. 미숙아는 피하 지방층이 얇아서 피부 발열이 적고 신체 활동도 미약하기 때문에 저체온증에 걸리기 쉽다. 이러한 미숙아에겐 온도와 습도 등의 환경을 산모의 자궁과 비

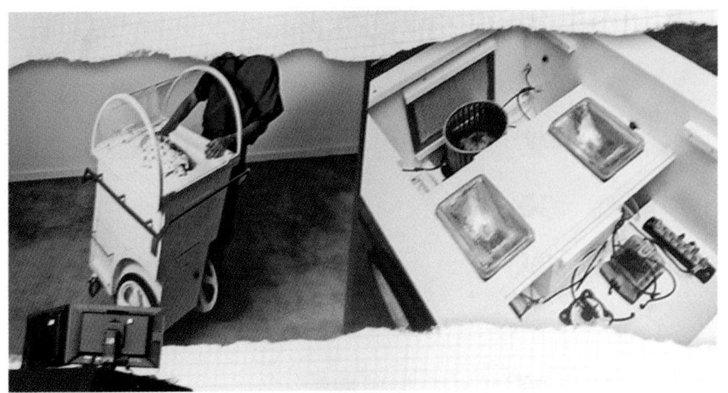

〈이미지 6.10〉 네오너처 인큐베이터

슷한 조건으로 유지해주는 인큐베이터가 필요하다. 인큐베이터의 원리와 구조는 비교적 단순하지만 가격이 비싸기 때문에 소득수준이 낮은 나라에는 보급이 힘들다. 설령 보급된다고 하더라도 유지관리에 필요한 부품을 구하기 어렵고 정비기술도 없기 때문에 몇 년 내 불용품이 된다.

DtM의 CEO인 티머시 프레스테로Timothy Prestero는 CNN과의 인터뷰에서 네오너처의 개발 아이디어를 다음과 같이 설명했다.

> 세계 어느 곳을 가더라도 볼 수 있는 4가지 물품이 있다. 그것은 4C(Coke, Condom, Cigarette, Car)인데, 이 중 하나인 자동차의 부품을 이용해서 내부가 자동차처럼 보이는 인큐베이터를 만들면 어떨까 하는 생각을 했다. 이러한 착상 아래 자동차에 들어가는 많은 부품 중 인큐베이터의 제작에 불필요한 것들을 모두 제거했다.

이것은 요소 제거의 사고방식을 잘 보여준다. 네오너처는 자동차가 굴러다니는 곳이라면 어디서든 유지관리가 가능할 뿐 아니라, 가격도 기존 제품의 10분의 1에 불과하기 때문에 매우 실용적이다. 2010년 미국 시사주간지 『타임』은 이 인큐베이터를 '올해의 50대 발명품' 중 하나로 선정했다.

부분 제거

'부분 제거'는 무릎까지 내려오는 반바지나 정강이까지 내려오는 칠부바지처럼 제품이나 시스템의 일부분을 제거한 것이다. 넓게 보면 요소 제거와 통합할 수 있겠지만, 특정 요소 전체를 제거하는 것이 아니라 시스템의 구성요소를 부분적으로 제거하는 것이라고 생각하자.

부분 제거는 이미 우리 일상생활에 많이 들어와 있다. 여름에 많이 신는 발목 양말이나 운동용 반장갑도 여기에 속한다. 또한 겨울에 장갑을 끼고 스마트폰을 사용할 수 있도록 엄지손가락과 집게손가락의 앞부분을 잘라놓은 것도 부분 제거다. 손발이 찬 사람이나 노인들은 추운 겨울에 발뒤꿈치가 트는 일이 많다. 이런 경우 착용하는 발꿈치 보호대는 발목 양말의 앞부분을 제거한 것이다.

미국의 경제전문지 『포브스Forbes』는 2012년 3월 26일 자 커버스토리로 보정용 속옷 전문업체인 스팽스Spanx의 창업자 사라 블레이클리Sara Blakely를 소개했다. 부모로부터 상속받은 재산이나 남편의 도움 없이 자수성가한 여성 중 41세의 그녀가 최연소 백만장자라는 것이다.

〈이미지 6.11〉 스팽스의 창업자 사라 블레이클리(Sara Blakely)

자수성가한 백만장자의 삶이 다 그렇듯이, 그녀의 젊은 시절도 순탄하지 못했다. 플로리다 주립대학을 졸업한 뒤 디즈니월드의 구피Goofy(미키마우스와 도널드덕의 친구인 의인화된 강아지 캐릭터) 배역에 지망했으나 키가 모자란다는 이유로 탈락한 이후, 생계 유지를 위해 7년 동안 팩스기 외판원으로 일했다.

외판원 생활에 몰두하고 있던 어느 날 그녀에게 계시의 순간eureka moment이 왔다. 파티에 가려고 근사한 흰 바지를 사서 입었는데 엉덩이 살이 나오고 팬티선이 보여 뒷모습이 볼품없었다. 이를 보정하기 위해 스타킹을 신고 보니 바지에 맞추어 산 앞이 트인 신발과 어울리지 않았다. 그래서 스타킹의 발목 아래를 잘라내고 신었다. 며칠 후 TV에서 오프라 윈프리가 "스타킹을 신을 때마다 불편을 느껴 발목 아랫부분을 잘라내고 신는다"고 말하는 것을 듣고 '바로 이거야!'라는 생각을 하게 되었다.

그 후 그녀는 이 사업 아이디어를 아무에게도 이야기하지 않고 1년 동안 창업을 준비했다. 아무에게도 말하지 않은 것은 비관론자들의 이야기를 듣고 창업 결심이 흔들릴지 모른다는 우려 때문이었다.

스타킹의 발목 아래를 제거한다는 단순한 아이디어로 시작한 몸매 보정용 속옷 사업을 통해 그녀는 1조 원 넘는 재산을 보유한 부호가 되었다.

다음으로 방진 및 항균 용도로 코와 입을 가리는 마스크를 생각해 보자. 대기 중 미세먼지나 자동차 매연, 작업장 내 분진으로 인한 호흡기 질환이나 꽃가루로 인한 알레르기 등을 예방하기 위해서는 마스크를 착용해야 한다. 그러나 마스크를 착용하면 불편한 게 한두 가지가 아니다. 대화가 불편한 것은 물론이고, 얼굴에 바른 화장품이 마스크에 묻어난다. 또한 안경에 김이 서려 시야를 가린다. 안경을 쓰지 않는 사람이라도 마스크를 착용하면 독감이나 폐렴 같은 전염성 호흡기 질환에 걸린 것으로 의심받아 남들이 가까이 오는 것을 꺼린다. 인적이 드문 어두운 곳에서 마스크를 쓰면 잠재적 범죄자로 오인받기도 한다.

그런데 곰곰이 생각해보면, 흡입 공기에 포함된 이물질을 걸러내는 데 얼굴 아래쪽 절반을 모두 가릴 필요는 없다. 콧구멍을 통해 공기가 몸 안으로 들어가기 전에만 걸러내면 된다. 이러한 점에 착안해 우리나라 방진필터 전문기업 (주)드림에어의 정진구 대표는 마스크 착용에 따르는 제반 문제를 해결한 '노스크Nosk'를 개발했다.

노스크란 제품명은 코nose와 마스크mask를 합한 조어造語다. 3중 구조의 부드러운 고성능 필터 두 개를 투명한 클립으로 연결한 이 제품을 양쪽 콧구멍에 끼우면 겉으로 드러나지 않으면서도 미세먼지나 분진 등의 체내 흡입을 차단한다.

주제를 바꾸어 스포츠에 대한 이야기를 해보자. 아마 전 세계적으

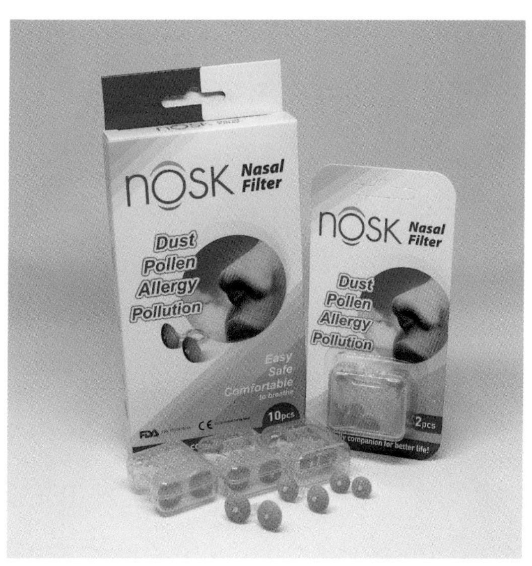

〈이미지 6.12〉 노스크(Nosk)

로 가장 대중적인 인기를 누리는 스포츠는 축구일 것이다. 월드컵처럼 전 세계인을 열광의 도가니로 몰아넣는 스포츠는 없다. 축구경기를 하려면 한 팀에 11명이라는 사람이 모여야 하고 넓은 운동장이 필요하다. 함께 운동할 20명 이상의 사람을 쉽게 모을 수 없거나 넓은 운동장을 구하기 힘든 곳에서 축구를 즐길 수는 없을까? 사람을 줄이고 경기장을 줄이면 된다. 이게 바로 풋살futsal이다. 풋살은 국제축구연맹FIFA에서 공인한 실내 축구로서, 골키퍼를 포함해 팀당 5명의 선수가 참가한다.

월드컵에서 남미 선수들이 뛰어난 기량을 발휘하는 것은 풋살이 남미에서 시작된 것과 관련 있는 듯하다. 풋살은 좁은 경기장에서 적은 수의 선수들이 시합하기 때문에 정교한 패스가 중요하다. 또한 좁은 골대를 사용하기 때문에 슈팅의 정확도가 요구된다. 이 때문에 풋

〈이미지 6.13〉 도쿄 도심에 있는 풋살 경기장

살로 단련된 어린 선수들이 세계적인 축구 스타로 성장하는 경우가 많다.

운동 이야기를 계속해보자. 1992년 미국 텍사스주의 소도시에서 사업을 시작한 '커브스Curves'는 세계 최초 여성 전용 피트니스 클럽이다. 남녀가 같이 이용하는 피트니스 클럽은 남성용 운동기구의 종류가 많고 부피도 크기 때문에 넓은 공간이 필요하고 시설 투자비도 많이 든다. 적은 돈으로 사업을 시작하기 위해 커브스는 여성 전용 피트니스 클럽을 생각했지만, 여성 고객 입장에서도 남자들의 시선을 의식하지 않고 편안하게 운동에만 전념할 수 있다는 장점이 있다. 여성들이 아침에 일어나 세수도 하지 않은 채 편안한 옷차림으로 운동할 수 있다는 것을 강조하기 위해, "3M이 없다No Mirror, No Man, No Make-up"는 것을 표방하고 있다.

커브스에서 제거한 것은 남성만이 아니다. 운동시간도 30분으로 줄였다. 그대신 유산소 운동과 근력 운동 및 스트레칭까지 함께 할 수 있는 순환운동 프로그램을 개발하고, 이를 위해 10개 남짓한 운동기구들을 원형으로 배치했다. 커브스의 30분 순환운동 프로그램은 유산소 운동만 하는 것에 비해 3배 이상의 체지방을 연소시키기 때문에 다이어트에도 효과적이라고 한다. [참고: 커브스에서 남성을 배제하고 운동기구의 종류를 줄인 것은 요소 제거지만, 운동시간을 단축한 것은 부분 제거라고 볼 수 있다. 어떤 면에서 SIT의 제거는 모두 요소 제거라고 볼 수 있지만, 설명의 편의를 위해 요소 제거와 부분 제거, 그리고 다음에 설명할 동반용품 제거로 구분했다.]

현재 커브스는 전 세계 85개국에서 1만 개 이상의 프랜차이즈 클럽을 운영하고 있다. 커브스는 남들보다 더 좋은 것을 더 많이 추가하려고 노력하지 않았다. 이와 반대로 사업주에게는 더 적은 비용으로 개업할 수 있도록 하고, 고객들에게는 부담 없이 운동할 수 있도록 불필요한 것을 줄이는 데 집중했기 때문에 세계 최대 피트니스 프랜차이즈로 성장할 수 있었다.

동반용품 제거

제거의 다른 형태 중 하나로 소모품이나 다른 부수 물품이 필요 없게 만드는 '동반용품 제거'가 있다. 진공청소기를 예로 보자. 날개 없는 선풍기로 유명한 다이슨사는 1995년 먼지봉투가 필요 없는 진공청소기를 개발했다. 창업자인 제임스 다이슨은 당시 진공청소기의 원조인 미국 후버Hoover사의 제품을 사용하고 있었는데, 사용시간이 길어질수록 흡인력이 떨어지는 것에 불만을 가졌다. 먼지가 봉투 표면에 있는 미세한 구멍들을 막는 것이 원인이었다. 다른 회사의 제품들도 같은 문제를 안고 있었다.

그는 집 근처 목공소에서 문제해결의 실마리를 얻었다. 목공소에서는 나무를 자를 때 생기는 톱밥이 주변으로 날리는 것을 막기 위해 사이클론 집진기를 이용하고 있었다. 집진기를 통해 유입된 공기는 회오리바람 형태로 돌면서 지붕 위 배출구로 빠져나가는데, 이 회오리바람의 원심력 때문에 톱밥은 바깥으로 밀려나 벽면을 타고 떨어져 쌓였다. 여기서 아이디어를 얻은 다이슨은 먼지봉투가 필요 없는 사이클론 진공청소기를 만들었다.

그러나 이러한 혁신이 곧바로 상업적 성공으로 연결된 것은 아니다. 소모품인 먼지봉투의 판매가 사업 수익의 상당 부분을 차지하고 있었기 때문에, 기존 가전업체들은 모두 다이슨 청소기의 생산과 판매를 거부했다. 또한 일부 업체들은 모방 제품을 출시해 다이슨을 더욱 어렵게 만들었다. 신제품 개발에 막대한 돈을 쏟아부은 다이슨은 한때 파산 직전까지 갔지만, 다행히 수년간의 지루한 송사 끝에 특허권을 보호받게 되었다. 이를 계기로 다이슨은 세계적인 가전업체로 성장할 수 있었다.

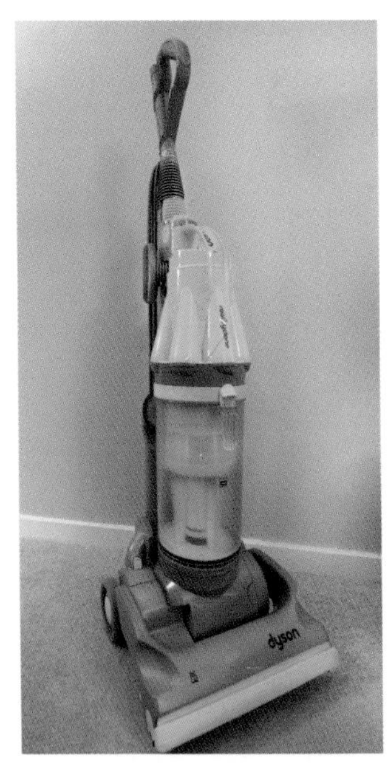

〈이미지 6.14〉 다이슨 진공청소기 초기 모델

'에어프라이어Air Fryer'는 조리기구에 동반용품 제거가 적용된 대표적 예다. 끓는 기름에 식재료를 담가서 튀기는 전통적 조리법 대신 에어프라이어는 뜨거운 공기를 빠르게 순환시켜 식재료 내에 있는 지방 성분을 이용해 조리한다. 기름에 담그지 않는 조리법 때문에 전통적 튀김 요리에 비해 튀김 내에 있는 지방 함유량을 80%까지 줄일 수 있다. 따라서 에어프라이어를 이용하면 포화지방산으로 인한 비만이나 동맥경화 등의 건강 문제를 상당히 줄일 수 있다.

이러한 건강상의 이점 외에도 다음과 같은 많은 장점이 있다.

- 기름에 담그지 않기 때문에 식감이 바삭바삭해 튀김 맛이 더 좋다.
- 튀김용 기름의 산화로 인한 전 내가 없다.
- 조리 후 남은 기름을 보관하거나 식힌 다음 버려야 하는 번거로운 일이 없어진다.
- 튀김 요리에 사용한 조리기구의 세척이 쉽다.

〈이미지 6.15〉 에어프라이어(Air Fryer)

다음은 사무실에서 많이 쓰는 스테이플러 이야기다. 환경에 대한 사회적 인식이 커지자 이에 부응하기 위해 일본 최대 사무용품업체인 고쿠요Kokuyo는 2009년 철심staple이 필요 없는 스테이플러 '하리낙스Harinacs'를 출시했다. 이 제품을 사용하면 문서를 폐기할 때 종이와 철심을 분리할 필요가 없어 사무 능률도 향상된다. 폐기할 문서의 보안이 문제 된다면 분쇄기에 그대로 넣을 수 있다.

의약품의 예를 보자. 1998년 화이자Pfizer가 출시한 발기부전 치료제 비아그라Viagra는 회춘산업의 새로운 장을 열었다. 발기부전 치료제 시장을 거의 독식하던 비아그라의 시장점유율은 시알리스Cialis나 레비트라Levitra 등과 같은 강력한 경쟁상품이 나오면서 2007년에 절반으로 떨어졌다.

국내에서도 시알리스나 레비트라뿐 아니라 동아제약의 자이데나Zydena가 좋은 반응을 보이자, 2007년에 SK케미칼이 '엠빅스Mvix'를 출시했으나 시장에서 별로 주목받지 못했다.

발기부전 치료제의 고객들이 호소하는 가장 큰 불만은 물과 함께 복용해야 하므로 파트너가 눈치채지 못하게 감쪽같이 먹을 수 없을 뿐 아니라 환자가 된 느낌이 든다는 것이다. 이러한 사실에 주목한 SK케미칼은 물 없이도 복용할 수 있도록 엠빅스를 개량해 실패한 기존 상품을 부활시켰다. 엠빅스 에스란 이름으로 재출시한 이 상품은 필름 형태로 되어 있기 때문에 입천장에 붙이면 저절로 녹아서 흡수된다.

일찍이 아인슈타인은 "똑똑한 바보는 일을 더 크고 복잡하게 만들 수 있지만 그와 반대로 할 생각과 용기를 지닌 자가 진짜 천재다"

라고 말한 바 있다. 다른 말로 하면, 하수는 더하기에 집착하지만 고수는 빼기에 능하다고나 할까? 이번 장에서 살펴본 다양한 사례는 이 말이 단순한 수사가 아니라는 것을 잘 보여준다.

07

SIT 사고도구: 용도통합 Task Unification

도랑 치고 가재 잡고

SIT의 두 번째 사고도구인 '용도통합'은 하나의 요소가 두 개 이상의 기능을 수행하도록 하는 것이다. 〈이미지 7.1〉에 나타낸 우기하 디자이너의 '프런트&백Front&Back'은 용도통합의 개념을 아주 잘 살린 작품이다. 벽시계를 새롭게 디자인한 이 작품이 전통적인 시계와 다른

〈이미지 7.1〉 프런트 & 백(Front & Back) (1)

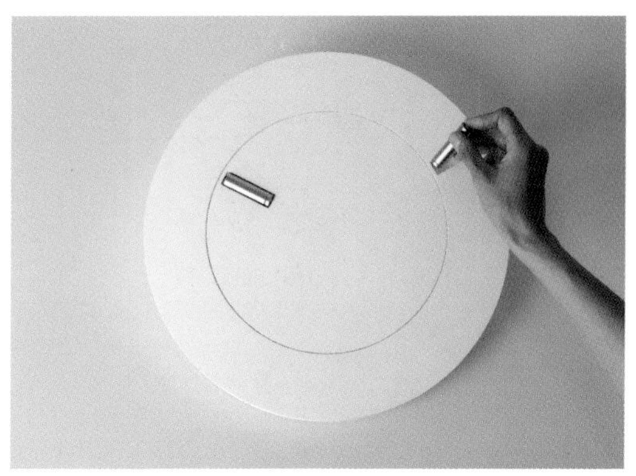

〈이미지 7.2〉 프런트 & 백(Front & Back) (2)

점은 무엇일까? 우선 시계판의 눈금을 제거했다. 사실 눈금이 없어도 현재 시간이 10시 10분쯤 된다는 것은 누구나 쉽게 짐작할 수 있으니, 어떤 면에서 시계판의 눈금은 사족에 불과하다.

이 작품이 정말 창의적인 이유는 시곗바늘에 있다. 〈이미지 7.2〉를 보면 건전지가 시곗바늘 역할을 하는 것을 알 수 있다. 이처럼 하나의 요소가 다른 역할까지 수행하는 것이 '용도통합'이다.

'건전지를 시곗바늘로 쓴다'는 것과 같은 용도통합의 발상이 특별히 어려운 이유는 5장에서 설명한 기능적 고착 때문이다. 말하자면 건전지의 역할은 에너지를 공급하는 것이라는 생각이 머릿속에 각인되어 있기 때문에 다른 용도로 쓸 생각을 좀처럼 하기 힘든 것이다.

이러한 기능적 고착을 극복하기 위해 SIT에서는 첫 번째 사고도구인 제거와 두 번째 사고도구인 용도통합을 연관시켜 다음과 같은 흐름에 따라 생각을 전개한다.

• 시계에서 가장 중요한 것은 시곗바늘이다.

→ 그렇다면 가장 중요한 시곗바늘을 제거해보자.

→ 시곗바늘을 제거한 상태로는 시계의 새로운 용도나 다른 효용을 찾을 수 없다.

→ 그렇다면 시곗바늘 역할을 대신할 다른 무언가를 찾아야 한다.

→ 그런데 닫힌 세계의 조건을 지키려면 외부에서 다른 요소를 가지고 와선 안 된다.

→ 그렇다면 기존에 있는 다른 어떤 요소가 시곗바늘의 기능을 수행해야 한다.

→ 기존 요소 중 시곗바늘 역할까지 맡을 수 있는 것이 없을까?

→ 건전지가 시곗바늘 역할을 대신할 수 있을 것 같다.

이러한 생각의 흐름을 요약하면 다음과 같다.

통상적으로 우리는 기존 시스템을 개선하기 위해 새로운 요소를 추가하려고 하지만, 그와 반대로 기존 요소 중 하나를 제거해본다. 또한 기존 요소 중 하나가 없어지면 그것을 대신할 다른 요소를 추가하는 것이 일반적이지만, 그렇게 하지 말고 제거한 상태 그대로 새로운 용도나 새로운 효용을 찾아본다. 이것이 첫 번째 사고도구인 제거다.

만약 기존 요소 중 하나를 제거한 상태에서 새로운 효용이나 용도를 찾지 못한다면 제거된 요소의 역할을 대신할 다른 외부 자원을 투입하지 말고 남아 있는 요소 중 하나가 제거된 요소의 역할을 대행하도록 한다. 이것이 두 번째 사고도구인 용도통합이다.

빨래는 우리의 삶에서 떼려야 뗄 수 없다. 빨래를 건조할 때 전기

건조기를 쓰면 편리하지만 에너지가 소모된다. 물론 이러한 에너지의 생산에는 환경오염과 탄소배출이 수반된다. 빨래를 자연 건조할 때 보통은 건조대를 사용한다. 그런데 건조대를 따로 둘 자리가 없는 좁은 공간에 사는 사람들은 어떻게 해야 할까?

〈이미지 7.3〉 블라인드라이(Blindry)

중앙대학교 고경은과 김보빈은 창문의 블라인드를 건조대로 사용하는 '블라인드라이Blindry'를 고안했다. 집안에서 가장 햇빛이 많이 들어오는 창문을 이용해 건조하면 빨래가 잘 마를 뿐 아니라 살균에도 좋다. 이 디자인은 2011년 레드닷 디자인 어워드의 디자인 콘셉트 부문 수상작이다.

작은 바늘에도 용도통합을 적용한 예가 있다. 바느질이 끝난 후 바늘귀에 걸린 실을 자르려면 가위가 필요하다. 그런데 평소에는 걸리적거리던 가위도 쓰려고 하면 보이지 않는다. 이런 경우에는 이빨로

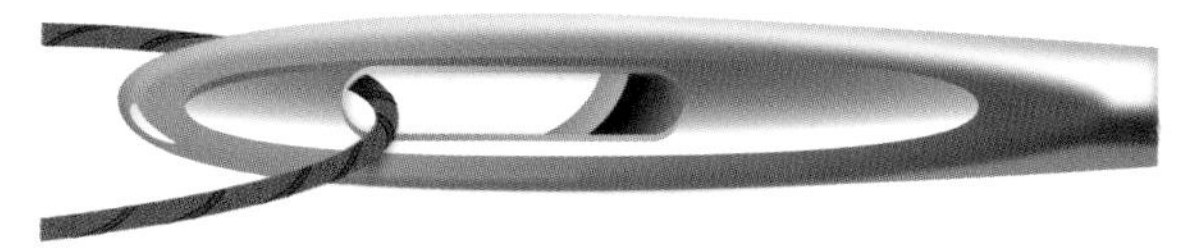

〈이미지 7.4〉 컷니들(Cut Needle)

실을 물어뜯는 수밖에 없다. 좀 더 편리한 방법이 없을까? 대구대학교 이지은, 강지훈, 이영호, 서지윤과 계명대학교 박병규가 디자인한 '컷니들Cut Needle'은 이러한 문제를 깔끔하게 해결했다.

일반적으로 바느질할 때 실은 바늘귀의 상단에 붙어서 움직인다. 컷니들은 바늘귀의 하단 안쪽 부분을 칼날로 사용할 수 있도록 한 것이다. 바느질이 끝나면 가위를 찾거나 이빨로 물어뜯을 필요 없이 실을 바늘귀 아래로 잡아당기면 끊어진다. 이 디자인은 레드닷 디자인 어워드의 디자인 콘셉트 부문 수상작이다.

나사못을 풀고 조이는 데 사용하는 각종 드라이버는 가정에서 늘 쓰는 것은 아니지만 꼭 필요할 때가 종종 있다. 흔히 이야기하는 '머피의 법칙'처럼 쓰지 않을 때는 걸리적거리던 공구들도 필요할 때는 어디에 두었는지 찾기 힘든 경우가 있다. 금오공과대학교 최민규와 장재영은 이러한 문제를 깔끔하게 해결한 '공구 옷걸이Tool Hanger'를 고안했다.

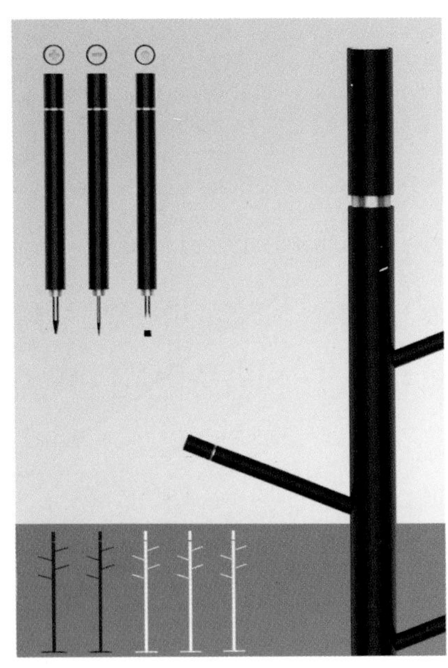
〈이미지 7.5〉 공구 옷걸이(Tool Hanger)

가까이 두고 늘 사용하는 스탠드형 옷걸이의 행거스틱을 드라이버로 사용하는 이 아이디어는 K 디자인 어워드K-Design Award를 수상했다. 평소에는 옷을 거는 용도로 사용하다 드라이버가 필요할 때는 언제든 행거스틱을 돌려서 빼면 된다. 행거스틱 바깥 표면에 드라이버가 일자형인지 십자형인지 또는 큰 것인지 작은 것인지 식별할 수 있는 표시를 새겨 사용편의성을 높였다.

〈이미지 7.6〉 기내 화장실 잠금장치에 연동되는 사용정보

비행기 화장실 잠금장치는 용도통합의 대표적 사례다. 기내 화장실에 들어가 잠금장치를 밀면 화장실 내의 조명등이 밝게 켜진다. 잠금장치가 전등 스위치 역할도 하는 것이다. 또한 화장실 스위치를 잠그는 순간 화장실 문짝 바깥에 있는 사용 안내 정보가 '비었음Vacant'에서 '사용 중Occupied'으로 바뀐다. 잠금장치가 사용 유무 안내까지 하는 것이다. 그뿐만 아니라 승객들이 좌석에서도 화장실 사용이 가능한지 알 수 있도록 기내 천장에 사용정보가 함께 표시된다.

전기자동차업체로 잘 알려진 테슬라Tesla는 태양광 패널을 지붕 위에 덧대는 종래의 방식 대신 지붕 슬레이트에 태양전지를 내장한 태양광 타일을 개발했다. 이 타일을 사용하면 주택 건설 시 태양광 패널을 설치하기 위한 별도의 추가 공사가 필요 없을 뿐 아니라 미관상 보기도 좋다. 이러한 태양광 지붕 시스템solar roof system을 개발한 테슬라의 추정에 따르면 종래의 지붕 타일에 태양광 패널을 덧얹는 것보다 가격이 저렴할 뿐 아니라 태양광 활용으로 인한 전기료 절감만으로도 설치비를 회수할 수 있다.

2017년 『네이처 에너지』에 발표된 논문에 따르면 미국 미시간 주립대학교 연구진은 유리같이 투명한 태양광 패널을 개발했다. 만약 이것이 실용화된다면 건물이나 자동차 유리창 등이 태양광 패널을 대체할 수 있기 때문에 용도통합의 혁신적 사례가 될 것이다.

우리 속담 중에서 '도랑 치고 가재 잡고', '꿩 먹고 알 먹고', '임도 보고 뽕도 따고' 등은 용도통합과 잘 어울린다. 용도통합의 많은 사례 중 몇 가지만 살펴보자.

식품의 용도통합

우리 생활과 밀접한 상품 중에는 전기밥솥, 즉석 카레, 샤프펜슬, 비데, 게임기, 가라오케 등과 같이 일본인들이 발명한 것이 많다. 그런데 이들의 발명품 중 최고는 무엇일까? 일본인들은 인스턴트 라면을 가장 자랑스럽게 여긴다고 한다.

전 세계에서 한 해에 소비되는 라면이 1천억 개나 된다고 하니 그럴 만도 하다. 라면이 이처럼 세계인의 사랑을 받는 이유는 맛있고, 저렴하며, 조리까지 간단하기 때문이다. 또한 라면은 장기간 보관해도 변질되지 않기 때문에 안전한 식품이다.

라면의 가장 큰 시장은 인구가 많은 중국이지만, 1인당 소비량은 우리나라가 가장 많다. 우리나라 국민은 평균적으로 한 사람당 연간

〈이미지 7.7〉 일본 신요코하마 컵라면 박물관에 있는 안도 모모후쿠 동상

74개의 라면을 먹는다고 한다.

인스턴트 라면은 대만 태생의 일본인 안도 모모후쿠安藤百福가 1958년에 개발했다. 제2차 세계 대전 후 먹을 것이 부족하던 일본인들에게 라면은 큰 인기였다. 이후 여러 기업이 라면 생산에 뛰어들면서 라면 시장이 성숙기에 접어들자 안도는 라면의 세계화를 새로운 돌파구로 정하고, 서양의 여러 국가를 순회했다. 그에게 결정적 영감을 준 것은 한 슈퍼마켓 바이어와의 만남이었다. 이 슈퍼마켓 바이어는 인스턴트 라면을 끓인 뒤 컵에 면을 넣고 국물을 부어 포크로 먹었다고 한다. 이를 본 그는 "라면을 컵에 담아서 포크로 먹을 수 있도록 하면 국제적 식품이 될 수 있겠다"는 생각이 들었다. 1971년 출시된 컵라면은 이렇게 탄생했다.

흔히 컵라면을 가리켜 라면의 재발명이라고 한다. 컵라면의 발명으로 인해 인스턴트 라면 시장이 예전과 비교할 수 없을 정도로 확장되었기 때문이다. 컵라면이 이렇게 성공할 수 있었던 이유는 무엇일까? "곧바로 맛있게 매우 맛있게"라는 광고 카피처럼 별도의 그릇이 없더라도 곧바로 먹을 수 있기 때문이다. 컵라면의 컵은 포장재 역할뿐 아니라 그릇 역할도 한다. 포장재와 그릇의 용도통합이 대박을 터뜨린 것이다.

컵라면과 달리 포장된 식품을 조리하지 않고 바로 먹을 경우에는 냄비가 아니라 접시가 필요하다. 건국대학교 김석우, 이범호, 권도혁, 서동한은 감자칩 포장용기를 접시로 사용할 수 있는 '블룸칩스Bloom Chips'를 고안했다.

기존 포장용기는 감자칩의 손상을 막기 위해 딱딱한 원통형으로 만들어졌기 때문에 절반 정도 먹고 나면 꺼내기 힘들었다. 또한 여러 명이 함께 먹을 때는 한 번에 한 사람만 내용물을 집을 수 있었다. 이러한 불편을 없애기 위해 감자칩 용기를 꽃봉오리가 피듯이 넓은 쟁반 형태로 벌어지게 만든 것이 블룸칩스다. 이 디자인은 레드닷 디자인 어워드와 iF 디자인 어워드의 콘셉트 부문 수상작이다.

식당 운영에 용도통합이 적용된 사례를 하나 보자. 미국 샌프란시

〈이미지 7.8〉 블룸칩스(Bloom Chips)

〈이미지 7.9〉 보댕(Bodin)의 클램 차우더

스코의 피셔맨스워프Fisherman's Wharf라는 해변에 가면 클램 차우더 clam chowder(대합조개를 넣어서 끓인 크림수프)로 유명한 식당 보댕Boudin이 있다. 이 식당에서는 발효된 빵의 중간을 도려내 공간을 만들고 여기에다 수프를 담아준다. 고객들은 수프를 먹은 다음 그것을 담았던 빵을 먹는다. 빵이 수프를 담는 그릇 역할까지 하는 것이다.

이렇게 하면 식당 입장에서는 설거지할 게 따로 없다. 일회용 종이 접시 위에 발효된 빵을 얹고, 그 빵의 중간을 도려내고 거기에다 수프를 넣어서 주니, 고객들은 수프와 빵을 차례로 먹고 난 다음 종이 접시만 쓰레기통에 버리고 가면 된다. 빵과 그릇의 용도를 통합해 필요한 일손을 대폭 줄인 것이다.

수박, 참외, 배, 사과 등과 같은 과일에 명품이라고 홍보하기 위해 붙이는 스티커를 생각해보자. 고객 입장에서는 끈끈한 접착제로 붙여놓은 이 스티커를 떼는 것이 성가시다. 또한 그렇지 않을 경우에도 스티커가 붙어 있는 과일 껍질을 음식 폐기물로 그대로 버릴 수 있는지 신경 쓰인다. 이 스티커를 다른 용도와 통합할 수는 없을까?

〈이미지 7.10〉 워시라벨(Wash Label)

유명한 제품 디자이너 스콧 암런Scott Amron은 수용성 세제로 만든 과일용 스티커인 '워시라벨Wash Label'을 고안했다. 이 라벨은 다른 스티커처럼 손으로 뗄 수도 있지만 물로 문지르면 유기 세제로 변하기 때문에 과일 표면에 있는 농약이나 먼지를 깨끗하게 씻어낼 수 있다. 또한 이 스티커에 상품 정보를 담은 바코드를 인쇄하면 매장의 운영 관리에도 도움이 된다.

정보기기의 용도통합

전화기의 재발명이라고 불리는 아이폰iPhone의 출시는 통신기기 역사의 흐름을 바꾼 획기적 사건이었다. 아이폰의 탄생으로 인해 세계 휴대전화 시장에서 누구도 넘볼 수 없었던 거대기업 노키아Nokia가 사라지고, 미국 통신기기의 역사라고 자부하던 모토롤라Motorola가 파산했다. 2007년 샌프란시스코에서 개최된 출시 발표회에서 스티브 잡스는 아이폰의 가장 큰 특징이 혁명적 사용자 인터페이스

〈이미지 7.11〉 2007년 아이폰 발표 화면

revolutionary UI라고 소개했다. 왜 그것이 혁명적일까?

이 발표회에서 스티브 잡스는 기존 휴대전화의 가장 큰 문제는 플라스틱 입력 자판기라고 지적했다. 사용 여부에 상관없이 키보드가 계속 붙어 있을 뿐 아니라 이것 때문에 화면의 크기를 키울 수 없었다. 아이폰은 터치스크린을 도입해 화면이 입력 자판기 역할까지 수행하도록 했다. 지금은 터치스크린을 통한 정보 입력이 당연시되지만, 입력 자판과 출력 화면의 용도통합이 가져온 변화는 실로 엄청난 것이었다.

애플은 2007년 아이폰 출시에 이어 2010년에 태블릿 컴퓨터인 아이패드iPad를 시장에 내놓는다. 아이폰과 아이패드로 인해 정보기기 액세서리라는 새로운 시장이 탄생했다. 스마트 커버smart cover라고 불리는 아이패드의 화면 보호용 덮개는 사용자들에게 큰 인기를 얻었다. 출시 당시 이 덮개는 10만 원에 가까운 높은 가격이었음에도 불구하고, 스마트하기 때문에 우리나라에서도 많이 판매되었다.

액정화면의 덮개가 스마트한 이유는 무엇일까? 그것은 화면의 손상을 방지하기 위한 덮개 이상의 기능을 갖고 있기 때문이다. 모두가 잘 아는 대로 거치대 역할을 한다. 액정을 보호하기 위한 덮개가 받침대 역할도 하니 일거양득이다. 그것보다 더 중요한 것은 덮개가 스위치 역할까지 한다는 점이다.

휴대용 정보기기가 안고 있는 기술적 모순은 배터리 용량이다. 장시간 사용이 가능하려면 배터리 용량이 커야 하지만, 그렇게 하려면 무거워져 휴대하기 불편하다. 배터리 소모를 줄이기 위해서는 사용하지 않을 때 스위치를 꺼야 하는데, 틈틈이 사용하는 휴대용 기기의 특성상 매번 스위치를 껐다가 다시 켜는 일이 여간 번잡하지 않다. 그러나 아이패드의 액정 덮개를 덮으면 자동으로 전원이 나가고 떼면 다시 들어온다. 얼마나 스마트한가? 액정 화면을 보호하기 위한 덮개, 편안한 사용을 위한 거치대, 배터리 소모량을 줄이기 위한 스위치의 기능이 하나로 통합된 것이다.

정보기기에 사용되는 배터리 중 아주 재미있는 사례로, LG화학이 2015년 10월 선보인 손목 밴드형 와이어 배터리가 있다. 이 배터리를 스마트워치의 시곗줄 속에 넣으면 시곗줄을 배터리로 사용할 수 있기 때문에 스마트워치의 배터리 용량을 두 배 이상 늘릴 수 있다. 또한 와이어 배터리를 활용하면 허리띠나 신발끈, 이어폰 등을 배터리로 사용할 수 있다.

배터리 사용과 관련된 다른 예로 PC용 무선 마우스를 생각해보자. 사용자들이 겪는 불편 중 하나는 마우스에 들어 있는 건전지를 교체해야 하는 것이다. 건전지가 모두 방전되어 마우스가 더 이상 작동하지 않을 때 교체할 여분이 없다면 정말 곤혹스러울 것이다. 이러한 문제를 방지할 방법이 없을까?

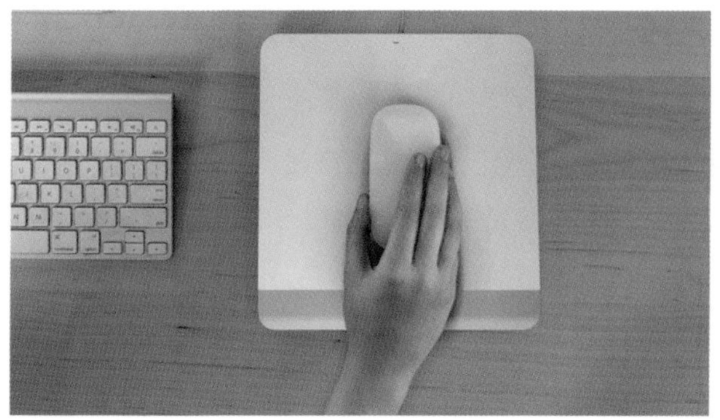

〈이미지 7.12〉 리서지(Resurge)

쿼키사의 마우스 패드 '리서지Resurge'는 충전기 역할까지 한다. 마우스가 움직이지 않을 때 마우스 패드를 통해 자동으로 충전된다. 이처럼 마우스 패드가 충전기 기능까지 수행해 별도의 건전지나 충전기가 없어도 된다.

운송기구의 용도통합

수레에 바퀴를 부착해서 처음 사용한 사람들은 기원전 3500년경 메소포타미아에 살던 수메르인이었다고 한다. 수레바퀴의 등장으로 인해 물류의 이동이 원활해지고 문물 교류가 일어날 수 있었기 때문에 바퀴는 인류 최고의 발명품 중 하나로 손꼽힌다.

적정기술의 대표적 사례로 널리 알려진 'Q 드럼Q Drum'은 바퀴에 용도통합의 개념을 적용한 것이다. 아프리카 오지에 사는 수백만 명의 사람들은 깨끗한 식수를 구하기 위해 몇 킬로미터나 떨어진 곳에 가서 물을 길어와야 한다. 주로 여자나 어린이들이 물을 길으러 다니는데, 물동이나 물지게로 운반할 수 있는 물의 양은 얼마 되지 않는다. 깨끗한 식수가 부족하기 때문에 이들은 콜레라나 이질 등의 수인성 전염병에 늘 노출되어 있으며, 오염된 물을 마시고 사망하는 사람이 하루에 6천 명 정도 된다고 한다. 불행하게도 사망자의 대부분은 면역력이 약한 어린이들이다. 이러한 문제를 해결하기 위해 남아프리카공화국의 헨드릭스Hendrikse 형제가 고안한 것이 Q 드럼이다.

중앙에 구멍이 뚫린 도넛 모양의 가벼운 플라스틱 물통에 줄을 걸어 쉽게 굴릴 수 있게 만들었다. 여성이 물동이를 머리에 이고 운반할 수 있는 물의 양은 기껏해야 15리터지만 바퀴와 물통의 기능을 통합한 Q 드럼을 이용하면 한 번에 50리터를 운반할 수 있다. 또한 한 번에 많은 양을 운반할 수 있기 때문에 물 길으러 가는 횟수도 대폭 줄일 수 있다.

이렇게 편리한 Q 드럼에도 개선할 점이 있다. 사소한 동작이라도 계속 반복하면 힘든데, 50리터의 물이 담겨 있는 바퀴를 밀지는 못하고 계속 당겨야만 한다. 또한 드럼 중앙부의 빈 공간이 너무 크기 때문에 공간 활용이 비효율적이다.

이러한 Q 드럼의 단점을 보완한 것이 '히포 워터롤러Hippo Water Roller'다. 물통 중앙의 구멍을 아주 작게 만들고 여기에 금속으로 만든 운반 손잡이를 끼운 것이다. 이렇게 하면 물을 더 많

〈이미지 7.13〉 Q 드럼

이 담을 뿐만 아니라, 밀고 당기는 것이 모두 가능하다.

Q 드럼이나 히포 워터롤러를 이용해 물을 보다 쉽게 운반할 수 있게 되었지만 물통에 담는 물 자체가 위생적이지 못하다는 문제가 남아 있다. 생활하수가 위생적으로 처리되지 않고 마구 버려질 뿐 아니라 건기에는 물이 절대적으로 부족하기 때문에, 맑은 물이 아니라 구정물을 물통에 담아오는 경우가 많다. 이러한 현실을 감안해 대구대학교 배규리, 오인석, 구영민은 공 모양의 나노필터를 물통 안에 넣어 운반 중에 오염물질이 걸러질 수 있도록 했다.

'라이프 타이어Life Tire'라고 불리는 이 아이디어는 폐타이어를 물통으로 사용한다. 가난한 아프리카 지역에서는 어린이들이 가지고 놀 수 있는 장난감은 없지만 어지간한 오지에도 자동차는 다니기 때문에 폐타이어를 쉽게 구할 수 있다. 폐타이어 안에 물을 담아 어린이들이 장난감처럼 마음대로 굴릴 수 있도록 하면 물을 운반하는 것

〈이미지 7.14〉 라이프 타이어(Life Tire)

자체가 놀이가 된다. 또한 그 안에 다공성 나노필터를 넣어두면 기생충이나 다른 오염물질까지 걸러낼 수 있다. 이 아이디어는 iF 디자인 어워드의 콘셉트 부문 수상작이다.

미국의 유명한 디자인 회사인 IDEO가 2008년에 개발한 '아쿠아덕트Aquaduct'도 물의 운반과 정수 기능을 통합한 것이다. 삼륜 자전거에 장착된 물통에 물을 담아서 운반하는데, 페달을 밟을 때 돌아가는 체인의 동력을 이용해 이동 중에 물을 정수한다. 또한 정수된 물이 자전거 앞쪽에 올려둔 다른 물통에 모이도록 설계되어 있기 때문에 물을 길어 가지고 집에 도착하면 정수된 물을 바로 먹을 수 있다.

자전거 이야기가 나왔으니, 용도통합의 개념을 자전거에 적용한 재미있는 예를 몇 개 보자. 자전거를 도둑맞지 않으려면 잠금 체인이 필요하지만, 이것을 가지고 다니려면 불편하다. 자전거에 있는 기존 요소 중 잠금 체인 역할을 대신할 수 있는 것이 없을까?

이상화, 김진호, 여민구 디자이너는 자전거의 안장을 뒤로 젖혀서 뒷바퀴를 잠글 수 있는 방법을 고안했다. 안장saddle을 잠금장치로 이

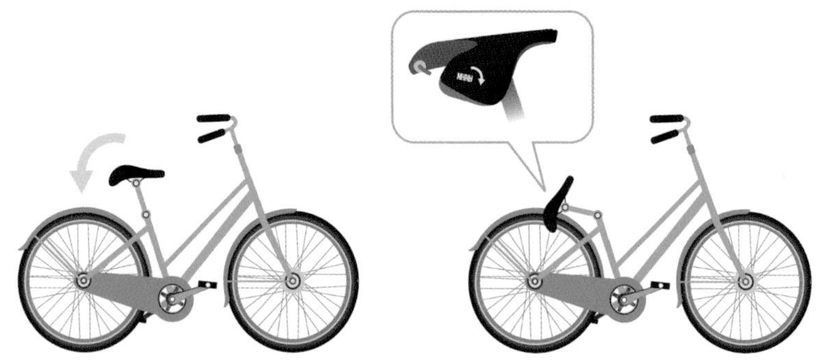

〈이미지 7.15〉 새들록(Saddle Lock)

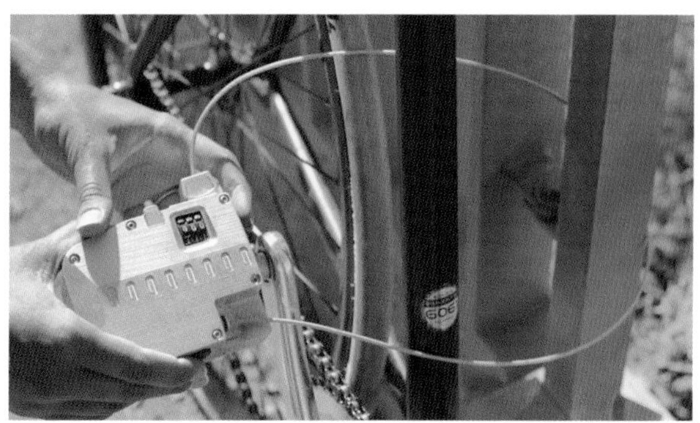

〈이미지 7.16〉 페달록(Pedal Lock)

용하기 때문에 '새들록Saddle Lock'이라고 작명한 이 디자인은 레드닷 디자인 어워드의 디자인 콘셉트 부문 수상작이다. 안장에 번호 열쇠가 내장되어 별도의 열쇠가 없어도 된다.

자전거 페달을 잠금장치로 이용하는 방법도 있다. '페달록Pedal Lock'은 자전거 페달에 내장된 케이블을 자전거 바퀴 테나 외부 물체에 걸고 번호 키로 잠글 수 있도록 한 것이다. 페달록을 이용하면 자물쇠를 따로 챙길 필요가 없기 때문에 자전거 이용이 편리해진다.

자전거 안장이나 페달 말고 다른 요소를 잠금장치로 이용할 수는 없을까? 호서대학교 김수환, 윤준호, 이도훈, 박효진은 자전거를 세워둘 때 사용하는 킥스탠드kickstand를 잠금장치로 사용하는 방법을 고안했다. 킥스탠드를 이용해 신속하게 잠글 수 있다는 뜻에서 '퀵스탠드&록Quick Stand&Lock'이라고 이름 붙였다.

자전거의 킥스탠드에 용도통합을 적용해 상품화한 좋은 사례로는 (주)리만의 '킥스탠드 펌프Kickstand Pump'가 있다. 리만의 김필호 대표는 예전에 서울의 한 대학병원에서 방사선사로 근무하면서 취미로

〈이미지 7.17〉 퀵스탠드 & 록 (Quick Stand & Lock)

자전거 라이딩을 즐겼는데, 고가의 로드바이크에 받침대가 없어서 늘 불편함을 느꼈다. 고가 자전거는 무게를 줄이고 멋진 모양을 유지하기 위해 대부분 받침대가 없었다. 이 때문에 자전거를 타지 않을 때는 바닥에 눕히거나 벽에 기대놓아야만 했다. 또한 바퀴가 얇아서 바람이 빠지거나 펑크가 나는 일이 종종 있었다. 이 때문에 바람 넣는 펌프와 펑크에 대비한 장비도 따로 갖고 다녀야 했다(안재광, 2016).

김필호 대표는 이러한 문제를 한꺼번에 해결할 수 있는 킥스탠드 펌프를 개발하고 직접 창업에 나섰다. 평소 자전거 받침대 역할을 하

〈이미지 7.18〉 킥스탠드 펌프(Kickstand Pump)

〈이미지 7.19〉 자전거 펜스(Bicycle Fence)

는 킥스탠드 펌프를 분리하면 바퀴에 바람 넣는 펌프와 펑크 난 타이어를 바퀴 테rim에서 떼어내는 레버로 사용할 수 있다. 또한 주행 중에는 킥스탠드 펌프 끝부분에 불이 들어와 안전 확보를 위한 후미등 역할까지 한다.

자전거 자체가 아니라 사용되는 주변 환경에 용도통합을 적용한 예도 있다. 협성대학교 학생들이 고안한 '자전거 펜스Bicycle Fence'는 보행자를 보호하기 위한 인도의 울타리를 자전거 거치대로 이용하는 것이다. 이 디자인은 iF 디자인 어워드의 콘셉트 부문 수상작이다.

이번에는 자동차에 용도통합을 적용하는 문제를 생각해보자. 전기자동차의 가장 큰 문제는 배터리다. 배터리는 제조원가에서 가장 큰 비중을 차지하기도 하지만 무게도 문제다. 1회 충전으로 주행할 수 있는 거리를 늘리려면 배터리의 무게가 무거워지고, 이에 따라 에너지 효율도 나빠진다. 자동차의 기존 요소 중 배터리 역할까지 할 수 있는 것은 없을까? 볼보 자동차Volvo Car는 영국 임페리얼 대학 등과 함께 차체를 배터리로 사용하는 연구를 수행하고 있다. 충전이 가능한 신소재로 자동차의 문, 지붕, 보닛 등을 제작하는 방식이다. 이 연구가 성공적으로 진행되면 전기자동차의 무게가 줄어들 뿐 아니라 1회 충전으로 주행할 수 있는 거리도 대폭 늘어날 것이라고 한다.

용도통합이 적용된 미래형 자동차를 생각해보자. 2008년 터키의 한 디자이너는 자동차회사 푸조Peugeot의 미래형 자동차로서 예전에 볼 수 없었던 파격적인 콘셉트카를 설계했다. 수소 연료전지를 사용하는 이 자동차는 투명한 원통 안에 앉아서 핸들이 아닌 조이스틱으로 운전한다. 물론 원통의 양쪽 측면이 회전하더라도 중앙부에 있는 의자는 함께 돌아가지 않도록 측면의 회전부와 분리되어 있다. 머릿속에 그려본 콘셉트이긴 하지만 '자동차 바퀴를 차체로 이용한다'는 발상은 획기적이다.

그렇지만 이러한 아이디어를 실용화하기에는 두 가지 문제가 있어 보인다. 첫 번째 문제는 지면과의 접촉에 의해 발생하는 충격을 어떻게 흡수할 것인가 하는 점이다. 편안한 주행을 위해서는 충격을 흡수하는 완충장치shock absorber가 필요한데, 이를 설치하기가 쉽지 않아 보인다. 두 번째 문제는 주행하다 보면 노면 위에 있는 흙탕물이나 각종 오물이 튀어 의자를 감싸고 있는 원통 자체가 금방 지저분해진다는 점이다.

이러한 문제를 해결할 수 있는 콘셉트카가 나왔다. 2012년 중국에 진출한 폭스바겐Volkswagen은 온라인으로 미래형 자동차에 대한 아이디어를 공모했는데, 무려 11만 9천 건의 아이디어가 접수되었다고 한다. 또한 이 웹 사이트에 3천300만 건의 접속이 이루어졌다고 하니 창의혁신에 대한 중국인들의 뜨거운 열정을 짐작할 수 있다.

접수된 11만 9천 건의 아이디어 중 가장 관심을 끈 것은 앞서 설명한 원통형 자동차를 공중부양시킨 '호버Hover 콘셉트카'다. 공중에 떠서 갈 수 있다면 지면과의 접촉으로 인한 충격이나 표면 오염 문제가 모두 해결된다. 마그네틱 시스템을 이용한 공중부양과 조이스틱을 이용한 조종이 핵심인 이 아이디어는 한 여학생이 고안한 것인데, 폭스바겐은 정교한 컴퓨터 그래픽을 통해 공중에 떠서 주행하는 장면을 홍보 동영상으로 제작했다. 폭발적 인기를 끈 이 동영상에 나오는 공중부양 자동차의 운전자 및 동승자는 아이디어를 제안한 여학생의 부모다.

지금까지 '용도통합'이 적용된 다양한 사례를 살펴보았다. 용도통합을 창의적으로 응용한 흥미로운 사례로 '리캡차ReCAPTCHA'라는 것이 있다. 인터넷사이트 회원 가입 시 일그러진 글자를 읽고 정확하게 입력하라는 요구를 받아 본 사람이 많을 것이다. 악성 프로그램을 이용한 자동 회원가입을 방지하기 위한 것이다. 사람은 일그러졌거나 낙서처럼 줄이 들어간 문자를 읽을 수 있지만 컴퓨터는 그렇지 못하다는 점에 착안한 것이다. '캡차'라고 불리는 이 기술은 미국 카네기멜런 대학교 컴퓨터과학부 루이스 폰 안Luis von Ahn 교수가 개발한 것인데, 그는 여기에 간단한 아이디어를 하나 더 보태 다음과 같은 획기적인 일을 해냈다(류현정, 2015).

> 비뚤어진 문자들을 한 번이 아니라 두 번씩 따라 쓰도록 한 것이다. 첫 번째 문자들은 컴퓨터 프로그램이 아니라 사람이 직접 가입했는

지 확인하기 위한 것이다. 두 번째 단어는 오래된 문서에서 스캔한 문자들이다. 이 문자를 사람이 읽고 자판으로 쳐서 입력하면 고古문서를 디지털화하는 데 도움이 된다. 수십, 수백만 명이 10초씩 시간을 내면 방대한 양의 고문서를 짧은 시간에 디지털로 복원할 수 있는 것이다.

안 교수는 이 기술을 '리캡차ReCAPTCHA'라고 부르고 같은 이름의 회사도 만들었다. 실제로 구글이 오래된 책을 스캔하고 「뉴욕타임스」가 옛날 신문을 디지털화하는 데 리캡차 기술이 결정적인 역할을 했다. 2009년 구글은 이 회사를 사들였다.

서비스 부문에도 용도통합이 적용된 흥미로운 사례가 있다. 미국의 유통 공룡 월마트Walmart는 직원들이 퇴근할 때 고객의 온라인 주문 상품을 소비자에게 직접 전달해주는 '전 직원 퇴근 배송제'를 추진하고 있다. 이것은 전자상거래의 최강자 아마존Amazon과의 경쟁에서 자사의 장점을 최대한 활용하기 위한 것이다.

월마트는 미국 전역에 4만 7천여 개의 매장을 보유하고 있으며 직원도 100만 명이 넘는다. 또한 미국 전체 인구의 90% 정도가 월마트 매장에서 직경 10마일(16km) 내에 거주하기 때문에 오전에 온라인으로 주문받은 상품을 직원들이 퇴근하면서 직접 배송하는 방식이 상당히 효과 있을 것이라고 미국 언론들은 전망한다(황인혁, 2017). 월마트가 별도의 배송 직원과 차량을 투입하는 대신 기존 직원들과 그들의 차량을 활용하는 이 방식은 용도통합의 아주 좋은 예라 할 수 있다.

창의적 발상을 방해하는 보편적 요인 중 하나인 기능적 고착에서 탈피할 때 '용도통합'이 일어나기 때문에 용도통합이 적용된 아이디어는 참신하다는 평가를 많이 받는다.

08

SIT 사고도구: 복제

Multiplication

백지장도 맞들면 낫다

SIT의 세 번째 사고도구인 '복제'는 기존 시스템 내 일부 요소를 추가해 시스템의 기능을 향상시키거나 새로운 효용을 창출하는 것을 말한다. 이때 새로 추가되는 요소는 필요에 따라 변형할 수 있다. 양면테이프, 양면 프라이팬, 양면 벨트 등과 같은 양면 제품은 주변에서 흔히 볼 수 있는 복제의 대표적인 예다.

일반적으로 기술은 단일 시스템에서 이중 시스템을 거쳐 다중 시스템으로 발전하는 경우가 많은데, TRIZ에서는 이것을 기술진화의 법칙 중 '상위 시스템super-system으로의 전이 법칙'이라고 한다. 음향기술을 예로 들어보자.

1877년 토머스 에디슨Thomas Edison은 소리를 녹음해서 들을 수 있는 축음기를 발명했다. 그는 축음기의 용도를 속기사 없이 받아쓰기, 시각장애인의 독서, 노래의 녹음과 재생, 사람의 육성이나 유언의 보관, 부정확한 발음의 교정, 강의노트 필기 대용, 전화 통화 내용의 영구보존 등이라고 했다. 소리만 잘 재생되면 이러한 용도로 사용할 수 있기 때문에 스피커가 하나 이상 있을 이유가 없었다.

그러나 두 개의 스피커(2채널)로 소리를 듣는 스테레오stereo 음향 기술이 나오면서 입체음향의 시대로 옮겨간다. 이 기술은 1931년 영국의 전기공학자였던 앨런 블럼라인Alan Blumlein이 발명했다. 영화에서 하나의 스피커를 통해 나오는 여러 배우의 목소리를 듣고 누구의 목소리인지 구분하기 어려워 몰입할 수 없었던 경험이 발명의 계기였다고 한다.

블럼라인의 아이디어는 간단했다. 두 개의 마이크를 일정한 거리로 떨어뜨려놓고 각각 다른 오디오 채널로 녹음한 후, 녹음된 두 개의 소리를 스크린 양쪽 끝에 설치한 각기 다른 스피커를 통해 재생하는 것이었다. 블럼라인은 이와 관련된 특허를 신청했는데, 그 안에는 하나의 축음기 음반에 두 개의 채널을 기록할 수 있는 방법까지 포함되어 있었다고 한다. 요즈음 영화관이나 홈시어터 시스템에서는 5.1채널(5채널+서브우퍼)의 서라운드surround 입체음향이 일반화되어 있다.

우리 일상생활과 밀접한 복제의 예를 살펴보자. 컵 속에 또 하나의 컵을 넣은 이중 잔은 보온이 잘되기 때문에 뜨거운 음료나 찬 음료의 맛을 음미하면서 천천히 즐기기에 적합하다. 또한 안쪽 잔

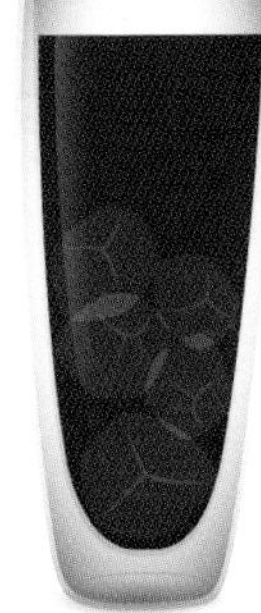
〈이미지 8.1〉 이중 잔(1)

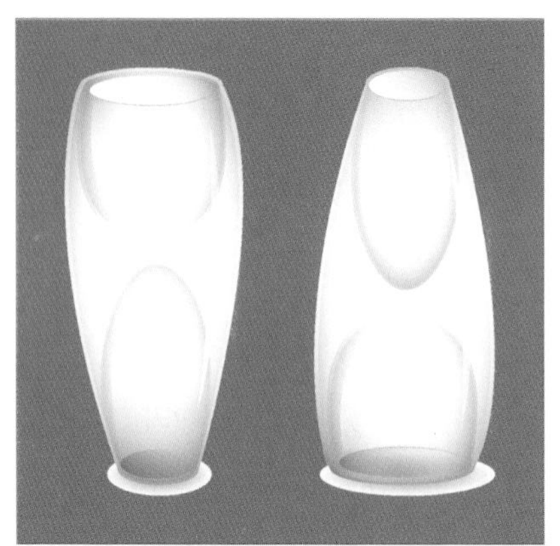

〈이미지 8.2〉 이중 잔(2)

과 바깥쪽 잔 사이에 공기층이 있어 뜨거운 음료를 담아도 맨손으로 들 수 있다. 그런데 두 개의 잔을 포개지 말고 아래위로 붙여보면 어떨까?

중국인들은 멀리서 친구가 오면 잘 익은 술과 향긋한 차를 대접한다. 이러한 관습을 반영해 대만의 CiCHi Life는 차와 술을 하나의 잔으로 마실 수 있는 '차주배茶酒杯'를 고안했다. 잔의 한쪽은 술잔이고 다른 쪽은 찻잔이다. 차주배와 마찬가지로 화이트와인용 긴 잔과 레드와인용 넓은 잔을 아래위로 붙일 수도 있고, 우리나라 애주가들을 위해 맥주잔과 소주잔을 붙이는 것도 가능하다.

독자들의 상상력을 자극하기 위해 색다른 예를 하나 생각해보자. 농구대의 백보드에는 골 바스켓이 하나 부착되어 있다. 그런데 백보드 하나에 골 바스켓을 여러 개 부착하면 어떤 효용이 있을까? 농구장이 하나밖에 없더라도 여러 사람이 동시에 슈팅 연습을 할 수 있을 것이다. 또한 체격에 따라 낮은 곳과 높은 곳에 매달린 바스켓 중 하나를 선택할 수 있다. 여러 사람이 몰려 혼잡하다면 하나의 백보드에 여러 개의 바스켓을 부착하는 대신 농구대 기둥을 나뭇가지 모양으로 여러 갈래로 만든 뒤 가지 끝마다 백보드를 따로 부착해도 된다.

요소 복제

'요소 복제'는 시스템의 기존 요소 중 일부를 복수화複數化하는 것이다. 앞서 설명한 이중 잔의 예에서 두 잔의 모양이나 크기가 조금씩 다르듯이 복제된 요소는 기존 요소를 필요에 따라 조금 변형해도 무방하다. 요소 복제를 적용하면 사용하기 편리한 경우가 많다.

먼저 스프레이 용품을 보자. 헤어스프레이, 향수, 탈취제, 살충제 등과 같은 스프레이 용품에는 분사 노즐이 하나이기 때문에 방향을 맞추어 꼭지를 눌러야 한다. 좀 더 편리한 사용을 위해 분사 꼭지를 누를 때 방향을 맞출 필요가 없도록 할 수는 없을까? 한남대학교 배빛나, 연세대학교 조혜인, 산업기술대학교 김슬기는 꼭지의 재질을 부드러운 실리콘 소재로 바꾸고, 꼭지 아래 있는 노즐의 개수를 늘려서 여섯 방향으로 배치해 이 문제를 해결했다. '프리 홀 스프레이Free Hole Spray'라고 이름 붙인 이 아이디어는 레드닷 디자인 어워드의 디자인 콘셉트 부문 최고상best of the best을 수상했다.

분사 노즐이 여러 개인 스프레이와 같이 복제 원리가 적용된 다

〈이미지 8.3〉 프리 홀 스프레이(Free Hole Spray)

른 예를 보자. 실내 벽에 붙어 있는 플러그 소켓plug socket은 보통 두 개의 플러그를 꽂을 수 있도록 되어 있지만, 어댑터와 같이 머리 부분이 큰 것을 꽂으면 나머지 하나는 사용하지 못한다. 또한 플러그 소켓 앞에 가구와 같은 다른 물품을 두면 시야가 가려져 플러그를 꽂기도 어렵다.

호서대학교 이단비 교수 팀이 디자인한 '오켓O ket'은 이러한 불편을 해소했다. 가정이나 사무실에 공급되는 전기는 교류이기 때문에 플러스, 마이너스 극이 따로 없다. 따라서 소켓 구멍을 두 개로 한정하지 말고 여러 개로 늘려도 무방하다. '오켓'은 바둑판 격자처럼 가로세로 일정한 간격으로 플러그가 들어가는 구멍을 여러 개로 늘려

〈이미지 8.4〉 오켓(O ket)

플러그를 꽂을 때 특정한 구멍에 맞출 필요도 없고 머리가 큰 어댑터가 꽂혀 있더라도 다른 플러그를 쉽게 꽂을 수 있다. 또한 이 아이디어는 벽에 부착된 소켓 구멍이 모자라거나 멀리 떨어져 있는 플러그를 꽂을 때 사용하는 멀티탭에도 적용할 수 있다. '오켓'은 K 디자인 어워드와 레드닷 디자인 어워드를 수상했다.

공용화장실에 설치된 손 건조기는 대부분 세면대보다 높다. 이 때문에 키가 작은 어린이나 휠체어를 탄 사람들은 사용하기 불편하다. 그렇다고 손 건조기의 높이를 낮추면 키 큰 사람들이 허리를 굽혀 사용해야 하는 불편이 따른다. 국민대학교 박현수는 손 건조기의 바람이 나오는 에어 터널을 건조기 본체의 상단과 하단에 각각 하나씩 둠으로써 이러한 문제를 해결했다. 키 큰 사람은 건조기 상단을, 그렇지 않은 사람은 하단을 이용하면 된다.

손 건조기의 바람이 나오는 에어 터널을 복제한 '유니버설 핸드 드라이어Universal Hand Dryer' 아이디어는 K 디자인 어워드와 iF 학생 디

〈이미지 8.5〉 유니버설 핸드 드라이어(Universal Hand Dryer)

자인 어워드iF Student Design Award를 수상했다.

스마트폰이 나오면서 시장에서 사라졌던 폴더형 휴대전화가 다시 출시되고 있다. 스마트폰 시장이 포화상태에 들어가면서 저렴한 제품군을 구비하고 터치스크린의 사용을 불편하게 생각하는 노년층을 공략하기 위해서다. 그런데 폴더폰의 경우 시간이나 메시지 등을 확인하려면 매번 덮개를 열어야 하는 불편이 따른다. 외부 덮개에 창을 하나 더 붙이면 이러한 불편을 해결할 수 있다. 휴대전화 덮개에 액정을 하나 더 부착한 최초의 기업은 LG전자다.

카메라에 복제 개념이 적용된 예를 보자. 삼성은 세계 최고의 전자기업이지만 카메라 부문에서는 캐논Canon이나 니콘Nikon 등과 같은 일본 기업들에 비해 경쟁력이 떨어진다는 평가를 받아왔다. 이러한 상황을 돌파하기 위해 어떻게 하면 차별화된 제품을 만들 수 있을까 고민하던 중 고객들이 카메라로 무엇을 많이 찍는지 심층조사했다.

아름다운 풍경보다 자기 자신을 많이 찍는다는 젊은 층이 생각보다 많았다. 기존 카메라로 찍으려면 LCD창이 카메라 뒤쪽에 있어 자신의 모습을 보면서 마음에 드는 사진을 찍을 수 없었다. 뒷면에 있는 창을 복제해 카메라 앞면에 1.5인치 크기의 작은 창을 하나 더 달아 셀카로 쉽게 사용할 수 있도록 한 것이 '듀얼뷰DualView' 카메라다. 2009년 삼성디지털이미징 사업부가 출시한 이 카메라는 출시된 지 3개월 만에 100만 대 넘게 팔렸다.

현대인들은 각종 정보기기와 전기용품을 쓰기 때문에 멀티탭을 많이 쓴다. 그러나 여러 개의 플러그를 하나의 멀티탭에 꽂아야 하므

〈이미지 8.6〉 삼성 듀얼뷰 카메라(DualView Camera)

로 전선들이 복잡하게 얽히고 보기에도 좋지 않다. 전선 전체에 전류가 흐르는데 왜 멀티탭의 콘센트 한 곳에만 전기를 연결해야 하는가? SADI(삼성디자인학교)에 재학 중이던 송원준은 전선 곳곳에 플러그를 꽂을 수 있는 '멀티 전기선Multi Lines'을 고안했다. 이 디자인은 레드닷 디자인 어워드와 iF 디자인 어워드의 콘셉트 부문 수상작이다. 송원준의 이 아이디어는 이미 상품화되어 시장에서 팔리고 있다.

우리가 일상적으로 사용하는 멀티탭은 막대기 모양의 고정된 형

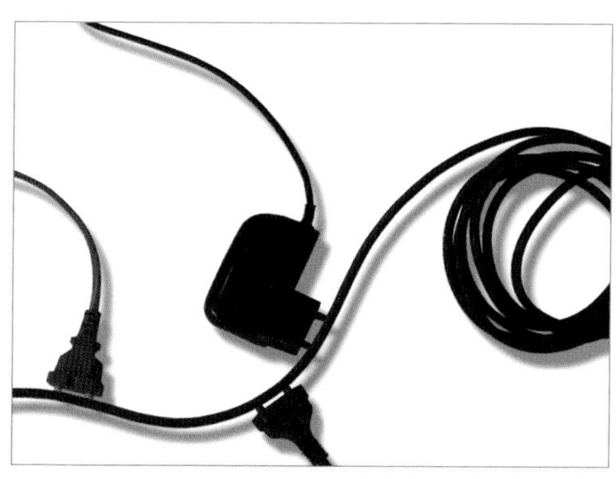

〈이미지 8.7〉 멀티 전기선(Multi Lines)

〈이미지 8.8〉 허니 스트립(Honey Strip)

상이기 때문에 필요에 따라 콘센트의 수를 늘리거나 줄일 수 없을 뿐 아니라 모양도 바꿀 수 없다. 울산대학교의 김진환과 이혜인은 육각형의 콘센트를 벌집 모양으로 필요에 따라 연결할 수 있는 '허니 스트립Honey Strip'을 고안했다. 또한 콘센트 바깥 둘레에 발광물질을 입혀 어두운 곳에서나 밤에도 플러그 꽂는 위치를 쉽게 찾을 수 있도록 했다. 이 아이디어는 K 디자인 어워드를 수상했다.

다음으로 면도기에 대해 생각해보자. 면도의 역사는 청동기시대까지 거슬러 올라가지만, 19세기까지만 해도 매일 면도하는 사람이 많지 않았다. 부자들은 면도사를 하인으로 두거나 이발소에 자주 갈 수 있었지만, 그렇지 못한 사람 중에는 평생 면도를 하지 않는 사람도 있었다. 그런데 목재 표면을 다듬는 데 사용되는 대패에서 아이디어를 얻은 안전면도기의 등장으로 인해 면도가 일상생활 속으로 들어왔다.

킹 질레트King C. Gillette는 면도기의 역사를 바꾸었다. 면도날은 장시간 사용하면 무뎌지기 때문에 20세기 이전에는 매번 숫돌이나 혁대에 갈아서 사용했다. 1901년에 질레트는 날만 교체할 수 있는 안전면도기를 개발해 이러한 불편을 없애고 안전하게 면도할 수 있도록 했다. 자신이 개발한 안전면도기의 보급을 위해 면도기 본체는 원가

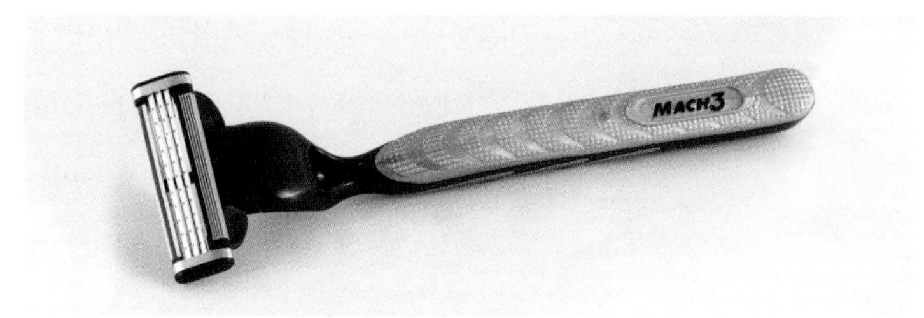

〈이미지 8.9〉 질레트의 안전면도기 마하3

이하에 판매하고 교체용 면도날의 판매를 통해 수익을 창출하는 새로운 사업방식을 개발했다. 오늘날 공짜 마케팅의 대표적 유형으로 널리 알려진 '면도기-면도날 사업모델The razor and blades business model'이 탄생한 것이다. 1960년대 이후 면도기의 머리 부분을 통째로 교체하는 카트리지 방식으로 면도기의 설계가 바뀌었으나, 그가 도입한 사업모델은 여전히 적용되고 있다.

요즘 사용되는 면도기의 카트리지에는 면도날이 2개 또는 5개 들어 있다. 복제 개념이 적용되면서 면도기가 기술적으로 진화하고 있는 것이다. 1971년 질레트사는 '트랙 투Trac II'라는 이중 면도날을 처음으로 선보였다. 면도날이 두 개이면 첫 번째 날이 수염을 피부 위로 누르면서 깎을 때 두 번째 날이 깎이지 않고 남아 있는 밑동을 잘라낸다. 이 때문에 이중 면도날을 사용하면 칼질하는 횟수가 줄어들고, 이에 따라 피부에 가해지는 자극도 줄어든다. 1971년 이중 면도날 출시에 이어 질레트사는 1988년 3중 면도날 '마하3Mach3'를 출시했는데 이 제품은 무려 1억 개 이상 팔린 대박상품이 되었다.

가전제품에 복제의 개념이 적용된 예를 보자. 2010년 LG전자는 세계 최초로 냉장고의 문 안에 또 하나의 문이 있는 '매직스페이스

Magic Space'를 출시했다. 도어 인 도어Door in Door, DID로 알려진 매직스페이스는 이제 프리미엄 냉장고의 대표적 기능으로 자리 잡았다.

자주 꺼내는 식료품을 매직스페이스 공간에 넣어두면 냉장고 문 전체를 여닫는 횟수를 대폭 줄일 수 있다. 실제 조사에 따르면 매직스페이스를 사용하는 소비자의 경우 냉장실의 사용 횟수가 절반으로 줄어들었고, 그에 따라 냉기 손실도 감소했기 때문에 전기료 부담까지 낮출 수 있었다고 한다.

〈이미지 8.10〉 LG전자 매직스페이스 냉장고

세탁기에도 복제 개념이 적용되고 있다. 문이 앞쪽에 달린 드럼세탁기는 세탁 중에 문을 열면 물이 쏟아진다. 이 때문에 빨래가 일단 시작되면 세탁물을 추가하기 어렵다. 빨랫감을 추가로 넣으려면 물이 빠질 때까지 기다렸다가 세탁물을 넣고 다시 물을 채워야 한다. 삼성전자가 출시한 드럼세탁기 '애드워시AddWash'는 이러한 불편을 없

〈이미지 8.11〉 삼성전자 애드워시 세탁기

었다. 깜빡 잊고 세탁기에 넣지 못한 빨랫감을 쉽게 추가할 수 있도록 드럼세탁기의 둥근 문 위쪽에 작은 창문을 추가했다. 이 창문은 캡슐형 세제 같은 것을 넣기에도 편리하다.

〈이미지 8.12〉 LG전자 트윈워시 세탁기

세탁기 사용과 관련한 소비자들의 잠재적 불만 중 하나는 여러 종류의 세탁물을 하나의 세탁기로 함께 돌려야 한다는 점이다. 고객들은 색이 잘 빠지는 옷이나 피부에 직접 닿는 속옷 등은 따로 세탁하길 원한다. 특히 신생아가 있는 가정에서는 어린 아기의 빨래를 따로 세탁하고 싶어 한다. 그러나 일반 가정에는 세탁기 두 대를 놓을 만한 여유 공간이 없다. LG전자의 '트윈워시TWINWash'는 드럼 세탁기 하단에 작은 통돌이 세탁기를 추가해 이러한 문제를 해결했다. 필요에 따라 세탁기 두 대 가운데 한 대만 사용할 수도 있고, 두 대를 동시에 사용할 수도 있기 때문에 시간과 공간을 절약할 수 있다.

큰 화면 속에 작은 다른 화면을 보여주는 PiPPicture-in-Picture는 복제의 개념이 TV에 적용된 예다. 그런데 TV의 화면을 리모컨에 복제한 예도 있다. 2010년 삼성전자가 출시한 LED TV 9000 시리즈는 놀라울 정도로 얇고 인터넷 TV 기능까지 갖춰 시장에서 큰 호평을 받았다. 그런데 이 TV 못지않게 화제가 된 것은 TV의 LED창을 작게 복제해 내장한 '트윈뷰TwinView 리모컨'이었다.

스포츠를 좋아하는 사람이라면 손에 땀을 쥐게 하는 경기를 시청하느라 잠시도 눈을 떼지 못하고 TV 앞에 앉아 있다 급히 화장실에 다녀와야 했던 경험이 한두 번은 있을 것이다. 그러나 트윈뷰 리모컨만 있으면 문제가 해결된다. 리모컨을 들고 화장실에 가서 시청하던 프로그램을 계속 볼 수 있다.

요소 복제는 사용편의성만 높이는 것이 아니다. 스테레오 음향기술처럼 제품의 성능을 획기적으로 개선하는 경우도 있고, 새로운 용도나 가치를 창출하기도 한다.

스마트폰 기능에서 소비자들이 매우 중요하게 생각하는 것 중 하나가 카메라다. 이것 때문에 '똑딱이'라고 불리던 보급형 카메라가 시장에서 사라졌다. 화소pixel 수가 클수록 해상도가 좋기 때문에 스마트폰 카메라는 화소 수를 증가시키는 방향으로 계속 진화해왔다. 2000년대 초반 30만 화소에 불과하던 휴대전화 카메라가 1천만 화

〈이미지 8.13〉 퍼즈룩(PUZLOOK)

소를 넘어선 지 오래다.

'퍼즈룩PUZLOOK'은 화소 수를 기준으로 경쟁하던 스마트폰 카메라에 다른 방식의 가치를 제안했다. 3개 또는 5개의 보조렌즈가 달린 케이스를 스마트폰에 끼우면 동그란 돋보기에 비친 모습과 같은 어안魚眼 기능, 뒤로 물러서지 않아도 넓은 풍경을 화면에 담을 수 있는 광각 기능, 피사체를 강조할 수 있는 줌 기능 등을 사용할 수 있다. 퍼즐 조각을 맞추는 방식으로 보조렌즈를 움직여 원하는 보조렌즈를 쉽게 선택할 수 있다. 이 제품은 2014년 국제 소비자가전 전시회CES에서 혁신 디자인 및 공학상을 수상했다.

스마트폰 제조업체들이 카메라 기능의 경쟁력을 높이기 위해 전면에 카메라 2대(듀얼 카메라), 후면에 카메라 4대(쿼드러플)까지 장착하는 것은 모두 복제 코드의 활용을 강화하는 것이다. 내장 카메라 수를 늘리는 것은 멀리 있는 피사체를 가까이 당겨서 찍기 위한 망원렌즈, 촬영 범위를 넓히기 위한 광각 렌즈, 목표물은 선명하고 주변은

〈이미지 8.14〉 후면 카메라가 4대인 갤럭시 A9

흐리게 촬영할 수 있는 심도 렌즈의 사용이 가능할 뿐 아니라 조도가 낮은 곳에서도 밝고 선명한 사진을 얻을 수 있다.

서비스 시스템에 복제 코드가 적용된 예를 보자. 지하철역에 설치된 교통정보 전광판을 보면, 다음 전동차가 어디쯤 있는지 전광판에 나타나기 때문에 이용객들은 얼마나 더 기다려야 할지 짐작할 수 있다. 이것은 서비스 시스템의 중요한 기능 중 하나다. 일반적으로 서비스 만족도를 높이려면 대기시간을 줄여야 하지만, 이를 구현하려면 서비스 시설이나 인원을 늘려야 하는 문제가 있다. 이러한 제약 때문에 대기시간을 단축하기 힘든 경우에는 기다리는 시간이 덜 지루하도록 시스템을 설계해야 한다. 물리적으로 동일한 시간을 기다리더라도 체감시간을 줄이려면 '대기의 심리학The psychology of waiting lines'을 고려해야 하는데, 그중 하나가 얼마나 기다려야 할지 알면 그렇지 않은 경우보다 훨씬 덜 지루하다는 것이다. 교통정보 시스템은 대기의 심리학을 적용한 대표적인 예다.

그런데 전광판이 대기 승강장에만 있는 것이 아니라 개찰구 바깥에도 있다. 말하자면 전광판을 복제해서 외부에 추가적으로 설치한 것이다. 아마 대중교통을 자주 이용하는 사람이라면 이 외부 전광판이 정말 요긴하다는 것을 잘 알 것이다. 다음 열차가 가까이 있으면 빠른 걸음으로 개찰구 안으로 들어가고 그렇지 않은 경우에는 여유 있게, 경우에 따라서는 화장실까지 들른 다음에 승강장으로 들어간다. 이것은 복제의 개념을 적용해 새로운 효용을 창출한 하나의 예다.

복제의 특수한 유형 중 하나로 인형의 몸체 속에 조금 더 작은 인형이 계속 들어가는 러시아 전통 공예품 마트료시카와 같은 '포개기nesting' 방식이 있다. 이러한 포개기형 복제의 좋은 예로 한남대학교 김완기가 고안한 '3드라이버3Driver'가 있다. 크기가 다른 3개의 드라이버를 하나로 결합한 이 아이디어는 레드닷 디자인 어워드와 IDEA 및 K 디자인 어워드를 수상했다.

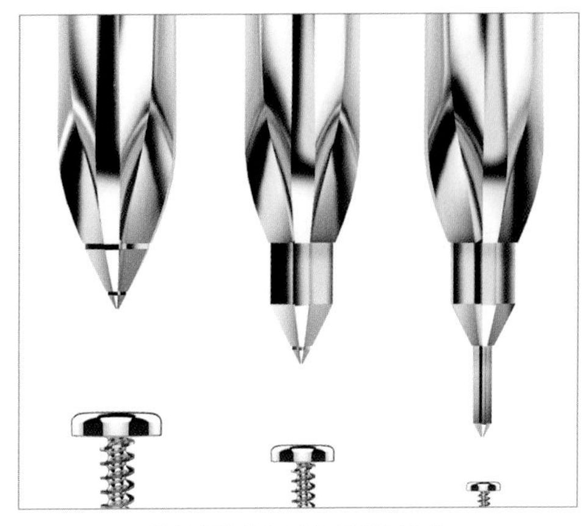

〈이미지 8.15〉 3드리아버

복제형 비즈니스

사업 모델의 관점에서 볼 때 프랜차이즈는 복제의 개념이 적용된 예다. 이러한 '복제형 비즈니스'의 대표주자인 맥도날드에 대해 살펴보자.

인류 대다수가 기본적인 의식주를 해결하게 된 것은 20세기에 일어난 생산성 혁명 덕분이다. 헨리 포드Henry Ford는 표준화, 단순화, 전문화라는 3S가 적용된 양산量産 시스템을 도입해 생산성을 획기적으로 높였다. 미국 캘리포니아의 소도시 샌버나디노에 살던 맥도날드 형제Richard McDonald & Maurice McDonald는 포드의 양산 방식을 햄버거 제조에 도입해 패스트푸드라는 새로운 산업을 창출했다. 1940년에 그들은 '모리스 앤 리처드 맥도날드'라는 햄버거 가게를 열었는데,

시쳇말로 초대박이었다. 성공의 비결은 양질의 표준화된 음식(햄버거와 감자튀김)을 신속하게 제공하는 것이었다.

맥도날드 형제가 패스트푸드라는 신천지를 개척했지만 이를 토대로 억만장자가 된 것은 햄버거 가게에 밀크셰이크 기계를 납품하던 레이 크록Ray Kroc이었다. 맥도날드 형제가 사용하는 기계와 동일한 것을 구매하려는 고객들의 전화가 이어지자, 레이 크록은 "맥도날드 형제는 도대체 어떤 사람들인가? 왜 유독 그들이 쓰는 5축 멀티믹서기를 고객들이 찾는 것일까?" 하는 궁금증이 생겼다. 수소문해보니 그들은 한두 대가 아니라 무려 8대의 기계로 한 번에 40개의 셰이크를 만들어 팔고 있었다.

"사막 지역의 작은 소도시에서 어떻게 이런 일이 일어날 수 있을까?" 하는 의문을 갖고 레이 크록은 그들의 가게를 방문했다. 지금까지 보지 못했던 놀라운 방식으로 운영되는 맥도날드 형제의 가게는 말 그대로 문전성시를 이루었다.

그날 저녁 숙소에 들어온 레이 크록은 자신이 본 것에 대해 깊은 생각에 잠겼다. 전국의 주요 교차로마다 맥도날드 레스토랑이 들어선 환영幻影이 보였다. 그 식당들에서 자신이 파는 기계가 8대씩 동시에 돌아간다면 순식간에 부자가 될 수 있겠다는 생각이 들었다.

다음 날 오후 맥도날드 형제를 찾아간 그는 전국 각지에 동일한 매장을 열자고 제안했으나, 그들은 현재의 유복한 생활에 자족한다고 했다. 레이 크록은 그들을 설득해 프랜차이즈 영업권을 갖는 대신 가맹 점주들에게 매출액의 1.9%를 받아 그중 0.5%를 주기로 합의했다.

〈이미지 8.16〉 레이 크록의 맥도날드 1호 매장

1954년 만 52세의 나이에 레이 크록은 맥도날드 프랜차이즈 사업을 시작했다. 초창기의 힘든 시행착오를 극복하고 사업이 정상궤도에 올라서자 돈이 쌓이기 시작했다. 1961년 레이 크록은 270만 달러를 주고 모든 권리를 사들였다. 사업은 날로 번창해 1984년 그가 세상을 떠날 즈음에는 100여 개의 국가에서 모두 7,500개의 매장이 운영되었고, 연간 매출액이 80억 달러를 넘어섰다.

조금만 관심을 가지면 BBQ치킨, 놀부, 김가네 김밥, 대교, 메가스터디, 넥슨, 골프존 등과 같이 우리나라에서도 자수성가한 창업자들의 상당수가 복제 가능한 비즈니스를 통해 큰 부자가 된 것을 알 수 있다.

문제점을 해결책으로 이용하는 복제

복제의 특별한 형태 중 하나는 '문제점을 해결책으로 이용'하는 것이다. 유전에 불이 나면 어떻게 진화할까? 화재 장소 가까이 폭발물을 터뜨려 큰불을 일으키면 된다. 불이 붙기 위해서는 산소가 필요한데, 큰불을 내면 공기 중에 있던 산소가 순간적으로 소진되어 불이 모두 꺼진다. 문제(여기서는 불)를 해결하기 위해 문제를 이용하는 것이다. 말하자면 이열치열以熱治熱 또는 이이제이以夷制夷 방식의 해결책인 셈이다. 영어 속담에도 '독은 독으로 치료한다Like cures like'는 말이 있다.

로봇의 예를 보자. 전통적으로 일본은 로봇 강국이다. 혼다Honda의 휴머노이드 로봇 아시모Asimo, 소니Sony의 로봇 강아지 아이보Aibo 등은 일본의 로봇 기술력을 전 세계에 알렸다. 그런데 2011년 후쿠시마 원전 사고 당시 고농도 방사선에 오염된 잔해를 수거하기 위해 투입된 로봇은 일제가 아니라 미국 아이로봇iRobot사의 '팩봇PackBot'과 '워리어Warrior'였다. 왜 일제 로봇은 투입될 수 없었을까? 아이로봇의 창업자이자 CEO인 콜린 앵글Colin Angle은 다음과 같이 말했다고 한다(금원섭, 2011).

> 일본 대기업은 자신의 기술과 자본을 과시하기 위해 마스코트와 같은 로봇만 만들었다. 벤처에서 출발한 우리는 먹고살기 위해 실용 로봇에 주력했다. 한마디로 돈이 없었다. 그래서 '인간과 같은' 로봇이 아니라 '인간을 위한' 로봇을 만들었다.

아이로봇사가 군사용 로봇으로 개발한 '워리어 710'은 대인지뢰

〈이미지 8.17〉 아이로봇 워리어(iRobot Warrior) 710

제거에도 이용된다. 원격으로 조종되는 이 로봇을 지뢰 매설이 의심되는 지역으로 이동시킨 후, 소형 폭발물이 줄줄이 매달린 줄폭탄을 발사하면 이것이 땅에 닿아 폭발할 때의 충격으로 적군이 묻어 놓은 대인지뢰도 함께 폭발한다. '폭탄 제거를 위해 폭탄을 이용'하는 이 방식은 전쟁터에서 지뢰탐지기를 이용해 조심스레 지뢰를 찾아서 하나씩 제거하는 종래 방식과는 비교할 수 없을 정도로 큰 효력을 발휘한다.

정보기기의 사용이 보편화되면서 사이버 보안이 매우 중요한 문제로 부상했다. 사이버 보안을 강화하기 위해 기업이나 공공기관을 괴롭히던 블랙 해커를 보안 위협을 막아내는 화이트 해커로 채용하는 사례가 늘어나고 있다. 이러한 '해커 잡는 해커'도 문제점을 해결책으로 이용하는 대표적인 예다.

군대나 민간기업 등에서 운영하는 레드 팀Red Team도 이와 유사하다. 조직 내부의 독립적 그룹인 이들은 적군이나 경쟁사 입장에서 조직이 특별히 관심을 갖는 특정 업무에 도전하는 역할을 맡고 있다. 이러한 팀의 운영 목적은 조직이 수행하는 특정 업무에 대한 취약점을 사전에 찾아내고 이를 개선 기회로 활용하려는 것이다. 레드 팀의 예로는 실전에 대비하기 위한 워게임war game에서 적군의 역할을 수행하는 팀, 신제품 출시 전에 마지막 점검을 위해 신제품의 성공을 방해하는 경쟁사의 역할을 가상적으로 수행하는 팀 등이 있다.

이번 장에서는 복제를 통해 다양한 효용과 가치를 창출하는 사례들을 유형별로 나누어 살펴보았다. 통상적으로 복제라고 하면 무언가 베끼는 것을 연상하지만 현명한 복제는 창의적 발상의 중요한 통로 중 하나인 것이다.

09

SIT 사고도구: 분리

Division

나누어서 지배하기

분리, 분할, 분업, 분류, 분석, 분별, 분해, 분납 등과 같이 우리말에는 나눌 '분分'자가 들어가는 단어가 많다. '나눈다'는 것이 그만큼 쓰임새가 많다는 뜻이다. SIT의 네 번째 사고도구인 '분리'의 개념이 적용된 제품 중 우리에게 친숙한 것으로는 커터 칼이 있다.

커터 칼은 작은 인쇄소에서 종이 재단사로 일하던 일본의 오카다 요시오岡田良男가 발명했다고 한다. 당시 인쇄소에서는 칼과 면도날 등을 이용해 종이를 잘랐는데, 사용시간이 경과함에 따라 칼날이 무뎌지는 것이 문제였다. 무뎌진 부분을 부러뜨린 후 다시 사용하면 마치 새 날처럼 종이를 쉽게 자를 수 있지만 단단하고 날카로운 칼날은 부러뜨리기 힘들 뿐 아니라 부러뜨리다가 종종 손을 다치는 일도 있었다. 그 무렵 다른 인쇄소에서 일하던 동생이 찾아와 같은 어려움을 하소연했다.

동생과 이야기를 나누던 중 오카다는 어릴 때 미군에게 얻어먹던 초콜릿이 생각났다. "작고 네모난 칸으로 나눠진 초콜릿처럼 칼도 쉽게 잘라서 사용할 수 없을까?"라는 생각이 들었다. 이러한 생각으로 일하던 어느 날 실수로 유리컵을 깨뜨렸다. 바닥에 떨어진 유리컵을 주워 잘린 면을 들여다보던 그는 갑자기 환호성을 질렀다. 구두 장인들이 고무를 자를 때 유리를 잘라서 쓰는 것처럼 칼도 그렇게 만들 수 있겠다는 생각이 스쳤기 때문이다.

그날 이후 오카다는 네모난 초콜릿이나 구두 장인들이 사용하는 유리조각과 같이 부러뜨려서 사용할 수 있는 칼날을 만들기 위해 연구에 몰두했다. 끊어지는 날의 크기, 선의 각도, 홈의 깊이 등을 정한 후 칼의 형태를 접이식 대신 슬라이딩 방식으로 바꾸었다. 칼날을 부러뜨린 길이만큼 앞으로 밀어내는 커터 칼은 이렇게 탄생했다(김준래, 2015).

〈이미지 9.1〉 도마뱀 우산(Lizard Umbrella)

우산에 분리의 개념을 적용한 재미있는 사례를 보자. 홍익대학교에 재학 중이던 김석휘, 김성진, 김다솔은 도마뱀 꼬리 자르듯이 우산 손잡이만 분리해서 따로 가지고 다닐 수 있는 '도마뱀 우산Lizard Umbrella'을 고안했다. 이 우산의 용도는 무엇일까?

아마 많은 사람이 공감하는 이야기일 듯하다. 비 오는 날 식당에 가면 입구에 있는 보관대에 우산을 꽂아놓고 들어가는 경우가 많다. 만약 보관대에 꽂아둔 우산이 새로 산 것이거나 값비싼 것일 경우, 누군가가 내 우산을 실수나 고의로 가져가면 어쩌나 염려된다. 이럴 때는 우산 손잡이만 떼어서 식당 안으로 가지고 가면 된다. 손잡이가 없는 우산은 망가진 것처럼 보이므로 다른 사람이 집어갈 가능성이 낮다.

그런데 이러한 도마뱀 우산이 많이 보급되면 남이 가져가도 다른 손잡이를 끼워서 사용할 수 있지 않을까? 이런 우려까지 없애려면 우산대와 손잡이의 연결 부분을 열쇠 모양으로 만들어 자기 손잡이가 아니면 들어가지 않도록 하면 된다. 이 작품은 레드닷 디자인 어워드의 디자인 콘셉트 부문 최고상을 수상했다.

우리가 먹고 마시는 식품에도 분리의 개념이 적용된 사례가 많다. 7장에서 용도통합의 예로 소개한 라면 이야기로 돌아가보자.

1958년 안도 모모후쿠는 세계 최초의 인스턴트 라면인 치킨라면을 개발해 자신이 설립한 닛신식품日清食品을 통해 판매했다. 그런데 치킨라면은 면 자체에 양념을 가미했기 때문에 시일이 경과하면 쉽게 변질되는 단점이 있었다. 닛신식품에 뒤이어 1960년부터 인스턴트 라면의 생산에 들어간 묘조식품明星食品은 그 같은 단점을 보완해 현재와 같이 분말수프를 따로 분리한 라면을 1961년에 출시했다. 우리나라도 삼양의 전중윤 회장이 묘조식품에서 기술을 전수받아 1963년 삼양라면을 출시함으로써 인스턴트 라면의 시대가 열렸다.

비타민 음료의 경우 한 가지 중요한 문제가 있다. 대부분의 비타민이나 영양소들은 액체, 특히 물에 용해된 상태로 있으면 효능이 지속적으로 떨어진다. 미국 비즈VIZ사는 비타민을 용액에서 분리해 뚜껑에 따로 보관했다가 필요할 때 녹이는 기술을 개발했다. 수분과 산소가 차단된 '비즈캡VIZcap'이라는 병뚜껑 안에 분말 비타민을 넣어두었다가 마시기 전에 이 뚜껑을 눌러서 돌리면 자동으로 비타민 가루가 병 안의 용액으로 떨어지게 한 것이다.

이와 유사한 개념이 우유에 적용된 예가 있다. 우유에는 향료를 첨가하지 않은 흰 우유도 있지만 바닐라 우유, 딸기 우유, 바나나 우유, 초콜릿 우유처럼 각종 향료를 첨가한 것들도 있다. 그런데 현실적으로 여러 종류의 우유를 모두 비치하기 어려운 경우가 많다. 이러한 문제를 해결하기 위해 호주의 시파Sipahh사는 각종 향료를 내장한 빨대를 출시했다. 가정이나 사무실 등에서 그냥 흰 우유만 비치하더라도 각자 취향에 따라 선호하는 향이 들어 있는 빨대를 이용하면 원하는 우유 맛을 즐길 수 있다.

이번에는 서비스 업무에 분리의 개념이 적용된 예를 보자. 우크라이나의 키예프 교통 당국은 독특한 방법으로 주차위반 과태료를 징수한다. 주차위반 차량이 발견되면 자동차 번호판을 떼어 따로 보관했다가 차주가 과태료를 납부하면 돌려준다. 우리나라에서도 지방세 및 과태료 체납 차량에 대해 이와 같은 단속방식을 일부 사용하고 있다.

요소 분리

'요소 분리'는 앞서 설명한 도마뱀 우산처럼 시스템의 구성요소를 물리적으로 나누는 것이다. 프랑스의 주방용품 업체 테팔Tefal은 프라이팬과 냄비의 손잡이를 몸체에서 분리할 수 있는 '매직 핸즈Magic Hands'를 1996년에 출시했다. 손잡이를 분리하면 여러 개를 쌓아서 보관할 수 있을 뿐 아니라 하나의 손잡이를 공용으로 사용할 수 있다. 이 제품은 가정 내 수납공간이 적은 일본에서 100만 개 이상 팔릴 정도로 큰 성공을 거두었다. 매직 핸즈의 성공 덕분에 테팔은 일본을 프랑스에 이은 제2의 소비시장으로 키울 수 있었다.

가정이나 사무실에서 많이 쓰는 스테이플러는 대상물의 가장자리만 철할 수 있다. 그러나 쿼키사에서 출시한 스테이플러 '얼라인Align'은 윗부분과 아랫부분이 분리되기 때문에 가장자리뿐 아니라 어느 부분이라도 철할 수 있다.

예전의 창문형 에어컨은 창을 가로막았을 뿐 아니라 소음도 심했다. 그러나 실외기를 분리해 바깥으로 빼낸 이후로는 그런 문제가 없어

〈이미지 9.2〉 얼라인(Align)

졌다. 또한 리모컨을 이용해 온도 및 송풍 조절장치도 본체에서 분리했기 때문에 사용 편의성도 크게 높아졌다.

『틀 안에서 생각하기Inside the Box』라는 책에 보면 저자 중 한 명인 드루 보이드Drew Boyd 교수가 GE 크로톤빌 연수원에서 40명의 마케팅 간부들을 대상으로 강의했을 때 경험한 이야기를 기록한 대목이 있다(Boyd and Goldenberg, 2013).

한 교육생으로부터 "이미 성숙기에 있는 제품의 혁신에도 SIT가 활용될 수 있는가?"라는 질문을 받고, 냉장고를 대상으로 5가지 사고도구를 적용하는 실습을 진행했다. 실습 진행 과정을 요약하면 다음과 같다.

- 냉장고를 구성하는 요소들은 무엇인가?
  - 문짝, 선반, 팬, 전구, 제빙기, 컴프레서 등.
- 위에서 나열한 요소 중 '분리'의 개념을 어느 것에 먼저 적용해볼까?
  - 핵심 부품인 컴프레서에 적용해보자.
- 컴프레서를 본체에서 분리한 후 어디에 둘까?
  - 주방 뒤쪽 집 밖에 두자.
- 컴프레서를 분리해 주방 뒤쪽 집 밖에 두면 어떤 편익이 있을까?
  - 부엌이 훨씬 조용해진다.
  - AS 직원이 방문할 때 집에 사람이 없어도 된다.
  - 냉장고 안의 음식뿐 아니라 싱크대 서랍 등과 같이 다른 곳에 있는 음식도 차게 보관할 수 있다.
  - 냉장고 본체가 아닌 다른 편리한 곳에 음료수 전용 칸을 따로

만들 수도 있다.

- 그렇다면 필요에 따라 주방 곳곳을 냉장실로 사용할 수 있겠다.

그로부터 몇 년 뒤 싱크대 서랍을 냉장실로 사용하는 제품이 출시되었다고 한다.

이너스코리아InnusKorea가 개발한 '케이아이 에코비KI ecobe'라는 신발은 '분리'가 얼마나 큰 힘을 발휘할 수 있는지 잘 보여준다. 이 신발은 2017년 미국 크라우드펀딩 사이트인 킥스타터Kickstarter에서 목표 금액의 두 배 이상을 모금했으며, 흔히 세계 3대 디자인상이라고 부르는 미국 IDEA, 독일 iF 디자인 어워드및 레드닷 디자인 어워드를 모두 수상했다.

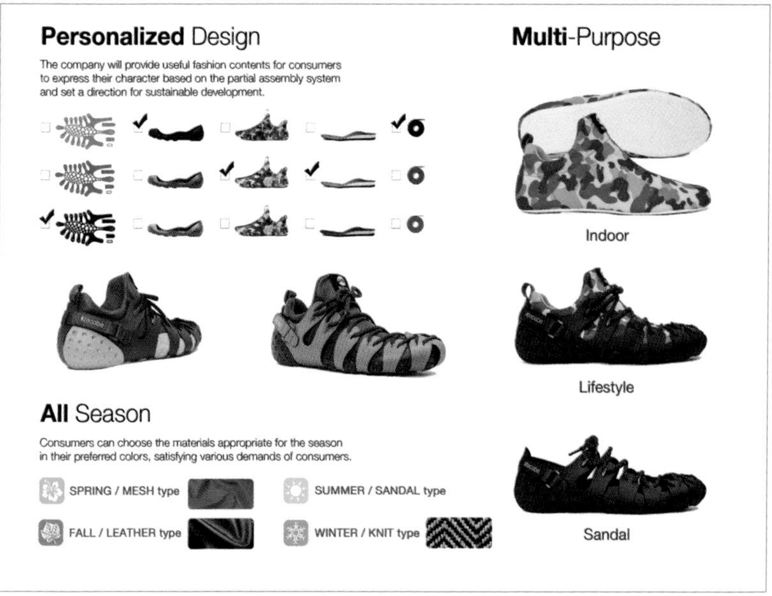

〈이미지 9.3〉 케이아이 에코비(KI ecobe)

이 신발은 외부 밑창, 내부 부츠, 내부 밑창, 신발 끈을 끼우는 부분과 끈이 모두 분리된다. 구성요소별 색상은 외부 밑창이 3가지, 내부 부츠가 15가지, 신발 끈을 끼우는 부분이 15가지, 끈이 15가지인데, 이를 조합하면 소비자가 선택할 수 있는 디자인은 모두 10,125(=3×15×15×15) 종류나 된다. 내부 부츠는 실내화로 사용할 수 있고, 외부 밑창은 샌들로도 사용할 수 있다. 또한 신발의 특정 부분이 마모되거나 손상될 경우 그 부분만 교체할 수 있다. 이뿐 아니라 내부 부츠만 따로 빼서 세탁할 수도 있다. 이처럼 분리를 통해 다양한 고객 가치가 창조된 것이다.

생산자 입장에서도 분리를 통해 얻을 수 있는 혜택이 많다. 제조과정에서 까다로운 접착공정이 필요 없기 때문에 시간당 생산성이 무려 6배나 향상된다고 한다. 또한 유독성 접착제가 사용되지 않으므로 근로자의 건강을 해칠 염려가 없다. 이뿐만 아니라 재활용 가능한 외부 밑창을 쉽게 분리 배출할 수 있기 때문에 환경적 측면에서도 좋다.

한때 이스라엘 창조경제의 총아로 널리 알려졌으나 2013년 파산한 베터 플레이스Better Place의 사업모델도 요소 분리의 개념을 적용한 것이다.

전기자동차의 보급에 가장 큰 걸림돌은 일반 가솔린 자동차보다 턱없이 비싼 가격과 몇 시간씩 걸리는 배터리 충전시간이다. 2007년 1월 이스라엘 출신의 미국 시민권자인 샤이 아가시Shai Agassi는 이 두 가지 문제를 해결할 수 있는 사업모델을 고안하고 베터 플레이스를 설립했다.

이스라엘은 주변의 중동 산유국들과 불편한 관계에 있기 때문에 국경 출입이 자유롭지 못하다. 따라서 자동차가 한정된 지역 내에서 운행되는 고립된 섬과 다를 바 없다. 제한된 지역 안에서 자동차가 움직일 경우 정부 주도로 전기차 보급이 이루어진다면 충전소 부족 문제가 상대적으로 쉽게 해결될 수 있다. 이러한 이유로 베터 플레이스는 전기차 사업을 먼저 이스라엘에서 시작하기로 결정하고 정부를 설득했다. 2008년 1월 당시 이스라엘 대통령 시몬 페레스Shimon Peres와 닛산Nissan의 카를로스 곤Carlos Ghosn 사장, 베터 플레이스의 아가시 대표는 이스라엘에서 본격적인 전기차 사업을 공동으로 추진하기로 합의했다. 이 합의에 따라 닛산은 이스라엘에 전기차를 공급하기로 했다.

베터 플레이스는 비싼 가격과 긴 충전시간이라는 두 가지 사업 장벽을 어떻게 넘었을까? 전기차가 일반 가솔린차보다 비싼 이유는 배터리 가격이 차량 가격과 맞먹기 때문이다. 자동차와 배터리의 소유

〈이미지 9.4〉 베터 플레이스(Better Place)의 충전소

권을 분리해, 배터리의 소유권은 충전사업을 하는 베터 플레이스가 갖고, 소비자는 임대료를 내고 배터리를 빌려서 사용하자는 것이 사업모델의 핵심이었다. 이것은 통신사의 휴대전화 사업모델과 유사하다. 소비자가 휴대전화를 구입하면 매월 일정액씩 통화요금을 지불한다. 여기서 휴대전화를 전기자동차로, 통화요금을 배터리 충전요금으로 바꾸면 베터 플레이스의 사업모델이 된다.

차량과 배터리의 소유권을 분리할 경우 또 다른 장점은 충전시간 문제를 해결할 수 있다는 것이다. 배터리를 충전하는 데 몇 시간 걸리지만, 표준화된 배터리는 몇 분 내에 교체할 수 있다. 따라서 주유소에서 기름을 넣는 정도의 시간이면 충전소에서 배터리를 교체할 수 있다. 베터 플레이스는 이스라엘 정부로부터 2억 달러의 투자를 받아 역사상 가장 큰 금액을 단기간에 유치한 벤처 기업이 되었다.

전기차 시장의 미래를 열어줄 것이라고 각광받던 베터 플레이스는 기대와 달리 부진한 사업성과로 인해 2013년 5월 파산신청을 했다. 물론 실패의 가장 큰 원인은 막대한 투자에 비해 충분한 수익을 얻지 못했기 때문이다.

전기차의 원활한 보급을 위해서는 충전 인프라가 필수적이다. 충전소를 곳곳에 짓기 위해서는 수입도 빠르게 늘어나야 하는데 그렇지 못했다. 배터리를 뺀 자동차 가격이 기존 자동차 가격과 비슷했기 때문에 운전자들이 보유하고 있던 자동차를 전기차로 교체할 특별한 유인이 없었다. 비록 성공하지는 못했지만, 분리의 개념을 적용한 베터 플레이스의 독특한 사업모델은 눈여겨볼 만하다.

도심공항터미널은 서비스 시스템에 요소 분리를 적용한 좋은 예다. 예전에는 출국 수속이나 수화물 발송을 공항에 가서 해야 하는 일이라고 생각했지만, 요즈음은 시내에 있는 도심공항터미널에서 여유 있게 미리 할 수 있다. 이처럼 지금은 당연하게 생각되는 것들도 그것을 생각해내기까지 긴 시간이 걸린 것은 5장에서 설명한 구조적 고착 때문이다.

기능적 분리는 서비스 운영 프로세스의 설계에도 많이 이용된다. 예전에는 복잡한 시간에 기차표를 끊으려면 발매 창구 앞의 긴 대기 라인에서 오랫동안 기다려야 했다. 그러나 요즈음은 홈 티켓이나 모바일 티켓처럼 고객이 직접 발권할 수 있기 때문에 그럴 필요가 없어졌다. 이것은 승차 프로세스에서 발권 부분을 분리해 고객에게 맡긴 것인데, 서비스 제공자와 이용자 모두에게 도움이 된다. 서비스 제공자는 자신이 해야 할 일을 고객에게 떠넘김으로써 업무 부담을 경감했으며, 서비스 이용자는 창구 앞에서 무료하게 장시간 기다리는 대신 자신이 편리한 시간에 미리 발권할 수 있게 된 것이다.

스타벅스Starbucks 코리아가 개발한 '사이렌 오더Siren Order'도 서비스 운영 프로세스를 분리해 고객을 참여시킨 예다. 모바일 앱으로 미리 주문·결제한 음료를 매장에서 받을 수 있기 때문에 손님이 몰리는 시간에도 매장에서 기다릴 필요가 없다. 전체 주문 건수의 16% 정도가 사이렌 오더를 통해 이루어지는데, 아침 출근시간과 점심시간에 직장인들의 이용률이 특히 높다. 이 서비스는 미국, 캐나다, 영국, 홍콩 등으로 수출되었는데, 미국에서도 전체 주문 건수의 10% 정도가 사이렌 오더를 통해 이루어진다고 한다.

요소 분절

시스템의 구성요소 중 일부를 시스템에서 완전히 떼어낼 수 있게 하는 대신 일체화된 요소들을 분리하고 분리된 것들을 관절로 연결하는 분절화分節化 방식의 분리도 많이 활용된다. '요소 분절'의 목적은 물리적 유연성을 확보하는 것이다.

예를 들어 우리가 통상적으로 사용하는 멀티탭은 막대기 모양의 고정된 몸체 안에 여러 개의 콘센트가 붙어 있기 때문에 부피가 큰 충전기나 어댑터를 나란히 꽂기 어렵다. '피벗파워Pivot Power'는 멀티탭의 콘센트들을 관절로 연결해 이러한 문제를 해결했다. 콘센트들을 관절로 연결하면 사용자의 필요에 따라 원형이나 반원형 또는 지그재그 모양 등으로 형태를 쉽게 바꿀 수 있다.

국제적 디자인상을 받은 제품을 보면 옷걸이를 대상으로 한 것들이 의외로 많다. 매우 단순한 제품이긴 하지만 많은 사람이 일상적으로 사용하는 품목이기 때문인 것 같다. 옷걸이에서 늘 문제가 되는 것은 목이 좁은 옷을 걸기 어렵다는 점이다. 목이 좁은 옷을 걸려면 목을 당겨서 집어넣어야 하는데, 이럴 경우 목 부분이 늘어난다. 이러

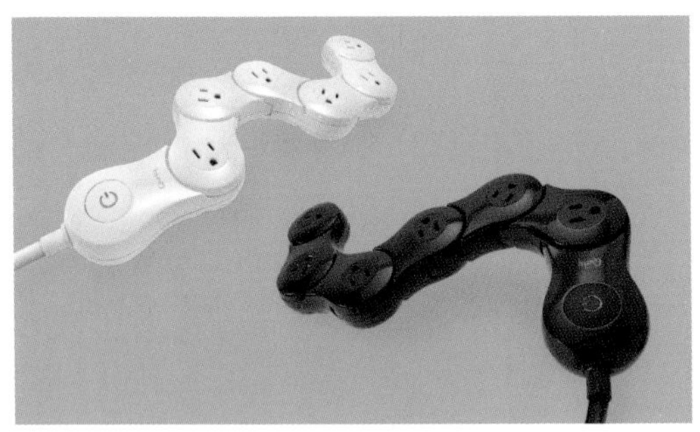

〈이미지 9.5〉 피벗파워(Pivot Power)

한 문제를 피하기 위해서는 옷걸이를 옷의 아랫부분으로 집어넣어서 위로 올려야 하는데, 여간 불편한 게 아니다.

경희대학교 김모세, 강준호, 이상현, 최유림이 고안한 '막대 옷걸이Staff Hanger'는 옷걸이의 중간 부분을 스프링 관절로 연결해 이러한 문제를 해결한 것이다. 옷걸이의 양쪽을 한 손으로 누르면 지팡이 모양의 막대가 되고, 손을 놓으면 통상적인 옷걸이 모양으로 되돌아온다. 따라서 옷걸이의 양쪽을 한 손으로 누른 후 이를 목 부분에 넣으면 목이 좁은 옷도 쉽게 걸 수 있다. 이 디자인은 레드닷 디자인 어워드의 디자인 콘셉트 부문, IDEA, iF 디자인 어워드의 콘셉트 부문 수상작이다.

옷걸이의 중간 부분을 분리한 다른 예로는 쿼키사에서 만든 '솔로SOLO'라는 제품이 있다. 이 제품도 한 손으로 가위처럼 접었다 폈다 할 수 있기 때문에 단추 달린 셔츠도 단추를 풀지 않은 채 쉽게 걸고 쉽게 꺼낼 수 있다.

〈이미지 9.6〉 막대 옷걸이(Staff Hanger)

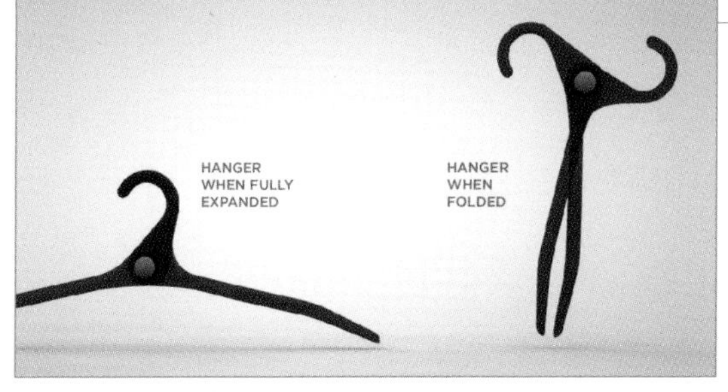

〈이미지 9.7〉 솔로(SOLO)

〈이미지 9.8〉 클랩 스케이트(Clap Skate)

스케이트 신발에도 분리의 개념을 적용한 재미있는 예가 있다. 스피드 스케이트는 빙상 스포츠 중에서 우리나라 선수들이 세계적 기량을 보유하고 있는 종목이다. 직선 구간이 승부처이기 때문에 스피드 스케이트의 날은 얇고 길다. 날이 얇을수록 얼음에 가해지는 압력이 높아져 추진력이 향상되고, 날이 길수록 직진성이 좋아진다.

'클랩 스케이트Clap Skate'는 이러한 스피드 스케이트화에 일대 변혁을 몰고 온 제품이다. 이 신발은 네덜란드에서 개발되었는데, 발을 옮길 때마다 '탁, 탁' 소리가 난다고 해서 클랩clap이라는 이름이 붙었다. 얇고 긴 날이 부츠에 고정된 전통적인 스케이트 신발과 달리 클랩 스케이트는 날의 앞부분에 관절을 달아서 발뒤꿈치를 들어도 날이 빙판에 붙어 있도록 한 것이다. 경기하는 내내 스케이트 날이 빙판에서 떨어지지 않기 때문에 속도 유지와 가속에 유리하며 체력 소모도 상대적으로 적다.

클랩 스케이트가 널리 알려진 계기는 1998년 일본 나가노長野에서 개최된 동계 올림픽에서 이 스케이트화를 신은 네덜란드 선수들이

5개의 종목에서 세계 신기록을 갱신한 것이었다. 이후 대다수의 스피드 스케이팅 선수가 클랩 스케이트를 사용하고 있다.

재조합을 위한 분리

요소 분리의 특별한 유형 중 하나는 '재조합을 위한 분리'다. 이것은 구조적 고착의 극복이나 유연성 확보가 목적이 아니라 고객의 선택권을 늘리기 위해서 사용된다. 사용자가 자신이 필요로 하는 부품을 선택해 마음대로 조립할 수 있는 모듈 설계가 여기에 속한다. 자신의 취향에 따라 규격화된 부품을 선택하고 레고 블록을 조립하는 방식으로 맞춤형 제품을 만들 수 있는 것이다.

모듈 방식의 조립형 스마트폰 개발을 목적으로 구글이 추진했던 프로젝트 '아라Ara'는 재조합을 위한 분리의 좋은 예다. 필수 부품이 내장된 아라폰의 프레임에 디스플레이 모듈, 배터리 모듈, 프로세서

〈이미지 9.9〉 아라(Ara) 스마트폰

모듈, 카메라 모듈, 무선 랜 모듈, 스피커 모듈, 센서 모듈 등을 필요에 따라 끼우고 뺄 수 있도록 만든다는 것이다. 따라서 사진에 취미가 있는 사용자라면 고성능 카메라 모듈을 장착할 수 있고, 음악 감상을 즐기는 사용자는 하이파이 스피커를 끼우면 된다. 또한 동영상을 많이 시청하는 사용자는 고화질 디스플레이 모듈을 사용하고, 배터리 사용량이 많은 사람은 대용량 배터리를 장착하면 된다. 그뿐만 아니라 휴대전화 화면이 깨질 경우 따로 수리를 맡길 필요 없이 디스플레이 모듈만 구입해서 바꿔 끼우면 된다. 물론 다른 부분이 고장 나더라도 고장 난 모듈만 교체하면 된다.

세계 최대 전자상거래업체인 아마존은 2013년 12월 소형 무인항공기인 드론drone으로 물품을 배송하는 프라임 에어 서비스를 도입할 것이라고 밝혀 주목을 받은 바 있다. 아마존이 계획하고 있는 이 서비스는 물류센터에서 최대 16킬로미터 떨어진 지역까지 약 2.3킬로그램의 물품을 30분 안에 배송할 수 있다. 2015년 미국 특허상표청이 승인한 아마존의 특허 내용을 보면, 드론은 주문자의 스마트폰이나 다른 모바일 기기에 있는 GPS 정보를 기반으로 위치를 파악해 물품을 배송한다. 미국 연방항공청FAA이 상업용 드론의 운항을 승인하지 않고 있어서 언제 실행에 들어갈 수 있을지 불투명하지만, 많은 사람이 무인 항공택배가 머지않은 미래에 실현될 것이라 믿고 있다.

그러나 택배산업의 미래 모습이 공중수송이 되리라는 보장은 없다. 이스라엘의 셴카르 공업 및 디자인 대학의 코비 시커Kobi Shiker가 졸업 작품으로 제출한 '트랜스휠Transwheel'은 미래 택배산업에 대한 다른 시나리오를 상상하게 만든다.

자율주행 외발 로봇 트랜스휠은 1인용 전동 스쿠터 세그웨이Segway와 같이 자이로스코프를 이용한 자체 균형 시스템을 갖추고 있기 때문에 바퀴 하나로도 안정적인 주행이 가능하다. 또한 적재를 위한 로봇 팔과 GPS 기반의 통신기능이 있기 때문에 수화물을 싣고, 고객의 집으로 이동하고, 현관 앞에 내려놓기까지의 전체 과정을 무인으로 수행할 수 있다. 이뿐 아니라 목적지가 가까워지면 고객에게 도착 예정시간을 알려주고, 필요하다면 안면 인식 기술을 이용해 택배 상자를 내려놓기 전에 지정된 수령인이 맞는지 확인할 수도 있다.

제거의 개념을 적용해 운송에 꼭 필요한 부분만 남기고 나머지 부분을 모두 없앤 트랜스휠은 택배 차량에 비해 도로를 점유하는 공간이 훨씬 작다. 이러한 외발 운송기구가 주목받는 더 큰 이유는 개별적으로 움직이기도 하지만 수송해야 할 화물의 크기에 따라 필요한 수만큼 모여서 그룹으로 운반기능을 수행할 수 있다는 점이다. 따라서 트랜스휠을 이용하면 작은 택배 상자에서부터 엄청나게 큰 컨테

〈이미지 9.10〉 트랜스휠(Transwheel) (1)

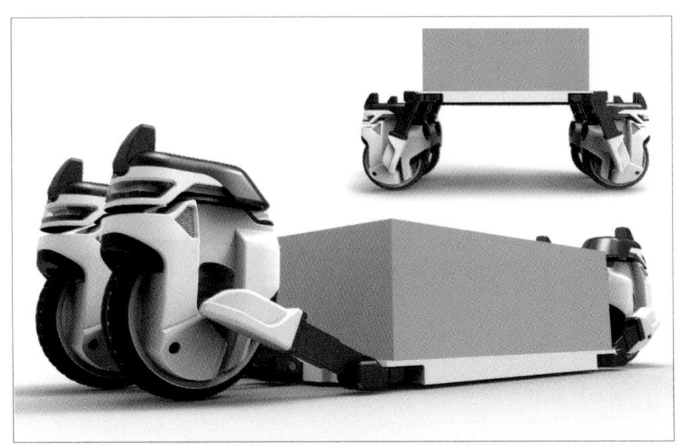

〈이미지 9.11〉 트랜스휠(Transwheel) (2)

이너까지 다양한 사이즈의 화물을 수송할 수 있다.

아직은 콘셉트 단계지만 '분리'되었던 여러 대의 트랜스휠이 필요에 따라 한 몸처럼 그룹을 이루어 각종 화물을 무인으로 수송하는 것이 택배산업의 진정한 미래 모습일 수도 있다. 컨테이너처럼 큰 화물을 옮기기 위해 외발 로봇들이 떼를 지어 움직이는 모습은 상상만 해도 가슴을 뛰게 하지 않는가? 만약 이러한 무인수송이 실현된다면 굳이 일과시간 중에 배달해야 할 이유가 없으므로 각종 화물차 때문에 교통 체증이 가중되는 현상이 사라질 것이다.

이번 장에서는 SIT의 네 번째 사고도구인 분리의 개념이 어떻게 적용되는지 살펴보았다. 하나로 묶인 것을 분리해 자유도를 높이면 새로운 세상이 펼쳐질 수 있는 것이다.

10

SIT 사고도구: 속성의존

Attribute Dependency

카멜레온처럼 영리하게

카멜레온의 피부는 평소 나뭇잎과 비슷한 녹색을 띠지만 적이나 짝을 만나 흥분하면 2분 만에 노란색과 붉은색으로 변한다. 예전에는 노란색이나 붉은색 색소가 온몸에 퍼지면서 피부색이 바뀌는 것으로 생각했다. 그러나 최근 연구에 따르면 색소의 축적이나 분산에 의해 색이 변하는 것이 아니라 피부세포 바깥층의 미세 구조를 바꾸어 특정 파장의 빛만 선택적으로 반사시키기 때문이라고 한다. 즉, 피부를 당기거나 느슨하게 하는 방법으로 피부색을 바꾼다는 것이다.

SIT의 마지막 다섯 번째 사고도구인 '속성의존'은 카멜레온처럼 외부환경이나 외부조건과 내부속성 사이, 또는 하나의 내부속성과 다른 내부속성 사이에 관계를 맺어주는 것을 말한다. 예를 들어 자외선에 노출되면 색깔이 변하는 변색 렌즈는 속성의존의 대표적 사례다. 다른 예로 우리가 일상적으로 사용하는 스마트폰의 경우 가로로 놓으면 화면을 옆으로 넓게 볼 수 있고, 세로로 놓으면 화면도 아래로 길게 볼 수 있다. 이러한 스마트폰의 화면 자동회전도 속성의존에 속한다.

세계보건기구WHO에 따르면 매일 100만 명의 사람이 성관계 도중 성병에 걸린다고 한다. 이러한 현실을 감안해 콘돔에 속성의존을 적용해보자. 외부환경이나 외부조건의 변화에 따라 내부속성이 변하도록 관계를 맺어주는 것이 속성의존이라고 앞서 설명했다. 그렇다면 외부환경이나 외부조건으로 무엇을 선택해야 할까? 또한 이러한 독립변수에 연동되는 종속변수로서 어떤 내부속성을 선택해야 현실적으로 가치가 있을까?

영국 10대 청소년들의 과학경시대회인 틴테크TeenTech의 2015년도 수상작 중 가장 관심을 끈 것이 바로 콘돔에 속성의존을 적용한 것이다. 10대 초반의 청소년 3명이 제안한 이 콘돔의 제품명은 '에스티아이S.T.EYE'인데, '성접촉 감염Sexually Transmitted Infection, STI을 감시하는 눈'이라는 의미를 담고 있다. 성병이 감지되면 콘돔 고무에 함유된 분자의 색깔이 균의 종류에 따라 변한다. 클라디미아의 경우 녹색, 헤르페스에는 노란색, 매독에는 파란색 등으로 콘돔의 색깔이 변한다. 이 콘돔은 착용자와 파트너 양쪽의 성병을 모두 감지할 수 있다.

자동차에 속성의존을 적용한 예를 보자. 1995년 만우절에 폭스바겐 자동차는 여느 해처럼 재미 삼아 자동차의 외관 부위별로 다른 색을 칠해 어릿광대의 복장과 같이 알록달록한 자동차를 곧 출시한다는 광고를 했다. 놀랍게도 이를 사실로 받아들인 많은 사람으로부터

〈이미지 10.1〉 폴로 할리퀸(Polo Harlequin)

판매 가격이 얼마이며 어디에서 구입할 수 있느냐는 문의가 빗발치자 실제로 제품화했다. 이렇게 탄생한 것이 '폴로 할리퀸Polo Harlequin' 이다.

폴로 할리퀸이 왜 속성의존의 사례가 될 수 있을까? 〈그림 10.1〉은 이를 설명한 것이다. 가로축은 자동차의 앞문, 뒷문, 펜더, 트렁크, 지붕 등과 같은 부위를 나타내고, 세로축은 노랑, 파랑, 주황, 검정, 빨강 등과 같은 색상을 나타낸다. 종래의 다른 자동차들은 차체 전체에 한 가지 색을 적용했으나, 폴로 할리퀸은 부위별로 색상을 다르게 한 것

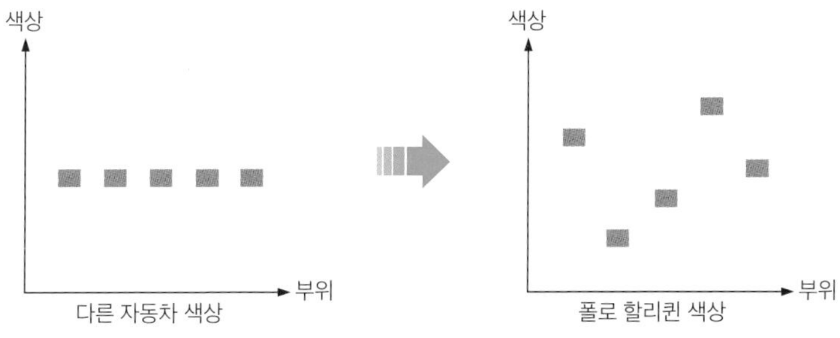

〈그림 10.1〉 폴로 할리퀸(Polo Harlequin)의 속성의존

이다. 즉, 차체의 부위라는 내부속성과 색상이라는 다른 내부속성 사이에 관계가 맺어진 것이다.

휴대전화 벨소리 선택도 이와 유사하다. 예전의 전화기는 누가 전화를 걸더라도 동일한 수신음이 울렸지만, 요즈음 우리가 사용하는 휴대전화는 발신자가 누구냐에 따라 사용자가 수신 벨소리를 다르게 설정할 수 있다. 이를 〈그림 10.1〉에 적용하면 가로축은 가족, 연인, 직장 동료, 친구, 친척 등이 되고, 세로축은 휴대전화 벨소리의 종류가 된다.

속성의존을 설명하기 위해 앞서 예로 든 사례들은 외부환경이나 외부조건과 내부속성 사이 또는 하나의 내부속성과 다른 내부속성 사이에 관계를 맺어준 것이지만, 속성의존의 범위는 이보다 훨씬 넓다. 새로운 관계를 맺어주는 것뿐 아니라 역으로 기존에 존재하던 관계를 없애는 것, 관계를 맺어주는 변수를 다른 요소로 바꾸는 것도 모두 속성의존에 속한다. 속성의존을 정확하게 표현하면 '속성의존 변경attribute dependency change'이지만 보통은 이를 줄여서 '속성의존'이라고 한다.

뷔페식당은 가격정책에 속성의존이 적용된 대표적인 예다. 일반 음식점에서는 먹는 음식의 종류와 양에 따라 지불해야 할 금액이 변하지만, 뷔페식당은 이러한 관계를 없앤 것이므로 속성의존에 '변경'이 일어난 것이다.

유럽에서 확산되고 있는 '안티카페Anti-Cafe'도 가격정책에 속성의존이 적용된 것이다. 안티카페는 음료나 스낵의 구입비를 지불하는 것이 아니라 머무는 시간에 비례해서 돈을 낸다. 세계 최초 안티카페

〈이미지 10.2〉 모스크바의 지페르블라트(Ziferblat) 1호 매장

는 러시아의 문학청년이었던 이반 미틴Ivan Meetin이 2011년 모스크바에 개점한 '지페르블라트Ziferblat'다. 매장에서 음료와 다과 등을 제공했지만 따로 돈을 받지 않았다. 그 대신 매장에 머무르는 시간 기준으로 1분당 일정한 요금을 받았다. 고객이 먹고 마시는 식음료와 가격의 관계를 고객의 매장 체류시간과 가격의 관계로 바꾼 것이다.

모스크바의 지페르블라트 매장이 인기를 끌자 상트페테르부르크와 영국의 런던과 맨체스터 등으로 매장을 확대했다. 지페르블라트의 상업적 성공이 알려지면서 유럽 주요 도시에 다양한 브랜드의 안티카페가 등장했다.

식당의 가격정책에 속성의존이 적용된 다른 예로는 다음과 같은 것들이 있다.

- 마음껏 먹고 지불할 가치가 있다고 느끼는 만큼 자유롭게 돈을 내는 PWYWPay What You Want 식당은 속성의존을 변경한 것이다.

여기서 외부조건은 고객의 자유의사이고 내부속성은 가격이다. 독일의 베를린 도심에 있는 바이너라이Weinerei 주점이 이러한 가격정책을 적용하고 있다. 일부 양심불량 고객들이 있긴 하지만 입소문 덕분에 베를린의 관광명소가 되면서 성업 중이며, 베를린 내에 두 개의 분점을 운영하고 있다고 한다. 2009년 1월 발간된 『저널 오브 마케팅Journal of Marketing』에는 고객이 전적으로 가격 결정권을 쥐는 PWYW를 실시하더라도 기업이 망하지 않는다는 연구 논문이 실려 있다.

- 중국 상하이의 관광명소 예원豫園 근처에 있는 남상만두점의 1층은 테이크아웃 고객용이지만 2층은 자리에 앉아서 주문한다. 사서 들고 나가야 하는 1층보다 앉아서 편히 먹을 수 있는 2층에 가면 기다리는 줄이 훨씬 더 짧다. 이유가 무엇일까? 테이크아웃으로 주문하면 16개의 만두를 주지만 자리를 차지하고 앉으면 같은 값에 6개만 주기 때문이다. 속성의존을 이용한 왕서방의 놀라운 상술이라고나 할까?
- 음식 무게에 따라 가격을 다르게 매기는 식당이 있다. 두바이에 있는 레스토랑 그램Gramo에서는 주문한 음식의 무게에 따라 가격이 책정된다고 한다. 음식 가격을 무게와 연동시킨 이유는 음식물 쓰레기를 줄이기 위해서다. 실제로 이러한 가격정책을 도입한 이후 고객들이 보다 신중하게 음식을 선택하기 때문에 음식물 쓰레기가 많이 줄어들었다고 한다.

조건 의존

우리는 무심코 지나치지만 일상생활에서 외부조건에 따라 내부속성이 변하는 경우를 많이 경험하고 있다. 문을 열면 실내등이 켜지는 냉장고, 물이 끓으면 소리 나는 주전자, 사람이 올라타면 움직이는 에스컬레이터가 모두 여기에 속한다. 이처럼 외부조건에 따라 시스템의 내부속성이 변하는 '조건 의존'은 시스템의 효용을 높이는 데 효과적이다.

예를 들어 어린아이들은 TV를 화면 가까이 다가가서 본다. 이럴 때마다 아이들의 시력 손상을 걱정하는 부모들은 뒤로 물러나서 보라고 한다. 부모들이 없을 때는 이렇게 할 수 없다. 조건 의존을 이용해 이 문제를 해결할 수는 없을까? 센서를 이용해 눈동자와 TV 화면 사이의 거리를 측정해 안전거리가 유지되도록 하면 된다. 아이들의 눈동자와 화면 사이의 거리가 일정한 수준 이하로 줄어들면 화면이 점점 어두워지도록 만드는 것이다. 이렇게 하면 따로 잔소리를 하지 않아도 안전한 시청거리가 유지된다. 이 아이디어는 레드닷 디자인 어워드의 디자인 콘셉트 부문 수상작이다.

집에서 많이 쓰는 다리미에 조건 의존을 적용한 예를 보자. 다리미가 보편적으로 사용되기 시작한 것은 약 300년 전이라고 한다. 그동안 숯불다리미에서 전기다리미, 스팀다리미 등으로 기술적 진보가 이루어졌지만 잠시 한눈파는 사이 옷을 태울 수 있다는 문제는 여전히 남아 있다.

계명대학교 박상용, 박정민, 황선우는 이를 해결한 '오뚝이 다리미 Roly Poly Iron'를 고안했다. 이 다리미는 손잡이의 무게중심이 아래쪽

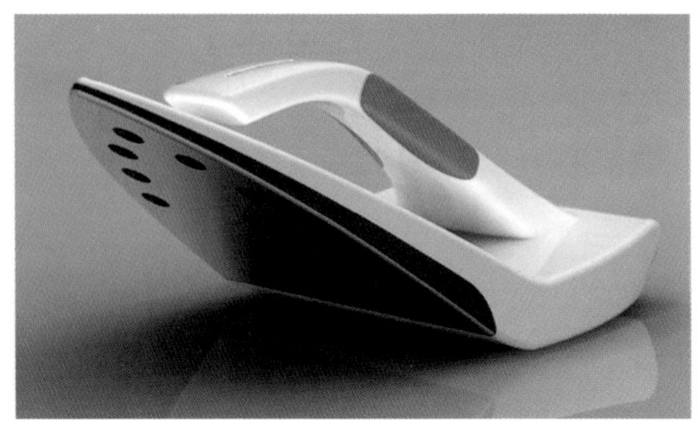

〈이미지 10.3〉 오뚝이 다리미(Roly Poly Iron)

에 쏠려 있기 때문에 손을 놓으면 저절로 앞부분이 들리도록 되어 있다. 따라서 다림질하다가 전화를 받기 위해 잠시 손을 놓는다든지, 초인종 소리를 듣고 잠시 자리를 뜨더라도 옷을 태울 염려가 없다. 조건 의존을 매우 현명하게 적용한 예다.

사용하지 않을 때 손을 놓으면 자동적으로 열판이 다림질하던 옷에서 떨어지는 오뚝이 다리미가 편리하긴 하지만 한 가지 단점이 있다. 뜨거운 열판이 들린 상태로 노출되어 있기 때문에 아기의 손이나 애완동물의 신체가 닿으면 화상 위험이 있다.

이화여대의 황다예는 이런 문제까지 해결한 '푸쉬Pushe'라는 다리미를 고안했다. 열판이 바닥에서 약 2센티미터 떨어져 있도록 설계된 이 다리미는 사용 시 손잡이를 누르는 동안만 열판이 바닥에 닿는다. 손잡이에서 손을 떼면 열판이 자동적으로 다리미 내부로 올라가기 때문에 편리하면서도 안전하다. 이 아이디어는 K 디자인 어워드를 수상했다.

SIT 5가지 사고도구 중에서 속성의존이 가장 널리 활용된다. 한 가

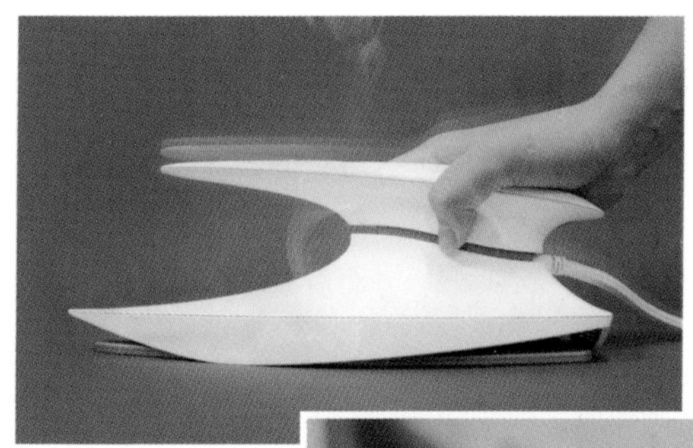

〈이미지 10.4〉 푸쉬(Pushe) 다리미

지 예로 온도를 조건으로 하는 속성의존을 살펴보자.

- 테팔이 출시한 프라이팬 중앙에는 서모스폿Thermo-Spot이라고 선명하게 표시된 열 센서가 들어 있다. 프라이팬을 가열하면 이 표시가 점점 흐려지다가 요리하기에 적합한 온도가 되면 서모스폿이라는 글자는 사라지고 붉은색 원만 남는다.
- 유아들은 말을 하지 못하기 때문에 아파도 울기만 할 뿐 어디가 아픈지 말로 표현하지 못한다. 이 때문에 어린아이들이 울어도 그 이유를 알지 못하는 경우가 많다. 그런데 몸에 이상이 생기면 체온이 올라가기 때문에 건강을 체크하는 가장 손쉬운 방법은 체온을 측정하는 것이다. 유아들이 항상 입에 물고 있는 고무젖꼭지에

열 센서를 내장해서 정상온도 이상으로 체온이 올라가면 젖꼭지의 색깔이 빨갛게 변하도록 만들면 어떨까? 이 아이디어는 iF 디자인 어워드의 콘셉트 부문 수상작이다.

- 고무젖꼭지 대신 옷의 색깔로 유아들의 체온을 표시할 수도 있다. 베이비글로Babyglow라는 회사의 유아복은 옷을 입고 있는 아이의 체온이 37도를 넘으면 흰색으로 바뀐다.
- 유아들은 밤에 잠을 잘 자지 않고 젖 달라고 우는 경우가 많다. 그런데 엄마는 낮에 일하느라 지쳐서 자는데 아이가 우니까 비몽사몽 간에 분유를 타서 준다. 이때 물의 온도가 맞지 않으면 아이가 델 수 있다. 분유병에 부은 물의 온도에 따라 병의 외부색상이 변하도록 하면 온도가 적정한지 아닌지 쉽게 알 수 있다. 이러한 안전 젖병은 현재 시판되고 있다.
- 카페에서 따뜻한 차나 커피를 테이크아웃해서 나오면 바로 마실 수 있는 온도인지 아닌지 알 수 없다. 특히 운전 중일 때와 같이 음료의 온도에 집중할 겨를이 없을 때는 뜨거운 음료를 마시다가 낭패를 겪을 수 있다. 스마트리드Smart Lid사에서 판매하는 컵 뚜껑은 컵 안의 음료가 마시기에 너무 뜨거우면 밝은 적색으로 변했다가 적정 온도로 내려가면 어두운 갈색으로 바뀐다.
- 테이크아웃한 음료에 빨대를 꽂아서 마시는 경우에도 잘못하면 뜨거운 음료 때문에 입속을 델 수 있다. 이러한 일을 방지하려면 어떻게 해야 할까? 음료의 온도에 따라 빨대의 내부속성이 변하도록 하면 된다. 빨대 내벽에 고리 형태의 열 센서를 내장해 마시기에 너무 뜨거운 액체가 들어오면 빨대가 순식간에 막히도록 하

자는 아이디어는 2012년 레드닷 디자인 어워드의 디자인 콘셉트 부문 수상작이다.

- 목욕하기 위해 욕조에 물을 받은 후 온도가 적절한지 알아보기 위해서는 손이나 발을 넣어봐야 한다. 이것은 불편하기도 하지만 물이 너무 뜨거울 경우 위험할 수도 있다. 물의 온도를 보다 편리하고 안전하게 확인할 방법이 없을까? '욕조 세이프가드Bath Safeguard'라는 실리콘 재질의 배수구 마개는 수온을 감지해 온도에 따라 다른 색의 빛을 낸다. 찬물에서는 파란색, 미지근한 물에서는 오렌지색, 뜨거운 물에서는 빨간색 등으로 온도에 따라 다른 색깔의 빛을 발산한다. 이 빛은 수온을 직관적으로 보여주기도 하지만 욕조에 담긴 물을 고운 빛깔로 비추어주기 때문에 욕실의 분위기가 한층 더 좋아진다. 이 제품은 iF 디자인 어워드의 제품 부문과 IDEA 수상작이다.

이번에는 음식물의 신선도를 조건으로 하는 속성의존의 예를 보자.

- 식품의 유통기간이 지나면 포장지에 인쇄된 바코드가 희미해지다가 사라지도록 한다. 이렇게 하면 유통기간이 지난 식품이 계산대에서 판독되지 않으므로 판매할 수 없다. 이 아이디어는 iF 디자인 어워드의 콘셉트 부문 수상작이다.
- 냉장고에 오랜 기간 방치된 음식물의 경우, 상했는지 확인하려면 뚜껑을 열고 냄새를 맡아보거나 맛을 봐야 한다. 그러나 음식 용기 뚜껑에 필름형 센서를 내장해 음식물이 상하면 뚜껑의 색이

변하도록 할 수 있다. 음식이 신선할 때는 뚜껑에 선명한 파란색 고리 모양이 나타나고, 먹을 수는 있지만 머지않아 상할 것 같으면 이 고리의 색이 옅은 녹색으로 바뀌었다가, 음식이 상해서 못 먹게 되면 노란색으로 변한다. 이 아이디어는 레드닷 디자인 어워드의 디자인 콘셉트 부문 수상작이다.

- 과일의 익은 정도를 보여주는 라벨인 '라이프센스ripeSense'가 뉴질랜드에서 개발되었다. 이 라벨에는 과일이 익을 때 나는 향에 반응하는 성분이 포함되어 있는데 시범적으로 배에 부착했다고 한다. 아직 덜 익은 상태라서 며칠 더 기다리면 좋을 때는 라벨이 붉은색을 띠다가, 지금 당장 먹기 좋으면 주황색, 너무 익어서 무른 상태가 되면 노란색으로 변한다.

교통사고를 방지하기 위해 학교 앞이나 주택가 도로에 있는 과속방지턱에 조건 의존을 적용한 매우 영리한 사례가 있다. 과속방지용 둔덕에서 속도를 줄이지 않으면 차량의 현가장치suspension system에 무리가 가기 때문에 이를 알고도 달리는 운전자는 드물다. 그래서 과속방지턱을 '잠자는 경찰'이라고 높이 평가한 사람도 있다. 그러나 과속방지턱 앞에서 갑자기 속도를 줄이면 배기가스가 증가해 대기의 질을 악화시킬 뿐 아니라 제한속도를 지키는 운전자에게도 불편을 준다.

스웨덴의 교통기술 개발업체인 에데바Edeva는 조건 의존을 적용해 이 문제를 해결했다. 에데바가 개발한 '액티범프actibump'는 배수로 덮개 모양의 구조물이다. 차량이 전방 15~20미터 정도 가까이 오

〈이미지 10.5〉 액티범프(actibump)

면 주행속도를 측정하고, 측정치가 제한속도를 넘을 경우 차량에 충격이 가해지도록 액티범프의 앞부분이 아래로 내려간다. 그러나 제한속도 이내이면 그대로 있으므로 아무런 영향이 없다. 이것을 설치하기 전에는 과속 차량 비율이 80%였으나 설치 후에는 10% 이하로 내려갔다(구특교, 2018). 게다가 환경 문제에까지 기여하고 있다니 얼마나 현명한 시스템인가.

요즈음 많이 이야기하는 사물인터넷Internet of Things, IoT은 인터넷을 이용해 조건 의존을 활용하는 것이다. 다음은 오래전 KBS 1TV에서 방영한 우리나라의 유명 금고 제작회사 이야기 중 일부다.

이 회사는 80년 이상의 역사를 갖고 있는 우리나라에서 가장 오래된 금고 제작 회사다. 주로 은행의 대여금고를 제작해서 납품하기 때문에 일반인들은 잘 모르지만, 일반 시중은행뿐 아니라 한국은행 금고까지 제작했다. 은행금고를 전문적으로 제작해왔으니 튼튼한 금고를 만드는 기술은 독보적이다. 그런데 온라인 및 모바일 거래의 활성화로 은행 지점의 수가 계속 줄어들고 있어 튼튼한 금고를 만드는 기술력만으로는 더 이상 생존이 어렵게 되었다.

이러한 난관을 타개하기 위해 이 회사는 지금까지 외면해왔던 가정용 금고시장에 본격적으로 진출하기로 했다. 그러나 가정용 금고시장에는 이미 여러 업체가 자리 잡고 있을 뿐 아니라 실내에 두는 금고의 표면에 명화를 넣는 등 나름대로 제품개선을 위해 꾸준히 노력하고 있었다. 후발주자로서 어떻게 경쟁해야 할까? 이 회사는 '최강금고에서 첨단금고로 진화한다'는 전략적 방향을 정했다. 여기서 첨단금고란 무엇을 의미하는 걸까? 이 회사는 IT융합 스마트금고를 표방하고 있다.

금고가 스마트하다는 것은 외부조건에 따라 내부속성이 변한다는 말이다. 이 회사는 금고의 상태에 중요한 변화가 감지되었을 때 스마트폰으로 즉시 통보해주는 기술을 개발했다. 금고에서 가장 중요한 상태 변화는 문이 열리고 닫히는 것이다. 따라서 금고 문이 열리고 닫힐 때마다 실시간으로 고객의 휴대전화에 "금고가 열렸습니다", "금고가 닫혔습니다"라는 문자가 발송된다. 이것은 마치 은행 예금을 인출하면 "고객님의 계좌에서 ○○○원이 인출되었습니다"라고 문자가 발송되는 것과 동일하다.

금고의 경우에는 이것만으로 충분하지 않다. 도둑이나 강도가 들어 금고문을 강제로 열기 위해 충격을 가하면 "비정상적인 충격이 감지되었습니다"라는 문자가 발송된다. 이것은 매우 스마트한 대응이다. 안전 제품의 경우 안전하다는 것만으로는 충분치 않다. 안전에는 반드시 안심까지 수반되어야 한다. 그렇지 않으면 금고 안에 넣어둔 내용물이 안전하게 있더라도 제대로 있는지 확인하기 위해 시시때때로 열어봐야 한다.

이 사례는 사물인터넷과 관련해 매우 중요한 시사점을 준다. 우리는 사물인터넷이 산업의 미래를 바꿀 것이라는 생각으로 그와 관련된 기술에 많은 관심을 두는데, 그보다 중요한 것은 정보통신 기술을 이용해 사물과 사물 사이 또는 사물과 사람 사이에 어떤 조건의 의존을 맺어줄 것인가 하는 점이다.

테크니온 공과대학은 이스라엘의 독립 선언보다 36년 앞서 설립된 이스라엘 최초의 대학이다. 4명의 노벨상 수상자를 배출한 이 대학의 설립 100주년을 기념해 2014년 이스라엘 우체국은 특별 우표를 발행했다. 이 우표에는 우산을 뒤집어놓은 것 같은 형상의 조그마한 물체가 손바닥 위에 놓여 있는 사진이 들어 있다. 이 대학의 바이스D. Weihs 교수 등이 개발한 '나노 낙하산nano-parachute'이라는 것인데, 민들레 씨앗에서 영감을 얻어 개발한 것이라고 한다.

민들레 씨앗은 독특한 비행 능력 덕분에 오랫동안 공중에 떠다니며 바람을 타고 멀리 날아간다. 민들레 씨앗은 맨 아래 씨가 있고 그

〈이미지 10.6〉 민들레 씨앗의 비행

위로 줄기가 뻗어 있는 형태다. 줄기 끝에는 7~8밀리미터 길이의 솜털들이 마치 우산살처럼 100개 정도 나 있다. 영국 에든버러대 연구진이 『네이처』에 발표한 논문에 따르면 솜털 위쪽에 압력이 낮은 공기가 모여 소용돌이가 형성되는데, 이것이 아래쪽의 민들레 씨앗을 위로 끌어올리기 때문에 오랫동안 땅에 떨어지지 않고 멀리 비행할 수 있다(이영완, 2018).

민들레 씨앗에서 영감을 얻어 개발한 나노 낙하산은 공기 중의 독성 화학물질 탐지에 사용된다. 유독성 물질을 사용하고 있는 산업설비가 고장 나거나 테러리스트가 독성 화학물질을 살포한다고 의심될 경우 수천 개의 나노 낙하산을 투하한다. 육안으로는 잘 보이지 않는 머리카락보다 가는 나노 섬유 가닥들이 독성물질을 만나면 색깔이 바뀐다. 독성물질의 종류에 따라 나노 섬유들이 달리 변색하기 때문에 독성물질의 존재와 종류 및 이동 상황을 눈으로 쉽게 확인할 수 있다. 이 혁신적인 발명품에도 속성의존이 적용된 것이다.

조건 의존은 서비스 시스템의 설계와 운영에도 많이 활용된다. 다음은 이와 관련된 몇 가지 사례다.

서비스 품질의 관리가 어려운 점 중 하나는 동일한 서비스를 제공하더라도 사람마다 받아들이는 것이 다르다는 점이다. 서비스 경영에서는 이러한 특성을 이질성異質性이라고 한다. 예를 들어 백화점을 방문하는 고객을 보면 매장 직원이 다가와서 자상하게 설명해주기를 원하는 사람도 있지만, 방해받지 않고 조용히 둘러보기를 원하는 사람도 있다. 따라서 매장 직원이 다가와 친절하게 설명해주면 쇼핑을 방해한다고 생각하는 고객이 있는 반면, 모르는 척하면 자신을 무시

〈이미지 10.7〉 블루밍데일스 백화점 뉴욕 매장

한다고 느끼는 고객도 있다. 이러한 고객의 성향을 고려하지 않고 획일적인 서비스를 제공하면 문제가 생긴다.

미국 뉴욕의 블루밍데일스 백화점 1층에 있는 한 화장품 가게는 팔찌를 이용해 이러한 문제를 다음과 같이 해결했다. 이 매장에서는 손님들에게 세 가지 색깔의 팔찌를 나누어준다. 흰색은 '혼자서 조용히 보고 싶으니 방해하지 말아달라', 분홍색은 '둘러보다가 궁금한 게 있으면 물어보겠다', 연두색은 '도움이 필요하다'는 뜻이다. 따라서 매장 직원은 연두색 팔찌를 차고 있는 사람들에게만 다가가 제품 상담을 해준다. 또한 흰색 팔찌를 찬 고객들이 알아서 쇼핑할 수 있도록 매장 디자인도 바꿨다. 통상적으로 사람들은 물건을 고를 때 가격을 가장 궁금해하기 때문에 메이크업 바엔 가격을 붙여놓은 제품들로 채웠다. 직접 바르거나 칠해본 다음 마음에 드는 상품을 들고 계산대로 가면 된다. 이렇게 바꾼 뒤 이 매장의 매출이 두 배로 늘어났다고 한다.

비즈니스 수익모델의 설계에도 조건 의존이 많이 활용된다. 신문산업의 예를 보자. 많은 사람이 신문산업의 미래를 어둡게 보고 있다. 온라인으로 필요한 뉴스와 정보를 언제든 접할 수 있는데 굳이 돈 내고 종이신문을 구독하는 사람이 얼마나 남겠냐는 것이다. 유일한 대책이라면 온라인 신문에 대한 구독료를 받는 것인데, 그렇게 할 경우 접속자 수가 줄어드는 것이 문제다. 온라인이나 오프라인이나 신문사의 주된 수입원은 광고료다. 온라인을 유료화하면 접속자 수가 줄어들고 이에 따라 광고료 단가도 내려가는 것이 문제다. 이러한 딜레마에도 불구하고 2011년 「뉴욕타임스NYT」가 도입한 온라인 유료화 정책은 성공적으로 뿌리내리고 있다.

NYT는 온라인 유료화로 인한 구독료 수입 증가와 접속자 이탈로 인한 광고료 수입 감소라는 딜레마를 어떻게 극복했을까?

사실 신문 구독자는 두 그룹으로 나눌 수 있다. 한 그룹은 단순히 세상이 어떻게 돌아가는가 하는 호기심에서 신문을 보는 사람들이고, 다른 그룹은 새로운 지식이나 정보를 습득하려는 이들이다. 물론 필자는 후자에 속한다. 내게 신문이 좋은 이유는 두 가지다. 하나는 말 그대로 새소식news이고, 다른 하나는 전문도서와 달리 신문에서는 정치, 사회, 경제, 경영, 인문, 기술, 예술, 스포츠 등 폭넓은 분야를 다루기 때문이다. 따라서 온라인 구독료를 부과하면 단순한 호기심 때문에 접속하던 사람들은 다른 사이트로 옮겨가겠지만 정보나 지식을 얻으려는 사람들은 그대로 남을 것이다.

이러한 사실에 착안해서 NYT가 내놓은 해법은 조건 의존의 적용이었다. 매월 20개의 기사까지 무료로 볼 수 있지만, 그 이상 보려면 구독료를 내라는 것이다. 단순한 호기심 때문에 사이트를 찾는 고객들을 묶어두기 위해 무료 기사를 제공하고, 전체 고객의 15% 정도로 추정되는 열독자들을 대상으로 실질적인 유료화를 시행함으로써 이 문제를 해결한 것이다. 이러한 프리미엄Freemium, Free+Premium 전략 덕분에 2012년 NYT 역사상 처음으로 구독료 수입이 광고료 수입을 추월했으며, 2015년 7월에는 디지털 유료 구독자 수가 100만 명을 돌파했다.

세계 최대 무료 동영상 공유 사이트 유튜브YouTube의 수익모델에도 속성의존이 들어 있다. 2005년 2월 페이팔Paypal 직원이었던 스티브 첸Steve Chen과 채드 헐리Chad Hurley 등이 공동으로 설립한 유튜브는 다음 해 10월 16억 5천만 달러라는 거액을 받고 구글에 인수되었다.

유튜브의 주된 수익원은 동영상 광고다. 수익을 늘리기 위해서는 동영상에 광고를 많이 포함시켜야 하지만 이용자들은 잦은 광고에 짜증을 낸다. 이러한 딜레마에서 벗어나기 위해 2015년 10월 '유튜브 레드YouTube Red'라는 서비스 상품을 출시했다. 이 상품의 주요 특징 중 하나는 월 9.9달러를 내면 유튜브 동영상을 광고 없이 즐길 수 있다. 지금은 '유튜브 프리미엄YouTube Premium'이라고 이름이 바뀐 이 서비스 상품도 조건 의존을 활용한 것이다.

2008년 가을 금융위기 때 미국 내 자동차 수요가 급감하자 현대자동차는 '실직자 구매 보상제도'라는 독특한 판매정책을 도입해 큰 효과를 보았다. 판매가 줄어들면 대부분의 회사는 단기 판촉수단으로 가격을 내리지만, 현대자동차는 시장조사를 통해 시장 위축의 본질은 가격이 아니라 고객들이 느끼는 미래에 대한 불안감이라는 사실을 알아냈다. 이를 토대로 차량 가격을 내리는 대신 구매 후 1년 이내 실직하면 차량을 반품할 수 있는 보증 프로그램을 2009년 1월 도입했다. "불확실성 시대의 확실한 보증Assurance: certainty in uncertain times"이라는 슬로건하에 실직이나 파산 등으로 인해 소득이 없어지면 차량을 반납할 수 있다는 광고를 내보냈다.

이 프로그램을 도입한 2009년 다른 자동차업체들은 미국 내 판매가 감소했지만 현대자동차의 매출은 8% 성장했으며, 그다음 해에는 23.7%로 대폭 증가해 주요 자동차업체 중 최고의 실적을 달성했다. 2011년 4월 이 프로그램의 운영을 종료할 때까지 현대자동차는 약 100만 대의 차량을 판매했지만, 차량을 반납한 사람은 모두 350명에 불과했다. 이처럼 현대자동차는 속성의존을 판매정책에 도입해 큰돈 들이지 않고도 엄청난 성과를 거둘 수 있었다. 「월스트리트저널」은 이 프로그램을 '2009년 최우수 광고'로 선정했다.

이번에는 가업家業 승계에 속성의존을 적용한 예를 보자. 우리나라 중소기업중앙회의 조사에 따르면 중소기업의 가업 승계 시 가장 큰 애로사항이 상속·증여세 등 조세 부담이라고 한다. 세금 내는 거야 당연한 의무인데 무슨 볼멘소리냐는 생각이 들 수도 있지만, 곰곰이 생각해보면 세계적 경쟁력을 가진 대부분 중소기업은 장수기업이다.

독일의 경우 400만 개의 중소기업이 있는데, 이들이 전체 고용의 70%를 담당하고 있다. 대중에게 잘 알려지지 않았지만 전문 분야에서 자신만의 특화된 경쟁력을 바탕으로 세계 시장을 지배하는 작지만 강한 중소기업을 '히든 챔피언hidden champions'이라고 한다. 독일에는 대략 1,300개의 히든 챔피언이 있는데, 이들 대부분은 가업을 승계한 100년 넘은 장수기업이다. 다음은 독일에 장수기업이 많은 이유 중 세제稅制와 관련된 것이다(조용탁, 2017).

> 독일에 장수기업이 많은 마지막 이유는 합리적인 승계 제도다. 예컨대 2008년 개정된 독일의 상속세제는 중소기업의 가업상속 부담을 크게 낮췄다. 가업상속 후 경영기간과 고용유지 규모에 따라 가업상속 자산의 85~100%를 한도 제한 없이 공제한다. 가업상속 후 5년간 가업을 영위하며 지급한 급여총액이 상속 당시 급여지급액의 400% 이상이면 85%를 공제하고, 7년간 가업을 영위하며 지급한 급여총액이 상속 당시 급여지급액의 700% 이상이면 100%를 공제하는 식이다.

가업 승계 시 재산 규모에 따라 일괄적으로 세금을 부과하는 것이 아니라 승계 후 얼마나 고용 창출에 기여했는가에 따라 세금이 결정되도록 한 것은 조건 의존이 적용된 것이다. [참고: 우리나라도 가업승계를 지원하기 위한 가업상속공제제도가 있으나 요건이 상대적으로 까다롭다. 가업상속공제는 업력 10년 이상, 직전 3년 평균 매출 3천억 원 미만 기업이 승계할 때 가업상속재산을 최대 500억 원까지 공제해준다. 하지만 공제를 받으면 이후 10년간 자산과 가업 업종, 근로자 수를 유지해야 하는 게 부담이다.]

시간 의존

'시간 의존'은 영화관의 조조할인이나 레스토랑의 해피아워처럼 시간에 따라 관계를 맺어주는 것이다. 이러한 시간 의존의 재미있는 사례가 고대 7대 불가사의 중 하나인 알렉산드리아 등대다.

알렉산더 대왕은 이집트를 정복한 후 지중해와 맞닿은 나일강 삼각주에 자신의 이름을 딴 알렉산드리아라는 도시를 건설했다. 이 도시 외곽에 파로스라는 작은 섬이 있었는데, 이 섬에 세운 등대가 일명 파로스 등대라고도 불리는 알렉산드리아 등대다. 이 등대는 알렉산더 대왕 휘하의 장군이었던 포톨레마이오스 1세가 건축을 시작했고, 그의 아들 포톨레마이오스 2세가 완공했다. 기원전 3세기에 세워진 이 등대의 높이는 110미터가 넘었는데, 당시 인간이 만든 구조물 중 이 등대보다 더 높았던 것은 기자Giza의 피라미드밖에 없었다고 한다.

이 등대는 이후 건축된 모든 등대의 원형이 되었으나 14세기 초에 발생한 연이은 대지진으로 인해 완전히 무너졌다고 한다.

〈이미지 10.8〉 알렉산드리아 등대

등대의 건축가는 당대에 명성이 높던 소스트라투스Sostratus였는데, 그는 자신의 이름을 후세에 알리고 싶어 했다. 그러나 등대에는 위대한 왕의 업적을 찬양하는 글만 새겨야 했다. 만약 자신의 이름을 어딘가 끼워 넣었다간 목숨이 날아갈 수도 있었다. 후세에 이름을 남기자니 목숨을 내놓아야 하고, 목숨을 지키자니 이렇게 훌륭한 건축물을 자신이 세웠다는 것을 후대에 알릴 수가 없었다.

이러한 상황은 얼핏 보기에 명성과 목숨 중 어느 하나를 선택해야 하는 문제 같지만 사실은 그렇지 않다. 목숨을 지키는 것은 현재의 일이지만 이름은 후대에 남으면 된다. 소스트라투스는 이를 현명하게 이용했다. 등대의 초석에 자기 이름을 크게 새긴 후 회반죽으로 덮었다. 물론 회반죽 위에는 위대한 왕의 업적을 칭송하는 글을 썼다. 세월이 지나 왕도 건축가도 모두 땅속에 묻혔지만 오랜 기간 지속된 풍화작용에 의해 왕을 칭송하는 글들이 떨어져나가자 소스트라투스의 이름이 드러났다.

알렉산드리아 등대처럼 시간과 관계를 맺어준 대표적인 사례가 예전에 도미노 피자가 시행했던 30분 배달 보증 제도다.

"30분 내에 배달되지 않으면 요금을 받지 않습니다"라는 홍보 문구를 도식적으로 나타내면 〈그림 10.2〉와 같다. 보통은 그림의 왼쪽과 같이 피자의 가격이 배달시간과 관계없이 일정하지만 30분 배달 보증제하에서는 그림의 오른쪽과 같이 30분이 지나면 가격이 무료로 떨어진다. 따라서 고객 입장에서는 빨리 배달되면 신속한 서비스라서 좋고 늦게 배달되면 공짜로 먹을 수 있어서 좋다. 배달이 늦어질 경우 고객들은 내심 좀 더 늦어졌으면 하는 기대를 갖게 되므로 오히

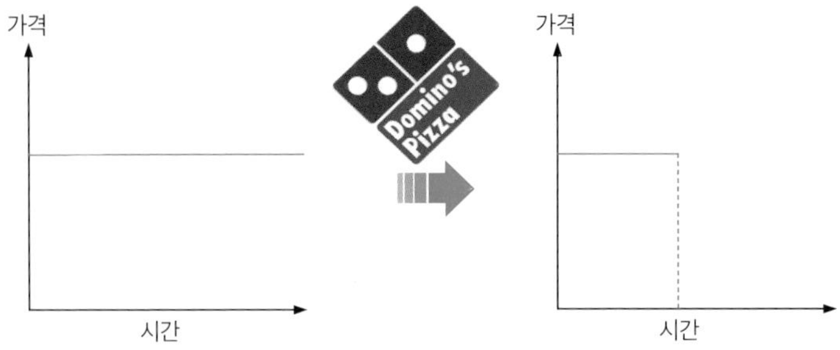

〈그림 10.2〉 도미노피자의 30분 배달 보증

려 기다리는 시간을 즐기기까지 한다. 지금은 배달원들의 안전사고 때문에 이 제도가 폐지되었지만, 마케팅 관점에서 보면 시간 의존을 매우 영리하게 적용한 것이다.

요즘 사람들은 페이스북이나 트위터 등과 같은 소셜 미디어를 많이 이용한다. SNS가 사람들 사이의 유대를 확장하고 강화하지만 문제는 프라이버시가 보장되지 않는다는 것이다. 연인과 은밀한 사진을 공유했는데 그게 웹 어딘가 남아 있으면 언제 누구한테 드러나서 얼굴 붉힐 일이 생길지 모른다. 시간 의존을 이용해 이러한 문제를 해결한 것이 '스냅챗Snapchat'이다.

스냅챗은 2011년 당시 스탠퍼드 대학생 3명이 개발한 사진 및 동영상 전송 앱app이다. 이 앱을 이용하면 사진이나 동영상을 촬영하고 이를 제한된 범위의 사람들에게 바로 전송할 수 있다. 이때 전송하는 사진이나 동영상을 스냅snaps이라고 하는데, 수신자들이 이를 볼 수 있는 시간을 10초 이내에서 1초 단위로 미리 설정해둘 수 있다. 이 시간이 지나면 전송된 것들이 수신자의 기기에서 모두 사라진다. 소셜 미디어의 과도한 사생활 노출에 염증이 난 사람들, 특히 10대와

20대 초반 이용자들에게 인기를 끌면서 하루에 7억 개 이상의 사진과 동영상이 공유되는 소셜 커뮤니케이션 플랫폼으로 성장했다.

2015년 미국의 경제전문지 『포브스』의 조사에 따르면 스냅챗은 유니콘unicorn(기업가치 10억 달러 이상의 신생기업) 중 직원 1인당 가치가 가장 높은 곳으로 나타났으며, 25세의 청년 CEO 에반 스피겔Evan Spiegel은 미국 400대 부자에 포함되었다.

스냅챗이 앞서 설명한 도미노 피자의 30분 배달 보증제와 매우 유사하다는 것을 쉽게 짐작할 수 있다. 〈그림 10.2〉의 오른쪽 그래프에서 세로축을 사진이나 동영상의 노출 유무로 두면 스냅챗의 서비스 특성이 된다.

이번에는 신발에 시간 의존을 적용한 예를 보자. 여성들이 정장을 하고 멋을 내는 데는 하이힐이 필수적이다. 늘씬하게 키를 늘려줄 뿐 아니라 히프를 받쳐주어 탄력 있는 몸매를 만들어준다. 그러나 이렇게 맵시를 살리려면 육체적 고통이 수반된다. 멋을 내야 할 자리를 벗어나면 편한 신발로 갈아 신으면 되지만, 그렇게 하려면 신발을 하나 더 들고 다녀야 한다. 공식적인 자리가 있는 날은 어디에 있든 계속 높은 구두를 신고 있어야만 할까?

이러한 문제를 해결한 것이 '카밀레온 힐Camileon Heels'이다. 이 신발은 뒷굽을 당겨 안으로 밀면 단화短靴가 된다. 카멜레온처럼 자동으로 변하는 것은 아니지만, 사용자가 원하는 시간에 언제든지 뒷굽을 높이고 낮출 수 있는 것이다. [참고: 앞서 설명한 오뚝이 다리미나 푸쉬 다리미도 사용자가 원하는 시간을 선택해서 다림질할 수 있지만 특별한 조작 없이 단순히 손만 떼면 열판이 바닥에서 떨어지므로 시간 의존이 아니라 조건 의

존으로 분류했다. TRIZ에서 물리적 모순의 해결을 위해 사용한 분리원리 중 '시간에 의한 분리'는 시간 의존이다.]

카밀레온 힐과 같이 접고 펼 수 있는 자동차가 있다. 접이식 전기자동차 히리코가 바로 그것이다. 이 차는 미국 MIT 미디어랩의 아이디어를 토대로 스페인 북부 바스크 지역의 중소기업 7곳이 컨소시엄을 구성해 개발했다.

바스크어로 도시형urban이라는 의미를 가진 '히리코Hiriko'는 2인승으로 문이 따로 없으며 전면의 대형 유리창을 들어 올려 출입하는 구조로 설계되어 있다. 또한 바퀴 4개가 동시에 돌면서 O턴(360도 회전)이 가능하다.

이 자동차의 가장 두드러진 특징은 유모차처럼 접을 수 있기 때문에 주차공간이 매우 작아도 된다는 점이다. 히리코는 탑승객들에게 넉넉한 공간을 제공하기 위해 펴서 달리고 주차 시에는 접어서 보관하는 방식의 시간적 분리를 통해 보통 자동차 한 대를 주차할 수 있

〈이미지 10.9〉 히리코(Hiriko)

〈이미지 10.10〉 테라푸기어 트랜지션(Terrafugia Transition)

는 공간에 3대나 세울 수 있다.

미국 MIT 졸업생들이 설립한 보스턴의 항공자동차 전문업체 테라푸기어Terrafugia가 개발하고 있는 '테라푸기어 트랜지션Terrafugia Transition'은 미국 연방 자동차 안전기준을 통과한 자동차 겸용 2인승 경비행기다. 날개를 펴서 경비행기로 사용하다가 날개를 접으면 자동차가 되는데, 가정집 차고에 주차할 수 있으며 일반 주유소에서도 쉽게 연료를 보충할 수 있다. 참고로, 테라푸기어는 라틴어로 '땅에서 탈출'이라는 뜻이라고 한다.

공간 의존

'공간 의존'은 형태의 대칭성을 파괴해 공간적 위치에 따라 크기나 모양이 달라지게 하는 것이다. 간단한 예로 파라솔을 보자. 햇빛을 가리기 위해 설치한 파라솔 아래 있는 테이블 의자는 해가 중천에 있을 때는 모두 그늘에 놓인다. 그러나 태양의 위치가 바뀌면 〈이미지 10.11〉의 왼쪽과 같이 햇빛에 노출되는 자리가 생긴다. 이런 문제를 피하기 위해서는 오른쪽 그림과 같이 파라솔의 갓을 비대칭으로 만들면 된다. 시간이 지남에 때라 해의 위치가 바뀌면 우산대를 돌려서 방향을 맞추면 된다.

이렇게 간단한 아이디어가 도입되지 않는 데는 두 가지 이유가 있는 듯하다. 하나는 우산살의 길이가 위치별로 달라서 제작에 품이 더 많이 드는 것이고, 다른 하나는 무의식중에 잠재되어 있는 '반듯한 게 좋다'는 고정관념이다. 창의적 발상의 관점에서 보면, 이러한 고정관념을 깨뜨릴 필요가 있다. SIT의 개발 초기에는 '속성의존'이라는 용어 대신 '대칭파괴'라는 말을 사용했다.

파라솔이 아닌 우산에 대칭파괴를 적용해보자. 만약 우산의 갓이 비대칭이라면 어떤 용도나 장점이 있을까? 우산 하나를 두 사람이 같이 쓰려면 손잡이를 옆 사람 쪽으로 옮겨 한 손으로 계속 들어야 하

〈이미지 10.11〉 파라솔의 대칭파괴

는 불편이 있다. 이 경우 비대칭 우산을 쓰면 손잡이를 몸 중앙에 두고 갓이 긴 쪽이 옆 사람을 향하게 들면 된다. 혼자서 쓰는 경우에도 옆에서 비바람이 칠 때 비대칭 우산을 쓰면 비를 덜 맞을 수 있다.

비대칭 우산의 더 재미있는 효용은 바람이 거세도 뒤집히지 않는 것이다. 센즈Senz사에서 출시한 '폭풍우산Storm Umbrella'은 비대칭인데, 시속 100킬로미터의 강풍에도 갓이 뒤집히거나 우산살이 부러지지 않는다. 〈이미지 10.12〉는 고속 송풍기 앞에서 폭풍우산의 성능을 테스트하는 장면이다. 이 회사에서 유튜브에 올린 홍보 동영상을 보면, 폭풍우산을 들고 비행기에서 뛰어내려도 낙하산이 펴질 때까지 우산이 뒤집히거나 파손되지 않는다. 2007년 시사주간지 『타임』은 이 우산을 올해의 최고 발명품 중 하나로 선정했다. 또한 이 우산을 2007년 레드닷 디자인 어워드의 제품 부문 수상작 선정에 이어, 2008년 미국 IDEA 금상과 일본의 굿 디자인 어워드Good Design Award, 2009년 iF 디자인 어워드의 제품 부문 금상을 수상했다.

작지만 재미있는 사례 하나를 보자. 우리가 즐겨 먹는 아이스바에 들어가는 막대는 상하대칭이다. 그러나 손으로 쥐는 부분의 막대 너비는 그대로 두고 아이스크림 안에 들어가는 부분은 좁게 해도 되지 않을까? 〈이미지 10.13〉의 오른쪽 아래와

〈이미지 10.12〉 폭풍우산(Storm Umbrella)

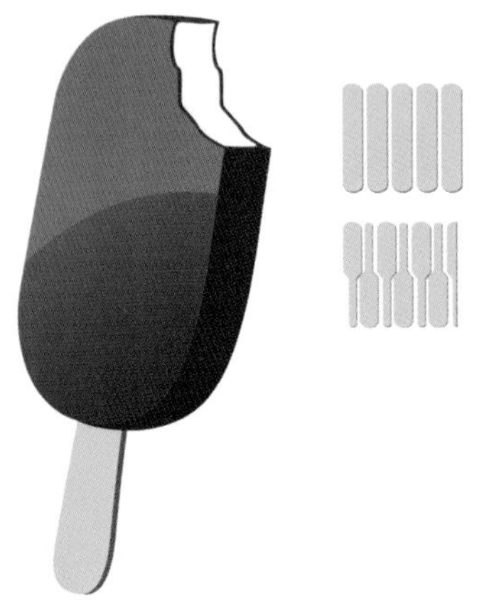

〈이미지 10.13〉 아이스바 막대의 대칭파괴

같이 상하대칭을 파괴하면 막대 제조에 들어가는 나무의 사용량을 4분의 1 정도 줄일 수 있기 때문에 원가절감뿐 아니라 환경보호에도 도움이 된다. 이 아이디어는 iF 디자인 어워드의 콘셉트 부문 수상작이다.

이 사례와 동일한 개념을 적용해 병 운반 상자의 적재 효율을 50% 향상시킨 것이 '업 & 다운 상자Up & Down Box'다. 한성대학교 정회영, 이효민, 임주영, 유재건, 소병현이 고안한 이 디자인은 레드닷 디자인 어워드의 디자인 콘셉트 부문 최고상을 수상했다.

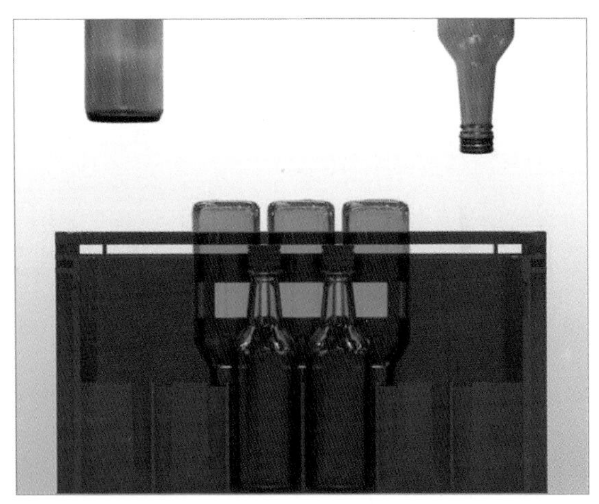

〈이미지 10.14〉 업&다운 상자(Up & Down Box)

이러한 대칭파괴의 개념을 항공기 좌석 디자인에 그대로 적용한 유명한 사례가 있다. 2000년 영국항공BA은 비즈니스 클래스에 '플랫 베드Flat Bed'라는 새로운 좌석 설계를 도입했다. 의자에 사람이 앉으면 팔이 있는 상체가 하체보다 상대적으로 더 넓은 공간이 필요하다. 따라서 아이스바의 막대나 업 & 다운 상자처럼 좌석을 마주 보게 배치하면 공간 이용 효율이 훨씬 높아진다.

〈이미지 10.15〉에 나타낸 것처럼 영국항공은 두 개의 좌석을 S자로 마주 보게 해 좌석 수는 그대로 유지하면서도 다른 항공사들보다 좌석 공간을 10%가량 더 넓게 활용할 수 있도록 했다. 이로 인해 영국항공의 비즈니스 좌석은 180도로 누워서 발을 쭉 뻗을 수 있을 만큼 넓어졌다.

영국항공이 도입한 플랫 베드는 영국 탠저린 디자인Tangerine Design의 공동대표로 있던 이돈태 디자이너가 설계했는데, 삼성전자는 그를 디자인센터 글로벌팀장으로 영입했다.

〈이미지 10.15〉 영국항공의 플랫 베드(Flat Bed)

이번에는 다리 건설에 대칭파괴가 적용된 예를 보자. 영국 잉글랜드 북동부 인구 20만 명의 소도시 게이츠헤드에 있는 '게이츠헤드 밀레니엄 브리지Gateshead Millennium Bridge'는 126미터 길이의 작은 다리지만 미적 측면뿐 아니라 기능적 측면에서도 걸작으로 인정받고 있다. 석탄산업으로 번창하던 게이츠헤드는 1970년대 말 경기침체에 따른 구조조정과 인구감소로 쇠락했다. 1990년대 들어 게이츠헤드는 오랜 경기침체에서 벗어나기 위해 도시재생 프로그램을 추진했는데, 그중 하나가 밀레니엄 브리지 건설이었다.

이 다리는 일반적인 직선 형태가 아니라 대칭을 깨뜨린 곡선 형태

〈이미지 10.16〉 게이츠헤드 밀레니엄 브리지(Gateshead Millennium Bridge)

의 독특한 구조다. 보도步道와 자전거 통행로로 사용되는 다리가 아치형 구조물과 연결되어 있는데, 다리 밑으로 배가 지나갈 때는 아치형 구조물이 아래로 내려가면서 다리가 위로 올라간다. 초승달 모양의 다리가 위로 올라갔다 내려오는 모양이 멀리서 보면 마치 커다란 눈이 윙크하는 것처럼 보인다고 해서 '윙크하는 다리'라고도 불린다.

아치형 구조물이 아래로 내려가면서 중력을 받기 때문에 다리를 들어 올리는 힘이 많이 요구되지 않는다. 이 때문에 밀레니엄 브리지는 다리의 상판이 들리도록 설계된 전통적 도개교跳開橋에 비해 에너지 효율이 매우 높다. 2017년 자료에 따르면 다리를 한 번 드는 데 소요되는 에너지 비용은 우리 돈으로 약 6천 원 정도라고 한다. 2005년 이 다리는 국제 교량 및 구조공학 연합회IABSE로부터 아웃스탠딩 스트럭처 어워드Outstanding Structure Award를 수상했다. [참고: 밀레니엄 브리지는 필요에 따라 언제든지 다리를 들어 올릴 수 있으므로 시간 의존에도 속한다.]

'공간 의존'이 형태의 대칭파괴라는 관점에서 보면 상품 특성치의 대칭성을 파괴한 '특성 의존', 수량의 대칭성을 파괴한 '수량 의존' 등과 같은 다른 형태의 속성의존도 생각할 수 있다.

'특성 의존'은 내부속성과 다른 내부속성 사이에 속성의존이 적용된 것이다. 예를 들어 컵라면의 면을 보면 윗부분의 밀도가 아랫부분보다 높다. 물이나 공기는 온도가 높을수록 위로 올라간다. 따라서 면의 윗부분을 아랫부분보다 빽빽하게 해야 같은 시간에 면이 골고루 익는다. 양초의 경우에도 중심부의 용융점이 바깥쪽보다 낮다. 중심부가 먼저 녹아야 촛농이 바깥쪽으로 흘러내리지 않고 중앙으로 고

〈이미지 10.17〉 컵라면 내부

인다. 이러한 예에서는 위치라는 내부속성과 다른 내부속성 사이에 의존관계가 존재한다.

특성 의존의 다른 예를 보자. 지금 중년 이상인 사람들은 누구나 "침대는 가구가 아니라 과학입니다"라는 한 침대회사의 광고 카피를 기억할 것이다. 이 광고 때문에 당시 많은 초등학교 학생들이 가구가 아닌 것을 고르라는 선다형 시험 문제에서 침대를 골랐다는 웃지 못할 이야기까지 있다. 침대에 누웠을 때 척추가 휘지 않고 곧은 상태를 유지하려면 스프링의 강도가 위치별로 달라야 한다는 점을 강조하기 위해 침대는 과학이라고 광고한 것이었다.

이번에는 수량의 대칭을 파괴한 '수량 의존'의 예를 보자. 본래 소설가였던 에드윈 헤븐Edwin Heaven은 어느 날 세탁기를 돌리다가 자신이 애용하던 양말 한 짝이 없어진 것을 보고 "자동차에는 펑크에

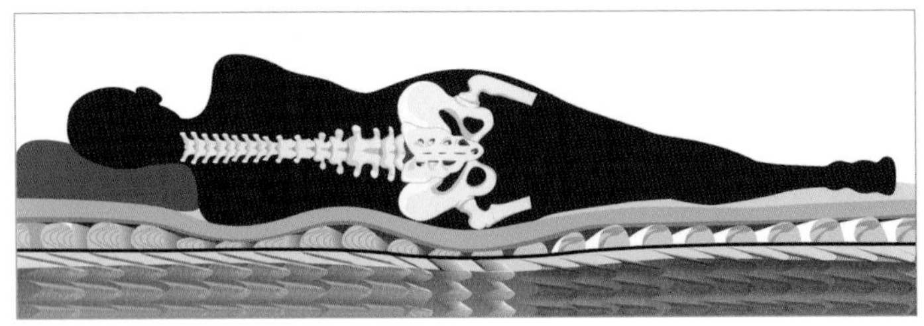
〈이미지 10.18〉 침대 스프링의 강도 대칭파괴

대비한 예비 타이어가 있는데 양말은 왜 그렇지 않지?"라는 생각이 문득 들었다. 이것이 계기가 되어 그는 세계 최초로 양말 3개를 한 세트로 판매하는 '스록스THROX'라는 브랜드의 상품을 출시했다. 스록스는 '양말 3개THREE Socks'라는 말을 줄인 것이다. 스록스는 "양말 3개—한 짝 잃어버려도; 양말 3개—2개 값으로; 양말 3개—한 짝 먼저 해져도"라는 문구로 차별화된 장점을 홍보했다. 『리더스 다이제스트』는 스록스를 '최고의 혁신', 『브랜드위크』는 '최고의 솔루션'이라고 소개한 바 있다.

소위 '짝짝이 패션'이 뜨면서 문양이 서로 다른 화려한 색상의 양말 3개를 한 세트로 판매하는 '리틀 미스 매치드LittleMissMatched'란 상품도 인기를 끌고 있다. 문양이 서로 다른 양말 3개를 갖고 있으면 기분에 따라 3개의 조합 중 하나를 선택할 수 있다. 리틀 미스 매치드는 '양말은 3개, 발은 2쪽, 당신은 하나3 Socks, 2 Feet, 1 You'라는 간단한 캐치프레이즈에 "하나밖에 없는 특별한 당신, 2개의 발에 짝짝이 양말을 신고 자신을 마음껏 표현하라"는 의미를 담았다고 한다(이계평, 2012).

속성의존은 사회적 문제 해결에도 적용될 수 있다. 만성적인 주차난에 시달리던 미국 샌프란시스코시에서는 SF 파크SF Park라는 탄력 주차 요금제를 도입했다. 도심 블록별로 할당된 주차공간에 차가 80% 이상 차면 시간당 주차요금이 두 배 정도 올라가고, 반대로 주차공간이 80% 이상 비면 주차요금도 내려간다. 홈페이지와 스마트폰 앱을 통해 블록별 주차공간의 점유율을 실시간으로 공개하기 때문에 도심에 나갈 일이 있는 운전자들은 집을 나서기 전에 차를 가지고 갈지 아니면 대중교통을 이용할지 쉽게 결정할 수 있다.

이러한 탄력 요금제가 주차요금 정도는 신경 쓰지 않는 부유한 사람들에게 유리한 제도라는 비판이 있을 수도 있다. 행정은 효율성 못지않게 공공성도 중요하기 때문이다. 이런 경우까지 감안한다면 소득수준을 조건으로 하는 속성의존을 고려할 수도 있다. 소득수준에 따라 주차요금이나 교통범칙금 등을 차등화하는 것이다. 이처럼 속성의존은 다양한 방법으로 스마트하게 활용될 수 있다.

11

SIT 사고도구의 활용

틀 안에서 생각하기

1장에서 상자 밖 사고의 허구에 대해 설명한 바 있다. 좋은 아이디어는 제약을 벗어난 상자 바깥에서 나오는 것이 아니라 오히려 주어진 제약의 '틀 안에서' 나온다. 먼저 이러한 주장을 뒷받침하는 연구를 소개한다.

미국 텍사스 주립대학교 심리학과의 로널드 핀케Ronald Finke 교수는 제약이 창의적 발상에 미치는 영향을 알아보기 위해 동일한 주제를 대상으로 3종류의 실험을 수행했다. 각각의 실험에는 심리학 입문 수업 수강생 60명이 피실험자로 참여했는데, 이들은 비슷한 종류의 다른 실험에 참여한 적이 없었을 뿐 아니라 실험과 관련된 어떤 사전 훈련도 받지 않았다. 실험 내용은 다음과 같았다(Finke, 1990).

실험의 주제는 〈그림 11.1〉에 있는 15개의 부품 중 3개를 이용해 실용성 있는 가상적 제품을 만드는 것인데, 부품들의 사용조건은 다음과 같다.

〈그림 11.1〉 창의적 발명의 심상 실험에 사용된 15가지 부품

- 선과 튜브를 제외한 다른 것들은 굽히거나 형상을 바꿀 수 없다.
- 부품의 크기, 위치, 방향은 마음대로 바꿀 수 있다.
- 부품의 속은 필요에 따라 채울 수도 있고 비울 수도 있다.
- 부품은 어떤 식으로 결합해도 좋다. 하나의 부품 안에 다른 부품이 들어가도 무방하다.
- 부품의 재질은 무엇이라도 무방하다. 예를 들어 나무, 금속, 고무, 유리뿐 아니라 어떤 종류의 복합재료도 모두 사용 가능하다.

또한 3개의 부품을 이용해서 만들 수 있는 가상적 제품은 〈표 11.1〉에 있는 8가지 범주에 속하는 상품 중 하나라야 한다.

실험 방법은 다음과 같다. 먼저 눈을 감고 2분 동안 3개의 부품을

제품 범주	예
가구	의자, 테이블, 램프 등
개인용품	보석, 안경 등
운송기구	자동차, 배 등
과학기구	측정도구 등
가전제품	세탁기, 토스터 등
공구 및 가정용 기구	스크루 드라이버, 숟가락 등
무기	총, 미사일 등
장난감 및 놀이도구	야구 방망이, 인형 등

〈표 11.1〉 창의적 발명의 심상 실험에 사용된 가상적 제품

이용해서 실용성이 있는 가상적 제품 하나를 머릿속에서 만들어본다. 2분이 지나면 눈을 뜨고 머릿속에서 만든 제품의 명칭을 쓰고 그것의 이미지를 그림으로 그린다. 일단 이 단계가 끝나면 더 이상 어떤 수정도 허용하지 않는다. 마지막으로 이 제품의 용도와 각 부품의 기능에 대한 설명을 붙인다.

이상과 같은 실험을 3종류로 나누어 각 실험별로 60명의 피실험자를 대상으로 6번 반복 실시했다.

① 실험 A: 제품 무작위, 부품 선택

만들어야 할 제품 범주는 컴퓨터에 의해 무작위로 지정되지만, 여기에 사용할 3개의 부품은 피실험자가 마음대로 선택할 수 있다.

② 실험 B: 제품 선택, 부품 무작위

8가지 제품 범주 중 하나를 피실험자가 마음대로 선택할 수 있지만,

여기에 들어갈 3개의 부품은 컴퓨터에 의해 무작위로 지정된다. 〈그림 11.1〉에 있는 15개의 부품 중 첫 번째 줄에 있는 가장 단순한 형태의 부품이 지정될 확률이 50%, 중간 줄에 있는 부품이 지정될 확률이 33.3%, 그리고 마지막 줄에 있는 가장 전문화된 부품이 지정될 확률이 16.7%로 프로그래밍되어 있다. 이와 같이 선택 확률에 차등을 둔 것은 가장 전문화된 형태의 부품만 3개 지정될 가능성을 줄이기 위해서다. 발생 확률은 낮겠지만 컴퓨터에 의해 동일한 부품이 두 번 또는 세 번 지정될 경우 그 부품을 지정된 횟수만큼 사용해서 가상적 제품을 만든다.

③ 실험 C: 제품 무작위, 부품 무작위

만들어야 할 가상적 제품과 거기에 사용될 3개의 부품 모두 컴퓨터에 의해 지정된다. 피실험자는 아무것도 선택할 수 없으며, 단지 지정된 부품을 가지고 지정된 가상적 제품을 만들어야 한다.

이상과 같은 3종류의 실험 각각에 60명의 피실험자가 참여해 6차례 반복해서 아이디어를 낸다면 실험당 360개, 모두 1,080개의 아이디어가 도출된다. 실험의 종류별로 도출된 아이디어의 수준에 차이가 있는지 알아보기 위해 두 사람의 평가 전문가가 〈표 11.2〉와 같은 척도에 따라 각 아이디어의 '실용성Practicality'과 '독창성Originality'을 평가했다. 실용성과 독창성은 서로 다른 특성이므로 하나만 높을 수도 있고, 양쪽 모두 높거나 낮을 수도 있다.

평가 시 어떤 아이디어가 어떤 조건에서 도출된 것인지 알 수 없도록 아이디어들을 섞어서 평가자들에게 제공했다. 평가가 끝난 후

실용성	독창성
5 매우 실용적	5 매우 독창적
4 실용적	4 독창적
3 약간 실용적	3 약간 독창적
2 아주 조금 실용적	2 아주 조금 독창적
1 실용성 전무	1 독창성 전무

〈표 11.2〉 실용성 및 독창성 평가척도

다음과 같은 3가지 범주에 속하는 아이디어들을 선별했다.

실용적 발명Practical Invention

실용성 차원에 대한 두 사람의 평가점수 합이 9점 이상인 아이디어다. 가상적 제품에 대한 아이디어를 낼 때 실용성을 전제로 한 것이므로 실용성 평가에는 비교적 엄격한 기준을 적용했다.

창의적 발명Creative Invention

실용적 발명(즉, 실용성 차원에 대한 두 사람의 평가점수 합이 9점 이상)이면서 독창성 차원의 평가점수 합이 8점 이상인 아이디어다. 실용성을 전제로 가상적 제품에 대한 아이디어 발상을 한 것이므로 '창의적'이라고 인정받기 위해서는 '실용적'이라는 관문을 통과해야 한다는 조건이 들어간 것이다.

매우 창의적 발명Highly Creative Invention

실용성 및 독창성 차원 모두에서 두 사람의 평가자에게 최고점수를 받은 아이디어다. 즉, 실용성 평가점수의 합과 독창성 평가점수의 합이 모두 10점인 경우다.

이와 같은 3종류의 실험을 수행한 이유는 제약이 부가될 때 창의적 발명이 나올 가능성이 높아지는지 확인하기 위해서다.

제약조건 때문에 기존 방식으로 과제 해결이 안 될 경우에는 어쩔 수 없이 예전과 다른 새로운 방법을 모색해야 한다. 이 때문에 자유롭게 생각할 때보다 제약의 틀 안에서 생각할 때 오히려 더 창의적인 아이디어가 나올 가능성이 높다는 것이 선행 연구들의 결론이다. 그러나 만들어야 할 제품뿐 아니라 거기에 사용될 부품까지 모두 선택할 자유가 없는 실험 C에서와 같이 제약이 심한 경우에는 창의적 아이디어가 나올 여지가 극히 적어지는 것 아닐까?

이러한 궁금증을 풀기 위해 3종류의 실험 결과를 비교한 것이 〈표 11.3〉이다.

먼저 3가지 실험에서 도출된 실용적 발명의 개수는 통계적으로 유의한 차이가 없는 것으로 나타났다. 그러나 창의적 발명의 개수는 매

발명의 유형	실험의 조건		
	제품 무작위 부품 선택	제품 선택 부품 무작위	제품 무작위 부품 무작위
실용적	193	191	175
창의적	17	31	49
매우 창의적	3	11	14

〈표 11.3〉 실험의 조건별 실용적, 창의적, 매우 창의적 발명의 수

우 유의한 차이($p < 0.01$), 매우 창의적인 발명의 개수는 유의한 차이($p < 0.05$)가 있는 것으로 나타났다. 창의적 발명과 매우 창의적인 발명의 개수가 가장 많이 나온 것은 만들어야 할 제품과 거기에 사용할 부품 모두가 제약조건으로 주어진 실험 C의 경우였다. 이에 반해 창의적 및 매우 창의적 발명의 개수가 가장 적게 나온 것은 피실험자가 사용할 부품을 마음대로 선택할 수 있었던 실험 A에서였다.

이 실험에서 피실험자에게 주어진 과제는 실용성이 있는 제품 아이디어를 내는 것이었다. 따라서 3가지 실험에서 도출된 실용적 발명의 개수에 유의한 차이가 없었다는 것은 제약을 부가하는 것이 발상의 난이도를 높인다고 말할 수 없음을 의미한다. 제약이 가장 심했던 실험 C에서 창의적인 아이디어의 비율이 13.6%(=49/360)나 되었다는 것은 주목할 만하다. 관련 업종에 종사하는 것도 아니고, 특별한 훈련을 받은 적도 없는 학생들이 단 2분간의 생각을 통해 도출한 아이디어라는 것을 감안하면 더더욱 그렇다.

참고로 좀 더 언급하면, 동일한 조건에서 6번 반복 실시한 이 실험에서 학습효과는 관찰되지 않았다. 이것은 과제 수행에 특별한 요령이 있었던 것이 아니라 시행착오적인 방법으로 사고의 즉흥적 흐름에 따라 실험이 진행되었다는 것을 의미한다. 창의적 발명이라고 평가받은 몇 가지 예를 살펴보자.

먼저 〈이미지 11.1〉에 있는 햄버거 제조기를 보자. 구, 반구, 원기둥이라는 3가지 부품으로 구성된 이 아이디어는 매우 창의적이라고 평가받은 것이다. 이 제품은 다음과 같이 사용된다. 그림 아래쪽의 속이 빈 반구에 햄버거 패티 재료를 채운 다음 패티 제조용 틀에 옮긴

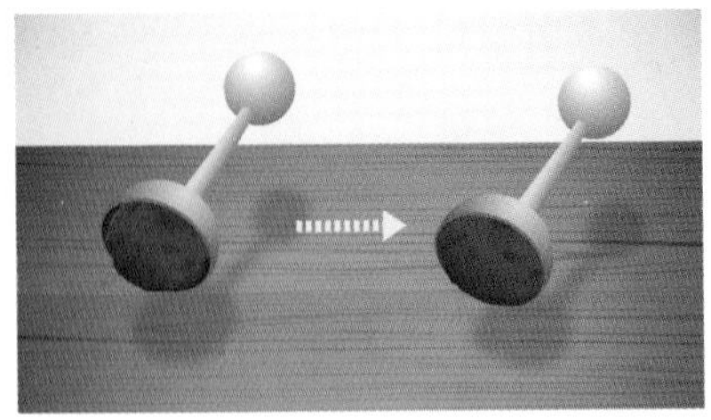

〈이미지 11.1〉 햄버거 제조기

다. 그 후 오른쪽 위의 구를 이용해 틀 안의 패티를 다져서 모양을 잡는다. 이렇게 하면 일정한 양의 패티를 쉽게 만들 수 있다.

다음으로 〈이미지 11.2〉에 있는 엉덩이 운동기구를 보자. 반구, 사각기둥, 선이라는 3가지 부품으로 구성된 이 아이디어도 매우 창의적이라고 평가받은 것이다. 천장에 매달아놓은 이 기구의 사각기둥을 잡고 반구 위로 올라간다. 그런 다음 오른쪽 무릎과 왼쪽 무릎을 차례로 굽혔다가 펴는 동작을 반복하면 출렁거리는 기구 위에서 재미있게 엉덩이 운동을 할 수 있다. 정말 재미있는 상상 아닌가?

〈이미지 11.3〉에 있는 애완동물 운반용 우리도 매우 창의적이라고 평가받은 것이다. 정육면체 안에 있는 속이 빈 구에 동물을 넣고 십자형 막대로 입구를 막는다. 비행기나 배를 탈 때 이와 같은 우리에 동물을 넣어서 함께 싣고 간다. 우리 속의 구는 회전되도록 설계되어 있어 배나 비행기의 흔들림으로 인한 동물의 신체적 고통을 줄여준다.

마지막으로 〈이미지 11.4〉에 있는 점프 연습용 미끄럼틀을 보자. 원뿔 바깥의 평면 위에 서 있다가 중앙에 있는 원기둥을 잡기 위해 점프를 한다. 이 기둥을 잡는데 실패하더라도 원뿔의 경사면을 타고 안전하게 밑으로 내려올 수 있다. 이 아이디어는 창의적 발명이라는 평가를 받았다.

〈이미지 11.2〉 엉덩이 운동기구

핀케의 연구는 제약의 틀 안에서 생각할 때 창의적인 아이디어가 보다 많이 나온다는 것을 확인시켜준다.

〈이미지 11.3〉 애완동물 운반용 우리

우리나라 일간신문에 다음과 같은 인터뷰 기사가 실린 적이 있다. 유명한 건축가 한 분에게 "만일 아무런 제약도 없이 마음대로 건물을 지을 수 있다면 어떤 건물을 짓고 싶으냐"고 물었더니, 그는 단호하게 "그럼 저는 설계 못 합니다"라고 했다고 한다. 외부적인 제약은 인간 사고의 장애물로 작용하는 것이 아니라 창의적인 해결책의 적극적 모색을 유도하는 것이다.

〈이미지 11.4〉 점프 연습용 미끄럼틀

기능은 형태를 따른다

20세기에 접어들면서 아름다운 장식이나 치장을 중요시하던 왕정 시대의 디자인 전통에서 벗어나 "형태는 기능을 따른다Form Follows Function"는 기능주의가 건축 및 산업 디자인의 중요한 원칙으로 자리 잡았다. 의도한 기능이나 목적을 가장 잘 수행할 수 있도록 형태를 설계해야 한다는 것은 합목적合目的적이기 때문에 불변의 진리일 수 있다. 그러나 기능이나 목적에 사고의 초점을 맞추면 통상적인 사고의 한계를 벗어나기 힘들기 때문에 SIT에서는 역으로 "기능이 형태를 따른다Function Follows Form"고 주장한다.

이를 설명하기 위해 잠시 주제를 사진으로 옮겨보자. 쉰스터Schinster라는 작가명으로 활동하는 신재희 사진작가는 2011년 7월 세계적인 사진 공모전인 포맷Format에서 최고상인 트로이카 익스포저 어워드Troika Exposure Award를 수상했는데, 이 작가의 대표적 작품 중 하나가 〈여성의 약진Rush of Women〉이다.

이 작품의 상단부에 있는 육교 위의 남성들은 왜소하고 단조로운 모습으로 퇴장하는 반면, 하단부에 있는 여성들은 활기차고 개성 있는 모습으로 달려 나온다. 이러한 남녀의 대비는 문화적, 정서적, 심리적 주도권이 여성들에게 넘어간 현대사회의 특징을 한 장면으로 압축해서 보여주는 듯하다.

그런데 작가는 이러한 작품 이미지에 대한 착상을 어떻게 했을까? 이 작품은 스트리트 드라마Street Drama라는 연작의 일부인데, 스트리트 드라마라는 이름 속에 작가의 철학과 예술적 작업방식이 녹아 있다. 이에 대해 작가는 다음과 같이 설명한다(Schinster, 2011).

스트리트 드라마의 제작은 '무대Stage'의 발견에서 시작됩니다. 길을 가다가 조형적으로 완성도가 있는 공간을 발견하면 바로 그 공간이 '무대'가 되는 것입니다. 첫 번째 단계로서 '무대'를 강조하는 이유는 스트리트 드라마의 시작은 '사람'이 아니라 '공간'이기 때문입니다. 그러므로 '무대'는 스트리트 드라마의 가장 중요한 토대라고 할 수 있습니다.
두 번째 단계는 '오디션Audition'입니다. 발견한 '무대'를 향해 카메라를 삼각대 위에 고정시키고 지나가는 사람들을 한 명도 빠짐없이 모조리 연속 촬영합니다. 사람들은 그냥 지나간 것이지만 저의 눈에는 오디션을 보러 무대 위에 올라온 배우들처럼 보입니다. 일단 지나가는 사람은 모두 다 촬영하기 때문에 이 오디션은 매우 민주적이고

〈이미지 11.5〉 사진 〈여성의 약진(Rush of Women)〉

평등한 프로세스입니다.

세 번째 단계는 '캐스팅Cast'입니다. 오디션을 통해서 촬영된 수많은 배우의 사진을 놓고 최종적으로 무대에 올라갈 수 있는 사람들만 캐스팅합니다. 행인들의 자세, 동작, 표정, 색감 등이 캐스팅 포인트이지만 가장 중요한 것은 그들과 무대 간의 구성적 조화입니다. 오디션은 민주적이었지만 캐스팅은 배타적일 수밖에 없습니다. 전체 제작과정 중에서 가장 힘든 단계가 바로 이 캐스팅입니다. 이것은 마치 우리가 삶 속에서 수많은 경험을 할 수 있지만, 그 모든 경험들을 다 끌어안고 갈 수 없는 것과 같은 맥락입니다. 결국은 일관된 흐름의 경험들만 선택해야 완성도 있는 정체성을 확립할 수 있습니다. 이렇듯 내가 어떤 사람을 선택하는가를 주의 깊게 의식하는 것은 캐스팅 과정의 즐거움입니다.

마지막 단계는 '구성Composing'입니다. 캐스팅한 사람들을 무대 위에 적절히 배치해 마치 같은 시간에 존재했던 것처럼 보이게 합성합니다. 이 단계를 단순히 '합성'이 아니라 '구성'이라고 표현한 이유는 마치 음악을 작곡하듯, 오페라나 뮤지컬을 연출하듯, 무대의 한 장면을 '구성'하기 때문입니다.

다음은 형식Form과 내용Concept입니다.

언제나 '형식Form'이 먼저입니다. 최초의 영감으로부터, 작품의 제작, 그리고 완성에 이르기까지 오직 형식미만 의식한 채 작업을 합니다. 그러므로 사진을 촬영하는 단계에서는 작품의 '내용'에 대한 의식을 하지 않습니다. 형식은 단순히 형태와 색이 아니라 총체적인 시각적, 물리적 구성을 의미합니다. 그리고 그 구성은 일관성과 질서, 균형을 유지해야 합니다. 형식은 직관의 영역에 있고, 내용은 이성의 영역에 있습니다. 직관과 이성은 둘 다 똑같이 중요하지만, 직관이 먼저 오고 이성이 나중에 오는 것이 자연스러운 순서입니다.

작가의 설명에서 우리가 유추할 수 있는 것은 〈여성의 약진〉이라는 작품을 찍겠다고 미리 결정하고 거기에 맞는 작품 이미지를 만든 것이 아니라는 점이다. 아마도 여성의 약진이라는 작품의 목표를 미리 정하고 거기에 부합하는 작품을 만들려고 했다면 이렇게 훌륭한 작품이 나올 수 없었을 것이다. 그는 이성의 영역에 속하는 내용보다 직관의 영역에 속하는 형식이 먼저 오는 것이 자연스러운 순서라고 했다. 이것은 SIT에서 주장하는 "기능은 형태를 따른다"는 것과 아주 유사하다.

SIT 사고도구의 적용절차

앞서 제약의 틀 안에서 보다 창의적인 아이디어가 나올 수 있다고 설명했다. SIT에서는 5가지 사고도구라는 제약의 틀 안에서 아이디어 발상을 한다. 또한 "기능은 형태를 따른다"는 관점에서 목적이나 목표를 미리 정하지 않고, 5가지 사고도구를 적용해서 기존 상품을 파괴한 가상적 상품을 머릿속에 그린 다음 그것의 효용을 찾는다. 〈그림 11.2〉는 SIT 사고도구의 적용절차를 도식으로 나타낸 것이다.

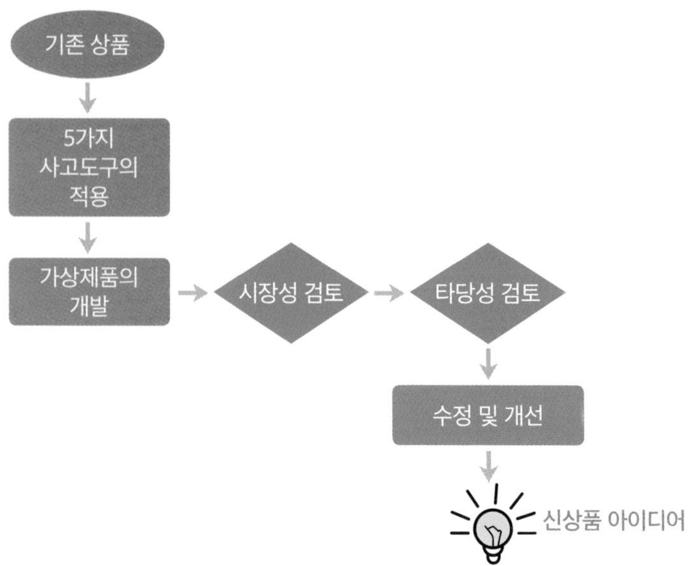

〈그림 11.2〉 5가지 사고도구의 적용절차

안경을 예로 들어 이러한 절차를 적용하면 다음과 같은 프로세스로 진행된다.

[기존 상품] 안경

→ **[안경의 구성요소]** 렌즈, 안경테, 안경다리 등

→ **[5가지 사고도구의 적용]** 먼저 렌즈를 대상으로 첫 번째 사고도구인 '제거'를 적용해보자.

→ **[가상 제품의 개발]** 렌즈를 제거하면 '알 없는 안경'이라는 가상적 제품이 나온다.

→ **[시장성 검토]** '알 없는 안경'이 상품으로서 고객들에게 어떤 효용을 줄 수 있을까? 사람의 인상을 좌우하는 요소 중 가장 중요한 것은 얼굴이다. 그런데 어떤 안경을 쓰느냐에 따라 얼굴 이미지가 달라진다. 따라서 '알 없는 안

경'은 시력교정용이 아니라 얼굴 이미지 교정용 액세서리로 충분히 활용될 수 있다.

→ **[타당성 검토]** 얼굴 이미지 교정용 안경을 설계, 생산 및 판매하는 데 기술적, 경제적 문제는 없는가? 기존 안경에서 렌즈를 제거하는 것이므로 특별한 어려움은 없다.

→ **[수정 및 개선]** 알이 없는 안경은 너무 표가 날 수 있으므로 도수가 없는 렌즈로 교체하는 것이 좋겠다. 이 경우 단순한 맨알보다는 안경알에 색이나 문양을 넣어서 개성을 살리도록 하는 것도 고려해볼 만하다.

→ **[신상품 아이디어]** 이상의 검토 내용을 신상품 개발에 반영할 것인지 공식적인 검토에 들어갈 필요가 있다.

이상과 같은 절차에 따라 안경테와 안경다리에 대해서도 각각 제거를 적용한다. 모든 구성 요소에 대해 제거를 적용한 다음, 각각의 구성요소에 대해 나머지 사고도구들도 하나씩 순차적으로 이러한 절차에 따라 반복 적용한다.

이상의 내용을 다시 한 번 요약하면 다음과 같다. 5가지 사고도구를 적용해 기존 상품을 변형시킨 가상 제품을 머릿속에 그려본 다음, 그것의 효용성을 사후적으로 찾아보고, 만약 가상 제품의 잠재적 시장 규모가 무시할 수 없을 정도로 크다고 판단되면 그것을 실현하는 데 기술적, 경제적으로 문제가 없는지 검토한다. 최종적으로 시장성과 실현성에 문제가 없다는 판단이 서면 이를 신상품 개발에 공식적으로 반영한다.

이러한 SIT의 접근방식은 "형태는 기능을 따른다"는 종래의 디자인 원칙에 반하는 것이며, 2장에서 설명한 결핍의 충족이라는 전통적 발상과도 궤를 달리한다.

3부

창의발상코드 (CIC)

Creative Ideation

SIT가 TRIZ를 발전시킨 것이긴 하지만 SIT는 여전히 기술적 영역에 뿌리를 내리고 있다. 창의발상코드CIC는 제품과 서비스뿐 아니라 비즈니스 세계에서도 창의성을 발휘할 수 있도록 SIT를 확장시킨 것이다.

12
창의발상코드 (CIC) 개요

비즈니스 TRIZ

발명 특허에 적용된 공통적 사고 패턴을 체계적으로 정리한 발명적 문제해결론TRIZ이 주목을 받으면서, 일부 관련 종사자들이 TRIZ가 창조경영의 도구라고 홍보하고 있다. 창조경영에 대한 객관적 정의가 없긴 하지만 경영상의 난제를 창조적으로 해결하는 데 TRIZ가 매우 효과적이라는 주장이다. 이러한 주장의 진위 판단에 앞서 이들이 어떤 근거로 그러한 주장을 하는지 살펴보자.

논리적 근거를 대면서 TRIZ가 비즈니스 문제 해결에 적용될 수 있다고 주장하는 사람은 영국의 대럴 만Darrell Mann이 거의 유일하다. 나머지 사람들은 비즈니스 TRIZ라는 이름을 붙여 단순히 그의 주장을 확대 재생산하고 있을 뿐이다. 대럴 만의 주장을 간단히 요약하면 다음과 같다(Mann, 2002; Mann, 2007; Mann and Domb, 1999).

경영의 난제難題도 기술 영역의 발명적 문제와 마찬가지로 한 가지 목표를 개선하려고 하면 다른 목표가 희생되는 경우다. 그러나 다른 곳에서 누군가 이러한 경영 난제를 근본적으로 해결한 사례가 이미 있을 것이다. 이런 생각을 전제로 그는 경영상의 딜레마를 성공적으로 해결한 수백 개의 문헌 자료를 분석해 전통적인 TRIZ와 유사한 비즈니스 TRIZ 활용 체계를 제안했다.

① 비즈니스 발명원리 Business Inventive Principles

대럴 만은 기술적인 모순의 해결에 사용되었던 40가지 발명원리를 비즈니스적인 맥락에서 추상화하면 경영상의 난제 해결에 사용될 수 있다고 주장했다. '비즈니스 발명원리'라고 이름 붙였지만, 기술적 발명원리의 명칭을 거의 그대로 사용하면서 이러한 원리가 비즈니스 문제에 적용되었다고 생각할 수 있는 다양한 경우를 예시했다. 이해를 돕기 위해 〈표 12.1〉은 발명원리별로 예를 하나씩만 정리한 것이다.

발명원리	기술적 발명원리의 예	비즈니스 발명원리의 예
1. 분할	모듈식 가구	시장 세분화
2. 추출	에어컨 실외기	사내 벤처
3. 국소적 성질	지우개 달린 연필	특별 포상
4. 비대칭	비대칭 혼합용기	고객 맞춤형 마케팅
5. 통합	PC 네트워크 연결	유사 부문 통합
6. 범용성/다용도	침대 겸용 소파	다기능 작업자
7. 포개기	줌 렌즈	가게 내 가게
8. 평형추	건설용 기중기	우울할 때 신나는 노래 듣기
9. 선행 반대조치	도색 방지용 테이프	전직(轉職) 훈련

10. 선행조치	미리 풀칠해놓은 벽지	프로젝트 사전 계획
11. 사전예방	예비 낙하산	법무 팀의 계약서 사전 검토
12. 높이 맞추기	파나마 운하	순환근무
13. 반대로 하기	러닝머신	불황기 인재채용 확대
14. 타원체 형상	나선형 기어	이동식 도서관
15. 역동성	조절 가능한 의자	권한위임
16. 과부족 조치	넘치게 한 다음 덜어내기	다양한 채널 동원 홍보
17. 차원 바꾸기	5축 절단공구	360도 평가
18. 기계적 진동	초음파 진동 신장 결석 파괴	젊은 인재 투입
19. 주기적 작동	사이렌 반복 소리	안식년 제도
20. 유익한 작용의 지속	브레이크 에너지 회수	지속적인 개선활동
21. 고속처리	고속 살균처리	빠른 실패 통한 신속한 학습
22. 전화위복	폐기물 재활용	공급조절 통한 희소가치 상승
23. 피드백	자동 온도조절장치	마일리지 제도
24. 매개체	냄비받침	컨설턴트 고용
25. 셀프서비스	엔진 열 이용 난방	품질분임조
26. 복제	마네킹	원격 화상회의
27. 일회용품	일회용 기저귀	훈련용 시뮬레이터
28. 기계 시스템의 대체	전기 울타리	지문인식
29. 공압식/유압식 구조물	에어쿠션	탄력적 조직운영
30. 유연한 필름 또는 얇은 막	보호막	ID카드 다용도 활용
31. 다공질재료	스펀지	커뮤니케이션용 인트라넷
32. 색깔 변경	투명 테이프	색상 이용 목시관리
33. 동종성	다이아몬드 절단 공구	목적 일관성
34. 폐기 및 재생	용해되는 의약품 캡슐	임시직 이용
35. 속성 변환	액체 가스	모바일 뱅킹
36. 상전이	기화열	성장기에서 성숙기로 이동
37. 열팽창	바이메탈	시장 반응 연동 마케팅 활동
38. 강력한 산화제 사용	잠수용 산소통	악마의 대변인 활용
39. 불활성 환경	불활성 기체 주입	협상 중간의 휴식
40. 복합재료	유리섬유	집합교육과 온라인교육 병행

〈표 12.1〉 발명원리의 비교

② **비즈니스 표준특성**Business Parameters

해결하고자 하는 비즈니스 문제에 적용될 가능성이 높은 발명원리를 추천해주는 모순행렬을 구축하기 위해서는 3장에서 소개한 전통적 TRIZ의 표준특성Engineexing Parameters처럼 비즈니스 문제에서 모순을 일으키는 일반적 특성들을 도출해야 한다. 이러한 비즈니스 표준특성을 도출하기 위해 대럴 만은 품질경영의 선구자였던 데밍W. E. Deming이 사용한 데밍 흐름도를 출발점으로 삼았다.

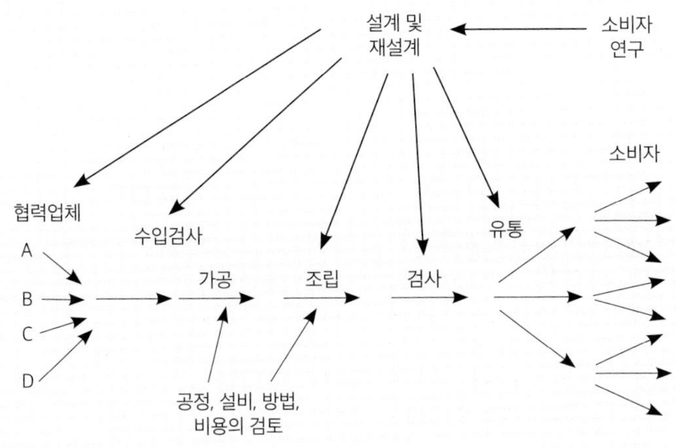

〈그림 12.1〉 데밍 흐름도(The Deming Flow Diagram)

이 흐름도는 기업의 생산 및 판매활동을 시스템 관점으로 표현한 것이다. 구입한 원재료는 수입검사를 거친 뒤 내부공정으로 투입되어 가공·조립·검사 과정을 거친 뒤 고객에게 전달되며, 이후에도 고객의 의견을 제품이나 서비스의 설계 및 재설계에 반영할 수 있도록 피드백하는 전체 순환고리closed loop가 하나의 시스템이다. 자신이 수행하는 특정 업무 하나에 시선을 고정시키지 말고 이러한 시스템 전체를 보아야 한다는 것이 데밍의 주장이었다.

대럴 만은 데밍 흐름도를 토대로 비즈니스 활동의 단계를 초기 R&D 단계, 생산 이전 단계, 생산 프로세스, 공급 프로세스, 공급 이후의 지원활동으로 구분했다. 또한 각 단계별로 관심사가 되는 주요 특성을 물리적 특성, 시간적 특성, 위험 특성 및 관계 특성으로 나누었다. 여기에 비즈니스 관련 문헌에서 공통적으로 관찰되는 일부 특성을 추가해 〈표 12.2〉와 같은 31가지의 비즈니스 표준특성을 도출했다.

1. R&D 규격/능력/수단(R&D spec/capability/means)
2. R&D 비용(R&D cost)
3. R&D 시간(R&D time)
4. R&D 위험(R&D risk)
5. R&D 인터페이스(R&D interface)
6. 생산 규격/능력/수단(Production spec/capability/means)
7. 생산 비용(Production cost)
8. 생산 시간(Production time)
9. 생산 위험(Production risk)
10. 생산 인터페이스(Production interface)
11. 공급 규격/능력/수단(Supply spec/capability/means)
12. 공급 비용(Supply cost)
13. 공급 시간(Supply time)
14. 공급 위험(Supply risk)
15. 공급 인터페이스(Supply interface)
16. 제품 신뢰성(Product reliability)
17. 지원 비용(Support cost)
18. 지원 시간(Support time)
19. 지원 위험(Support risk)
20. 지원 인터페이스(Support interface)
21. 고객 수익/수요/피드백(Customer revenue/demand/feedback)

22. 정보의 양(Amount of information)
23. 커뮤니케이션 흐름(Communication flow)
24. 시스템 유해효과(System affected harmful effects)
25. 시스템 부작용(System generated side effects)
26. 편의성(Convenience)
27. 적응성/융통성(Adaptability/versatility)
28. 시스템 복잡성(System complexity)
29. 통제 복잡성(Control complexity)
30. 긴장/스트레스(Tension/stress)
31. 안정성(Stability)

〈표 12.2〉 비즈니스 문제의 31가지 표준특성

③ 비즈니스 모순행렬 Business Contraction Matrix

상당수의 TRIZ 전문가는 전통적 모순행렬을 TRIZ용 장난감 정도로 치부하지만, 대럴 만은 그들과 다른 견해를 표명했다. 모순행렬의 문제는 기술의 진보에 발맞추어 개정되지 못한 것일 뿐, 그러한 접근방법 자체는 매우 건전하다고 보았다. 이러한 생각에서 그는 비즈니스 문제용 모순행렬을 개발했다.

수십만 개의 특허를 토대로 개발된 전통적 TRIZ의 모순행렬과 달리 비즈니스 모순행렬의 개발에는 수백 개의 사례만 이용되었기 때문에 향후 지속적인 보완이 필요하지만, 경영상의 딜레마를 해결하는 데 길잡이 역할을 할 수 있다는 것이 대럴 만의 주장이다.

또한 전통적 모순행렬은 대칭행렬이 아니지만(즉, 개선하고자 하는 특성과 악화되는 특성이 맞바뀌면 추천하는 발명원리가 달라지지만), 비즈니스 모순행렬은 대칭행렬이다. 이에 대해 대럴 만은 사용편의성을 고려해 대칭행렬로 만들었지만, 향후 많은 사례가 추가적으로 반영되면 비즈니스 모순행렬도 비대칭행렬로 바뀔 수 있다고 했다. 비즈니스 모순행렬의 활용방법은 3장에서 설명한 전통적 모순행렬과 동일하다.

대럴 만은 비즈니스 발명원리를 설명하기 위해, 여객수송 항공업계에서 장기간 최고 성과를 내고 있는 사우스웨스트항공Southwest Airlines에서는 다음과 같은 비즈니스 발명원리들이 적용되었다고 주장한다(Mann, 2002).

- 1번 발명원리 '분할'
  - 취항할 도시와 이용할 공항 및 운항 경로 계획을 위해서는 분할이 필수적이다.
- 25번 발명원리 '셀프서비스'
  - 직원들에게 권한을 부여해 스스로 필요한 결정을 내리도록 유도하고 있다.
- 38번 발명원리 '강력한 산화제 사용'
  - 기술적 문제에서 반응을 촉진하기 위해 강력한 산화제를 투입하는 것을 비즈니스적인 맥락으로 해석하면 조직 분위기 활성화enriched atmosphere라고 볼 수 있다. 사우스웨스트항공이 탁월한 서비스뿐 아니라 항공기 가동률, 직원 1인당 승객 수, 고객유지율, 수익성 등의 측면에서 경쟁사들을 압도하는 것은 전체 조직이 주인의식을 가지고 함께 일하기 때문이다.

여기서 더 나아가 자신이 검토한 문헌들에 있는 혁신적 아이디어나 사례를 설명하기 위해 41번째 발명원리가 필요한 사례를 단 하나도 찾지 못했다면서 비즈니스 발명원리의 완전성을 에둘러대고 있다(Mann and Domb, 1999).

필자는 개인적으로 대럴 만의 이러한 주장에 전혀 동의하지 않는다. 〈표 12.1〉을 보면 알겠지만, 비즈니스 발명원리라는 것이 지나치게 추상화되어 있을 뿐 아니라 그 수가 40개나 되기 때문에 그 무엇이라도 이와 다 연관시켜 설명할 수 있다. 첫 번째 발명원리인 분할 하나만 예로 들어보자. 그는 분할에 속하는 것으로 다음과 같은 것들을 예시하고 있다.

- 제품군별 조직 분할
- 자율 이익센터
- 대규모 프로젝트의 작업 분할
- 프랜차이즈 매장
- 고객 기호별 이미지/가치/만족도 분할
- 품질 특성을 당연적, 매력적, 일원적 3요소로 분류한 카노 모델
- 인구통계학적, 사회학적, 심리학적, 라이프스타일별 마케팅 세분화
- 아이디어 도출 프로세스 단계별 구분
- SWOT 분석의 강점, 약점, 기회, 위협 구분
- 혁신 프로세스의 단계
- 탄력적 연금
- 단기 프로젝트 수행을 위한 임시직 고용
- 유연생산 시스템FMS

- 모듈식 가구/사무실
- 컨테이너 배송
- 품질분임조
- 의사결정 권한위임
- 원격교육
- 재택근무
- 고성능 소형차

이런 식으로 40개나 되는 발명원리를 고무줄처럼 늘여서 설명하고 있다. 그뿐만 아니라 38번 발명원리인 '강력한 산화제 사용'을 조직 분위기 활성화로 해석하고, 심지어 29번 발명원리인 '공압식/유압식 구조물'을 비즈니스 문제에 적용하면 유연한 조직구조나 자산 현금화에 해당된다고 한다. 정말 지나친 비약 아닌가? 일부 컨설턴트들이 언론을 이용해 비즈니스 TRIZ가 마치 창조경영의 오아시스나 되는 것처럼 홍보하지만, 필자는 그것이 신기루에 불과하다고 단언한다.

비즈니스 해결책의 공통적 패턴을 찾기 위해 비즈니스 사례들을 분석했다는 점에서 비즈니스 TRIZ의 출발은 전통적 TRIZ와 차별화된다. 다만 분석 결과를 억지 춘향이 격으로 기술적 발명원리의 틀에 끼워 맞추려 했기 때문에 사상누각이 된 것이다.

SIT와 CIC

비즈니스 TRIZ와 달리 SIT는 상당히 체계적이며 실용적이다. 5장에서 이미 설명한 바와 같이 SIT에서는 포개기(7번 발명원리)와 평형추(8번 발명원리) 및 타원체 형상(14번 발명원리) 등과 같이 유형의 물리적 문제에만 적용되는 발명원리들을 제외시키고, 상대적으로 범용성이 있다고 생각되는 발명원리들을 유사한 것끼리 묶어서 5가지 사고도구로 집약했다. 그러나 SIT의 뿌리도 TRIZ이기 때문에 근본적으로 기술적 영역을 뛰어넘기는 힘들다.

필자는 기술적 문제의 발명적 해결책을 다룬 TRIZ의 틀을 벗어나 무수히 많은 제품, 서비스, 비즈니스의 혁신적 사례를 대상으로 그 속에 내재된 공통적인 사고 패턴을 추출해 '창의발상코드Creative Ideation

〈그림 12.2〉 창의발상코드(Creative Ideation Codes)

Codes, CIC'라고 이름 붙였다. SIT의 5가지 사고도구는 서비스나 비즈니스 문제의 창의적 해결책에서도 볼 수 있지만, 특히 신제품 디자인에 많이 적용되는 것으로 나타났다.

창의발상코드는 SIT의 5가지 사고도구에 필자가 확인한 창의적 발상의 공통 패턴인 재정의, 결합, 연결, 역전, 대체, 유추를 추가한 것이다.

SIT 5가지 사고도구는 이미 자세히 소개했고, 〈표 12.3〉에서는 이를 제외한 나머지 창의발상코드를 간략하게 정리했다.

창의발상코드(CIC)	설 명
재정의 (Redefinition)	고객과 고객의 핵심적 요구사항을 새롭게 정의해 사업의 방향을 결정하거나 차별화한다. 예) 그라민 은행(Grameen Bank), 재혼 전문 결혼정보회사
결합 (Combination)	두 개 이상의 요소나 기능을 결합해 시스템의 효용을 높이거나 새로운 가치를 창출한다. 예) 스마트폰, 블렌디드 러닝(Blended Learning)
연결 (Connection)	서로 관련 없는 두 개의 요소를 결합해 기존에 없던 새로운 시스템을 고안한다. 예) 레일 크루즈, 스크린 골프바
역전 (Reversal)	시스템을 구성하는 요소의 위치, 순서, 핵심 속성 등을 반대로 하여 효용을 높이거나 새로운 가치를 창출한다. 예) 마사이 신발, 모바일 하버(Mobile Harbor)
대체 (Replacement)	시스템을 구성하는 요소의 일부를 새로운 것으로 대체해 새로운 효용을 창출하거나 친숙한 것을 새롭게 만든다. 예) 롤러스케이트, 비틀즈 노래를 연주하는 가야금연주단
유추 (Analogy)	다른 시스템의 원리, 기능, 운영 시스템, 이미지 등에서 문제해결의 실마리나 영감을 얻는다. 예) 회전초밥, JIT 생산 시스템, 자연모방(Biomimicry)

〈표 12.3〉 창의발상코드(SIT 5가지 사고도구 제외)

13

CIC 사고도구: 재정의

Redefinition

고객중심 혁신전략

삼성생명 대구 대륜지점의 예영숙 팀장은 2000년에 처음으로 보험왕에 오른 이후 10년 연속 1위에 올랐다. 수만 명의 보험설계사 중 한 번도 힘든데 열 번이나, 그것도 연속해서 최고의 자리를 차지했으니 그야말로 보험업계의 살아 있는 전설이 되었다. 그녀의 성공은 고객을 새롭게 정의한 데서 시작된다. 보험영업을 시작하던 당시 부자들은 은행과 지속적인 거래를 하면서도 보험에 무관심했다. 그러나 그녀는 '보험을 전혀 생각하지 않는 부자들'의 시장이 오히려 엄청나게 큰 블루오션이라고 생각했다.

다음으로 그녀는 고객 개개인의 가치가 모두 다르다고 인식해 고객이 가장 중요하게 생각하는 가치에 초점을 맞춘 제안서를 제시하고, 이에 맞는 상품을 설계해 고객들에게 제공했다. 단순히 보험 상품을 판매하는 보험 모집인이 아니라 고객의 핵심적 요구에 맞도록 보험을 설계해주는 재정전문가Financial Consultant, FC가 된 것이다.

그녀는 "내가 고객이라면 어떨까? 나는 어떤 FC에게 마음을 열 수 있을까?"라는 역지사지易地思之의 자세가 성공의 원동력이었다고 한다. "고객이 없으면 사업도 존재하지 않는다"는 금언처럼 모든 사업의 중심은 고객이어야 한다.

성공한 사업들을 잘 들여다보면 그 중심에는 모두 '고객'이 있다. 다음은 배달 주문 서비스로 성공한 '배달의 민족' 김봉진 대표의 인터뷰 내용 중 일부다(뉴스와이어, 2018).

> 주로 배달을 시켜먹는 사람들이 누굴까? 혼자 사는 자취생이나 대학생들. 주로 20~30대 초반일 것이다. 직장에서도 주로 주문은 막내 담당이기 때문이다. 그렇다면 20대나 30대 초반이 많다고 볼 수 있다. 그러면 그들이 좋아하는 문화는 어떤 것일까 고민했다. 젊은이들이 좋아하는 홍대 문화, 최근 유행을 넘어 트렌드가 되어버린 B급, 패더리, 키치Kitsch(미학에서 저속하고 유치한 미적 사물을 의미한다)한 문화를 좋아할 거라고 가정했다. 〈무한도전〉이 8년 동안 사랑받는 걸 보면 알 수 있다. 배달이 진지하고 스마트해서 되겠는가? 그래서 친근하고 재미있는 캐릭터들과 문구들로 그들의 감성을 자극하기 시작했다. 배달을 통해 즐겁고 행복한 경험을 했으면 하고 바랐기 때문이다.

이러한 고객중심적 사고를 바탕으로 배달의 민족은 페이스북, 인스타그램, 블로그, 카카오스토리 등에서도 20~30대가 좋아하는 음식

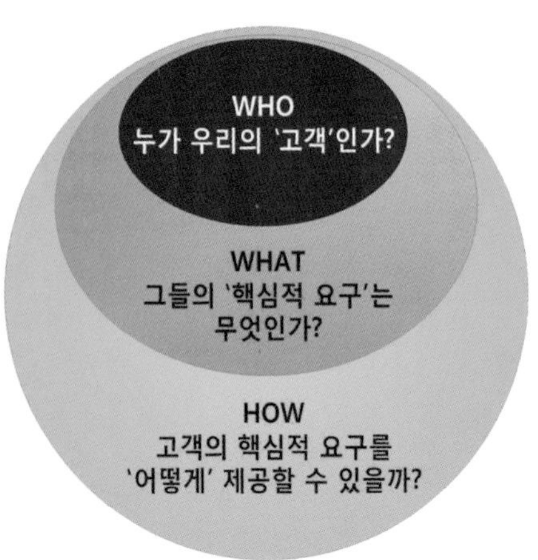

〈그림 13.1〉 고객중심 혁신전략

관련 콘텐츠와 쉽게 참여할 수 있는 이벤트를 진행하고, 트렌드를 반영한 패러디 콘텐츠를 제작하는 등 유쾌한 소통방식으로 공감을 얻었다고 한다.

고객중심 혁신전략Customer-Centered Breakthrough Strategy은 다음과 같은 3가지 물음에 대한 대답을 찾는 것에서부터 시작된다.

① '누가Who' 우리의 고객인가—고객의 '재정의'

② 그들의 '핵심적 요구사항What'은 무엇인가?—고객 요구사항의 '재정의'

③ 고객의 핵심적 요구사항을 '어떻게How' 하면 잘 전달할 수 있을까?

여기서 한 가지 주목할 점은 첫 번째 질문에 대한 답변이 바뀌면 두 번째 질문에 대한 답변도 바뀐다는 것이다. 또한 두 번째 질문에 대한 답변이 바뀌면 세 번째 질문에 대한 답변도 바뀐다.

일본 도쿄개별지도학원TKG의 사례는 오래전 것이지만 고객중심 혁신전략을 설명하기에 아주 좋은 예이므로 간략히 소개한다.

TKG는 1985년 수강생이 300명도 안 되는 변두리의 작은 학원으로 출발했으나, 2002년 도쿄증권거래소 2부에 상장된 중견기업으로 성장했다. 성공의 시작은 고객을 새롭게 정의한 데서 비롯되었다. 전통적으로 유명한 학원들은 모두 공부 잘하는 상위권 학생들에게 집중하지만, TKG는 그보다 시장 규모가 훨씬 더 큰 중하위권 학생들을 고객으로 정의했다.

고객을 재정의하면 고객의 핵심적 요구사항도 따라서 바뀌게 마련이다. 공부 못하는 학생들의 1차적 요구는 "나도 좀 알아들을 수 있도록 가르쳐달라"는 것이다. 이러한 요구에 부응하기 위해 학원의 이름처럼 개별지도 방식을 택했다. 강사가 학생 옆에 붙어서 지도할 수 있도록 강의실도 독서실처럼 칸막이를 하고, 책상 하나에 의자 두세 개를 놓아 학생과 강사가 얼굴을 맞대고 공부할 수 있도록 만들었다. '1대2 학습'의 경우에도 강사가 두 명의 학생에게 동시에 같은 내용을 가르치지 않는다. 한 명을 가르치는 동안 다른 한 명에게는 문제를 내주고, 문제를 풀고 나면 다시 교대한다. 따라서 학생 입장에서는 강사에게 늘 혼자 배우는 것과 마찬가지다.

교육효과 면에서는 개별지도가 좋으나 학원 운영비가 많이 들어가는 것이 문제다. 이를 극복하기 위해 TKG는 인건비가 싼 대학생들을 강사로 채용했다. 그러나 대학생들은 가르쳐본 경험이 적어 아는 것도 잘 전달하지 못하는 경우가 많다. 열정적이고 가르치는데 재능이 있는 강사진을 구축하기 위해 고객인 학생들이 직접 마음에 드는 강사를 선택하는 강사지명제도를 도입했다. 이를 위해 강사의 신상명세와 시범강의를 온라인으로 공개했다. 한번 강사를 선택한 뒤 마음에 안 들면 중간에 얼마든지 바꿀 수 있다. 물론 학생이나 학부모들로부터 인기를 얻어 지명률이 높아지면 강사의 보수도 따라서 높아진다. 카바레에서 고객들이 원하는 짝을 찾듯이 학원도 그렇게 운영한다고 해서 일본 학원가에선 속된 말로 '카바레 시스템'이라고 했다. 처음에는 "강사가 술집 종업원과 같으냐", "강사의 권위가 떨어진다"는 등 반발이 많았지만, 이러한 고객중심주의를 일관되게 추진했기 때문에 개별교습으로 최대 매출을 올리는 학원으로 성장할 수 있었다.

이번 장에서는 고객과 고객의 요구사항을 새롭게 정의하는 '재정의' 코드를 고객 재정의와 고객 요구사항 재정의로 나누어 설명하기로 한다.

고객 재정의

'빈자貧者들을 위한 은행Bank for the Poor'으로 널리 알려진 방글라데시 그라민 은행Grameen Bank의 예를 보자. 전통적으로 은행에서 돈을 빌리려면 담보가 있거나, 아니면 신용이라도 있어야 한다. 그런데 정작 돈의 융통이 더 절실한 사람은 너무 가난해서 담보나 신용도 없고 보증인도 구할 수 없다.

이러한 생각으로 무함마드 유누스Muhammad Yunus 박사는 1976년 세계 최초로 가난한 사람들에게 소액 대출을 해주는 마이크로 크레

디트 프로그램을 시작했으며, 이를 발전시켜 1983년 그라민 은행을 설립했다. 그라민Grameen은 방글라데시 말로 마을이라는 뜻인데, 현재 2,500개 넘는 지점을 통해 8만여 개의 마을에 금융서비스를 제공하고 있다.

〈이미지 13.1〉 그라민 은행의 창업자 무함마드 유누스(Muhammad Yunus)

풀브라이트 장학생으로 미국 밴더빌트 대학에서 박사 학위를 취득한 후 고향에 있는 치타공 대학에서 경제학 교수로 재직하던 그는 1976년 최악의 기근으로 수십만 명이 쓰러지는 것을 보고 큰 충격을 받았다. 동네 아낙네들이 빌린 돈이 모두 27달러밖에 되지 않았으나, 고리채 때문에 하루 종일 일해도 몇 푼 벌지 못하는 것을 보고 아무런 조건 없이 27달러를 빌려주었다. 이를 계기로 그는 제도권 내에 있는 금융기관이 가난한 사람들에게 융자해주는 시스템을 모색했다.

담보도 보증도 없이 과연 대출금을 상환받을 수 있을까? 2008년 통계를 보면 놀랍게도 상환율이 98%가 넘는다. 비결은 개인이 아닌 5명으로 구성된 그룹에 돈을 빌려주고 매주 일정액씩 갚도록 한 것이다. 대출금은 통상 '2:2:1'의 비율로 지급되는데, 5명의 구성원 중 가장 가난한 두 사람에게 먼저 대출해주고 이들이 처음 6주 동안 주당 불입금을 약속한 대로 납입하면 그룹의 조장을 제외한 나머지 두 사람에게 대출해준다. 또한 이들이 6주 동안 불입금을 제대로 납입하면 마지막으로 그룹의 조장에게 대출해준다.

이런 방식을 택하면 정직하고 재기하려는 의욕이 강한 사람들끼리 조를 짜서 오기 때문에 외부인이 신용평가를 하는 것보다 훨씬 더 정확하다. 선행 대부금에 대한 완납이 이루어지고 나면 더 많은 대출을 보장하고, 계약 불이행자가 있으면 집단 내의 다른 구성원들에게 후속 대출을 거부함으로써 그라민 은행은 그룹 대출의 장점을 더욱 강화하고 있다.

그라민 은행의 또 다른 특징은 대출자의 96%가 여성이라는 점이다. 전통적으로 은행의 고객은 남성이었으나 가정을 가진 여성들은 자신을 희생해서라도 가족을 지켜야 한다는 모성애 때문에 충동적인 남성들보다 훨씬 더 강인하다.

가난한 사람들을 구제하면서도 지속적으로 수익을 올릴 수 있는 사회적 기업의 이상적 모델을 제시한 유누스 박사는 2006년 노벨평화상을 받은 데 이어, 2007년 미국의 경제잡지 『비즈니스위크』가 선정한 인류 역사상 가장 위대한 사업가 30인의 명단에 올랐다. 여기에는 앤드루 카네기, 존 록펠러, 토머스 에디슨, 헨리 포드, 토머스 왓슨, 샘 월턴, 스티브 잡스, 빌 게이츠 등과 같은 전설적 경영자들이 포함되어 있다.

앞서 '제거'의 예로 설명한 커브스도 남녀 공용 피트니스 클럽을 여성 고객만을 위한 피트니스 클럽으로 바꾼 것이므로, 고객 재정의가 적용된 사례로 볼 수 있다.

표적 고객이 바뀌지 않더라도 고객의 핵심적 요구사항을 잘 정의하면 사업의 기반이 확장된다. 기적의 동물원이라고 널리 알려진 다음의 예를 보자.

일본 홋카이도北海道에 있는 인구 35만 명의 중소도시 아사히가와旭川시에서 운영하는 아사히야마旭山 동물원은 인구 1,200만 명 넘는 도쿄의 우에노上野 동물원을 제치고 2006년 일본 최고의 동물원으로 등극했다. 더구나 1년의 절반이 겨울인 일본 최북단에 위치한 작은 동물원일 뿐 아니라 차로 두 시간 거리의 대도시 삿포로에 큰 동물원이 있다는 점까지 고려하면, 말 그대로 '기적의 동물원'이 된 것이다. 누적된 적자 때문에 한동안 시에서 폐원을 심각하게 고려했던 이 동물원이 어떻게 기적과 같이 변신할 수 있었을까?

보통 사람들은 일생 동안 평균 두 번 정도 동물원에 간다고 한다. 한 번은 어릴 때 부모의 손을 잡고 가고, 또 한 번은 부모가 되어 자녀의 손을 잡고 가는 것이다. 〈동물의 왕국〉 등과 같은 TV 프로그램을 시청하고 생생한 야생의 모습을 보기 위해 동물원을 찾지만, 막상 가서 보면 우리에 갇힌 맹수들이 병든 것처럼 맥없이 누워 있을 뿐 아니라 역겨운 냄새까지 풍기기 때문에 더 이상 가지 않는 것이다.

〈이미지 13.2〉 아사히야마 동물원

그럼에도 불구하고 동물원의 핵심 인재인 사육사들은 희귀동물을 잘 번식시키는 것이 임무의 전부라고 생각한다.

당시 동물원장으로 있던 고스케 마사오小菅正夫는 동물원을 찾는 고객들의 핵심적 요구를 "생생한 야생의 모습을 보고 싶다"는 것으로 정의하고 이를 제공하기 위한 변화를 추진했다. 먼저 "사육사의 본업은 사육이 아니다"라는 슬로건을 내걸고, 사육의 궁극적 목적이 고객들에게 보여주기 위한 데 있다는 것을 일깨우기 위해 사육사라는 명칭도 사육전시사로 바꾸었다. 그런 다음 야생에서의 행동을 그대로 보여줄 수 있는 구체적 전시방법을 모색하고 '행동전시'라는 이름을 붙였다.

아사히야마 동물원에서 가장 유명한 것은 펭귄 전시관이다. 이 전시관의 슬로건은 "펭귄을 날게 하라"다. 펭귄은 날지 못하지만 포유류와 달리 부리와 깃털이 있고 알을 낳기 때문에 조류鳥類로 분류된다. 조류의 일종인 펭귄이 날지 못하게 된 것은 진화의 결과라고 한

〈이미지 13.3〉 아사히야마 동물원의 펭귄 전시관

다. 물고기를 잡아먹기 위해 물속에 자주 들어가야 하고 천적이라야 바다표범 정도밖에 없으므로 굳이 하늘을 날 필요가 없다. 그래서 날개가 헤엄치기 좋게 진화했다는 것이다. 그러나 물속에서 펭귄의 날갯짓은 물고기나 바다표범 등과 달리 새들의 날갯짓과 같기 때문에 '물속에서 난다'라는 표현을 종종 쓴다.

펭귄이 물속에서 날아다니는 모습을 보여주기 위해 바닥이 투명한 수조 안에서 펭귄이 마음껏 놀도록 하고, 투명 수조 밑에 관람로를 만들어 머리 위에서 펭귄들이 노는 모습을 볼 수 있도록 했다. 수면 위로 보이는 하늘을 배경으로 펭귄이 물속에서 날아다니는 모습을 볼 수 있도록 한 것이다.

다음으로 바다표범 전시관을 보자. 물속에서 노는 바다표범을 가까이서 볼 수 있도록 투명한 기둥을 이용했다. 전시관 위층과 아래층에 바다표범이 놀 수 있는 큰 수조를 만들고 그 사이를 둥근 투명 기둥으로 연결했다. 위쪽이나 아래쪽 수조에서 놀던 바다표범이 중간의 투명 기둥으로 들어오면 관람객들의 입에서 절로 탄성이 나온다. 둥근 기둥이 돋보기 역할을 하여 생동감이 그대로 전달되기 때문이다.

〈이미지 13.4〉 아사히야마동물원의 바다표범 전시관

오랑우탄의 예를 보자. 오랑우탄은 말레이시아 말로 '숲속의 인

〈이미지 13.5〉 아사히야마 동물원의 오랑우탄 전시관

간'이라는 뜻인데, 인간과 유전자 일치율이 97%나 된다고 한다. 오랑우탄은 먹고 자고 짝짓기 하는 것을 모두 나무 위에서 하기 때문에 상체가 매우 발달한 반면 하체는 빈약하다. 이러한 신체적 조건을 가진 오랑우탄을 우리에 가두어두니 병든 것처럼 골골할 수밖에 없었다.

이러한 문제를 해결하기 위해 높이 17미터의 우람한 기둥 두 개를 세우고 그 사이를 철골로 연결하고 철골에 밧줄을 매달았다. 사육사가 오랑우탄의 습성에 대해 설명하면서 반대쪽 기둥 밑에 먹이를 두면 오랑우탄은 두 개의 기둥 사이에 연결된 17미터 높이의 밧줄을 잡고 반대쪽으로 건너간다. 오랑우탄이 떨어지지 않을까 사람들은 마음 졸이며 지켜보지만, 악력握力이 500킬로그램이나 되는 오랑우탄은 오히려 신나게 움직이다. 그뿐 아니라 공중에 매달려 사람들이 신기해하는 모습을 즐기며 소리까지 지르니, 이제는 '사람이 동물을 보고 즐기는 것'이 아니라 '동물이 사람을 보고 즐기는 것'으로 주객이 전도되었다.

아사히야마 동물원이 무엇보다 신경 쓴 것은 동물들이 행복하게 지낼 수 있어야 고객들도 자유롭게 노는 동물들의 모습을 볼 수 있다는 것이었다.

기업 내에서 이루어지는 대부분의 혁신활동은 고객과 그들의 핵심적 요구사항을 기업이 이미 잘 파악하고 있다는 전제하에, 지금까지 해오던 일들을 '어떻게How' 하면 좀 더 잘할 수 있을까에 초점을 맞춘다. 그러나 이번 장에서 살펴본 그라민 은행과 아사히야마 동물원의 사례는 근본으로 돌아가 먼저 '고객Who'과 그들의 '핵심적 요구사항What'을 잘 정의하는 것이 얼마나 중요한지 잘 보여준다. 널리 알려진 블루오션 전략은 이러한 고객중심 혁신전략의 적용 절차와 방법을 체계화한 것이다.

14

CIC 사고도구: 결합

Combination

신화에 나타난 인간의 상상력

정신분석학자 지그문트 프로이트Sigmund Freud는 아들이 아버지를 적대시하고 어머니를 좋아하는 본능을 '오이디푸스 콤플렉스'라고 했다. 오이디푸스 이야기는 그리스의 비극 작가인 소포클레스의 희곡 「오이디푸스 왕」을 통해 전해지고 있는데, 줄거리는 다음과 같다(박한표, 2011).

테바이의 왕 라이오스는 아름다운 여인 이오카스테를 아내로 맞이했으나 왕비가 아기를 낳지 못하자 델포이에 올라가 아폴론 신의 신탁神託을 알아본다. 신탁은 아들을 낳으면 그 아들이 장차 아비를 죽이고, 아비의 아내와 동침하게 될 것이니 아내를 멀리하라고 경고한다. 그 후 라이오스는 아들이 생기는 것이 마음에 걸려 아내와 육체적으로 멀리한다. 그러다가 술김에 실수로 잠자리를 같이한다. 이 일 이후 아내 이오카스테는 아들 오이디푸스를 낳는다.

신탁의 실현을 두려워한 라이오스는 갓난아기가 도망치지 못하도록 발뒤꿈치를 금실로 단단히 묶은 뒤 양치기에게 산에다 버리라고 명령한다. 그러나 갓난아기를 불쌍하게 여긴 양치기는 라이오스의 명을 따르지 않고 코린토스 지역의 다른 양치기에게 넘긴다. 마침 혈육이 없어 고민하던 코린토스 왕은 그 아이를 양자로 삼는다. 이때 발이 묶여 있던 아이에게 '부은 발'이라는 뜻에서 오이디푸스라는 이름이 붙는다.

코린토스의 왕자로 자란 오이디푸스는 자신의 출생에 대한 괴이한 소문을 듣고 델포이 신전으로 가서 사실 여부를 묻는다. "너는 앞으로 아버지를 죽이고 어머니를 취하게 될 것이다"라는 이야기를 듣고 충격에 빠진 오이디푸스는 운명을 피하기 위해 코린토스로 돌아오지 않고 발길을 돌린다. 부모에게서 멀리 떠나 있으면 신탁을 모면할 수 있으리라 생각한 것이다.

방랑 생활을 하던 오이디푸스는 어느 날 좁은 길목에서 마차를 탄 노인과 그의 부하 일행을 만나 서로 길을 비키라는 시비가 붙는다. 노인에게 채찍을 맞은 오이디푸스가 분을 참지 못하고 이들을 모두 죽여버린다. 그 노인은 다름 아닌 자신의 친아버지 테바이의 왕 라이오스다. 라이오스는 자신의 왕국에 스핑크스라는 괴물이 나타나 많은 사람을 못 살게 했기 때문에 델포이에 신탁을 구하러 가는 길이었다.

떠돌이 생활을 계속하던 오이디푸스는 몇 달 후 테바이에 이른다. 테바이는 여전히 스핑크스 때문에 고통을 겪고 있었다. 스핑크스는 지나가는 사람들을 붙잡고 수수께끼를 내어 맞히지 못하면 그 자리에서 목을 졸라 죽였다. 참고로, 스핑크스라는 이름은 '목 졸라 죽이는 자'라는 뜻이다.

테바이 왕가에서는 이 괴물을 죽여 없애버리는 영웅에게 라이오스의 죽음으로 비어 있는 왕의 자리와 혼자 된 왕비를 준다는 약속을 공표한다. 오이디푸스는 모험을 감행한다. 스핑크스의 수수께끼는 "아침에는 네 다리, 점심에는 두 다리, 저녁에는 세 다리로 걷는 것이 무엇인가?"였다. 답은 '인간'이었다. 인간은 갓난아기 땐 양팔과 양다리로 기다가, 성인이 되면 두 다리로 걷고, 늙으면 지팡이에 의지해 세 다리로 걷는다는 뜻이다. 오이디푸스가 답을 맞히자 스핑크스는 수치심을 못 이겨 그 자리에서 돌로 변한다.

오이디푸스는 왕가의 공약대로 왕위에 오른 뒤 자신의 생모인 이오카스테와 결혼해 2남 2녀의 자식을 둔다. 마침내 신탁이 이루어진 것이다. 그 후 한동안 태평성대를 누리던 테바이에 전염병이 창궐했다. 오이디푸스는 전염병의 이유를 알기 위해 델포이의 아폴론 신전으로 사람을 보낸다. 신탁의 내용은 "선왕先王인 라이오스를 죽인 자를 찾아서 복수하면 전염병이 물러간다"는 것이다. 사명감에 불탄 오이디푸스는 집요한 조사 끝에 그토록 피하려 했던 신탁이 자신도 모르는 사이에 이미 이루어졌다는 사실을 깨닫는다.

이에 충격을 받은 친어머니이자 아내인 이오카스테는 자살한다. 또한 오이디푸스는 이 엄청난 사실을 보고도 알지 못한 자신의 두 눈을 이오카스테의 브로치로 찔러 장님이 된다. 그리고 스스로 왕위를 버리고 죽을 때까지 떠돌이 생활을 한다.

〈이미지 14.1〉은 프랑스 루브르 박물관에 있는 장 오귀스트 도

미니크 앵그르Jean Auguste Dominigue Ingres의 작품 〈오이디푸스와 스핑크스Oedipus and Sphinx〉다. 이 작품은 스핑크스의 수수께끼를 푸는 오이디푸스를 그린 것이다. 건장한 체격의 오이디푸스가 심각한 표정으로 스핑크스와 이야기를 나누고 있는데, 바닥에는 사람의 해골과 시체가 널브러져 있고, 뒤편 멀리서 한 남자가 호기심 가득 찬 눈빛으로 이들이 문답하는 것을 쳐다보면서 도망갈 태세를 취하고 있어서 긴장감을 불러일으킨다.

〈이미지 14.1〉 앵그르의 〈오이디푸스와 스핑크스〉

이 그림에서 스핑크스는 젖가슴을 드러낸 여인의 상반신에 사자의 몸통, 독수리의 날개, 뱀의 꼬리가 결합된 모습으로 묘사되어 있다. 오이디푸스 신화와 달리 이집트의 피라미드를 지키는 스핑크스는 선한 존재로서 짐승의 몸통과 남자의 얼굴이 결합된 형상이다.

신화 속의 동물들은 거의 대부분 스핑크스처럼 반인반수半人半獸이거나 페가수스처럼 이종 동물들을 결합한 것이다. 이를 통해 결합은 인간의 자연스러운 상상 본능인 것을 알 수 있다. 그런데 2부에서 비교적 상세하게 다룬 SIT 5가지 사고도구에서는 이것이 빠져 있다. 이

번 장에서는 먼저 '결합' 코드를 유형별로 나누어 설명하기로 한다.

동반형 결합

결합의 대표적 유형 중 하나는 잉크가 내장된 만년도장처럼 함께 사용하는 것들을 하나로 합친 '동반형 결합'이다. 동반형 결합은 앞서 설명한 용도통합과 다르다. 만년도장처럼 하나로 합쳐진 복수의 요소(도장과 인주)가 각각의 기능을 담당하면 동반형 결합이지만, 하나의 요소가 복수의 기능을 담당하면 용도통합이 된다.

예를 들어 스포크Spork의 경우 숟가락이 포크 역할까지 하지만 숟가락에 다른 외부요소가 투입되지 않았기 때문에 동반형 결합이 아니라 용도통합이 된다.

함께 사용하는 것들을 일체화한 동반형 결합의 목적은 사용편의성을 높이는 것이다. 주변에서 쉽게 볼 수 있는 동반형 결합의 예로

〈이미지 14.2〉 스포크(Spork)

는 여행용 가방과 운반 수레를 결합한 바퀴 달린 가방, 수세미와 스펀지를 붙여놓은 설거지용 스펀지 수세미, 가위와 빗을 결합한 미용 숱가위 등이 있다.

쿼키에서 출시한 '다용도 와인 따개Multi-Function Wine Opener'는 여러 개의 와인용품을 하나로 결합한 것이다. 따개의 하단 안쪽에 칼날이 있어 와인병 주둥이를 감싸고 있는 포장재를 제거하는 호일 커터foil cutter 역할을 한다. 또한 상단 왼쪽의 금속 링은 와인을 따를 때 병 바깥을 타고 흘러내리는 것을 방지하는 와인 푸어러pourer, 상단 오른쪽의 금속 부분은 먹다 남은 와인을 임시 보관하는 마개stopper 역할을 한다.

쿼키에서 출시한 또 다른 동반형 결합 제품으로는 일체형 유리창 청소기구인 '스퀴크Squeak'가 있다. 이 제품의 손잡이 안에는 유리 세정액을 담는 용기가 있으며,

〈이미지 14.3〉 다용도 와인 따개 (Multi-Function Wine Opener)

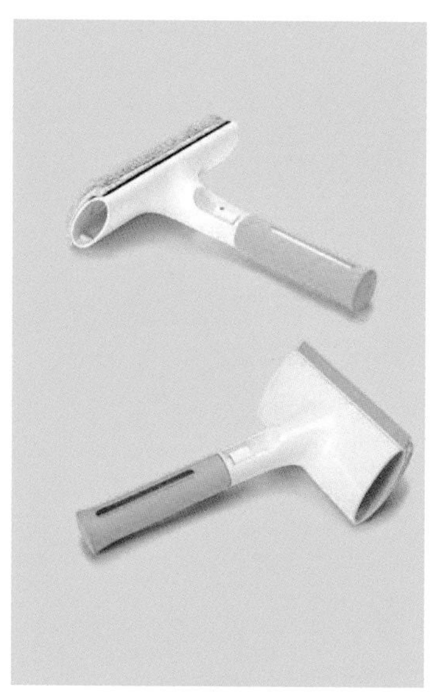

〈이미지 14.4〉 스퀴크(Squeak)

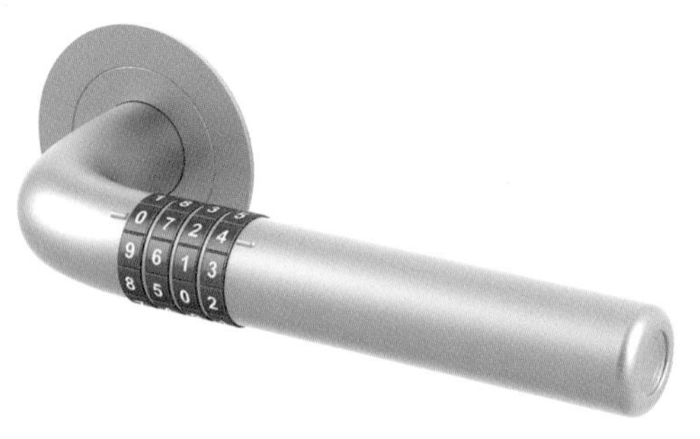

〈이미지 14.5〉 넘록 핸들(Numlock Handle)

손잡이 바깥에 있는 단추를 누르면 세정제가 분사된다. 또한 제품 상단부에 부착된 극세사 걸레로 세정제가 분사된 유리를 닦은 후 상단부 모서리에 부착된 고무 날을 유리창에 대고 밀어내면 물기가 제거된다. 스퀴크는 이와 같이 유리창 청소에 필요한 세정액 용기와 분사기, 걸레 및 밀대를 하나로 결합한 것이다.

SADI에 재학 중이던 한재석은 번호키가 부착된 문손잡이 '넘록 핸들Numlock Handle'을 고안했다. 열쇠가 필요 없는 번호키는 편리하기도 하지만 시각 장애인을 위해 점자를 넣을 수도 있다. 번호를 맞춘 뒤 손잡이를 시계 방향으로 내리면 문이 열림과 동시에 번호가 임의로 재배열되도록 고안해 사용편의성을 더욱 높였다. 이 디자인은 레드닷 디자인 어워드와 iF 디자인 어워드의 디자인 콘셉트 부문 수상작으로 선정되었으며, IDEA 은상을 수상했다.

호서대학교 강보순은 냄비 손잡이를 거름망으로 쓰는 '깔때기 냄비Funnel Pot'를 고안했다. 냄비와 손잡이가 맞닿는 부분에 거름망을 끼워서 파스타나 다른 식재료를 삶은 후 손잡이를 통해 물을 버릴 수

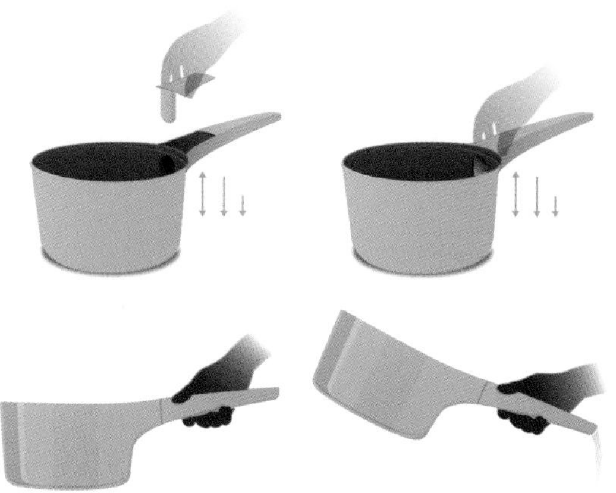

〈이미지 14.6〉 깔때기 냄비(Funnel Pot)

있도록 한 아주 재미있는 디자인이다.

화장실에서 손을 씻은 뒤 젖은 손을 닦거나 말리려면 물을 바닥에 떨어뜨리면서 종이 타월이나 손 건조기가 있는 곳으로 이동해야 한다. 바람 다루는 기술이 핵심 경쟁력인 다이슨사의 '에어블레이드 탭 Airblade Tap'은 동반형 결합을 이용해 손을 씻은 곳에서 바로 말릴 수 있도록 한 것이다. 물 나오는 수도꼭지 양옆에 날개처럼 달려 있는

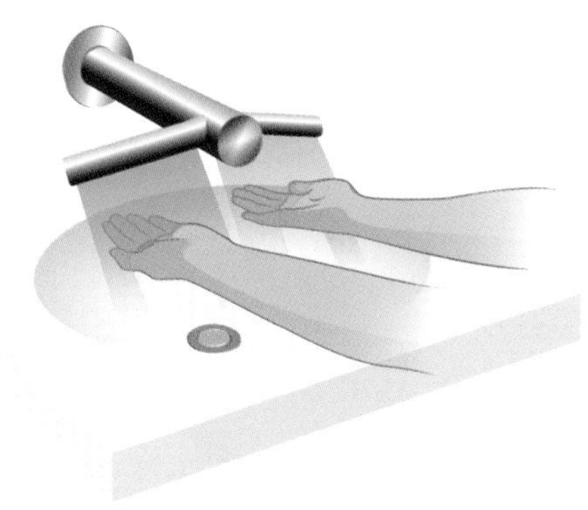

〈이미지 14.7〉 에어블레이드 탭(Airblade Tap)

송풍기로 손을 말린다.

2015년 1월 삼성전자가 CES(소비자 가전 전시회)에서 선보인 '액티브워시ActiveWash' 세탁기는 개수대와 빨래판이 일체형으로 구성된 세탁조 커버를 '빌트인 싱크'로 활용해 애벌빨래가 가능하도록 한 것이다. 통상 애벌빨래는 큰 대야에 물을 받은 후 쪼그리고 앉아서 했으나 액티브워시 세탁기를 사용하면 빌트인 싱크대에서 허리를 펴고 편한 자세로 할 수 있다. 또한 애벌빨래를 마치고 아래에 있는 세탁조로 빨랫감을 바로 투입할 수 있기 때문에 세탁물을 옮기는 시간과 노력도 줄어든다.

이 제품은 출시 9개월 만에 글로벌 판매 대수 100만 대를 돌파했다. 세탁 전 애벌빨래까지 할 수 있도록 동반형 결합을 한 것이 성공의 비결이었다.

동반형 결합 중에서 제품 사용에 수반되는 서비스를 제품과 묶어

〈이미지 14.8〉 삼성전자의 액티브워시 세탁기

서 함께 판매하는 '제품-서비스시스템PSS, Prouct-Service System'을 눈여겨볼 만하다. 예를 들어 애플이 MP3 플레이어인 아이팟iPod 출시 초기에 음원 공급 서비스인 아이튠즈iTunes를 함께 제공한 것이나 아이폰 출시와 함께 그것을 스마트하게 활용할 수 있도록 앱스토어 서비스를 함께 제공한 것이 여기에 속한다. 국내 사례로는 정수기를 판매하는 웅진코웨이가 단순히 정수기라는 제품만 판매하는 것이 아니라 웅진 코디라는 주부사원을 활용해 정수기 청결관리 서비스까지 제공하는 것을 들 수 있다.

상반형 결합

앞서 살펴본 동반형 결합과 달리 서로 반대되는 속성을 가진 요소가 함께 있는 것이 '상반형 결합'이다. 지우개 달린 연필이나 못을 빼는 노루발이 있는 장도리가 여기에 속한다. 쓰는 기능과 지우는 기능, 못을 박는 기능과 빼는 기능은 어느 한쪽이 없으면 다른 쪽의 사용도 힘들기 때문에 동반형 결합으로도 볼 수 있지만, 정반대 속성을 결합했다는 뚜렷한 특징 때문에 상반형 결합으로 분류했다.

다이슨사의 AM05 송풍기는 날개 없는 선풍기와 온풍기를 결합한 것이다. 이와 같이 상반된 계절용품을 하나로 결합하면 고객뿐 아니라 기업에도 상당한 이점이 있다. 하나의 제품으로 여름과 겨울을 모두 지낼 수 있으니 고객이 좋아하는 것은 당연하다. 그런데 기업에는 어떤 이점이 있을까?

일반적으로 기업의 운영효율을 떨어뜨리는 가장 큰 요인은 수요의 변동이다. 수요가 사계절 내내 큰 변동 없다면 운영계획 수립과 실행이 쉽다. 그러나 놀이공원이나 항공기 좌석 등에서 보듯이 시기에 따라 수요의 변동이 크면 성수기에는 시설을 완전 가동해도 수요를 충족시키기 어렵고 비수기에는 있는 시설도 많이 놀려야 한다. 생산시스템도 서비스시스템과 다를 바 없다. 계절성이 상반된 제품을 결합하면 수요의 계절변동을 상쇄할 수 있기 때문에 생산시스템의 안정적 운영관리가 가능하다.

우리가 생활하는 데는 온도뿐 아니라 습도도 매우 중요하다. 습도가 너무 높으면 곰팡이와 진드기 등이 번식하고, 반대로 습도가 너무 낮으면 호흡기 질환이나 아토피 등의 피부 질환이 급격히 증가한다. 우리나라와 같이 계절의 변화가 뚜렷한 환경에서 습도를 적절히 유지하려면 가습기와 제습기가 모두 필요하다. 그런데 이 두 가지를 모두 구비하는 것이 현실적으로 쉽지 않은 경우가 많다. 가습과 제습이라는 상반된 기능을 수행하는 제품이 있다면 좋지 않을까?

〈이미지 14.9〉 리에어(re:air)

'리에어re:air'는 가습기와 제습기를 하나로 합한 제품이다. 리에어가 하나의 기기로 가습과 제습을 할 수 있는 비결은 제품 상단에 있는 팬 모듈을 뒤집어 바람의 방향을 바꿀 수 있기 때문이다. 가습 시에는 하단을 통해 공기를 흡수한 후 상단 팬을 통해 멀리 보내는 반면 제습 시에는 팬을 뒤집어 상단에서 공기를 빨아들인 후 제습용 실리카 겔을 통해 습도를 제거한다.

미국 캘리포니아 주립대학 프레스노 캠퍼스의 태양열 주차장 지붕은 낮에는 주차된 자동차에 시원한 그늘을 제공하고 밤에는 주차장 조명을 위한 전력 공급원 역할을 한다. 그러고도 남는 전력은 대학 내 다른 시설 운영에 사용되는데, 연간 대학이 필요로 하는 전력의 20% 정도를 이 태양열 주차장이 공급하고 있다. 태양열 주차장은 빛과 그림자라는 상반된 특성을 결합한 대표적 예다.

4장에서 기술적 모순을 설명하면서 강도가 높은 칼은 충격에 부러지기 쉬운 반면, 잘 부러지지 않는 칼은 쉽게 휘어진다고 언급한 바 있다. 그러나 전통 일본도日本刀는 무엇이든 단칼에 베는 날카로움과 부러지지 않는 내구성을 함께 지니고 있다. 일본 최대 날 생산업체 카이貝印에서 만드는 주방용 칼 슌旬, Shun은 전통 일본도 제작 방식에 따라 만든 것이기 때문에 단단하면서도 예리하다. 이 칼은 우리나라 백화점에서도 한 자루에 30~40만 원에 팔리고 있다고 한다.

이 칼이 잘 들면서도 쉽게 무뎌지지 않는 것은 제조과정에서 상반된 특성을 가진 강철과 연철을 겹쳐놓고 종이처럼 얇게 두드리고 합치는 과정을 수없이 반복하기 때문이다. 이 칼에는 특성이 다른 두 개의 철이 만나는 곳에 생긴 물결무늬가 선명하게 나타나 있다.

신화나 상상 속의 동물들에 결합 코드가 보편적으로 들어 있다는 것은 이미 설명했다. 그런데 대개의 경우 빠른 것을 더 빠르게, 강한 것을 더 강하게 하는 식으로 드러내고자 하는 한 가지 특성을 강화하는 방향으로 결합된다. 예를 들어 그리스 신화에 나오는 페가수스 Pegasus는 빨리 달리는 말에 날개를 단 천마天馬다. 또한 서양 귀족들의 문장紋章에 많이 쓰이는 그리핀Griffin은 몸통과 뒷다리 및 꼬리는 사자의 형상을 하고 있지만 독수리의 머리와 날개 및 발톱을 갖고 있다. 땅 짐승의 왕인 사자와 하늘을 나는 새의 왕인 독수리를 결합해 강력한 힘을 나타내고자 한 것이다.

고구려 고분벽화에 있는 현무는 상상 속의 동물 중 상반형 결합이 적용된 희귀한 예다. 현무는 암수가 한 몸을 이루고 있는데, 거북 몸통에 암컷인 거북의 머리와 수컷인 뱀의 머리가 원을 그리며 교차하는 모습을 하고 있다. 여기서 두꺼운 등껍데기를 가진 거북은 수비를 상징하고 날카로운 이빨을 가진 뱀은 공격을 상징한다. 매우 현명한 상상이 아닌가?

〈이미지 14.10〉 그리핀과 현무

복합형 결합

하나의 시스템이 서로 다른 두 개 이상의 요소를 포함하거나 두 개 이상의 기능을 수행하도록 만든 것을 '복합형 결합'으로 분류했다. 앞서 동반형 결합의 예로 든 다용도 와인 따개나 상반형 결합의 예로 든 지우개 달린 연필 등도 넓게 보면 복합형 결합의 일종이지만, 함께 쓰는 것을 하나로 일체화한다든지 서로 반대되는 특성을 결합하는 등의 뚜렷한 특징이 있기 때문에 별도로 분류했다.

복합형 결합은 용도가 비슷한 종류를 하나로 묶은 동종 복합과 다른 종류를 묶은 이종 복합으로 나눌 수 있다.

〈이미지 14.11〉 스위스 아미 나이프 (Swiss Army Knife)

동종 복합의 예로는 짬뽕과 짜장면을 절반씩 담아주는 짬짜면, 통상 맥가이버 칼로 불리는 빅토리녹스Victorinox 사의 스위스 아미 나이프Swiss Army Knife, 여행용 만능 어댑터 등을 들 수 있다. 동종 복합의 재미있는 예 중 하나로는 계명대학교 재학생이었던 진준호가 디자인한 '프리커터Free Cutter'가 있다. 이것은 가정이나 사무실에서 종이를

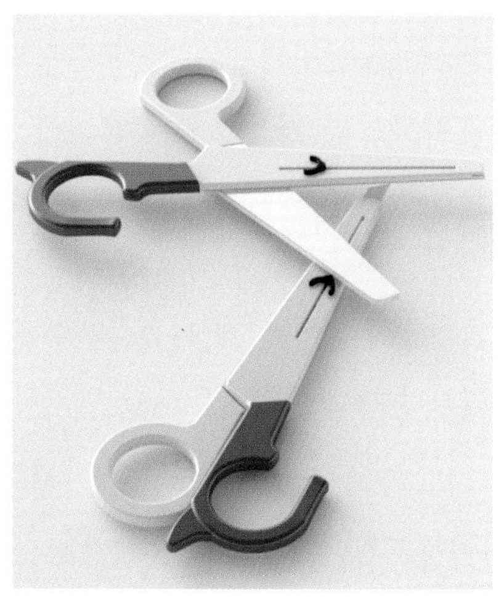

〈이미지 14.12〉 프리커터(Free Cutter)

자르는 데 자주 사용되는 가위와 커터 칼을 하나로 결합한 것이다.

〈이미지 14.13〉 클랙 플러그(Clack Plug)

호서대학교 최고은, 허정수, 임영훈은 소켓을 스위치와 결합한 '클랙 플러그Clack Plug'를 디자인했다. 보통 소켓은 침대 뒤나 책상 아래 있기 때문에 플러그를 꽂고 빼기가 불편하다. 그러나 클랙 플러그를 사용하면 꽂고 뺄 필요 없이 스위치처럼 플러그를 위로 올려서 전기를 켜고 아래로 내려서 끌 수 있다.

동종 복합의 개념은 서비스업에서도 많이 이용된다. 같은 종류의 상품들을 한곳에 모아 판매하는 편집매장이 그중 하나다. 백화점에서 브랜드별 매장을 따로 운영하면 고객들은 자신이 원하는 상품을 고르기 위해 이 매장 저 매장 돌아다녀야 하지만, 한곳에 모아놓으면 상품을 비교하고 선택하기가 편리해진다. 실제로 우리나라 백화점의 경우 편집매장의 객단가客單價와 매출 신장률이 상대적으로 높은 것으로 알려져 있다.

만화가 허영만 화백의 만화책 『식객食客』에 나오는 맛집을 모은 '식객촌'도 동종 결합의 좋은 예다. 허영만 작가가 전국 40여 곳의 맛집을 직접 발로 뛰며 그려낸 27권의 만화책 『식객』은 300만 부 이상

팔렸으며 영화와 드라마로도 제작되었다. 이 책에 나오는 맛집 중 9개를 모아서 2014년 5월 서울 청진동에 문을 연 식객촌은 개점 1년 만에 누적 매출액이 110억 원을 넘어섰으며, 외국인 개별 여행객 비중이 10%를 차지한다고 한다.

서로 다른 종류를 묶은 이종 복합의 예로는 볼펜과 녹음기를 결합한 보이스펜, 손목시계와 손전등을 결합한 손전등 손목시계 등이 있다. TV를 시청하면서 시원한 맥주나 청량음료를 마실 수 있도록 TV 리모컨에 병따개를 결합한 클리커 TV 리모컨도 이종 복합의 재미있는 예다.

볼펜 끝에 작은 미니전구가 들어 있어 깜깜한 곳에서도 필기가 가능한 '반디펜'은 600억 원의 매출을 올렸다. 개발자인 발명가 김동환은 교통경찰이 야간에 손전등을 목과 어깨 사이에 끼운 채 어렵게 전등을 비추며 교통범칙금 스티커를 발부하는 모습을 보고 아이디어를 얻었다. 1994년에 개발된 이 제품은 경찰청과 군대에 많이 납품되었다.

〈이미지 14.14〉 반디펜

1996년 일본 고베神戸 대지진 때 반디펜 5천 개를 적십자에 기증했는데, 밤낮으로 일하는 사람들이 이 펜을 사용해 필기하는 장면이 일본 방송의 전파를 탔다. 이를 계기로 반디펜은 일본과 미국 등 해외 시장에 어렵지 않게 진출할 수 있었다. 이 제품은 1995년 일본 도쿄에서 열린 국제문구전시회에서 '올해의 신제품상', 1996년 미국에서 열린 발명품 전시회에서 금상, 1997년 일본 문구협회로부터 소비자상을 받았다.

iF 디자인 탤런트 어워드iF Design Talent Award를 수상한 '램펜Lampen'은 반디펜을 보다 발전시킨 것이다. 전자기 유도를 이용해 1분 정도 흔들어서 충전하면 1시간가량 펜 끝에서 불이 켜진다. 이 제품은 국민대학교 박현수와 구형준, 한서대학교 연태권, 한양대학교 윤희진 학생의 아이디어다.

주의 깊게 살펴보면 복합형 제품 중에 어두운 곳이나 밤에도 사용할 수 있도록 제품에 조명을 결합한 것이 생각보다 많다. 하루는 낮과 밤으로 나눌 수 있고 빛이 있으면 그림자가 있다는 것을 생각하면, 이러한 제품의 등장은 어쩌면 당연하다. 일례로 영국의 반려견 용품회사 고도기GoDoggie는 어두운 밤에 사람과 반려견이 사고를 당하지 않도록 개 목줄에 LED 조명등을 붙인 안전 목줄을 판매하고 있다.

이동용 메모리 스틱 USB는 작고 가벼워야 소지하기 편리하지만, 그 때문에 분실 가능성이 높다. 스마트폰은 항상 몸에 지니고 다니는 물건이고, USB 사용자라면 스마트폰 사용자일 가능성이 매우 높다. 이런 점에 착안해 호서대학교 이단비 교수와 김하해, 박지혜는 스마트폰 범퍼 케이스에 USB를 결합한 'USB 범퍼 케이스'를 디자인해

〈이미지 14.15〉 USB 범퍼 케이스

레드닷 디자인 어워드의 디자인 콘셉트 부문 최고상을 수상했다.

사물인터넷이 확산되면서 스마트폰 앱을 이용해 서로 다른 기능을 결합한 제품이 많이 나오고 있다. 전구가 스피커 역할까지 할 수 있는 '오디오벌브Audiobulb'가 그중 하나다. 이 제품을 조명 소켓에 끼우면 스마트폰으로 조작 가능한 전구 겸 스피커로 사용할 수 있다.

'플레이벌브Playbulb'는 오디오벌브를 한 단계 더 발전시켜 다양한 음향효과와 LED 조명효과를 함께 즐길 수 있도록 한 것이다. 이를테면 생일 파티를 할 때는 조명과 음악을 이용해 파티장 분위기를 살릴 수 있고, 여흥을 즐길 때는 디스코텍 같은 분위기도 만들 수 있다. 또한 취침 시에는 분위기 있는 음악과 조명을 설정할 수 있고, 기상 시간을 설정해놓으면 상쾌한 기분으로 일어날 수 있도록 미리 설정해 둔 음악과 조명이 동시에 작동된다.

복잡한 지하철 안에서 발생하는 성추행이 종종 기사화된다. 성추행을 당하더라도 보복이 두려워 신속하고도 적절한 대응을 하기가 쉽지 않다.

〈이미지 14.16〉 셀프 디펜스 핸들(Self-Defense Handle)

이러한 문제를 해결하기 위해 백석대학교 재학생 윤성원, 김태근, 지민구는 '셀프 디펜스 핸들Self-Defense Handle'을 고안했다.

손잡이 모서리에 있는 버튼을 누르면 경고등이 번쩍이면서 경보음이 울리는데, 이것은 최소한의 동작만으로도 신속한 대응이 가능하도록 이종 결합을 활용한 것이다. 또한 이 버튼의 존재만으로도 성추행 발생 가능성을 낮출 수 있다. 이 아이디어는 K 디자인 어워드와 iF 퍼블릭 밸류 스튜던트 어워드iF Public Value Student Award를 수상했다.

지하철 차량 손잡이에 결합 코드를 적용한 다른 아이디어로는 '룩업 핸들Look Up Handle'이 있다. 이 아이디어는 손잡이에 다음 정차역을 알려주는 작은 전광판을 붙인 것이다. 혼잡한 지하철 내에서 정차

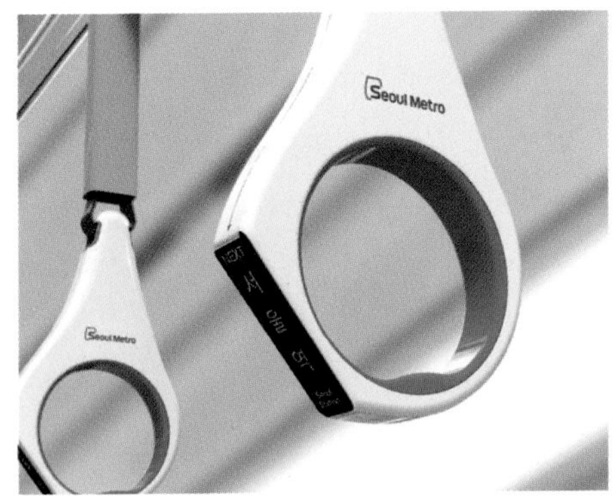

〈이미지 14.17〉 룩업 핸들(Look Up Handle)

역 정보를 보기 힘들거나 안내방송을 듣기 힘들 때 머리를 들어 손잡이에 나타난 정보를 보면 된다. 한성대학교 권일현과 가천대학교 이지수 학생의 이 아이디어는 K 디자인 어워드를 수상했다.

융합형 결합

두 개 이상의 요소가 각기 다른 고유한 특성을 가지는 복합형 결합과 달리, '융합형 결합'이 적용되면 예전에 없던 새로운 종류의 시스템으로 변한다. 예를 들어 짬뽕과 짜장면을 반반씩 담은 짬짜면은 복합형 결합이지만 한국식 김치와 서양식 햄 등을 섞어서 끓인 부대찌개는 융합형 결합이 된다.

구소련이 개발한 위그선WIG, Wing In Ground effect ship은 바다 수면 위에 낮게 떠서 고속으로 이동한다. 수면 가까이 비행하기 때문에 날개와 수면 사이에 공기가 갇혀 비행체 상부보다 하부의 공기 밀도가 높아진다. 이러한 에어쿠션 효과로 인한 양력揚力을 이용해서 위그선은

〈이미지 14.18〉 위그선(WIG ship)

수면 위를 날아간다. 비행기 형상의 물체가 수면 위로 이동하기 때문에 비행기냐 선박이냐 논란이 있었지만, 1990년대 후반 국제해사기구IMO에 의해 선박으로 분류되었다.

위그선은 일반 선박보다 5배 정도 빠르게 운항하면서 항공기의 절반 이하 비용으로 대규모 화물과 승객을 수송할 수 있다. 또한 별도의 운항시설 없이 기존 부두에서 운항이 가능하다. 이런 장점에도 불구하고 파도가 높은 해상에서는 안전성이 떨어지며 선박이나 다른 위그선 등과의 충돌을 방지하기 위한 안전시스템 등의 문제로 인해 아직 본격적인 보급은 이루어지지 못하고 있다.

생활수준이 높아지고 소셜 미디어가 활성화되면서 맛집을 찾아나서는 사람들이 늘어났다. 그런데 새롭게 뜨는 식당의 상당수가 퓨전요리집이다. 해외에서 인기를 얻고 있는 한식도 예외가 아니다.

2011년 미국의 유명 요리사인 엔젤로 소사Angelo Sosa가 '미국 최고 버거를 뽑는 콘테스트Eater's Greatest Burger in America Contest'에서 선보인 비빔밥 버거는 '올해의 최고 햄버거'로 선정되기도 했다. 또한 뉴욕의 예술가 거리로 알려진 소호에서 성업 중인 뉴욕 핫도그 & 커피의 최고 인기 메뉴는 김치와 불고기를 토핑으로 듬뿍 얹은 '김치·불고기 핫도그'다.

필자 생각으로는 문화, 특히 식문화에 관한 한 "우리 것이 좋은 것이여"라는 생각이 지나친 것 같다. 한식이 세계화되려면 이러한 생각의 틀을 넘어서야 한다. 왜냐하면 요리는 '결합의 예술이자 과학'이기 때문이다.

미국에서 한식당 최초로 미쉐린가이드 별을 받은 뉴욕의 단지Danji

레스토랑 운영자 김훈이Hooni Kim는 "요리의 영감을 어디서 얻는가"라는 질문에, "좋은 요리사가 되려면 많이 먹어보고, 머릿속에 맛의 프로필을 빼곡히 채워야 한다. 그걸 수시로 꺼내 조합해보는 것이다"라고 대답했다.

〈이미지 14.19〉 피에르 가녜르 (Pierre Gagnaire)

요리계의 피카소라 불리는 세계적인 요리사 피에르 가녜르Pierre Gagnaire는 "훌륭한 한식이 왜 아직까지 세계화되지 못했는가?"라는 질문에 한식을 비틀어보는 게 중요하다면서 다음과 같은 이야기를 했다(전수진, 2009).

> 나는 여러 가지 상상을 했다. 밥으로 디저트를 만드는 거다. 모락모락 김이 나는 뜨거운 밥 위에 설탕을 살짝 뿌리고 말린 과일을 잘라서 놓는 거다. 그리고 그 위에 바닐라빈을 장식해 내놓는 거다. 서양인들에게 상당히 먹힐 수 있는 디저트가 될 것이다.

2013년 12월 『타임』은 '크로넛cronut'이라는 도넛을 '올해의 25대 발명품' 중 하나로 선정한 바 있다. 이 도넛은 뉴욕 소호 지역에 있는 작은 제과점 주인 도미니크 앙셀Dominique Ansel이라는 사람이 개발한 것인데, 얇은 밀가루 반죽을 쌓아 올린 것을 포도씨 기름에 튀긴 뒤 당분을 넣고 속을 채운 다음 표면에 윤기를 내고 그 위에 과일 조각 등을 얹었다. 크루아상처럼 바삭바삭한 도넛이라는 뜻에서 크루아상

〈이미지 14.20〉 크로넛(cronut)

과 도넛을 조합해 크로넛이라는 이름을 붙였다. 이 도넛이 엄청난 인기를 끌자 1인당 두 개씩만 판매했다고 한다.

미국의 무술 배우이자 태권도 사범인 빌리 블랭크스Billy Blanks는 태권도와 권투 동작을 결합한 '태보Tae Bo'라는 피트니스 프로그램을 개발해 1990년대 후반 미국에서 상업적으로 크게 성공했다. 그는 선천적으로 엉덩이 관절에 이상이 있었기 때문에 동작이 어눌했으나 무술 훈련을 통해 이를 극복하고 무술 배우가 되었다. TV에서 당대 세계 최고 무술 배우였던 브루스 리(이소룡)의 연기를 보고 무술 세계에 입문하기로 결심했다고 한다. 〈이미지 14.21〉은 빌리 블랭크스가 태보를 지도하는 모습이다.

태보라는 이름은 태권도Taekwondo와 권투Boxing의 영문 머리글자를 따서 만든 것이다. 태권도의 날쌘 발동작과 권투의 민첩한 손동작을 전통적인 에어로빅에 결합했기 때문에 말 그대로 전신운동이다. 태보의 시간당 칼로리 소모량은 전통적인 에어로빅의 두 배 가까이

〈이미지 14.21〉 태보(Tae Bo)

된다고 한다.

운동신경이 둔한 사람이라도 격투기를 보면 따라 하고 싶은 충동을 느낀다. 그러나 직접적으로 신체가 부딪히는 대련對鍊에 대한 부담 때문에 많은 사람이 무술 배우기를 기피한다. 태보는 호신술을 목적으로 개발된 것은 아니지만, 대련에 대한 부담 없이 격투기와 에어로빅을 동시에 즐길 수 있다는 점에서 많은 인기를 얻고 있다. 특히 태보의 마니아 중에는 젊은 여성이 많다고 한다. 빌리 블랭크스가 태보에 대한 상표권을 확보하고 이름 사용료를 받고 있기 때문에 에어로복싱이나 에어로 킥복싱이라는 이름으로도 많이 보급되고 있다.

미국의 경우 골프 인구가 지속적으로 감소하고 있다. 골프 인구가 줄어드는 가장 큰 이유는 스마트폰으로 SNS를 즐기는 젊은 층의 외면 때문이라고 한다. 두 번째 이유로는 시간을 너무 잡아먹는다는 점이다. 골프장 왕복시간까지 고려하면 18홀을 한 번 도는 데 최소한 6시간이 걸린다. 또 다른 이유로는 "골프와 자식만큼은 마음대로 안

된다"는 말처럼 골프는 오랜 시간 투자해도 기대만큼 실력이 늘지 않는다. 그 때문에 흥미를 잃고 중도에 그만두는 사람도 적지 않다.

골프 인구의 감소에 발맞춰 등장한 것이 '풋골프Footgolf'다. 골프 규칙은 그대로 적용하되 골프채로 골프공을 때리는 대신 발로 축구공을 차는 것이다. 물론 그린 위에 있는 홀의 크기는 축구공이 들어갈 수 있도록 지름을 50센티미터 정도로 넓혔다. 세계 어디서나 소득에 상관없이 가장 많은 사람이 즐기는 운동이 축구라는 점을 감안하면, 풋골프가 기존 골프장의 활용을 위한 좋은 대안이 될 것 같다.

결합 코드를 적용해 신종 스포츠를 개발한 예를 하나 더 보자. 다음은 축구를 탁구에 접목시킨 '테크볼Teqball'을 소개한 글이다(이설희, 2014).

군대를 다녀온 남자들이 사회에서 종종 즐기는 스포츠가 있다. 바로 족구다. 축구만큼 크게 인기 있는 스포츠는 아니지만 삼삼오오 모여 즐길 수 있기 때문에 동호회 등을 통해 주기적으로 즐기는 사람들

〈이미지 14.22〉 풋골프(Footgolf)

〈이미지 14.23〉 테크볼(Teqball)

이 꽤 많다. 그러나 족구는 날씨의 영향을 많이 받는다. 대부분의 족구장이 실외에 있기 때문이다. 실내 족구장을 거의 찾아보기 힘들어 궂은 날씨에 족구를 즐기는 것은 매우 어려운 일이다.

최근 탁구와 족구가 결합된 신종 스포츠 '테크볼'이 탄생해 많은 사람의 이목을 사로잡고 있다.

(……)

테크볼이 일반인들도 쉽게 즐길 수 있는 비결은 바로 테크보드에 있다. 평평한 테이블이 아닌 타원형 곡선의 형태로 만들어져 공이 멀리 튕기지 않고 항상 선수의 발 앞에 떨어질 수밖에 없다. 탁구처럼 공을 쉴 새 없이 주고받아야 하기 때문에 짧은 시간에 많은 운동량을 소화할 수 있다. 또한 발과 머리만을 이용해서 볼을 상대 테이블로 보내야 하기 때문에 볼을 다루는 기술 향상에도 많은 도움을 줄 수 있다.

테크볼 테이블인 '테크보드Teqboard'는 2015년 제품 디자인 분야에서 레드닷 디자인 어워드를 수상했다.

재생형 결합

지금까지 설명한 결합의 유형 외에도 버려지는 자원이나 에너지를 활용하는 '재생형 결합'도 있다.

용변 후에 손 씻은 물을 이용해 소변기를 세정하는 친환경 소변기는 재생형 결합의 좋은 예다. 동아대학교 졸업생인 김영우가 디자인한 이 '친환경 소변기Eco Urinal'는 iF 디자인 어워드의 콘셉트 부문 수상작이다.

하버드대 학생들이 창업한 사회적 기업 언차티드플레이Uncharted Play는 '미지의 놀거리'라는 의미를 가진 상호처럼 기발한 상상력

〈이미지 14.24〉 친환경 소변기(Eco Urinal)

과 모험심을 가지고 저개발 국가의 어린이들을 위한 적정기술 개발에 집중하고 있다(김준래, 2016). 공동창업자인 제시카 매슈스Jessica Matthews와 줄리아 실버먼Julia Silverman은 3학년 때 '비공학도를 위한 공학'이란 수업을 듣고 전기가 부족한 저개발 국가 어린이들을 위해 '전력을 생산할 수 있는 축구공'이란 아이디어를 떠올렸는데, 이를 제품화한 것이 '소켓SOCCKET'이다.

이 축구공 내부에는 진동을 감지하는 센서와 하이브리드형 발전 디바이스가 들어 있는데, 아이들이 공을 찰 때 발생하는 운동 에너지가 전기 에너지로 전환되어 저장된다. 30분 정도 이 공을 가지고 놀면 약 3시간 동안 빛을 밝힐 수 있는 전력을 만들 수 있다. 이것은 재생형 결합을 아주 현명하게 적용한 좋은 사례다. SOCCKET은 '축구Soccer'와 '소켓Socket'을 합성해서 만든 단어다.

재생형 결합의 재미있는 예로, 2008년 네덜란드의 SDFSustainable Dance Floor가 개발한 '에너지 플로어Energy Floor'는 걷거나 춤출 때 바

〈이미지 14.25〉 소켓(SOCCKET)

〈이미지 14.26〉 에너지 플로어(Energy Floor)

닥에 가해지는 운동 에너지를 전기 에너지로 변환해서 조명에 이용한다. 무도장 바닥에 에너지 플로어를 설치하면 춤추는 사람들이 자신의 댄스 스텝과 조명이 연동되는 것을 보고 더욱 신나게 춤춘다. 신나게 놀면 놀수록 더 많은 전기가 생산되는 매우 스마트한 시스템이다.

15
CIC 사고도구: 연결
Connection

이연연상

저명한 인지과학자 게리 클라인Gary Klein 박사는 통찰력의 가장 중요한 요소가 '연결'이라고 했다. 언뜻 보기엔 큰 상관 없는 것 같은 여러 아이디어를 조합하면 기존 방식과 전혀 다른 혁신을 얻을 수 있다는 것을 설명하기 위해 그는 2008년 노벨화학상을 받은 마틴 챌피Martin Chalfie 교수의 예를 들었다(배정원, 2015).

컬럼비아 대학교의 마틴 챌피 교수는 외피外皮가 투명한 벌레의 신경체계에 대해 연구하고 있었는데, 당시에는 모든 연구자가 벌레를 죽여서 조직을 관찰했다고 한다. 그런데 어느 날 학과 세미나에서 한 연사로부터 "해파리에서 초록빛을 내는 형광성 단백질을 발견했는데, 그 단백질이 자외선을 받으면 초록색 빛을 낸다"는 이야기를 듣는 순간 투명한 벌레에 이 형광 단백질을 넣고 자외선을 쬔다면 벌레를 죽이지 않고도 단백질이 퍼지는지 그렇지 않은지 볼 수 있겠다는 생각이 스쳤다. 자신의 연구가 다른 정보와 연결되는 유레카 순간이었다. 이것은 유기체 내부를 들여다보면서 생물학적 과정을 관찰할 수 있는 '자연 손전등' 아이디어로 이어졌고, 분자생물학이 비약적으로 발전할 수 있는 발판이 됐다. 예를 들어 암 연구자들은 전립선 암 세포 내부에 자라는 바이러스에 초록색 형광 단백질을 삽입하고 그 생리작용을 관찰한다.

이 연구처럼 외견상 서로 상관없어 보이는 요소를 결부시켜 새로운 아이디어를 얻는 것을 '연결' 코드라고 정의했다. [참고: 연결 코드는 앞장에서 설명한 결합 코드의 일부로도 볼 수 있지만, 창의성에서 연결의 개념이 매우 중요하기 때문에 따로 분류했다.]

외견상 상관없어 보이는 두 개의 요소를 연결해 연상하는 것을 창의성 분야에서는 '이연연상二連聯想, bisociation'이라고 하는데, 이 용어는 헝가리 태생의 영국인 아서 쾨슬러Arthur Koestler가 만든 것이다. 쾨슬러는 『창조의 행위The Act of Creation』라는 자신의 저서에서 이연연상은 다양한 발명과 발견 사례에서 나타나는 공통적 사고 패턴이라고 했다.

일반적으로 연상association은 지금 생각하고 있는 대상과 유사한 성질의 다른 것을 머릿속에 떠올린다는 의미지만 이연연상은 성질이 전혀 다른 것을 결부시켜서 생각하는 것을 말한다. 이연연상을 지칭하는 영어 단어 bisociation은 서로 다른 두 개를 결부시켜 생각한다는 의미에서 association의 첫 글자 'a' 대신 둘을 나타내는 접두사 'bi'를 붙인 것이다.

이연연상의 예를 보자. 동물원과 호텔은 외견상 별 상관이 없어

〈이미지 15.1〉 자말라 야생호텔(Jamala Wildlife Lodge)

보인다. 그런데 이 둘을 연결하면 어떤 아이디어가 나올까? 호주 캔버라 국립동물원 및 아쿠아리움 내에 세워진 자말라 야생호텔Jamala Wildlife Lodge은 통유리를 통해 '곰이 지켜보는 욕실에서 목욕하거나 사자와 함께 저녁을 먹고, 객실 베란다에서 기린에게 먹이를 줄 수 있는 동물원 속 호텔'이다.

국악 뮤지컬 〈판타스틱〉을 제작한 (주)해라의 지윤성 대표는 엔터테인먼트와 피트니스를 결합한 '판타스틱 DGXDrum Group EXercise' 프로그램을 개발했다. 기름진 음식을 좋아하면서도 운동할 여유가 없는 현대인들에게 건강 및 몸매 관리는 성가신 과제다. 판타스틱 DGX는 무선 스피커 기능을 겸하는 드럼패드와 스마트폰을 거치할 수 있는 스탠드로 이루어져 있다. 운동기구들이 비치된 장소에 가서 트레이닝을 통해 힘들게 칼로리를 소모하는 것과 달리 언제 어디서든 음악에 맞춰 흥겹게 드럼을 연주하는 것만으로도 체력 및 체형 관리가 가능하다. 음악적 리듬에 맞춰 신나게 드럼을 두드리기 때문에 정신적 원기 회복에도 도움이 된다.

〈이미지 15.2〉 '판타스틱 DGX' 홍보 이미지

판타스틱 DGX는 스포츠sports와 오락entertainment이라는 두 가지 다른 장르를 연결한 '스포테인먼트sportainment'의 좋은 사례다. [참고: 판타스틱 DGX는 음악 연주와 피트니스라는 서로 관련 없던 장르를 결합했기 때문에 '연결'로 분류한 반면, 앞 장에서 설명한 '태보'는 태권도와 권투라는 운동을 피트니스라는 유사한 장르와 결합했기 때문에 '융합형 결합'으로 분류했다. 그러나 태보도 스포테인먼트의 일종이라는 측면에서 보면 '연결'의 예로 봐도 무방하다.]

나이가 들수록 『논어論語』에 나오는 '지지자 불여호지자 호지자 불여락지자知之者 不如好之者 好之者 不如樂之者'라는 말의 공감도 커진다. '아는 사람은 좋아하는 사람만 못하고, 좋아하는 사람은 즐기는 사람만 못하다'는 뜻이다. 무엇이든 즐기면서 하는 것이 최고라는 측면에서 보면 엔터테인먼트를 다른 장르와 연결하는 것은 매우 유용하다. 그렇다면 공부도 즐기면서 할 수 있지 않을까? 즐겁게 학습할 수 있도록 교육education과 오락entertainment을 연결한 '에듀테인먼트edutainment'가 그것이다.

학습만화 『마법천자문』은 에듀테인먼트의 대표적 사례다. 2003년

11월 첫 권이 나온 『마법천자문』 시리즈는 출간 10년 만에 2천만 부가 넘는 기록적 판매량을 달성했으며 애니메이션, 게임 등의 많은 파생상품을 통해 다양한 분야로 사업 영역을 확장했다.

〈이미지 15.3〉 학습만화 『마법천자문』

『마법천자문』의 이러한 성공은 손오공이 주인공으로 나오는 『서유기』를 새롭게 각색한 흥미진진한 스토리를 토대로 하고, 만화 속에서 주인공이 사악한 적과 대결할 때 마법의 주문을 외운 뒤 훈訓과 음音을 외치면 거기에 해당하는 한자가 나타난다. 예를 들면 손오공이 궁지에 몰려 반격이나 탈출을 시도할 때 "펼쳐라!"라는 주문과 함께 "펼 전!"이라고 외치면 해당 한자인 '전展'자가 나타나는 식이다. 만화를 재미있게 읽는 동안 한자를 자연스럽게 익힐 수 있도록 한 것이다.

광고회사에서 개발한 이색 상품이 광고로 나가자 구입처를 묻는 문의전화가 쏟아져 시중 판매로 이어진 상품이 있다. 제일기획에서 삼성화재 보험 고객을 위해 개발한 '꽃병 소화기'가 바로 그것이다.

다음은 이 꽃병 소화기 광고 영상을 소개한 글이다(강승현, 2018).

최근 한 보험회사 광고에 눈에 띄는 아이디어 상품이 등장했다. 광고는 주인공의 집에 불이 나는 위급한 상황에서 시작한다. 이상한 건 주인공의 대처다. 그는 불을 끄기 위해 소화전이나 분말식 소화기를 찾는 대신 대뜸 탁자 위에 올려진 꽃병을 집어 불을 향해 던졌다. 신기하게도 꽃병이 깨지면서 불도 함께 꺼졌고 광고는 해피엔드로 끝난다.

이 정체불명의 꽃병은 투척식 소화기의 일종이다. 꽃병이 깨질 때 나오는 소화액이 급속냉각 효과와 함께 산소를 차단하면서 불이 꺼지는 원리다. 평소 소화기 사용법은 물론이고 위치조차 제대로 모르는 일반 사람들에겐 무릎을 칠 만한 획기적인 상품이었다.

이 상품이 폭발적 인기를 끈 것은 작고 가벼워서 남녀노소 누구나 들 수 있을 뿐 아니라, 불이 난 곳에 집어 던지면 병이 깨지면서 병 안에 있던 소화액이 나와 불길을 잡을 수 있기 때문이다. 꽃병과 소화기라는 서로 관련 없던 상품이 '연결'을 통해 탄생한 놀라운 아이디어다.

창의적 발상에서 전혀 다른 것을 결부시키는 이연연상이 중요한

〈이미지 15.4〉 꽃병 소화기

이유는 그것을 통해 단선적인 논리 사고의 한계를 뛰어넘을 수 있기 때문이다. 쾨슬러는 유머를 통해 창의적 발상을 보다 쉽게 이해할 수 있다고 했다. 유머에서 사람들이 웃음을 터뜨리는 순간 중 하나는 통상적으로 양립하기 힘든 다른 두 개의 개념이 연결되는 접점이다. 예를 들어 다음과 같은 유머를 보자(한국경제신문, 2013).

> 택시기사가 천당 어귀에 갔다. 베드로는 명부를 살피더니 황금 지팡이와 비단옷을 가지고 천당으로 들어가라고 한다.
> 다음 사람은 목사. 명부를 살피던 베드로는 이맛살을 찌푸리면서 말했다. "천당으로 들어가는데, 거기 광목옷과 나무 지팡이를 가지고 들어가요."
> 목사는 크게 놀랐다. "하지만 저는 목사가 아닙니까. 저 택시기사에게는 황금 지팡이와 비단옷을 주셨는데…… 당연히 제가 택시기사보다는 높이 평가돼야 할 게 아닙니까!"
> "여기서 따지는 건 결과야. 그대가 설교할 때 사람들은 졸기만 했어. 그런데 택시기사가 택시를 몰 땐 사람들이 기도를 했다네."

이 유머가 재미있는 이유는 성직자와 택시기사라는 대조적 두 인물을 천당이라는 장소를 매개로 연결했기 때문이다. 누구나 재미있는 유머를 들으면 웃음을 터뜨리지만 그런 유머를 만들어내기는 대단히 어렵다. 창의적 발상을 훈련하는 좋은 방법 중 하나는 다른 많은 사람을 웃게 만드는 유머를 창작해보는 것이다.

강제연결법

앞서 설명한 이연연상이 적용된 재미있는 예가 있다. 다음은 국내 일간지에 실린 기사(구혜진, 2014)를 요약한 것이다.

Pharmacy(조제실)라고 적힌 곳에서 흰색 가운을 입은 남자들이 뭔가 제조하고 있다. 여기저기 약 봉투가 흩어져 있고 적십자 표시가 있는 약병이 은은하게 빛난다. 홍익대 앞 R클럽 약국의 내부 풍경이다. 인테리어만 봐선 언뜻 약국으로 착각할 수도 있다. 하지만 이곳은 일정한 요금만 내면 무제한으로 칵테일을 즐길 수 있는 술집이다. 안주는 약 봉투에 담아주는 젤리가 전부다.

가게 주인은 "친구들과의 한잔 술이 명약이라는 아이디어에서 약국 콘셉트의 술집을 고안했다"고 말했다. 이 술집은 이색적인 인테리어 덕분에 입소문이 났다. 지상파 방송과 일본·중국 매체 등에 소개되기도 했다. 주말에는 1~2시간씩 기다려야 자리에 앉을 수 있을 정도로 매출이 늘고 있다.

그러나 이 술집은 간판을 내려야 할 처지다. 약국이라는 말이 포함된 상호 때문이다. 대한약사회는 마포구청에 "해당 술집이 일반 약국과 혼동돼 약국의 이미지를 해친다"며 민원을 제기했다. 구청 측은 민원을 받아들여 13일간의 영업정지 처분을 내렸다. 그러자 술집 측은 "간판에 칵테일, 안주 등과 같은 표현이 병기돼 약국으로 착각할 일이 없다"며 행정소송을 냈다. 서울 행정법원은 영업정지 처분에 대한 집행정지 신청을 받아들였다. 그러나 등록된 약국이 아니면 약국과 유사한 명칭을 함부로 쓰지 못하게 하는 약사법 개정안이 국회를 통과하면서 송사訟事의 결말을 가늠하기 어렵게 되었다.

송사의 결말과 상관없이 이 업소는 술집과 약국을 '한잔 술은 보약'이라는 세간의 이야기를 매개로 연결해 상업적으로 성공했다. 이와 같이 이연연상을 통해 창의적 생각을 이끌어내기 위해 사용하는 아이디어 발상법이 '강제연결법Forced Connection Method'이다.

예를 들어 목욕탕의 욕조를 개선하기 위해 욕실 주변에 있는 물품들과 욕조를 강제로 결부시켜보면 다음과 같은 아이디어들을 얻을 수 있다.

- **선풍기+욕조 ➡** 선풍기의 바람과 욕조의 물을 결부시키면 욕조 내의 물이 소용돌이치는 월풀 욕조나 물속에서 뿜어나오는 바람으로 인해 기포가 발생하는 자쿠지Jacuzzi 욕조를 생각할 수 있다. 또한 선풍기의 모터와 욕조의 물을 연결하면 목욕이 끝난 후 물을

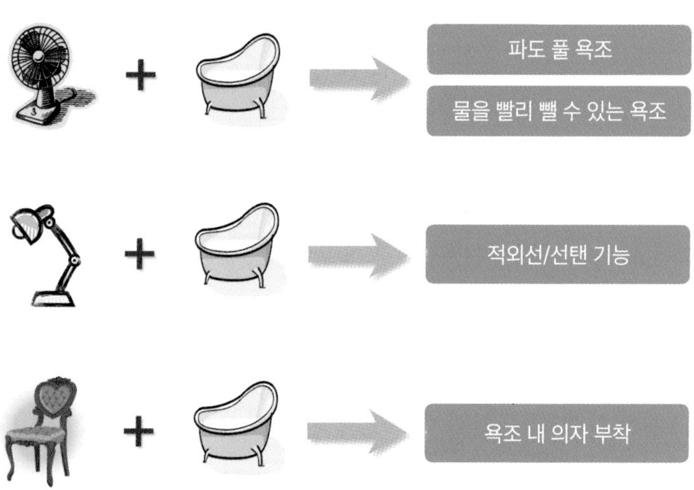

〈그림 15.1〉 강제연결법의 적용 예

빠르게 뺄 수 있도록 배수구에 모터를 장착하는 방법을 생각할 수 있다.

- **전구+욕조** ➡ 욕조에 살균기능이 있는 적외선 발생기를 내장한다.
- **의자+욕조** ➡ 노약자를 위해 욕조 내에 앉을 자리를 만든다.
- **TV+욕조** ➡ 욕실 벽면에 TV를 내장한다.
- **거울+욕조** ➡ 욕조 내부를 거울로 만든다.
- **향수+욕조** ➡ 욕조에 방향제나 샴푸 등을 내장한다.
- **화분+욕조** ➡ 욕조에 담긴 물에 삼림욕이나 온천수 성분이 있는 첨가제를 넣는다.
- **일회용 컵+욕조** ➡ 바캉스용 휴대용 욕조를 만든다.
- **슬리퍼+욕조** ➡ 욕조 바닥에 미끄러지지 않도록 요철을 넣는다.

이처럼 강제연결법은 아이디어를 구하고자 하는 대상 시스템과 별개인 외부 요소들을 강제로 결부시키는 연상법이다.

형태강제연결법

이연연상은 아니지만 연결할 대상의 범위를 좁혀서 대상 시스템을 구성하는 내부 특성의 유형들을 결부시키는 방법이 '형태강제연결법Morphological Forced Connection'이다.

예를 들어 식품회사가 신제품을 개발하고자 할 경우 식품의 형태, 식재료, 판촉을 위한 핵심특성, 제조방법, 포장방법 등과 같은 주요한 속성들을 기존 제품과 어떻게 차별화할 것인지 모색하기 위

형태	재료	핵심특성	제조방법	포장
잼/젤리	육류	가격	발효	병
음료	야채	편의성	냉동건조	깡통
칩	생선	영양	응축	쌈지
후레이크	과일	맛	혼합	호일/종이
졸임	유제품	씹는 맛	성형	분무식
말이	곡물	향/냄새	튀김	상자
수프	견과류	점도	굽기	컵
토핑	향신료	의학적 효능	휘젓기	
스낵				

〈표 15.1〉 식품개발을 위한 형태강제연결(Miller, 1987)

해 〈표 15.1〉과 같이 속성별 세부 대안을 정리한 표를 이용할 수 있다. 이 표에서 나열한 9개의 형태, 8가지 재료, 8가지 핵심특성, 8가지 제조방법, 7가지 포장방법에서 각각 하나씩 뽑아 연결하면 무려 32,256(=9×8×8×8×7) 가지의 잠재적 대안을 고려할 수 있다(Miller, 1989).

대학가를 중심으로 가맹점을 운영하고 있는 지지고GGgo는 테이크아웃 식품의 포장방식을 개선한 좋은 예다. 이 가게에서는 철판 볶음밥을 컵에 담아서 판매하는데, 간편하게 한 끼 식사를 해결하려는 대학생들에게 인기를 얻고 있다. 일회용 상자에 담아주는 기존 도시락밥은 뭔가 받치고 먹어야 하지만 컵밥은 한 손에 들고 먹을 수 있다. 참고로, 이 가맹점의 이름은 지진다는 조리방식에서 따온 'GG'와 들고 나가서 먹는다는 의미의 'go'를 결합한 것이라고 한다.

〈이미지 15.5〉 코노피자 (Kono Pizza)

식품의 포장방식을 개선한 다른 예로 '코노피자Kono Pizza'가 있다. 원판형 피자의 경우, 혼자서 먹기에 너무 클 뿐 아니라 들고 다니면서 먹기도 어렵다. 코노피자는 이러한 피자의 불편한 특성을 개선하고 아이스크림콘 모양의 포장방식을 이용한 것이다.

이번에는 식품의 형태를 바꾼 예를 보자. 세계 최대 아이스크림 제조업체인 유니레버Unilever는 소비자 조사를 통해 10대 청소년들은 어린아이들과 달리 아이스크림보다 탄산음료를 선호한다는 것을 알게 되었다. 그 후 청소년들을 대상으로 탄산음료를 대체할 신제품을 개발한다는 목표를 세우고 아이스크림과 탄산음료의 비교조사를 실시했다. 조사 결과 아이스크림은 탄산음료에 비해 끈적거리며, 먹기가 번잡하고, 녹기 전에 빨리 먹어야 하고, 먹다가 내려놓을 수 없으며, 어린애들처럼 핥아먹어야 한다는 것들이 문제로 지적되었다.

이러한 문제점을 해결하기 위해 탄산음료처럼 '마실 수 있는' 아이스크림인 '칼리포 샷츠Calippo Shots'를 개발해 크게 성공했다. 해결책은 다음과 같았다. 아이스크림 형태를 작은 구슬 모양으로 만들고, 반투명 플라스틱 용기에 담아 속을 볼 수 있고, 뚜껑을 달아서 먹다가 남길 수 있도록 했다.

립스틱처럼 생긴 용기에 커피, 비타민, 영양제 등을 담은 '에어로

라이프AeroLife'는 입에 물고 흡입하도록 만든 상품이다. 가루나 알약 형태의 기존 상품과 달리 물에 타서 먹거나 물과 함께 복용하는 것이 아니기 때문에 사용이 간편하다. 또한 기도로 흡입하면 체내에 더 빨리 흡수된다. 제조사는 이 상품의 장점을 다음과 같이 홍보하고 있다.

- 사용이 간편하다.
- 효과가 빨리 나타난다.
- 언제 어디서든 사용할 수 있다.
- 칼로리, 물, 설탕 등이 하나도 포함되지 않았다.
- 필요로 하는 영양소들만 섭취할 수 있다.
- 적든 많든 원하는 양만 섭취할 수 있다.

에어로라이프를 개발한 하버드 대학교 데이비드 에드워즈David Edwards 교수는 알코올을 입에 대고 분사하는 'WAHH 퀀텀 센세이션스WAHH Quantum Sensations'라는 제품도 개발했다. 술을 마시는 대신 입을 벌려 스프레이 방식으로 분사하면 훨씬 적은 양으로 빠른 시간 내 술기운을 즐길 수 있다. 술 한 잔 분량으로 대략 1천 번 정도 분사할 수 있다고 한다. 일반적으로 술이란 마시는 것으로 생각하는데, 술을 입안에 뿌린다는 것은 대단한 발상의 전환이다. [참고: 에어로라이프는 파이프 담배와의 강제연결로, WAHH 퀀텀 센세이션스는 분무기spray와의 강제연결로도 볼 수 있다.]

우리 전통 술에도 마시는 방식이 아닌 요구르트처럼 숟가락으로 떠먹는 이화주라는 술이 있다. 술은 '마시는 것'이라는 고정관념을

〈이미지 15.6〉 팔콜(Palcohol)

깨면 얼마든지 다른 형태의 술을 생각해낼 수 있다. 분말 알코올을 물에 타서 마시는 '팔콜Palcohol'이 그중 하나다. 분말형 식품의 장점은 휴대 및 운반이 편리할 뿐 아니라 장기 보존이 가능하다.

지금까지 설명한 다양한 형태의 식품들과 같이 새로운 신상품 아이디어를 도출하는 데는 형태강제연결법이 유용하게 사용될 수 있다.

형태분석법

형태강제연결법을 단순화해 아이디어를 얻고자 하는 대상과 관련된 두 가지 차원의 특성을 결부시키는 것이 '형태분석법Morphological Analysis'이다. 예를 들어 보디케어 제품을 만드는 회사에서 신제품 개발을 위한 아이디어를 얻고자 한다면, 〈표 15.2〉와 같은 행렬을 이용할 수 있다. 표의 가로축은 제품의 사용부위, 세로축은 제품의 기능을 나타낸다. 행렬 내에 들어갈 수 있는 제품들을 생각해보자.

사용부위 / 기능	1 모발	2 얼굴	3 눈	4 코	5 입	6 귀	7 손	8 발	9 기타
A 청결	A-1	A-2	A-3	A-4	A-5	A-6	A-7	A-8	A-9
B 채색	B-1	B-2	B-3	B-4	B-5	B-6	B-7	B-8	B-9
C 탈색	C-1	C-2	C-3	C-4	C-5	C-6	C-7	C-8	C-9
D 경화	D-1	D-2	D-3	D-4	D-5	D-6	D-7	D-8	D-9
E 유화	E-1	E-2	E-3	E-4	E-5	E-6	E-7	E-8	E-9
F 변형	F-1	F-2	F-3	F-4	F-5	F-6	F-7	F-8	F-9
G 대체	G-1	G-2	G-3	G-4	G-5	G-6	G-7	G-8	G-9
H 채움	H-1	H-2	H-3	H-4	H-5	H-6	H-7	H-8	H-9
I 부착	I-1	I-2	I-3	I-4	I-5	I-6	I-7	I-8	I-9
J 제거	J-1	J-2	J-3	J-4	J-5	J-6	J-7	J-8	J-9
K 방향	K-1	K-2	K-3	K-4	K-5	K-6	K-7	K-8	K-9

〈표 15.2〉 형태분석표: 보디케어 제품의 예

먼저 첫 번째 열에 있는 모발용 제품을 생각해보자. 모발을 청결하게 해주는 A-1 칸에는 샴푸, 모발에 채색을 하는 B-1 칸에는 염색약, 모발에 색을 빼는 C-1 칸에는 탈색약, 모발에 힘을 주는 D-1 칸에는 무스, 모발을 부드럽게 하는 E-1 칸에는 린스나 헤어젤, 모발을 변형시키는 F-1 칸에는 파머용 약품이나 기구 등을 생각할 수 있다.

마찬가지로 얼굴을 청결하게 하는 A-2 칸에는 세안제, 얼굴에 원하는 색을 입히는 B-2 칸에는 연지 곤지 또는 페이스페인팅 염료, 얼굴에 색을 빼는 C-2 칸에는 미백용 제품 등과 같은 식으로 수많은 신제품 아이디어를 얻을 수 있다. 다음 예를 보자.

씨크릿우먼이라는 회사에서는 한물간 가발을 패션용 제품으로 바꾸어 새로운 시장을 개척했다. 전업주부였던 김영휴 대표는 두 아이를 출산한 후 정수리 부분의 머리숱이 빠지는 게 고민이었다. 손재주가 좋았던 그녀는 미용재료 가게에서 재료를 구해다 조각 가발을 만들어 머리카락 안쪽에 똑딱이 핀으로 꽂았다. 이렇게 했더니 머리의 볼륨감이 살아나 보기에 좋을 뿐 아니라 키도 더 커 보였다. 이것을 본 주변 여성들로부터 "신기하다, 나도 구할 수 없겠느냐"는 요청이 쇄도하자, 살림집에서 씨크릿우먼이라는 회사를 창업하고 헤어보톡스라는 이름으로 조각 가발을 판매했다. 집주소를 명함에 넣기가 곤란해 회사 주소로는 우체국 사서함을 이용했다. 창업 첫해에는 매출액이 5천만 원에 불과했으나 연간 매출액이 100억 원 넘는 건실한 중소기업으로 성장했다.

대머리 남성들이 머리 위에 모자처럼 덧쓰는 전통적 가발은 〈표 15.2〉에서 모발을 대체하는 G-1 칸에 위치하지만 씨크릿우먼이 출시한 헤어보톡스는 부족한 머리숱을 채워주는 H-1 칸에 속한다.

평범한 가정주부가 창업해 대박을 터뜨린 다른 예를 보자. 셰리 슈멜저Sheri Schmelzer는 구멍이 숭숭 뚫린 편한 신발 크록스Crocs를 애용했다. 어느 날 집 안에 있던 아이들의 크록스 신발에 단추와 꽃이나 나비 모양의 매듭 같은 자잘한 물건들을 끼워서 장식해주자 애들이 아주 좋아했다. 이렇게 장식한 신발을 신고 아이들이 학교에 갔더니 친구들이 너도나도 갖고 싶어 했다. 내친김에 남편 리치와 함께 집 지하실에서 크록스 신발 장식용 액세서리를 만들어 판매하기 시작했다.

2005년 이렇게 시작한 회사가 지비츠Jibbitz다. 이듬해 크록스는 무려 1천만 달러의 현금을 주고 이 회사를 인수했으며, 리치와 셰리 부부는 크록스의 자회사가 된 지비츠에서 각각 CEO와 디자인 책임자

〈이미지 15.7〉 지비츠의 액세서리로 장식한 크록스 신발

로서 하던 일을 계속 맡았다. 형태분석법의 관점에서 보면 지비츠의 제품은 〈표 15.2〉의 가로축을 사람의 신체에서 몸에 걸치는 옷이나 신발로 확장하고 세로축의 부착 기능과 결합시킨 I-9 칸에 속한다.

이상에서 살펴본 바와 같이 연결은 창의적 발상에서 매우 중요하다. 또한 강제연결법, 형태강제연결법, 형태분석법 등의 전통적 아이디어 발상법도 필요에 따라 유용하게 사용할 수 있다.

16
CIC 사고도구: 역전
Reversal

역전도발

우리나라 원양어업을 개척한 동원산업의 김재철 회장 집무실에는 거꾸로 된 세계지도가 걸려 있다고 한다. 그는 거꾸로 된 세계지도를 건 취지를 다음과 같이 설명했다(이건호, 2014).

> 우리가 그동안 봐온 한반도는 유라시아 대륙을 머리에 이고 힘겹게 매달려 있는 모습이었습니다. 그러나 지도를 거꾸로 보면 달라집니다. 한반도는 더 이상 유라시아 대륙의 동쪽 끄트머리에 매달린 반도가 아니죠. 오히려 유라시아 대륙을 발판으로 삼고 드넓은 태평양의 해원을 향해 힘차게 솟구치는 모습입니다.

또한 김 회장은 단순히 자리를 차지하고 일하는 것이 아니라 창의적으로 생각하면서 일해야 한다는 것을 강조하기 일 '시事'자가 아닌

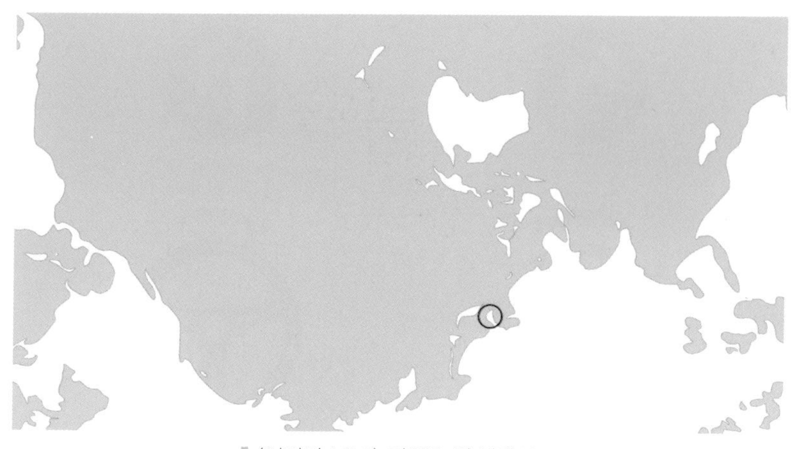

〈이미지 16.1〉 거꾸로 된 세계지도

생각 '사思'자를 쓴 '사무실思務室'이라는 액자를 걸어놓았다고 한다.

우리는 한반도가 대륙으로 가는 전략적 요충지이기 때문에 지정학적으로 강대국들이 호시탐탐 노리는 먹잇감이라는 식의 역사교육을 받았다. 이 때문에 우리 머릿속에는 중국이나 소련 등과 같은 강대국들을 머리 위에 힘겹게 이고, 다른 한편으로는 한반도를 통해 대륙으로 진출하려는 일본의 야욕을 막아야 하는 고달픈 숙명을 타고났다는 잠재의식이 자리 잡고 있다.

그러나 김재철 회장과 같이 지도를 거꾸로 놓고 보면 우리가 뻗어나갈 오대양이 있다. 간단한 예지만 이것은 역발상이 얼마나 중요한 것인가를 일깨워준다.

창의성 분야에서 역발상을 훈련시키기 위해 역전도발reversal provocation이라는 것을 자주 사용한다. 역전도발이란 우리가 당연하게 생각하는 것을 거꾸로 뒤집은 다음, 그것의 새로운 효용이나 용도를 찾아보게 하는 것이다. 이를테면 "쇼핑센터의 주차요금과 주차시

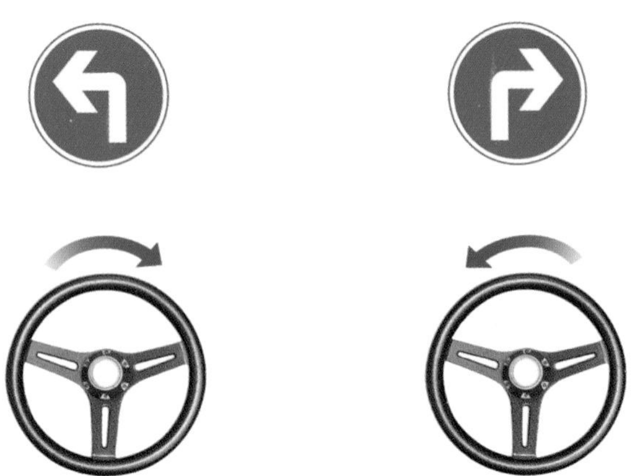

〈이미지 16.2〉 역전도발의 예

간이 반비례하도록 하면 어떨까?"라고 묻고, "쇼핑센터 내에 체류하는 시간이 늘어나므로 매출액이 늘어날 것이다"라는 식의 대답을 찾아보는 것이다.

자동차를 대상으로 역전도발을 해보자. 만약 핸들의 회전방향과 자동차의 진행방향이 거꾸로 되도록 하면 어떨까? 핸들을 오른쪽으로 돌리면 차가 왼쪽으로 가고, 왼쪽으로 돌리면 오른쪽으로 간다고 하면 대부분 사람은 시쳇말로 '이 사람 정말 돌았나?', '고의로 사고 내기로 작심했냐?'라는 반응을 보일 것이다.

그럼에도 불구하고 핸들의 회전방향과 차량의 진행방향이 반대가 되도록 하면 어떤 효용이 있을지 곰곰이 생각해보자. 아마도 다음과 같은 효용이 있을 듯하다.

테마파크 등에 있는 범퍼카 놀이터에서 어린아이들은 신나게 놀지만 조금 큰 아이들은 운전이 너무 쉬워 별로 재미를 느끼지 못한다. 이때 난이도를 높이기 위해 핸들의 방향과 범퍼카의 진행방향이 반대가 되도록 하면 어른들까지 함께 즐길 수 있을 것이다. 또한 전자오락에서도 난이도를 높이기 위해 이런 역발상을 적용할 수 있을 것이다.

보통은 우리가 일상적 사고의 연장선 위에서 생각하기 때문에 새로운 것을 생각해내기 힘들다. 이러한 사고의 관성을 타파하기 위해 역전도발을 해보라는 것이다.

이번 장에서는 무엇이든 뒤집어서 생각해보는 '역전' 코드를 유형별로 나누어 설명하기로 한다.

위치 역전

기존의 사고나 관행을 뒤집는 '역전' 코드의 대표적 유형 중 하나는 물리적 위치를 반대로 하는 '위치 역전'이다. 예를 들어 플라스틱 병에 들어 있는 케첩은 잔량이 적으면 잘 나오지 않기 때문에 흔들고 쥐어짜야 한다.

이러한 불편을 없애기 위해 2002년 하인즈사는 거꾸로 세워두는

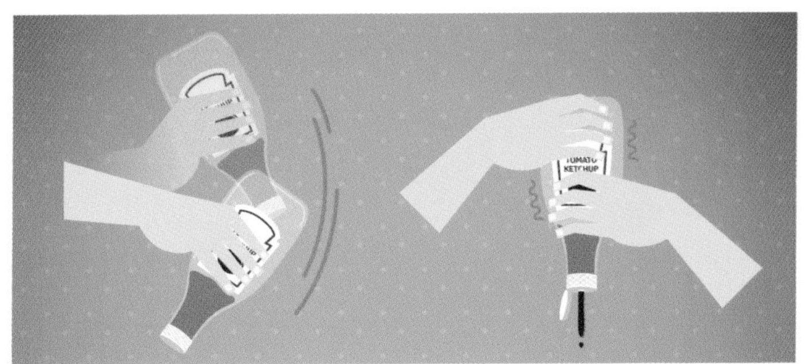

〈이미지 16.3〉 케첩 용기의 사용 불편

용기를 개발했다. 케첩이나 머스터드 등을 담는 용기를 거꾸로 세워서 보관할 수 있도록 한 것은 회사 설립 133년 만에 처음이었다. 출시 첫해에 전체 케첩 시장은 2% 성장했지만 하인즈의 케첩 매출액은 6%나 증가했다.

하인즈의 소스 용기처럼 거꾸로 두는 다른 사례로는 2011년 레드닷 디자인 어워드의 제품 디자인 부문 수상작인 '스카이 플랜터Sky Planter'가 있다. 뉴질랜드의 패트릭 모리스Patric Morris가 디자인한 이 제품은 화분을 공중에 거꾸로 매달 수 있도록 한 것이다. 디자인의 핵심은 화분을 거꾸로 뒤집었을 때 식물이 바닥으로 떨어지는 것을 방지하기 위한 잠금 디스크와 수분이 천천히 흙속으로 스며들 수 있도록 하는 물 저장고다.

중력 때문에 무슨 물건이든 어딘가에 얹어놓아야 하므로 좁은 실내에서는 마땅히 화분을 둘 만한 공간을 찾기가 어렵다. 그러나 화분을 공중에 매달면 이러한 공간 문제가 해결된다. 공간의 효과적 활용이라는 측면 외에도 화분을 샹들리에처럼 천장에 매달면 훌륭한 장식용 소품이 된다. 또한 화분을 거꾸로 걸면 화분 속의 물 저장고가 수분의 증발을 막아주기 때문에 식물에 물 주는 횟수도 대폭 줄일 수 있다.

〈이미지 16.4〉 스카이 플랜터(Sky Planter)

이번에는 앞뒤를 바꾼 예를 보자. 덴마크의 수도 코펜하겐 외곽에 있는 크리스티아니아 마을은 1970년대 초반 주거할 집이 부족하던 시절 사용되지 않던 해군 막사를 불법 점거한 사람들이 만든 곳이지만, 정부는 이곳의 주민 자치를 사회적 실험으로 보고 관용을 베풀어 왔다. 이 때문에 크리스티아니아 마을에 진보적 성향의 히피족과 예술가들이 모여들었다. 이 마을의 자치규약 중 하나가 "자동차를 운행하지 않는다"는 것이었지만, 마을 내에서 식품이나 짐을 운반해야 하는 경우가 적지 않았다. 이러한 필요에 의해 만들어진 것이 '크리스티아니아 자전거'다.

전통적인 세발자전거는 앞바퀴가 하나, 뒷바퀴가 두 개인 데 반해 이 자전거는 그 반대다. 세발자전거는 누구라도 쉽게 탈 수 있기 때문에 주부들이 장 보러 갈 때 애용되며 특히 어린아이들을 태우고 나들이하기에 안성맞춤이다. 앞부분의 수레에 아이를 태우기 때문에 안심할 수 있으며 아이와 엄마가 정서적으로 늘 교감할 수 있다는 것이 큰 장점이다. 이 역삼륜 자전거는 덴마크 디자인센터가 수여하는

〈이미지 16.5〉 크리스티아니아 자전거

디자인 클래식상을 수상했다.

이번에는 기상천외한 아이디어다. 젖가슴은 드러내고 가슴골을 가리는 브래지어가 있다. 네덜란드에서 부동산 중개인으로 일하던 라헐 데 부르Rachel de Boer는 자신이 7년 동안 간직해왔던 비밀을 몇몇 친구들에게 털어놓았다. 가슴골에 세로로 주름이 생기는 걸 막기 위해 낡은 브래지어의 양쪽 컵 사이에 양말을 넣어 꿰맨 것을 착용하고 잔다는 것이었다. 친구들은 반신반의하면서도 가슴골 주름을 없앨 수 있는 '야간용 양말 브래지어'를 갖고 싶어 했다. 그래서 그녀는 5개를 더 만들어 친구들에게 주었다.

그것을 사용해본 친구들은 열광적 반응을 보이며 그녀에게 부동산 중개를 걷어치우고, 양말 뭉치를 넣은 브래지어가 아니라 여성들이 침실에서 착용하고 싶어 할 만한 좀 더 섹시한 '야간용 주름 방지 브래지어'를 디자인해보라고 권했다. 이렇게 해서 탄생한 것이 주름 방지용 브래지어인 '라 데콜레트La Decollette'다.

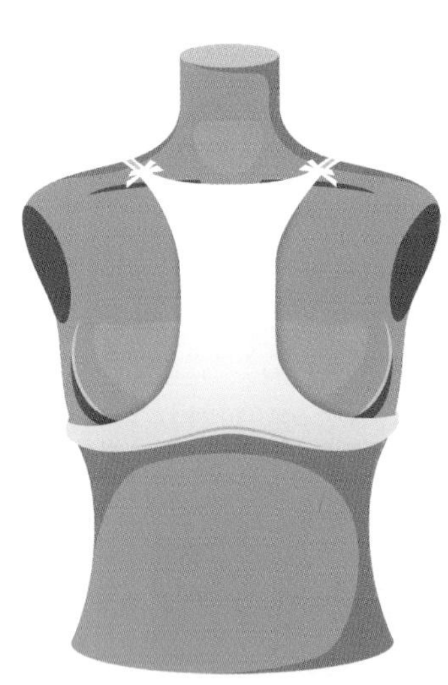

〈이미지 16.6〉 라 데콜레트(La Decollette)

이 야간용 브래지어는 여성들이 옆으로 누워서 잘 때 양쪽 가슴이 모이지 않도록 분리시켜주기 때문에 가슴골에 주름이 생기는 것을 방지한다. 프랑스 파리의 미용연구협회인 CERCO의 테스트 결과에 따르면 이 브래지어를 착용하고 하루 지나면 가슴골 부분의 주름이 눈에 띄게 줄어든다고 한다.

세계 최대 카지노 및 리조트 기업인 샌즈Sands 그룹의 창업자 셸던 아델슨Sheldon Adelson은 1991년 베네치아로 신혼여행 갔을 때 베네시안 리조트에 대한 착상을 했다. "물의 도시 베네치아를 네바다 사막 한가운데 재현하면 어떨까?" 하는 생각이 섬광처럼 스친 것이다. 이미 라스베이거스에서 샌즈 호텔을 운영하고 있던 그는 귀국하자마자 베네시안 리조트 카지노 건설에 착수했다. 이 카지노 사업을 통해 그는 세계 10대 부호 중 하나가 되었다.

사막 한가운데 물의 도시 베네치아를 만든다는 역발상이 성공의 시발始發이었다. 2007년 라스베이거스 베네시안 리조트를 복제한 마카오 베네시안 리조트의 운영을 통해 그의 사업은 한층 더 성장했다.

샌즈 그룹은 해가 지지 않는 호텔 및 카지노 제국을 건설하기 위해 2010년 6월 싱가포르에 마리나베이샌즈Marina Bay Sands 호텔을 개장했다. 사람 '인人'자 모양 3쌍의 건물을 기둥 삼아 200미터 높이의 허공에 거대한 배 모양 스카이파크를 얹은 이 호텔은 개장하자마자 싱가포르의 랜드마크가 되었다. 이 호텔이 문 열기 직전인 2009년에는 싱가포르의 경제성장률이 −2%였는데, 개장 1년 만에 14.7%로 급반등하고 일자리가 3만 300여 개 늘어났다고 한다.

아델슨 회장은 바다가 아니라 '하늘 위에 배를 띄운다'는 역발상에서 한 걸음 더 나아가 이 스카이파크에 수영장을 만들었다. 57층 건물 위에 얹힌 이곳에서 수영을 하면 마치 나이아가라 폭포 위에서 수영을 하는 듯한 스릴을 즐길 수 있다.

60여 년 동안 50개 넘는 사업을 개척한 아델슨 회장은 CNN과의

〈이미시 16.7〉 미리나베이샌즈 호텔과 스카이파크 수영장

인터뷰에서 사업 성공의 기반을 묻는 질문에 다음과 같이 대답했다.

> 아무도 믿으려 하지 않을 것이고, 누구도 시도하지 않을 줄 알지만, 나는 이것 외에 다른 대답을 찾을 수 없으며, 1천 퍼센트 이것에 대해 확신한다. 현상the status quo에 도전해야 한다. 현상을 바꾸어야만 한다. 만약 당신이 어떤 사업에서든 현상을 바꿀 수만 있다면 성공은 그림자처럼 따라올 것이다.

또한 많은 사람이 실패하는 이유를 묻는 질문에 다음과 같이 대답했다.

내가 보기에 그렇게 많은 사람이 실패하는 가장 큰 이유는 다른 사람들이 하는 방식을 그대로 답습하기 때문이다. 용기를 내어 무언가 다르게 시도해야만 한다.

현상을 바꾸기 위해 아델슨 회장 자신이 채택한 방법은 다름 아닌 역전 코드였다.

내외 역전

1950년대 중반에 있었던 이야기다. 미국 캘리포니아 남단의 항구도시 샌디에이고의 엘 코르테즈El Cortez 호텔은 엘리베이터를 하나 더 추가하기로 결정했다. 건축 전문가와 기술자들이 호텔 로비에서 만나 이 문제를 논의했다. 엘리베이터를 설치할 추가 공간을 확보하기 위해서는 실내 일부를 잘라내야 하는데, 공사 시간도 많이 걸릴 뿐 아니라 소음과 분진 때문에 고객들에게 불편을 끼치는 것이 가장 큰 문제였다.

이러한 문제를 두고 고민하는 전문가들의 이야기를 엿듣던 수위가 용기를 내어 "엘리베이터를 건물 외부에 설치하면 되지 않나요?"라고 말했다. 그때까지 어떤 전문가도 그런 생각을 하지 못했을 뿐 아니라, 건물 외벽에 엘리베이터를 설치한 것을 보지도 못했다. 1956년 이 호텔은 세계 최초로 건물 외벽에 엘리베이터를 설치했으며, 이것을 타면 샌디에이고 시내를 한눈에 조망할 수 있어 큰 화제가 되었다.

건물의 원래 모습을 복원하기 위해 지금은 외부 엘리베이터가 철

〈이미지 16.8〉 샌디에이고 엘 코르테즈(El Cortez) 호텔
(왼쪽은 외부 엘리베이터 설치 당시, 오른쪽은 현재 모습)

거되고 없지만, 건물 내부에 두던 엘리베이터를 외부에 설치한 것은 안과 밖을 바꾼 '내외 역전'의 좋은 예다.

프랑스 파리에 있는 퐁피두 센터Pompidou Centre는 건축에 내외 역전이 적용된 대표적 예다. 샤를 드골Charles de Gaulle에 이어 1969년 프랑스 대통령이 된 조르주 퐁피두Georges Pompidou는 빈민가를 철거한 넓은 부지에 복합 문화센터를 짓기로 했다. 프랑스 건축 역사상 최초로 국제 공모를 실시한 결과 모두 681개의 설계안이 접수되었다. 당시 무명이던 이탈리아의 렌초 피아노Renzo Piano와 영국의 리처드 로저스Richard Rogers의 설계가 최종 당선작으로 선정되었다.

이들의 설계는 다른 출품작들과 달리 대상 부지의 절반에만 건물을 짓고 나머지 절반은 광장으로 남겨두는 것이었다. 또한 건물 내부에 두던 각종 배관과 화물용 엘리베이터까지 모두 건물 바깥에 설치하고 배수관은 초록색, 공조空調용 배관은 파란색, 전기용 배관은 노란색, 에스컬레이터나 엘리베이터와 같은 운송수단은 빨간색으로 색상 부호화color coding했다. 건물 내부에 설치하던 것을 모두 바깥으로 빼냈기 때문에 내부 면적이 넓어지고 공간 활용이 자유로워졌다.

폼피두 센터가 모습을 드러내자 마치 정유소나 폐공장 같다는 비난이 쏟아지고 법정 소송까지 벌어졌다. 그러나 지금은 퐁피두 센터의 방문객이 에펠 탑이나 루브르 박물관보다 많은, 파리의 문화 중심이 되었다. 또한 퐁피두 센터를 설계한 렌초 피아노와 리처드 로저스는 세계적으로 명성을 얻으면서 1998년과 2007년에 각각 프리츠커 건축상Pritzker Architecture Prize을 수상했다.

〈이미지 16.9〉 퐁피두 센터(Pompidou Centre)
(왼쪽은 광장 방향, 오른쪽은 거리 방향 외관)

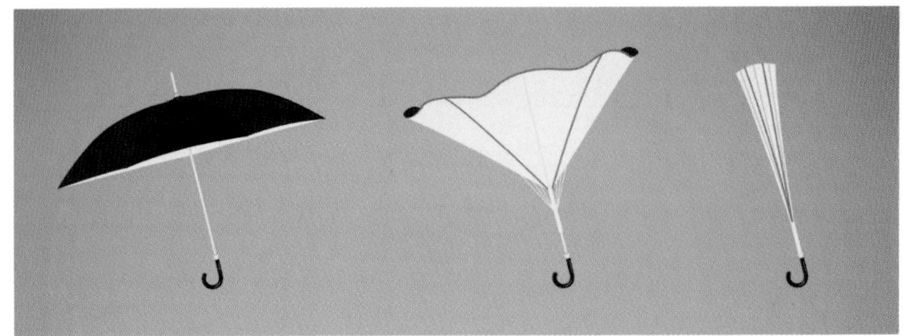

〈이미지 16.10〉 반전 우산(Inverted Umbrella)

우산을 접으면 갓의 안쪽 면이 바깥으로 나오는 '반전 우산Inverted Umbrella'을 보자. 레드닷 디자인 어워드의 디자인 콘셉트 부문 수상작인 이 우산은 건국대학교 안일모, 김태한, 서동한이 고안한 것이다. 이 우산을 접으면 보통 우산과 반대로 갓의 중앙부가 아래로 먼저 내려오면서 안쪽 면이 바깥을 향해 오목한 형태가 된다.

우산 갓의 안팎이 뒤집힌 형태로 접히면 어떤 장점이 있을까? 젖은 우산에 있는 물기를 안쪽으로 가둘 수 있어 혼잡한 버스 등을 탈 때 다른 사람들에게 피해를 주지 않을 것이다. 또 우산을 벽에 기대지 않더라도 세울 수 있으며, 아무 데나 세워두기만 하면 물기가 아래로 내려와 빨리 건조될 것이다. 이러한 장점은 누구나 짐작할 수 있지만 이외에도 다른 장점이 있다. 승용차나 택시 등을 탈 때 먼저 몸이 들어간 후 문을 조금만 열어둔 상태에서 우산을 접을 수 있다. 또 내릴 때도 문을 조금 열고 팔을 내밀어 우산을 편 뒤 내릴 수 있다.

여성의 섹시미를 강조하기 위해 얇은 소재를 사용해 겉옷을 속옷처럼 만든 란제리 룩Lingerie Look은 패션에 내외 역전을 적용한 예라고 볼 수 있다. 1988년 팝 가수 마돈나Madonna는 프랑스의 패션 디자

〈이미지 16.11〉 반전 우산의 사용

이너 장폴 고티에Jean-Paul Gaultier가 디자인한 가슴 부분이 뾰족한 투명 코르셋과 거들을 입고 무대에 올랐는데, 이후 브리트니 스피어스Britney Spears와 같은 톱 가수들이 합류하면서 란제리 룩은 하나의 유행이 되었다.

순서 역전

역전 코드의 세 번째 유형은 시간적 순서를 바꾸는 '순서 역전'이다. 생명보험 가입자가 불치의 중병에 걸려 전문의로부터 시한부 진단을 받았다고 가정해보자. 이 경우 환자는 자신이 가입한 사망보험금이 사후死後에 지급되므로 생전에 그 돈을 만져볼 수 없다. 이러한 문제를 해결하기 위해 사망과 보험금 지급의 순서를 바꾼 것이 사망보험금 선지급 특약accelerated death benefits이다. 이 특약 서비스를 이용하면 가입자가 세상을 떠나기 전 가족들에게 남길 재산 정리에 사망보험금을 포함시킬 수 있다.

사진기에 순서 역전이 적용된 예를 보자. 1888년 조지 이스트먼George Eastman이 개발한 롤필름 카메라는 일반 대중이 사용할 수 있는 최초의 사진기였다. 이후 필름이 필요 없는 디지털카메라가 나오면서 사진술은 새로운 시대를 열었지만, 사진을 찍는 기본적인 방법은 120년이 지나도록 변함이 없었다. 촬영할 대상을 찾아 앵글을 잡은 뒤 강조하고 싶은 피사체에 초점을 맞추고 셔터를 누르는 것이었다. 그런데 초점을 맞춘 뒤 사진을 찍는 기존 방식을 뒤집어 일단 사진을 찍고 나중에 초점을 맞추는 카메라가 2012년에 출시되었다. 활쏘기에 비유하면 조준을 하고 활을 쏘는 게 아니라 활을 쏘아놓고 나중에 조준하는 개념이므로 정말 획기적인 발상이라고 할 수 있다. 라이트로Lytro사의 '라이트필드Light Field' 카메라가 바로 그것이다.

초점을 사후에 조정하는 라이트필드 사진 기술은 라이트로사의 창업자인 렌 응Ren Ng이 스탠퍼드 대학교 박사과정 재학 당시 개발한 것이다. 이 기술은 렌즈와 이미지 센서가 특정한 피사체에 초점을 맞추는 것이 아니라, 다양한 각도에서 피사체로부터 반사된 빛을 담는다. 카메라 렌즈가 향한 공간의 다양한 빛 정보를 담기 때문에 사진을 촬영한 뒤 필요한 부분에 초점을 맞추는 방식으로 여러 종류의 이미지를 얻을 수 있다.

2014년 라이트로사는 2세대 라이트필드 카메라인 '라이트로 일룸Lytro ILLUM'을 출시했다. 이 카메라로 사진을 찍으면 초점뿐 아니라 심도深度까지 사후에 조정할 수 있다. 따라서 사진을 촬영할 때 초점은 물론 조리개를 얼마나 열어야 할지 신경 쓸 필요가 없다.

이번에는 광고에 순서 역전이 적용된 예를 보자. 우리나라 제과업

〈이미지 16.12〉 라이트로 일룸(Lytro ILLUM)

계에서 연간 매출액 1천억을 돌파한 최초의 제품은 자일리톨 껌이다. "껌 값이 껌 값이 아니다"라는 신조어가 나올 정도로 성공한 제품이지만, 사실은 한 번 실패한 제품을 되살린 것이다.

1997년 9월 롯데제과는 '자일리톨 F'를 출시했으나 시장에서 팔리지 않아 6개월 만에 철수했다. 국내법상 식품의 효능을 직접 광고할 수 없었기 때문에 자일리톨 성분이 충치로부터 치아를 보호한다는 기능을 제대로 알리지 못했다. 이러한 상태에서 300원짜리 일반 껌들에 비해 상당히 비싼 가격인 500원에 판매했다. 기업 입장에서는 자일리톨 원료 가격이 설탕보다 13배가량 높았기 때문에 제품의 판매가격을 높게 책정했으나 소비자 입장에서는 다른 껌들과 차이가 없어 보이는 신제품을 비싼 가격에 살 이유가 없었던 것이다.

3년 뒤 알약 모양의 껌에 코팅을 해서 약병 모양의 용기에 담아 재출시했다. 이와 더불어 충치예방 효능을 전달하기 위해 "양치질하고 자일리톨 껌 씹는 거 잊지 마라", "핀란드에서는 잠자기 전에 자일리톨 껌을 씹습니다"라는 광고 카피를 사용했다. 보통 당분이 들어간

껌이 충치를 유발한다는 염려 때문에 특히 양치 후나 잠자기 전에 껌을 씹으면 안 된다고 생각하고 있다. 그러나 '양치 후 씹는 껌', '잠자기 전에 씹는 껌'이라는 역발상 마케팅을 통해 대박을 터뜨렸다.

우리나라 카드업계에서 단일 카드 최초로 유효회원 500만 명을 돌파한 것은 '현대카드 M'이다. 유효회원은 실제로 카드를 사용하는 고객을 말하며 사용하지 않는 소위 '장롱카드'를 모두 포함하는 전체 고객 수와는 다르다. 현대카드 M은 업계 전체가 카드 대란大亂으로 어려움을 겪던 2003년 5월에 출시되었는데, '선先포인트 시스템'이라는 역발상을 통해 시장에 성공적으로 진입했다. 카드 사용실적에 따른 누적 포인트가 없어도 미리 상품 구입가격을 할인받고 나중에 포인트를 적립해 상환하도록 하는 시스템을 업계 최초로 도입한 것이다.

카드 사용자의 사후 적립 포인트가 부족해 미리 할인받은 금액을 갚지 못하면 현금으로 상환받기 때문에 이 제도의 도입으로 인해 카드사가 손해 볼 일은 전혀 없다. 따라서 선포인트 시스템은 말 그대로 조삼모사朝三暮四다. 그럼에도 불구하고 이것이 시장에서 힘을 발휘했다고 하니, 사람이나 원숭이나 오십보백보라고 해야 할까?

조삼모사를 단순히 원숭이들의 이야기로 치부할 수 없는 다른 연구가 있다. 다음은 1946년에 발표된 애시S. E. Asch라는 사회심리학자의 연구를 요약한 것이다(최인철, 2007).

두 그룹의 피실험자들을 대상으로 어떤 특정인에 대한 정보를 준 뒤, 이 사람이 어떤 인물인지 추측하도록 했다. 먼저 A그룹에 속한 사람들에게 다음과 같은 정보를 제시했다. 독자들도 제시된 정보를 토대로 이 인물이 어떤 사람인지 추측해보라.

A그룹에 준 인물 정보
지적이다(intelligent)
부지런하다(industrious)
충동적이다(impulsive)
비판적이다(critical)
고집이 세다(stubborn)
질투심이 강하다(envious)

B그룹에 속한 사람들에게 제시된 정보는 다음과 같다. 독자들도 새로 제시된 정보를 토대로 이 인물이 어떤 사람인지 추측해보라.

B그룹에 준 인물 정보
질투심이 강하다(envious)
고집이 세다(stubborn)
비판적이다(critical)
충동적이다(impulsive)
부지런하다(industrious)
지적이다(intelligent)

A그룹에 준 정보와 B그룹에 준 정보의 내용은 동일하지만 제시한 순서가 정반대였다. 이 실험에 참여한 독자들은 머릿속으로 실험 결과를 쉽게 짐작할 수 있을 것이다. 이 인물에 대해 A그룹이 B그룹보다 훨씬 더 호의적으로 평가했다. '지적이다'는 정보를 먼저 받은 A그룹은 나중에 '비판적이다', '고집이 세다'는 정보를 받아도 "똑똑한 사람들은 다 그렇지 않나?"라는 정도로 생각한다. 그러나 '질투심이 강하다'는 정보를 먼저 받은 그룹이 '고집이 세다', '비판적이다'는 정

보를 받으면 "질투심이 강한 것도 모자라 고집까지 세고 불평분자라고?"라는 식으로 본다는 것이다.

이 연구를 소개한 최인철은 먼저 제시된 정보가 뒤따라오는 정보를 해석하는 데 영향을 미치는 프레임 역할을 했기 때문이라고 설명한다.

이동 역전

'이동 역전'은 움직임과 관련된 것을 종래 방식과 반대로 하는 것으로, 이동체 역전과 이동방향 역전이라는 두 가지 유형이 있다.

이동체 역전은 사람이 계단을 오르내리는 것이 아니라 계단이 움직이는 에스컬레이터처럼 움직이던 요소를 고정시키고 고정되었던 요소를 움직이게 만드는 것이다. 사람이 앞으로 나아가는 것이 아니라 바닥이 뒤로 움직이는 러닝머신도 마찬가지다. 같은 원리를 이용하면 작은 수영장에서도 오랫동안 수영을 즐길 수 있다. 수중 모터를 이용해 물살을 만들고 사용자의 능력과 요구에 따라 모터의 회전속도를 조절할 수 있도록 하면 된다.

〈이미지 16.13〉 물살을 이용한 수영장

2009년 당시 KAIST 서남표 총장이 추진하던 '모바일 하버Mobile Harbor' 프로젝트도 이동체 역전의 좋은 예다. 부두에 접안하기 어려운 대형 선박이 항구 앞바다로 들어오면 마중 나가 하역하는 '움직이는 항구'인데, 이를 위해서는 대형 크레인을 싣고 화물선이 있는 바다로 나가야 한다. 그런데 날씨가 좋을 때는 문제가 적지만 파도가 일면 크레인을 실은 배가 중심을 잃고 전복될 우려가 있다. 따라서 프로젝트의 핵심은 파도가 출렁거리는 바다에서 안정적으로 짐을 내릴 수 있는 기술을 개발하는 것이었다.

당시 KAIST 연구진은 이 프로젝트가 성공하면 두 가지 난제를 해결할 수 있다고 주장했다. 하나는 항구에 화물 선박들이 한꺼번에 많이 몰리는 경우에도 부두 접안시설이 빌 때까지 화물선들이 장기간 대기할 필요가 없다는 것이다. 다른 하나는 수심이 얕아서 대형 선박이 입항할 수 없는 항구로도 화물을 보낼 수 있다는 것이다. 예를 들어 우리나라는 수도권에 산업체가 몰려 있는데도 불구하고 서해안의 수심이 얕기 때문에 선박 물동량 대부분이 부산에서 처리되고 있는데, 모바일 하버를 이용하면 이러한 비능률을 없앨 수 있다.

호주의 창업 전문 컨설팅 기관인 스타트업스마트StartupSmart는 2011년에 모바일 하버를 세계 10대 창업 아이디어 중 2위로 선정하기도 했지만, "총 6천억 원이 소요될 것으로 예상되는 이 프로젝트가 과연 그만한 경제성이 있는가?"라는 관점에서 회의적인 평가를 받았기 때문에 프로젝트의 추진이 중단되었다. 프로젝트 중단 결정의 옳고 그름을 떠나 서남표 총장의 발상만큼은 높이 평가할 만하다.

그는 싱가포르를 방문했을 때 수많은 선박이 하역을 위해 대기하고 있는 것을 보며 "왜 하역을 위해 배가 항구로 들어와야만 하는가? 이와 반대로 항구가 배로 가지 못할 이유가 무엇인가?" 하는 생각을 한 것이 모바일 하버 프로젝트의 출발점이었다고 한다.

7장과 9장에서 예로 든 컵라면 이야기로 다시 돌아가보자. 안도 모모후쿠가 컵라면의 제조공정을 설계할 때 가장 어려웠던 부분은 튀긴 면을 컵에 집어넣는 공정이었다. 〈이미지 16.14〉에서 보듯이 튀긴 면을 집어서 아래에 있는 컵으로 떨어뜨리면 컵 안에 쏙 들어가야 하는데 그게 쉽지 않았다.

사람이 무언가에 몰입할 때 설명하기 힘든 능력이 발휘되는 경우가 종종 있다. 어느 날 안도 회장은 방의 천장과 바닥이 뒤집히는 꿈을 꾸다가 잠에서 깨어났다. 바로 그때가 유레카 순간이었다. 고정된 컵에 라면을 떨어뜨릴 것이 아니라 이와 반대로 튀긴 면 위에다 컵을 꽂으면 되겠다는 해결책이 떠오른 것이다.

우리가 무심코 지나쳐서 느끼지 못하지만 이동체 역전은 20세기

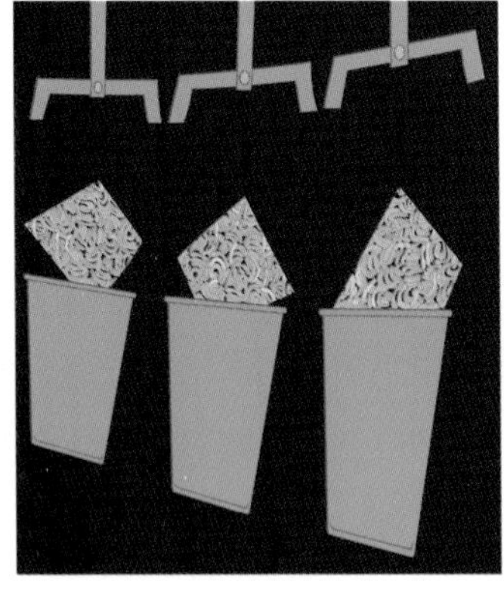

〈이미지 16.14〉 컵라면 제조공정의 난제

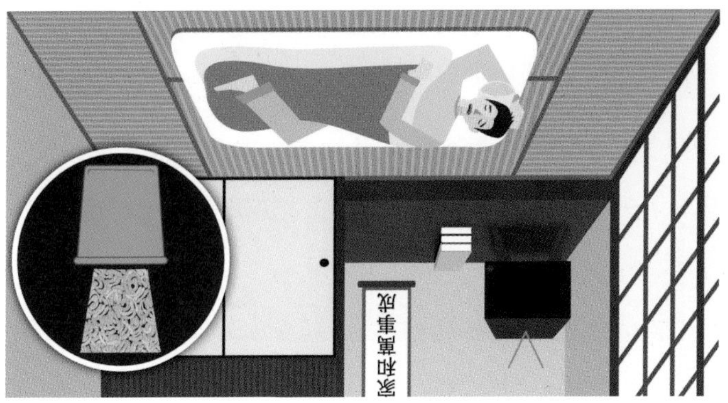

〈이미지 16.15〉 컵라면 제조공정의 해결책

생산성 혁명의 원동력이었다. 대량생산시스템이나 자동화된 공장에서 사용되는 컨베이어와 무인운반차AGV도 모두 이동체 역전의 산물이다.

아마존이 물류센터에 배치한 '키바Kiva' 로봇은 이동체 역전의 힘을 잘 보여준다. 아마존의 물류센터는 마치 거대한 도서관처럼 선반이 나열되어 있다. 이 로봇이 배치되기 전에는 휴대용 단말기로 필요한 품목이 어떤 선반 어느 위치에 있는지 찾은 뒤 작업자가 이것을 가지러 이동해야 했다. 그러나 키바 로봇은 원하는 상품이 있는 선반으로 이동한 뒤 선반 자체를 들어 올려 담당 작업자가 있는 곳으로 가지고 온다. 포장은 사람 손으로 해야 하지만 멀리 있는 선반까지 작업자가 왕복할 필요가 없기 때문에 작업효율이 2~3배 높아졌다. 또 예전에는 작업자들이 선반 사이를 이동할 수 있는 통로가 필요했지만, 키바 로봇은 선반 밑으로 다닐 수 있기 때문에 통로의 폭을 줄일 수 있었다.

이동방향 역전은 세면대 수도꼭지에서 나오는 물의 방향을 아래

〈이미지 16.16〉 아마존 물류센터의 키바(Kiva) 로봇

에서 위로 바꾸는 것처럼, 움직임의 방향을 반대로 만드는 것이다. 수도꼭지에서 나오는 물의 방향을 위로 바꾸면 어떤 장점이 있을까? 세면대에서 머리 감기가 수월하고 컵이 없어도 양치질을 할 수 있을 것이다. 다른 예를 하나 보자.

영국 리즈대 연구진이 발표한 논문에 따르면 화장실에서 손을 씻고 난 뒤 손 건조기를 사용하면 종이타월을 쓸 때보다 패혈증, 폐렴, 위장염을 유발하는 세균 수가 5배까지 높아질 수 있다(김진구, 2018). 일부 사용자들이 손을 제대로 씻지 않고 건조기를 사용하기 때문에 손에 남아 있던 세균들이 화장실 내 세면대와 거울 및 바닥으로 날아가기 때문이라고 한다.

그렇다면 건조기에서 공기가 배출되는 것이 아니라 건조기 안으로 공기가 빨려 들어가도록 바꾸면 어떨까? 경희대학교 학생 조부현은 기존 송풍식 건조기와 반대로 '흡입식 건조기Suction Dryer'를 고안했다. 건조기 팬 뒤에 필터를 부착해 흡입된 공기를 여과한다는 이 아이디어는 레드닷 디자인 어워드의 디자인 콘셉트 부문 최고상과 K 디자인 어워드를 수상했다.

〈이미지 16.17〉 흡입식 건조기(Suction Dryer)

속성 역전

역전 코드의 다른 대표적 유형 중 하나는 핵심적 속성을 반대로 하는 '속성 역전'이다. 예를 들어 신발은 가벼울수록 신고 다니기 편하므로, 제화업자들은 더 가벼운 신발을 만들기 위한 소재와 기술 경쟁을 벌이고 있다. 그런데 신발 경량화를 위한 경쟁 대오에서 벗어나 거꾸로 무겁게 만들어보면 어떨까? 무거운 신발을 신고 걸으면 근육 활동이 많아지기 때문에 에너지 소비량이 늘어난다. 따라서 이 신발은 운동을 싫어하거나 평소에 운동할 시간을 내기 어려운 사람들을 위한 다이어트용이다.

일반적인 신발은 밑바닥 중간 부분이 발바닥 모양을 따라 안쪽으로 오목하다. 거꾸로 신발 밑바닥을 바깥으로 볼록하게 만들면 어떨까? 발바닥 전체를 이용한 체중 분산과 발목의 굴림 작용 때문에 자세 교정 및 허리 통증 감소에 효과가 있다고 알려진 '마사이 워킹화'가 된다. 이 신발은 2011년 레드닷 디자인 어워드의 제품 디자인 부문 수상작이다.

속성 역전의 대표적인 것 중 하나는 패스트푸드에 반대되는 슬로푸드다. 사실 패스트푸드가 세계를 호령하게 된 데는 그만한 이유가 있다. 일단 바쁜 현대인들에겐 시간이 돈이다. 패스트푸드는 말 그대로 신속fast하게 나오므로, 기다리는 시간의 낭비를 줄여준다. 패스트푸드의 또 다른 장점은 철저한 표준화다. 언제 어디서 주문하더라도 균일한 품질의 음식이 제공되므로 사전 기대를 벗어나는 일이 거의 없다. 예를 들어 맥도날드에서는 다음과 같은 서비스 표준을 적용하고 있다(이석호와 임성은, 2009).

- 빵 두께는 17mm, 고기 두께는 10mm로 하여 총 두께가 인간이 가장 편안해하는 44mm가 되도록 한다. 또한 음료수 빨대의 두께는 4mm로 한다.
- 햄버거나 감자튀김을 시키면 "감사합니다"라고 말한 뒤 3초 내에 "콜라도 드시겠습니까?"라고 묻는다.
- 카운터 높이는 가장 편안하게 지갑을 꺼낼 수 있는 72cm로 한다.
- 매일 아침 일을 시작하기 전 맥도날드의 소독용 비누인 AMHAnti-Microbial Handwash로 최소한 20초 이상 손을 씻으며 손톱까지 깨끗한지 확인한다.
- 조리대에 들어간 후에도 한 시간에 한 번씩 항미생물 용액이 들어 있는 세척액으로 팔 윗부분까지 씻는다.
- 고기 패티를 다룰 때는 파란 위생장갑을 끼며, 야채나 빵을 조리할 때는 투명 위생장갑을 착용한다.

골목상권의 소규모 음식점들이 맥도날드와 같은 세계적 패스트푸드 업체를 상대로 경쟁하려면 게임의 규칙을 바꾸어야 한다. 일본에서 시작된 모스버거MOS Burger나 프레시니스버거Freshness Burger는 속도 대신 음식의 질과 신선함으로 경쟁의 기준을 바꾸었다.

1992년 도쿄 시부야渋谷의 한적한 골목길에 프레시니스버거가 1호점을 낼 때만 해도 별로 주목받지 못했다. 그러나 지금은 일본 내에 약 200개의 매장을 운영하고 있으며, 우리나라를 비롯해 홍콩, 대만, 싱가포르 등 동남아시아 국가로 시장을 확대했다. 프레시니스버거의 매장 운영방식은 공장의 대량 조립생산 방식으로 운영되는 기존 패스트푸드 업체와 판이하다.

손님이 카운터에서 주문한 뒤 테이블에 앉아 기다리는 동안 종업원은 주문받은 음식을 조리한다. 다른 재료를 섞지 않은 순수한 쇠고기를 구워서 채소와 함께 빵 사이에 넣는다. 컵과 접시도 일회용 종이 제품이 아니라 유리나 도기 제품을 쓴다. '프레시니스'라는 상호에서 짐작할 수 있듯이 유기농 야채를 사용하며 유해한 첨가물은 전혀 넣지 않는다. 이 때문에 다른 햄버거 체인보다 값이 두 배 정도 비싸지만 10대들에 비해 상대적으로 경제력이 있는 중년 손님들이 많이 찾는다.

일반적으로 햄버거의 가장 중요한 부분은 빵 사이에 들어가는 패티라고 생각하지만, 그에 못지않게 바깥에 있는 빵도 중요하다. 왜냐하면 음식이 입에 닿는 순간 "와! 맛있다"라는 소리가 절로 나와야 훌륭한 음식으로 평가받을 수 있기 때문이다.

프레시니스버거에서는 다른 패스트푸드 업체들이 상대적으로 신경을 덜 쓴 버거용 빵을 차별화했다. 버거용 빵인 번즈에 단호박 반죽을 첨가해 밝은 노란색 색감을 잘 살렸을 뿐 아니라 입에 닿는 순간 촉촉한 촉감을 느낄 수 있도록 했다.

〈이미지 16.18〉 도쿄 시부야의 프레시니스버거 매장

슬로푸드와 마찬가지로 조리기구에도 '슬로쿠커Slow Cooker'가 있다. 일반적으로 식사 준비에 걸리는 시간을 줄이려면 음식이 빨리 조리되는 기구가 좋다. 그런데 거꾸로 시간이 많이 걸리는 슬로쿠커의 장점이나 용도는 무엇일까?

미국에서는 슬로쿠커가 여성들의 사회활동이 늘어난 1970년대부터 인기를 끌었다고 한다. 아침에 요리할 재료들을 담은 후 스위치를 켜두면 저녁에 퇴근해서 알맞게 조리된 음식을 먹을 수 있기 때문이다. 우리나라에서는 죽을 끓이거나 찜 요리를 할 때 많이 이용하는데 저녁에 자기 전에 식재료를 넣고 스위치를 켜두면 아침에 일어나서 따끈따끈하게 조리된 음식을 즐길 수 있다. 보통의 조리기구라면 음식이 타거나 냄비에 눌어붙는 것을 방지하기 위해 불 옆에 서서 계속 저어주어야 하지만 슬로쿠커를 사용하면 그럴 필요가 없다.

1년 뒤 배달되는 '느린 우체통'은 우편 서비스에 속성 역전이 적용된 좋은 예다. 인근에 비치된 편지지나 무료 엽서에 사연을 적어 이 우체통에 넣으면 1년 뒤 배달된다. 느린 우체통은 우정사업본부가 시작한 것이 아니다. 인천 영종대교기념관(현 영종대교휴게소)을 운영하는 (주)신공항하이웨이의 김창근 씨가 고안한 것으로, 2009년 5월 처음 설치되었다. 인천공항으로 향하던 신혼여행객이나 유학생들이 바람이나 각오를 담아 우체통에 넣으면 신공항하이웨이가 보관하고 있다가 배달일이 다가오면 우표를 붙여 우체국에 전달한다. 편지를 쓴 지 약 1년 뒤에 받아보면 누구라도 당시의 추억에 잠기게 된다.

〈이미지 16.19〉 느린 우체통

배송은 빠를수록 좋다는 고정관념을 뒤집어 추억과 감동이라는 정서적 선물을 제공하는 것이다. 이 서비스가 인기를 끌자 많은 관광지로 확산되었으며 우정사업본부도 이를 도입해 전국 여러 곳에 느린 우체통을 설치했다.

속성 역전의 색다른 예로 일본의 소매업체인 무인양품無印良品을 들 수 있다. 무인無印의 일본어 발음 무지루시むじるし의 앞부분을 딴 무지MUJI라는 상호를 쓴다. 대부분의 생산 및 유통업체들은 자신의 브랜드를 명품名品으로 키우기 위해 노력한다. 왜냐하면 명품으로 인정받으면 브랜드 가치라는 이름값 때문에 같은 상품이라도 더 높은 가격을 받을 수 있기 때문이다. 그런데 무지는 이와 반대로 이름값이

란 거품을 걷어내는 것을 표방하고 있다.

무인양품이란 이름 자체가 '브랜드는 없지만 질 좋은 상품no brand quality goods'이라는 뜻을 가지고 있다. 가게 이름에만 브랜드가 들어가지 않는 것이 아니라 자신들이 판매하는 모든 상품에 상표가 붙어 있지 않다. 1979년 회사 설립 이래 무인양품은 "양질의 상품을 거품 없는 가격에 공급한다"는 창업정신을 일관되게 추구한 결과 이제는 '브랜드가 없다No Brand'라는 뜻의 '무지MUJI'가 하나의 새로운 명품 브랜드로 자리 잡았다.

관점 역전

'관점 역전'은 기존과 반대 관점에서 생각하는 것을 말한다. 말하자면 역지사지易地思之의 사고방식이다. 예를 들어 자동차 사고 시 운전

〈이미지 16.20〉 홍콩 랭함의 무지(MUJI) 매장

자가 아니라 보행자를 보호하기 위한 에어백은 관점 역전의 산물이다. 미국의 경우 교통사고 피해자의 약 7분의 1이 사망한다고 한다. 이러한 문제에 대처하기 위해 2017년 말 GM 자동차는 차량 외부에 장착하는 보행자 보호용 에어백에 대한 특허를 취득했다.

보행자를 보호하기 위한 차량 안전장치 중 2016년 구글Google이 자율주행 자동차용으로 개발한 '접착성 자동차 덮개sticky hood'가 특히 흥미롭다. 자율주행 자동차는 운전자가 없기 때문에 운전자 보호용 에어백이 필요 없다. 구글은 차 앞부분에 얇게 입히는 끈끈한 접착막에 대한 특허를 받았는데, 사람이 차와 충돌하는 순간 이 접착막이 활성화되어 부딪힌 사람이 차량에 달라붙는다. 이 때문에 충돌사고를 당한 사람이 튕겨나가 콘크리트 바닥에 떨어지거나 다른 차량에 또 부딪히는 등의 2차 피해가 발생하지 않는다. 이 기술은 자율주행 자동차를 위해 개발된 것이지만 다른 차량에 적용하지 못할 이유가 없다.

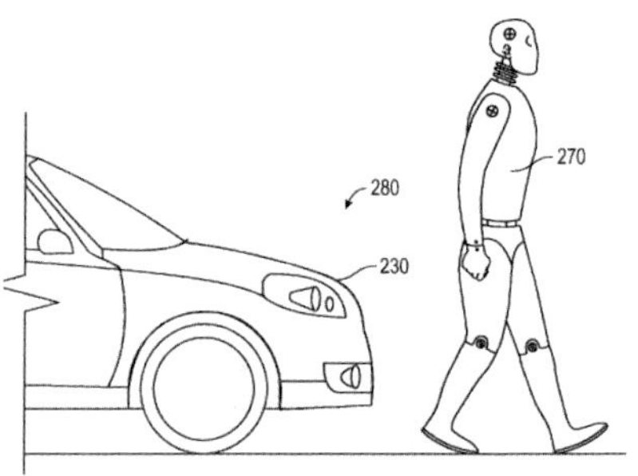

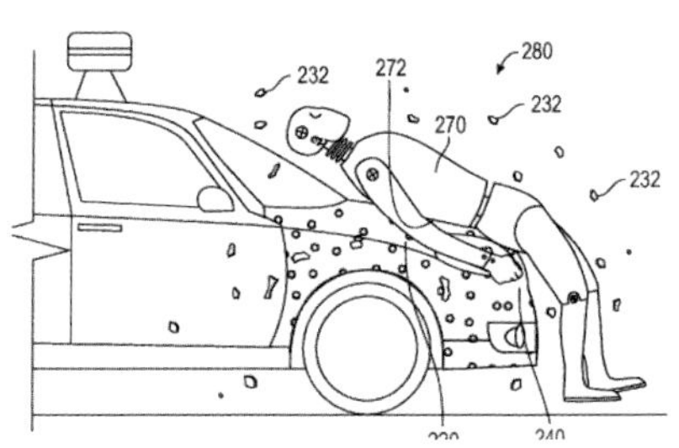

〈이미지 16.21〉 접착성 자동차 덮개 미국 특허(US 9340178 B1)

이번에는 교통신호등에 대해 생각해보자. 횡단보도용 신호등은 언제 다른 신호로 바뀔지 알려주는 것이 보편화되어 있지만, 운전자용 신호등은 그렇지 않다. 레드닷 디자인 어워드 디자인 콘셉트 부문 수상작 중 보행자가 아니라 운전자에게 얼마나 기다려야 할지 알려주는 신호등이 있다. '에코Eko 교통신호등'이라고 이름 붙인 이 아이디어는 운전자용 적색 신호 테두리에 시간 경과를 보여주는 부분이 있다.

운전자가 얼마나 더 대기해야 할지 알면 긴장을 늦추고 기다릴 수 있으며, 대기 시간이 길 때 시동을 잠시 끄면 연료도 절약할 수 있다. 또한 '대기의 심리학'에 의하면 얼마나 더 기다려야 할지 알면 같은 시간을 기다리더라도 덜 지루하게 느껴진다.

경매의 역사는 기원전 500년으로 거슬러 올라간다. 미국경매인협회 자료에 따르면 당시 그리스에서는 아내를 경매시장에서 구했는데, 딸을 경매 이외 방법으로 매매하는 것은 불법이었다. 로마에서도 군인들이 전쟁에서 약탈한 노예나 보석 등을 경매에 부쳤다. 이때 자격증을 가진 전문 경매사가 창을 땅에 내려찍는 것으로 경매의 시작을 알렸는데, 이것이 경매봉의 효시가 되었다.

〈이미지 16.22〉 에코(Eko) 교통신호등

일반적 경매는 공급자가 낮은 가격을 제시해 구매자들끼리 경쟁을 붙인 다음 점점 가격을 올려가면서 최고가에 낙찰시킨다. 미국의 프라이스라인닷컴Priceline.com은 구매자들끼리 경쟁을 붙이는 대신 소비자가 먼저 원하는 구매 가격을 제시한 뒤 공급자들끼리 경쟁을 붙이는 인터넷 역경매reverse auction를 처음으로 도입했다. “당신의 가격을 제시하세요Name your own price”라는 문구는 프라이스라인의 트레이드 마크다.

〈이미지 16.23〉 장 레옹 제롬의 〈로마의 노예시장〉

호텔이나 항공사의 가장 큰 골칫거리는 재고관리다. 남아 있는 호텔 룸이나 비행기 좌석은 팔아야 할 재고다. 그런데 당일 판매되지 못한 호텔 룸이나 출발 전까지 판매되지 못한 비행기 좌석은 가치가 사라지는 ‘소멸성 재고perishable inventory’다. 이 때문에 소멸성 재고의 판매가격은 마감기한이 다가올수록 내려간다. 그러나 정상 가격에 구매한 고객이나 브랜드 손상을 고려하면 무턱대고 가격을 낮출 수도 없다. 프라이스라인닷컴은 역경매를 통해 기업의 이러한 고민을 해결함과 동시에 고객에게 낮은 가격으로 구매할 기회를 제공했다.

프라이스라인의 역경매는 기업과 고객이 1:1로 가격 흥정을 하지 않는다. 예를 들어 호텔을 예약할 경우 머무르고 싶은 구역과 호텔 등급을 선택한 뒤 본인이 희망하는 가격을 입력한다. 만약 제시한 조건에 맞는 호텔이 없으면 호텔 등급이나 구역을 바꾸거나 제시 가격을 조금씩 높인다. 이런 방식으로 흥정을 진행하다가 조건에 맞는 호텔이 나오면 예약한다. 예약과 동시에 결제가 진행되며, 결제가 끝나면 호텔 이름과 위치 등의 자세한 정보를 확인할 수 있다. 또한 예약 후에는 취소나 환불, 변경, 양도가 불가능하다. 그러나 공급자는 사전에 브랜드 노출 없이 소멸성 재고를 판매할 수 있으며, 소비자 또한 상대적으로 저렴한 가격에 구매할 수 있기 때문에 역경매는 공급자와 소비자 모두에게 가치를 제공한다.

우리가 일상생활에서 자주 사용하는 스마트폰의 GPS 기능도 관점 역전의 산물이다. 제2차 세계 대전이 끝난 뒤 미국과 구소련이 정치적으로 대립하고 군사적으로 경쟁하던 냉전 시대에 미군은 잠수함의 위치를 추적하는 기술이 필요했다. 그러나 몇 달간 계속 깊은 바닷속에 머무르기도 하는 잠수함의 위치를 추적하는 일은 쉽지 않았다.

1957년 10월 소련은 최초의 인공위성 스푸트니크Sputnik 발사에 성공했다. 이 위성은 지구 위 577킬로미터의 궤도를 초속 8킬로미터로 돌았다. 이때 존스홉킨스 대학교 응용물리연구실에서 일하던 두 명의 젊은 연구원이 구내식당에서 이야기를 나누던 중 위성이 필히 어떤 신호를 내보낼 것이라고 생각해, 연구실로 돌아와 작은 안테나와 앰프를 설치했다. 신호 탐지에 나선 지 두어 시간 만에 삑 삑 하는 소리가 들렸다. 자세히 들어보니 신호의 주파수가 조금씩 변했다. 그것은 도플러 효과Doppler effect 때문이었다. 이를 토대로 그들은 인공위성이 움직이는 궤도를 실시간 추적할 수 있었다. 그로부터 보름 정도 지난 뒤 그들의 상사가 다음과 같이 물었다(Johnson, 2011).

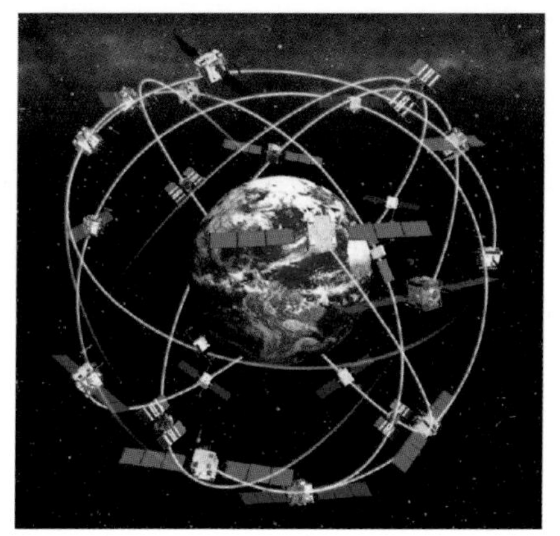

〈이미지 16.24〉 GPS(Global Positioning System)

자네들이 지상의 특정 지점에서 지구 위 궤도를 도는 인공위성의 알려지지 않은 위치를 알아냈잖아. 그걸 거꾸로도 할 수 있을까? 그러니까 인공위성의 위치를 알고 있다면 지상의 모르는 위치도 찾을 수 있을까?

이러한 관점의 전환이 요즈음 우리가 일상적으로 사용하는 GPS 기술개발의 첫걸음이 되었다.

천재들의 사고방식을 정리한 『생각의 탄생Sparks of Genius』이란 책에는 다음과 같은 내용이 나온다(Root-Bernstein and Root-Bernstein, 2001).

무수히 많은 과학자의 사례를 분석해본 결과, 나는 이들의 공통점을 발견해냈어요. 물론 전략 자체는 각각 다르게 나타났지만, 기본적으로 이들은 현상을 '거꾸로' 보는 사람들이었어요. 어떤 패턴이

든, 어떤 모양이든 항상 회전해보고, 거꾸로 보고, 다양한 각도에서 분석했죠.

이것은 과학 연구에서도 역전 코드가 많이 적용된다는 것을 보여준다.

지금까지 설명한 역전 코드의 유형 외에도 다른 몇 가지 유형이 있다. 그중 하나가 단점을 장점으로 바꾸는 '장단점 역전'이다. 13장에서 소개한 아사히야마 동물원의 사례로 돌아가보자. 이 동물원이 자신들의 노력으로 바꿀 수 없는 것은 입지 조건이다. 날씨가 추우면 사람들이 실내에 머물기 때문에 겨울에는 동물원 문을 닫을 수밖에 없었다. 그러나 아사히야마 동물원은 이런 불리한 조건을 차별적 경쟁력으로 활용했다.

1967년에 동물원을 개장한 이래 30년 동안 겨울이 되면 휴장했으나 1999년부터 겨울철에도 문을 연다. 추운 겨울에 고객들을 끌어내기 위해 그들이 내세운 구호는 "일본에서 만나는 남극동물원"이다. 보통 사람들에게 눈과 얼음으로 뒤덮인 남극은 TV로만 볼 수 있는 곳이다. 그러한 남극의 정취를 동물원에 와서 마음껏 즐기라는 것이다.

남극이라고 하면 대부분 사람은 머릿속에 펭귄을 떠올린다. 이에 착안해 아사히야마 동물원은 눈 덮인 하얀 설원 위에 펭귄이 줄지어 걷도록 하는 펭귄 산보를 도입했다. 겨울철 입장객의 대다수는 뒤뚱거리면서 눈밭을 걷는 펭귄들의 퍼레이드를 보기 위해 온 사람들이다.

〈이미지 16.25〉 아사히야마 동물원의 펭귄 산보

펭귄 행렬을 보고 사람들은 조련사의 지도를 받은 것으로 생각하기 쉽지만, 펭귄은 원래부터 먹이가 있는 곳까지 줄지어 이동하는 습성이 있다. 이 프로그램은 동물들의 본능적 행동을 그대로 보여주는 행동전시의 일환이기도 하지만, 펭귄들의 겨울철 운동 부족을 해소하기 위한 것이기도 하다.

일본 마쓰시타 그룹의 창업자인 마쓰시타 고노스케松下幸之助는 가난하고 허약하고 못 배운 것이 자신에겐 성공의 원천이었다고 했다. "가난은 부지런함을 낳았고, 허약함은 건강의 중요성을 깨닫게 해주었고, 못 배웠다는 사실 때문에 누구로부터라도 배우려 했다"는 것이다. 이처럼 수많은 제품이나 서비스, 사업, 더 나아가 인생에서도 성공의 이면에는 역발상이 있었다.

17

CIC 사고도구: 대체

Replacement

절반은 새롭고 절반은 익숙하게

우리나라 영화계의 아웃사이더라고 불리는 윤제균 감독이 제작한 〈해운대〉와 〈국제시장〉은 1천만 관객을 돌파한 블록버스터다. 특히 〈해운대〉는 윤제균 감독이 각본까지 직접 썼다. 국내 한 일간지와의 인터뷰에서 그는 〈해운대〉의 착상과 관련해 다음과 같이 말한 바 있다(유재혁, 2009).

> 2004년 동남아 쓰나미 사건을 당시 해운대에 있던 부모님 집에서 TV로 봤어요. 피서철에 해운대에 저 쓰나미가 닥친다면 어떻게 될까 생각하니, 한마디로 충격과 전율이 온몸을 휘감았어요. 그해 12월부터 기획 작업에 들어가 동향 친구인 김휘 작가와 함께 2년 만에 시나리오를 탈고했습니다.

〈이미지 17.1〉 쓰나미로 폐허가 된 인도네시아 멀라보

2004년 12월 26일 인도네시아의 수마트라섬 아체주 앞바다에서 발생한 동남아 쓰나미는 아시아와 아프리카 14개국 연안을 덮쳐 23만여 명의 생명을 앗아갔다. 특히 진앙에서 가까운 인도네시아 아체주가 가장 큰 피해를 입어, 17만 명 넘는 사망 및 실종자가 발생했다.

영화 〈해운대〉의 시나리오는 쓰나미의 무대를 동남아에서 해운대로 대체해보자는 순간의 생각에서 시작되었다. 이 작품이 나오기 전에도 윤제균 감독은 〈두사부일체〉, 〈색즉시공〉, 〈1번가의 기적〉 등과 같은 흥행작의 감독을 맡았었는데, 흥행 비결에 대한 질문에 그는 다음과 같이 답했다(유재혁, 2009).

몇 작품을 해보니 분명해졌습니다. 대중성의 요체는 절반의 새로움과 절반의 익숙함이에요. 너무 새로운 것은 컬트죠. 모든 게 익숙하면 식상함이고요.

흥행의 비결에 대한 그의 대답은 "마케팅의 기본은 낯설고 달라야 하는 것이지만 소비자와 공감대를 형성할 수 있어야 한다"는 견해와 일맥상통한다(신병철, 2013). 낯설지만 공감이 갈 때 고객에게 호소력 있음을 설명하기 위해 신병철은 '중간불일치 가설Moderately Incongruity Hypothesis'이라는 것을 소개했다.

중간불일치 가설의 요지는 다음과 같다. 새로 입력되는 정보가 기존의 것과 매우 유사하면 사람들은 진부하다고 여겨 관심을 보이지 않는 반면, 기존의 것과 너무 다르면 굳이 그것을 이해하려 하기보다 외면한다는 것이다. 따라서 이목을 끌려면 "절반은 유사하고 절반은 상이해야 한다." 이것은 대중성의 요체가 "절반의 새로움과 절반의 익숙함"이라는 윤제균 감독의 견해와 같다.

이것은 음식의 세계에서도 통용된다. 14장에서 예로 든 뉴욕의 한 식당 단지 이야기로 돌아가보자. 이 식당의 셰프 김훈이는 언론 인터뷰에서 "치즈나 버터 대신 고추장과 된장을 넣은 한식을 만들어 미국

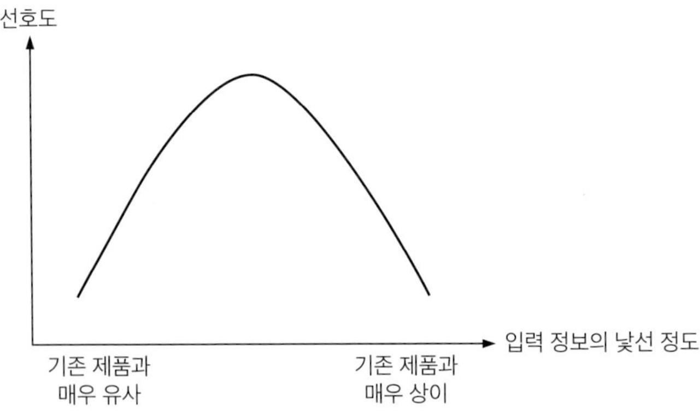

〈그림 17.1〉 중간불일치 가설(Moderately Incongruity Hypothesis)

인들이 좋아하게 만드는 것이 쉽지 않았을 것 같다"는 기자의 질문에 다음과 같이 답했다(신정선, 2014).

> 그들에게 가장 친숙한 음식에 한식 재료를 넣어 부담감을 줄였다. 미국인이 즐겨 먹는 슬라이더(작은 햄버거 빵)에 불고기와 제육볶음을 넣는 식이다. 보기에는 익숙한데 먹어보면 완전히 색다른 맛으로 놀라움을 주는 것이다.

그렇다면 '절반은 새롭고 절반은 익숙하게'라는 명제를 어떻게 하면 현실로 구현할 수 있을까? 영화 〈해운대〉 시나리오의 착상처럼 기존 시스템의 중요한 일부 요소를 새로운 것으로 바꾸는 것이 하나의 방법이다. 이것이 이번 장에서 다룰 '대체' 코드다.

요소 대체

시스템을 구성하는 요소 중 하나를 새로운 것으로 대체하는 '요소 대체'의 고전적인 예로 구찌의 뱀부백bamboo bag을 들 수 있다. 역사상 가장 큰 전쟁이었던 제2차 세계 대전이 끝난 직후 패전국이었던 이탈리아의 경제사정은 극도로 궁핍했다. 가방의 소재인 가죽을 구하기 어렵자 구찌는 가죽의 사용을 줄이기 위해 대나무로 눈을 돌렸다. 얼핏 생각하기에는 가죽과 전혀 어울리지 않을 것 같은 대나무에 열을 가해 부드럽게 만든 뒤 구부려서 가방의 손잡이로 사용한 것이 뱀부백이다.

〈이미지 17.2〉 뱀부백과 웨지힐

이 가방은 1947년에 출시되어 큰 인기를 끌었다. 잉그리드 버그먼Ingrid Bergman이나 엘리자베스 테일러Elizabeth Taylor와 같은 세기적 배우들이 영화에 이 가방을 들고 출연하고, 그레이스 켈리Grace Kelly나 재클린 케네디Jacqueline Kennedy와 같은 당대 패션 아이콘들이 이것을 애용하자 수많은 여성이 갖고 싶어 하는 구찌의 대표 상품으로 자리 잡았다.

또 다른 명품업체인 페라가모Ferragamo에도 비슷한 사례가 있다. 구두를 만드는 데 필요한 가죽이나 원목 등의 재료를 구하기 힘들어지자 페라가모는 코르크 조각으로 신발 밑창과 힐 사이의 공간을 채워 풀로 붙이고 다듬었다. 이렇게 탄생한 웨지힐wedge heel은 미국의 패션 잡지 『보그』에 실릴 정도로 선풍적 인기를 끌었다. 코르크는 와인 병마개 재료라는 고정관념을 깨뜨린 참신한 발상이었다. 이후 페라가모는 이 기술로 신발 역사상 최초로 특허를 받았다. 구찌의 뱀부백처럼 웨지힐도 페라가모의 대표적 효자 상품이 되었다.

뱀부백이나 웨지힐은 위기를 타개하기 위한 고육책으로 나온 것

〈이미지 17.3〉 아이스스케이트와 롤러스케이트

이지만 대체 코드의 효력을 잘 보여준다.

우리 주변에서 흔히 볼 수 있는 대체의 다른 예로 롤러스케이트와 롤러블레이드가 있다. 롤러스케이트는 스케이트 신발에 부착된 칼날을 바퀴로 대체해 아스팔트나 콘크리트 바닥 위에서 미끄러지며 탈 수 있도록 한 것이다. 롤러가 두 줄로 되어 있는 롤러스케이트는 어린아이들도 쉽게 탈 수 있지만 조금 지나면 흥미를 잃기 쉽다. 롤러스케이트의 난이도를 높이기 위해 두 줄로 되어 있는 롤러를 한 줄로 바꾼 것이 롤러블레이드다.

이번에는 음식 이야기를 해보자. 뉴욕의 한식당 단지 레스토랑의 예와 같이 새로운 요리란 대부분 퓨전 음식이며, 퓨전 음식에는 대체 코드가 들어 있다. 예를 들어 프레시니스버거와 함께 느리지만 신선한 음식으로 패스트푸드와 차별화한 모스버거의 성장비결 중 하나는 서양식 햄버거와 다른 메뉴의 개발이었다. 모스버거는 세계 최초로 빵 대신 쌀을 쓴 라이스버거를 도입했다. 주먹밥을 변형한 1천 원짜리 밥버거로 연매출 2천억 규모의 프랜차이즈가 된 봉구스 밥버거도 마찬가지다.

2010년 12월 남양유업은 성숙기에 진입한 유제품 시장의 한계를 돌파하기 위해 일명 '김태희 커피'라고 불리는 프렌치카페로 커피 시장에 뛰어들었다. 출시 6개월 만에 25년간 부동의 2위 자리를 지키던 한국네슬레의 테이스터스 초이스를 제쳤으며, 연간 매출액이 1천억 원을 넘어섰다. 이러한 놀라운 성과는 김태희라는 톱 모델의 역할만으로 설명되지 않는다.

성공의 비결은 "프림까지 좋아야 좋은 커피! 프렌치카페 카페믹스!"라는 광고 대사에 들어 있다. 커피믹스에는 기름 성분의 프림이 커피와 잘 섞일 수 있도록 해주는 합성물질인 카제인나트륨이 첨가되어 있는데, 이를 무지방우유로 대체한 것이다. 사실 카제인나트륨이 공인기관의 검증을 받아 오랫동안 식품에 사용되어왔다는 것을 생각하면 인체에 유해하다고 할 수는 없지만, 사람들은 왠지 인공화합물은 건강에 해로울 것이라는 선입관을 갖고 있다. 남양유업은 우유 시장에서 쌓아온 브랜드 이미지를 커피 시장에 이전할 수 있도록 인공화합물을 무지방우유로 대체하고, 이를 세일즈 포인트로 삼아 커피 시장을 공략한 것이다.

세계화에 성공한 대표적 일본 음식인 생선초밥은 생선과 초와 밥의 오묘한 조화로 사람들의 입맛을 사로잡는다. 그런데 생선과 초와 밥 중 하나를 다른 것으로 대체하면 어떨까? 산채초밥이 하나의 예다. 산나물을 좋아하는 사람에게 더없이 좋을 뿐 아니라 한여름에도 세균성 식중독의 염려 없이 즐길 수 있다.

미국 오션허거푸즈Ocean Hugger Foods에서는 채식주의자를 위한 토

〈이미지 17.4〉 아히미(Ahimi®) 초밥

마토 초밥인 '아히미Ahimi 초밥'을 개발했는데, 겉모양뿐 아니라 식감까지 참치초밥과 흡사하다. 국제채식인연맹IVU이 집계한 자료에 의하면 전 세계 채식 인구가 1억 8천만여 명이라고 하니, 결코 작은 시장이 아니다.

미국 셰프인 제임스 코웰James Corwell이 일본을 방문했을 때 수많은 사람이 참치초밥을 즐기는 걸 보고 "세상에서 참치가 없어진다면 어떻게 될까"라는 생각이 들었는데, 이것이 토마토 초밥 개발의 계기가 되었다. '아히미 초밥'은 토마토의 색감과 질감을 살려 참치 씹히는 맛을 구현했고 설탕과 간장으로 감칠맛을 살렸다. 여성들한테 인기를 끌면서 "맛있고 패셔너블하다"는 반응을 얻고 있다고 한다(최보윤, 2018).

수단 대체

목적을 달성하기 위한 수단이나 방법을 다른 것으로 바꾸는 '수단 대체'도 대체의 대표적 유형 중 하나다. 노트북 컴퓨터의 예를 보자.

〈이미지 17.5〉 애플 파워북(PowerBook)

노트북은 들고 다니면서 사용하는 것이므로 휴대성이 중요하다. 그래서 애플은 초기 노트북인 파워북을 설계할 때 휴대성에 디자인의 초점을 맞췄다. 노트북을 기차나 비행기 좌석 등에서 사용할 때 가장 불편한 점은 마우스를 놓을 마땅한 공간이 없다는 것이다. 이 문제를 해결하기 위해 파워북PowerBook은 마우스를 대체할 트랙볼을 본체에 내장했다. 1991년 출시된 이 제품은 1년 만에 매출액 10억 달러를 돌파했다. [참고: 트랙볼은 마우스라는 요소를 대체한 예로도 볼 수 있지만, 마우스는 노트북을 사용하기 위한 수단이므로 수단 대체로 분류했다.]

휴대성을 높이기 위해 노트북의 크기를 줄이면 자판이 작아져 문자를 입력하기 어렵다. 또한 노트북을 대체하고 있는 태블릿이나 대화면 스마트폰Phablet의 경우, 터치스크린을 통해 문자를 입력할 수 있으나 많은 양의 정보를 입력하긴 불편하다. 이러한 문제를 해결하기 위해 실물 자판을 가상 키보드로 대체한 것이 레이저 키보드Laser Projection Keyboard다. 레이저 광선이 바닥에 비춘 자판을 두드리면 광

〈이미지 17.6〉 레이저 키보드(Laser Projection Keyboard)

학 센서가 손가락의 움직임을 판독한다.

디지털 기술이 발전함에 따라 가상 제품이 실물을 대체하는 경우가 늘어나고 있다. 2014년 『타임』이 올해 25대 발명품 중 하나로 선정한 '일렉트릭 오브젝트Electric Objects'는 예술작품 감상을 위한 전용 디지털 액자다. 이 제품을 개발한 디지털 아티스트 제이크 러바인Jake Levine은 음악 애호가들이 음악 감상 전용 오디오를 구입하는 것을 고려해보면 예술작품 감상 전용 디지털 액자에 대한 잠재 수요가 적지 않을 것이라고 생각했다. 일렉트릭 오브젝트는 주변의 밝기에 따라 액자의 밝기가 자동으로 조절되며, 액자의 표면을 무광택으로 처리해 작품 감상에 방해가 되는 휘광을 제거했다. 스마트폰 앱을 이용하면 기분이나 분위기에 따라 작품을 수시로 바꿀 수 있다. 디지털 기술을 활용하는 예술가들이 늘어나면서 이 제품으로 감상할 수 있는 작품들이 풍부해지고 있다.

스포츠에 디지털 기술을 접목해 야외 운동을 실내 운동으로 대체하는 시장도 커지고 있다. [참고: 스포츠에 디지털 기술을 접목한 것은 결합

〈이미지 17.7〉 골프존(Golfzon)

코드로 분류할 수도 있지만, 신기술을 새로운 수단으로 이용한다는 측면에서 수단 대체에 포함시켜 설명했다.]

골프 클럽 제조사에서 자사 제품 사용 시 비거리 및 탄도를 분석하기 위해 연구용으로 개발한 '골프 시뮬레이터Golf Simulator'는 스크린 골프장이라는 새로운 시장을 창출했다. 골프장에 갈 시간적·경제적 사정이 여의치 않은 사람들이 여가로 골프를 즐기거나 연습을 하기 위해 스크린 골프장으로 몰리면서 시장 규모가 크게 확대되었다. 2000년 KAIST 창업보육센터에서 스크린 골프 사업을 시작한 골프존Golfzon은 2011년 5월 코스닥 상장 첫날 시가총액 1조 원을 넘길 정도로 크게 성장했다.

스크린 골프의 예에서 보듯이 디지털 기술과 접목된 체험형 상품의 시장 규모는 매우 크다. 재미樂·건강健·아름다움美·교육學 등과 같은 욕구는 지역이나 인종의 구분 없이 사람들이 갖는 보편적 욕구이므로, 이들이 디지털 기술과 접목되면 거대한 시장이 창출된다. 게임산업과 같이 재미 자체가 목적인 산업도 있지만, 체험형 상품은 재

〈이미지 17.8〉 투르 드 프랑스(Le Tour de France) 훈련용 자전거

미가 없으면 보급되기 어렵다. 『마법천자문』의 성공은 교육이 재미와 결합된 '에듀테인먼트' 상품이기 때문이며, 스크린 골프 시장의 성장에도 재미가 밑바닥에 있다.

디지털 기술이 건강 욕구와 접목된 다른 예를 보자. '투르 드 프랑스Le Tour de France(프랑스 일주)'는 가장 유명한 자전거 대회다. 1903년에 시작된 이 경기는 두 차례의 세계 대전 기간 동안 중단된 것을 제외하고 매년 개최되었기 때문에 개최 횟수가 100회를 훨씬 넘겼다. 프랑스와 그 주변국을 무대로 약 3,500킬로미터 거리를 21개 구간으로 나누어 2일간의 휴식을 포함해 23일 동안 달려야 하는데, 전 구간을 가장 짧은 시간에 주행한 사람이 우승자가 된다. 인간의 한계를 시험하는 이 경주의 규모는 올림픽과 월드컵 다음으로 크다.

프로폼ProForm사의 실내 운동용 자전거는 투르 드 프랑스 대회 공식 인증 자전거다. 이 자전거에는 대회 코스 중 24개가 내장되어 있는데, 그중 하나를 선택하면 10인치 고해상도 터치스크린을 통해 주행 경로의 실제 경관을 모사한 화면을 보면서 운동할 수 있다. 또한 실제로 야외에서 자전거 타는 것과 같은 느낌이 들도록 주행 경로의 오르막과 내리막에 따라 자전거 몸체의 경사가 앞뒤로 20%까지 자동으로 기울어진다.

또한 이 자전거에 내장된 구글 맵 기반의 iFit 라이브 기술Live Technology을 이용하면 지구상 어느 도로라도 주행 경로로 선택할 수 있다. 이뿐 아니라 주행 시간과 속도 및 거리, 분당 바퀴 회전수, 에너지 소모량 등과 같은 운동 정보도 터치스크린을 통해 볼 수 있다.

한국계 미국인 에릭 민Eric Min이 2014년 미국에서 창업한 '즈위프트Zwift'는 실내 자전거를 따로 살 필요 없이 바깥에서 타던 자전거를 그대로 들고 와서 뒷바퀴만 별도의 측정기기에 맞물리면 전용 소프트웨어를 통해 가상 라이딩을 즐길 수 있다. Zwift는 '재빠르다'라는 뜻의 영어 단어 'Swift'를 변형한 것인데, '5글자 이내의 유일무이한 이름'이란 작명 원칙하에 생각해낸 브랜드명이라고 한다.

즈위프트는 인터넷을 이용해 단조롭고 지루한 실내 자전거 운동을 가상 세계에서 다른 사람들과 즐기며 경쟁할 수 있도록 바꾸었다.

〈이미지 17.9〉 즈위프트(Zwift) 화면

즈위프트에 접속하면 선택할 수 있는 주행 경로와 경주race 목록이 나온다. 참여하고 싶은 주행 경로와 경주를 결정하면 자신의 사이클링 실력을 감안해 5가지 수준 중 하나를 선택할 수 있다. 최종 선택이 끝난 뒤 페달을 밟으면 몸무게와 페달을 밟는 힘, 가상 코스의 경사 등을 고려해 자신의 아바타가 화면 속에서 달리는 속도가 정해진다.

즈위프트에서는 4개의 주행 경로(와토피아Watopia라는 가상의 섬, 런던, 인스부르크, 리치먼드)를 제공하는데, 이 중 실제 경로를 그대로 모사한 것은 2015년 세계 도로자전거경기 선수권대회UCI Road World Championships 개최 지역인 미국 버지니아주 리치먼드 하나뿐이다.

투르 드 프랑스 훈련용 자전거와 달리 실제 경로보다 가상 경로를 사용하는 이유는 야외 주행을 즐길 수 있는 곳을 그대로 모사한다고 해도 실내 주행이 그리 즐겁지 않을 수 있기 때문이다. 예를 들어 오르막길을 수십 킬로미터 달리는 일이 야외에서는 신날 수 있지만 실내에서는 그렇지 않다. 이 때문에 즈위프트에서 제공하는 가상 주행 경로는 마이애미 해변과 같은 경치를 지나면 머지않아 중세 이탈리아 마을이 나타나는 식의 다양한 화면으로 구성되어 있다.

고故 정주영 회장의 창의력을 잘 보여주는 정주영식 물막이 공법도 수단 대체의 좋은 예다(엄광용, 2001).

1984년 서산 천수만 간척지 조성사업 당시 현대건설은 최종 물막이 공사에서 난관에 부딪혔다. 길이 6,400미터의 방조제를 양쪽 끝에서부터 쌓아오던 중 가운데 270미터를 남겨놓고 공사가 중단되었다. 초속 8미터의 엄청난 급류 때문에 철사로 돌망태를 엮어서 쏟아부어도 계속 쓸려나갔다. 이것을 본 정주영이 큰 소리로 외쳤다.

〈이미지 17.10〉 정주영식 물막이 공법

"고철로 팔아먹으려고 사온 유조선 있지? 그걸 당장 서산 앞바다로 끌고 와!"

당시 현대는 해체해서 고철로 팔기 위해 30억 원을 주고 스웨덴에서 사온 폐廢유조선을 울산 앞바다에 묶어두고 있었다. 332미터 길이의 이 고철선에 물을 채운 뒤 가라앉혀서 거센 물결을 막을 수 있었다. 사상 초유의 이 공법은 『뉴스위크』와 『타임』에 소개되었다.

정주영 공법보다 훨씬 더 큰 규모의 대체 사례가 있다. 미국 역사상 가장 큰 부자는 석유왕 존 록펠러John D. Rockefeller다. 전성기 때 그의 재산을 현재가치로 환산하면 빌 게이츠보다 3배 이상 된다고 한다. 다음은 그가 재산을 불려나가던 시절의 이야기다.

1870년 록펠러는 오하이오주 클리블랜드에 스탠더드오일Standard Oil을 설립하고 원유를 채굴, 정제해서 미국 전역에 판매했다. 회사 이름에 '스탠더드'를 넣은 것은 자신들이 판매하는 등유는 규격에 부합하는 믿을 만한 품질이라는 것을 강조하기 위해서였다. 당시 많은 사람이 등유에 불순물이 섞여 폭발하지 않을까 우려했다고 한다.

록펠러는 사업의 성공 여부가 물류비용을 얼마나 낮추는가에 달려 있다고 보고, 인수합병을 통해 몸집을 키운 뒤 철도왕으로 불리던 코닐리어스 밴더빌트Cornelius Vanderbilt에게 운송 독점권을 주는 대신 운임을 대폭 낮추었다. 록펠러의 생산능력이 밴더빌트의 수송능력을 넘어서자 그 틈새를 밴더빌트의 경쟁자 토머스 스콧Thomas A. Scott이 치고 들어왔다. 스콧이 운영하던 펜실베이니아 철도회사는 밴더빌트보다 더 좋은 조건을 록펠러에게 제시했다. 밴더빌트는 이러한 출혈경쟁이 공멸을 초래할 것이라 보고 스콧을 설득해 공동으로 운임을 대폭 인상했다.

록펠러는 이러한 담합을 자신에 대한 중대한 도전으로 보고 사업의 명운을 건 건곤일척의 승부를 선택했다. 석유를 수송할 다른 대안을 찾기로 한 것이다. 만약 그 방법을 찾지 못하면 사업을 접어야 할 만큼 대체수단을 찾는 것이 절박했다. 정유공장 내에서 기름이 파이프로 이동되는 것을 본 록펠러는 파이프를 이용해 장거리 수송을 못할 이유가 없다고 생각했다. 충분한 양의 석유를 수송하기 위해 큰

〈이미지 17.11〉 석유왕 록펠러(J. D. Rockefeller)와 철도왕 밴더빌트(C. Vanderbilt)

직경의 송유관을 장장 6,400킬로미터나 연결했다. 송유관을 설치하기 전에는 철도가 미국의 최대산업이었지만 전체 수송물량의 40%를 차지하던 록펠러의 물량이 사라지자 경제가 공황상태에 빠진다. 철도왕 밴더빌트는 최고 부자 자리를 록펠러에게 넘겨주고 눈을 감았으며, 스콧은 이후 재기하지 못했다.

광고에서의 대체 코드 활용

대체 코드는 특히 광고에서 많이 활용된다. 아마도 사람들의 이목을 끌기 위해서는 무엇보다 '절반은 새롭고 절반은 익숙하게'라는 원칙이 중요하기 때문인 듯하다.

"이것도 갈릴까? 그것이 궁금하다!" 믹서기 제조업체 블렌텍Blendtec의 CEO 톰 딕슨Tom Dickson이 유튜브에 올리는 동영상 광고들의 시작 멘트다. 2007년 아이폰이 전 세계적으로 돌풍을 일으키자 "아이

〈이미지 17.12〉 블렌텍(Blendtec)의 믹서기 광고

폰도 갈릴까? 그것이 궁금하다!"라는 광고를 올렸다. 아이폰을 믹서기로 간다니 정말 궁금하지 않는가? 믹서기에 들어간 아이폰은 얼마 후 검은색 가루로 변하며 연기를 뿜어냈다. 믹서기의 성능에 대한 강한 인상을 극적으로 전달한 이 광고의 핵심은 믹서기에 넣는 내용물을 식품 대신 당시 최고의 히트상품이던 스마트폰으로 대체한 것이다. 이 동영상이 입소문을 탄 후 블렌텍의 매출액은 7배 늘어났다고 한다.

2010년 아이패드가 출시되자 이번에는 "아이패드도 갈릴까? 그것이 궁금하다!"라는 후속 광고를 내보냈다. 또한 2012년 삼성의 갤럭시S3가 아이폰5의 강력한 대항마로 등장하자 "아이폰5와 갤럭시S3의 대결, 어떤 것이 먼저 갈릴까? 그것이 궁금하다!"라는 광고를 내보냈다. 아이폰과 갤럭시 중 어떤 것이 먼저 갈릴지 정말 궁금하지 않은가? 결과는 싱겁게도 두 제품이 거의 같은 시간에 검은 가루로 변했다.

청년 일자리 부족 문제는 영국도 예외가 아니다. 케임브리지 대학교를 졸업한 20대 초반의 로스 하퍼Ross Harper와 에드워드 모이즈Edward Moyse는 학자금으로 수천만 원을 대출받았으나 졸업 후 마음에 드는 일자리를 찾지 못했다. 2011년 10월 이들은 "얼굴을 광고판으로 대체하자"는 기발한 아이디어를 내고 바이마이페이스buymyface.co.uk라는 인터넷 사이트를 개설했다.

사업방식은 간단하다. 얼굴에 광고를 그리고 하루 종일 사람들이 붐비는 곳에 서 있거나 돌아다니는 것이다. 사실 요즈음은 광고가 넘쳐나기 때문에 사람들이 광고판이나 홍보 전단지를 외면한다. 그러나 페이스페인팅을 한 사람과 마주친다면 호기심을 가지고 쳐다보지 않을 사람이 없다. 사업 첫날 1파운드로 시작한 1일 광고 단가는 얼마 지나지 않아 400파운드로 치솟았고, 사업을 시작한 지 반년 만에 대출금을 모두 갚았다. 새로운 인터넷 사업을 시작하기 위한 종잣돈을 모을 때까지 이들은 얼굴 광고판 사업을 계속했다.

얼굴 광고판이 입소문을 타자 일본에서는 짧은 치마를 입은 여성의 허벅지를 광고판으로 이용하는 사업이 등장했다. 또한 미국 텍사스주 오스틴에 사는 브랜든 치코츠키Brandon Chicotsky라는 청년은 대머리를 광고판으로 사용하는 회사를 차리고 볼드로고닷컴BaldLogo.com이라는 웹 사이트를 개설했다. 자신의 벗겨진 머리에 광고주의 로고나 그림을 그린 후 하루 6시간 정도 길거리나 사람이 많은 공공장소 등을 다니는데, 이를 통해 벌어들이는 수익의 절반을 원형탈모증 환자를 돕는 단체에 기부한다고 한다.

〈이미지 17.13〉은 광고전문가 이제석이 디자인한 살충제 레이드Raid의 광고다. 레이드 상표가 붙은 폭스바겐의 딱정벌레beetle 차가

〈이미지 17.13〉 살충제 레이드(Raid) 광고

뒤집혀 있는 이 광고를 보면 살충제의 성능에 대한 다른 설명이 필요 없다. 딱정벌레를 딱정벌레 형상의 자동차로 대체한 기막힌 광고다.

광고가 다른 예술 장르와 다른 점은 10초 내외 짧은 시간 안에 전달하고자 하는 메시지가 머릿속에 팍 꽂혀야 한다는 것이다. 이 제석의 레이드 광고는 대체 코드를 적용해 이러한 특성을 잘 충족시켰다.

18

CIC 사고도구: 유추

Analogy

유레카의 방아쇠

우리가 잘 알고 있는 기원전 3세기의 유레카 이야기를 생각해보자. 히에론 2세는 신에게 바칠 순금 왕관을 만들라고 세공사에게 순금 덩어리를 주었다. 얼마 후 세공사로부터 완성된 왕관을 받은 임금은 세공사가 은을 섞지 않고 순금만으로 왕관을 만들었는지 아르키메데스에게 확인하라고 명령했다. 왕관을 부수지 않고 그것이 순금으로만 만든 것인지 알아낼 방도가 없어 고민하던 아르키메데스는 어느 날 욕조에 몸을 담그자 넘쳐나는 물을 보고 해결책을 떠올렸다. 그는 기뻐서 옷을 벗은 것도 모른 채 거리로 뛰쳐나오며 "유레카Eureka!"라고 외쳤다. 유레카는 그리스 말로 '난 알아냈어'라는 뜻이라고 한다.

그가 생각해낸 것은 물질의 무게가 같더라도 비중이 다르면 부피가 달라지므로 물에 담갔을 때 물을 밀어내는 양이 다르다는 사실이었다. 왕관을 순금으로 만들었다면 왕관을 물에 넣을 경우와 같은 무게의 순금을 물에 넣으면 밀어낸 물의 양이 동일해야 한다. 이 방법을 이용해 아르키메데스는 순금 왕관이 아니라는 것을 밝혔다. 아르키메데스는 욕조에 몸을 담갔을 때 물이 넘치는 것을 보고 그 해결책을 유추한 것이다.

〈이미지 18.1〉 사색에 잠긴 아르키메데스(Archimedes)

'유추'란 둘 또는 그 이상의 현상이나 시스템 사이 내적 관계의 유사성 또는 기능적 유사성을 인식하는 것을 말한다(Root-Bernstein and Root-Bernstein, 2001). 미국 인지심리학회지에 발표된 「유추적 문제해결」이란 논문은 유추를 설명할 때 자주 인용된다(Gick and Holyoak, 1980). 이 논문은 심리학자 칼 던커가 1945년에 소개한 방사선 문제를 이용했는데, 연구의 주요 내용은 다음과 같다(김경일, 2013).

실험에 참여한 사람들에게 위장에 악성종양이 있는 환자를 치료해야 할 의사가 되었다고 가정하라고 했다. 종양을 제거하지 않으면 머지않아 환자가 죽지만 외과적 수술이 불가능한 상황이다. 강한 방사선을 조사照射하면 종양을 파괴할 수 있지만, 이 경우에는 방사선이 지나가는 곳에 있는 다른 정상세포들까지 다 파괴된다. 그렇다고 정상세포에 손상이 없을 정도로 방사선의 강도를 낮추면 종양을 소멸시킬 수 없다. 방사선을 이용해서 악성종양을 파괴시키면서도 정상세포에 손상을 주지 않는 방법이 없을까?

이러지도 저러지도 못하는 이 문제의 해결책을 찾기란 쉽지 않다. 실험에 참여한 사람 중 10명에 1명 정도만 해결책을 찾는다고 한다. 대부분 사람이 해결책을 찾지 못하자 잠시 머리를 식힐 겸 화제를 돌려 다음과 같은 '공격-분산 이야기'를 들려준다.

한 장수가 적의 요새를 공략하기로 했다. 이 요새는 지역 중심에 있기 때문에 여러 갈래의 길이 사통팔달로 연결되어 있다. 대규모 병력이 진격해오는 것을 저지하기 위해 적들은 길목마다 지뢰를 매설해놓았다. 이 때문에 대규모 병력을 동원해서 적의 요새를 공격할 수 없다. 그렇다고 밟아도 지뢰가 터지지 않을 정도로 병력의 규모를 줄이면 전투에서 이길 수 없다. 이러한 상황에서 어떻게 하면 적의 요새를 공략할 수 있을까? 소규모 병력을 여러 갈래의 길로 나누어 투

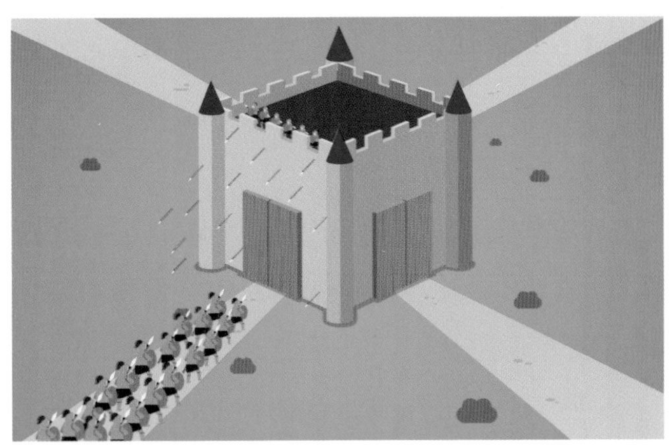

〈이미지 18.2〉 공격-분산 이야기(Attack-Dispersion Story)

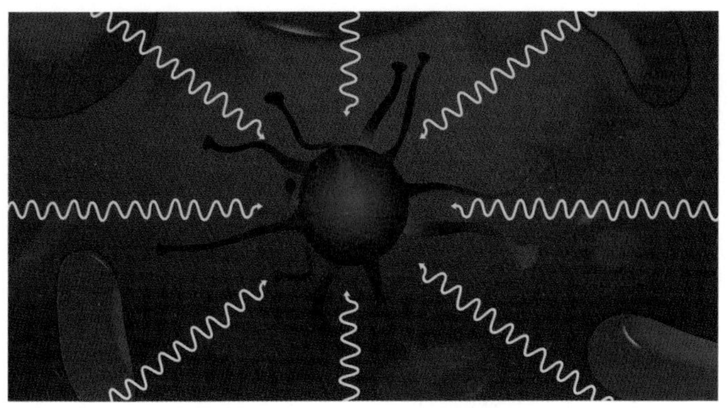

〈이미지 18.3〉 종양 문제의 해결책

입한 뒤 요새 앞에 집결된 병력이 일시에 함께 공격하면 된다.

이 이야기를 들려주면 종양 문제의 해결책을 찾는 사람이 10%에서 30%로 증가한다. 이때 공격-분산 이야기가 종양 문제 해결에 도움이 된다고 한마디만 더 해주면 대부분 사람이 종양 문제의 해결책을 찾는다고 한다. 이 이야기를 읽은 여러분도 이미 그 해결책을 찾았을 것이다.

방사선의 강도를 낮추되 여러 방향에서 동시에 종양을 향해 방사선을 조사하면 된다. 이렇게 하면 악성종양 주위의 정상세포들은 손상되지 않고, 목표 지점에 집중된 방사선이 하나로 합쳐져 종양을 파괴한다.

군사 영역의 공격-분산 이야기가 의료 영역의 종양 문제를 해결하는 데 크게 도움이 되는 이유는 내적 관계가 매우 유사하기 때문이다. 〈표 18.1〉은 두 문제의 유사성을 정리한 것이다. 이 표의 좌우를 비교해보면 뚜렷한 내적 관계의 유사성을 볼 수 있다.

공격-분산 이야기	방사선 문제
요새가 지역 중심에 있다. 요새로 통하는 길이 여러 갈래 있다.	악성종양이 복부 중심에 있다.
장수는 병력을 동원해서 적의 요새를 공략하고자 한다.	의사는 방사선을 이용해서 악성종양을 파괴시키고자 한다.
장수는 지뢰로부터 자신의 병력과 인근 마을을 보호하고자 한다.	의사는 방사선으로부터 악성종양 주위의 정상세포를 보호하고자 한다.
소규모 병력으로는 적의 요새를 함락시킬 수 없다.	낮은 강도의 방사선으로는 악성종양을 파괴할 수 없다.
대규모 병력을 동원하면 지뢰 폭발로 병력과 인접 마을이 큰 피해를 입는다.	센 강도의 방사선을 조사하면 악성종양 주위의 정상세포가 파괴된다.
장수는 병력을 나누어 여러 갈래 길로 분산 투입한다.	의사는 방사선의 강도를 낮추어 여러 방향에서 조사한다.
분산 투입된 소규모 병력들이 요새 앞에 집결한다.	여러 방향에서 조사된 낮은 강도의 방사선이 모두 악성종양을 향한다.
이런 방법으로 요새를 공략한다.	이런 방법으로 악성종양을 파괴한다.

〈표 18.1〉 공격-분산 이야기와 방사선 문제의 내적 관계(Gick and Holyoak, 1980).

이미지 유추

'이미지 유추'는 다른 사물의 시각적 이미지를 자신의 과제로 전이轉移시키는 것을 말한다. 이미지 유추가 적용된 제품 중 많은 사람에게 친숙한 것으로 이탈리아의 알레산드로 멘디니Alessandro Mendini가 디자인한 와인 병따개 '안나 GAnna G'가 있다(정경원, 2012).

단발머리에 미소를 머금은 소녀가 세련된 드레스를 입고 있는 것처럼 보이는 안나 G는 이를 디자인한 멘디니가 당시 자신과 열애 중이던 젊은 연인 안나 질리의 이미지를 형상화한 것이라고 한다. 안나 G를 와인병 위에 놓고 머리 부분을 돌리면 치마 안에 있는 스크루가 와인병의 코르크 마개 속으로 들어가면서 팔이 위로 올라간다. 올라

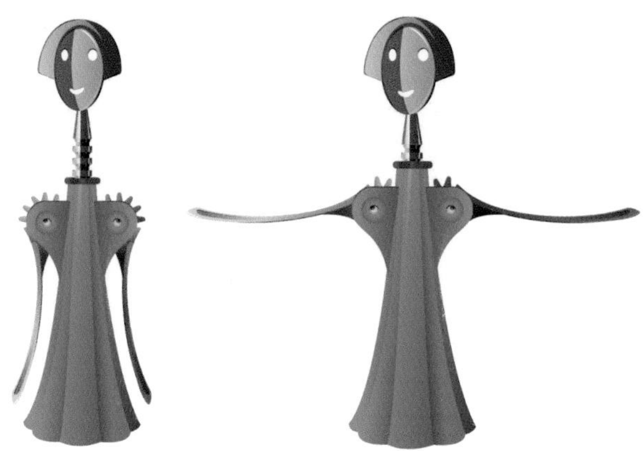

〈이미지 18.4〉 와인 병따개 안나 G.

간 양쪽 팔을 내리면 코르크 마개가 병에서 빠져나온다.

원래 이 제품은 1994년 전자회사 필립스Philips가 기자회견 기념품용으로 이탈리아의 디자인 기업 알레시Alessi에 의뢰해서 만든 것이다. 처음엔 5천 개 한정판으로 만들 계획이었으나 많은 사람의 문의가 이어지자 판매용으로 양산量産했다. 안나 G는 출시 후 10년 동안 1천만 개나 판매되었으며, 그 이후에도 평균적으로 1분에 1개씩 계속 팔린다고 한다.

휴대용 정보기기는 내장 배터리가 모두 방전되면 무용지물이므로 보조 배터리를 가지고 다니는 사람이 많다. 휴대용 보조 배터리로 태양광을 이용하고자 할 경우, 집광판이 커야 빨리 축전할 수 있지만 집광판이 크면 휴대하기 불편하다.

하미코리아Hameekorea의 김진석, 박정준, 나용민 디자이너는 집광판이 크면서도 휴대하기 편한 태양광 보조 배터리를 고안했다. 접이식 부채를 모방해 사용하지 않을 때는 막대기처럼 들고 다니다가 사

〈이미지 18.5〉 판타스틱(Fantastick)

용할 때만 부채처럼 펼 수 있도록 디자인했다. 부채fan와 막대기stick라는 영어 단어를 결합해 '판타스틱Fantastick'이라고 이름 붙인 이 휴대용 태양광 보조 배터리는 K 디자인 어워드 대상을 수상했다.

건축물 설계에도 이미지 유추가 종종 적용된다. 미국 캘리포니아 주립대학교 샌디에이고 캠퍼스의 가이젤 도서관Geisel Library은 미국 CNN 방송 여행 전문 사이트인 'CNN 트래블'이 선정한 세계에서 가장 아름다운 7대 도서관 중 하나로 선정된 바 있다(정경원, 2017). 이 건물의 기본구조는 도서관이라는 이미지에 걸맞게 손을 벌려 책을 떠받치는 모양을 하고 있다.

〈이미지 18.6〉 가이젤 도서관(Geisel Library)

싱가포르에 있는 '인터레이스Interlace 아파트 단지'는 높은 건물들이 수직의 숲을 이루는 기존 단지들과 달리 '섞어 짜다'라는 의미의 '인터레이스'라는 이름처럼 수평으로 서로 엮여 쌓여 있는 모습이다(정경원, 2018). 이 아파트 단지는 중국 베이징의 CCTV 방송국 본사 건물을 설계한 독일의 유명한 건축가 올레 스히렌Ole Scheeren이 설계했다. 이 아파트 단지는 높이가 같은 31개의 6층 건축물 블록을 육각형 형태로 쌓아 올리고, 튀어나온 모서리에는 옥상 정원, 스카이 테라스, 계단식 화분이 놓인 대형 발코니로 꾸몄다. 또 아파트 단지에는 정원이나 수영장 또는 연못 등이 있는 서로 다른 8개의 공원을 조성했다.

통상적으로 '아파트 단지'라고 하면 획일화된 형태의 고층건물들이 좁은 부지 안에 나란히 늘어서 있는 모습을 떠올린다. 이러한 고정관념을 타파한 인터레이스 단지는 2015년 세계건축박람회에서

〈이미지 18.7〉 인터레이스(Interlace) 아파트 단지

'올해의 건축물'로 선정되었다. 이 건물을 설계한 스히렌은 '주택 부족 해결'과 '공동 공간 창출'이라는 두 가지 문제를 동시에 해결하기 위한 방안을 모색하던 중 고층 아파트를 단지 내에 밀집시키는 대신 장난감 블록을 쌓아놓은 형태로 대체한다는 아이디어를 떠올렸다고 한다(방승언, 2015).

1863년 1월 런던에서 세계 최초 도시 지하철이 개통되었다. 개통 초기에는 지하철 노선이 단순해 노선도를 그리는 것이 문제없었다. 그러나 지하철이 확장되고 지선支線들이 늘어나면서 노선도가 복잡해졌다. 지하철역의 지리적 위치를 기준으로 작성한 노선도는 구불구불하고 도심지역은 역들이 촘촘하게 있어 판독하기 어려웠다.

오늘날 우리가 사용하는 형태의 지하철 노선도는 해리 베크Harry Beck가 디자인한 것이다. 런던 지하철 통신사무국에서 제도사製圖士로

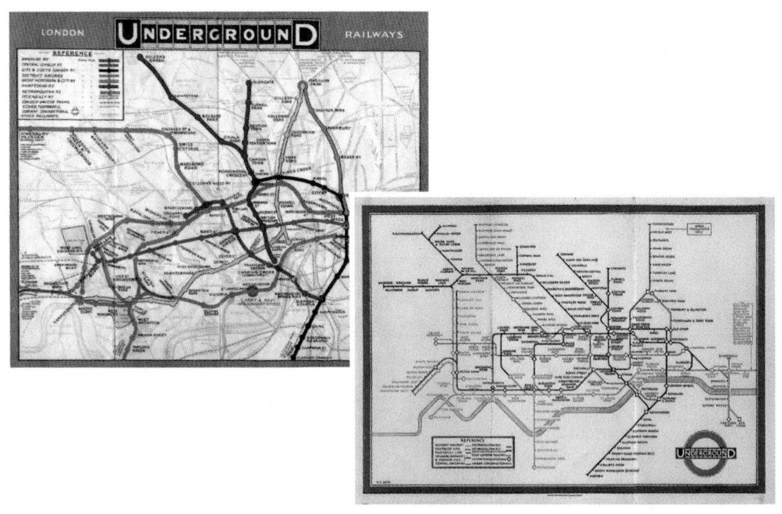

〈이미지 18.8〉 런던 지하철 노선도
(왼쪽은 1909년 노선도, 오른쪽은 1933년 배포된 해리 베크의 노선도)

근무하던 그는 지하철 이용객들의 관심사가 지리적 정확성이 아니라 "목적지에 가려면 어느 노선을 타고 어디에서 환승해야 하는가?"라는 점에 착안해, 지리적 기반의 노선도를 버리고 수직, 수평, 대각선을 이용한 기하학적 형태의 노선도를 짬짬이 그렸다.

1931년 새로운 노선도가 완성되자, 베크는 당시 런던 지하철 사장에게 제출했다. 그러나 디자인이 너무 파격적이라는 이유로 채택되지 못했다. 끈질긴 설득 끝에 이듬해 500부를 만들어 몇 개의 지하철역에 시험적으로 배포했는데 순식간에 동났다. 그다음 해 70만 부를 새로 찍어 배포했는데 이것도 한 달 만에 다 소진되었다. 그 후 모든 지하철 노선도는 해리 베크의 방식대로 제작되고 있다. 베크는 전기회로도를 그리던 중 그와 유사한 이미지의 지하철 노선도에 대한 영감을 얻었다고 한다.

〈이미지 18.9〉는 광고에 이미지 유추가 적용된 예다. 광고전문가 이제석이 부산경찰청의 의뢰로 디자인한 것인데, '총알같이 달려가겠습니다'라는 문구와 함께 경찰차가 총알같이 건물 벽을 뚫고 지나가는 것을 보여준다. 누구라도 눈길을 줄 수밖에 없는 기발한 작품이다.

많은 광고를 눈여겨보면 이미지 유추가 많이 사용되는 것을 알 수

〈이미지 18.9〉 부산경찰청 광고

〈이미지 18.10〉 지구온난화 경고 공익광고

있다. 이것은 아마도 짧은 시간에 강한 인상을 주어야 하는 광고의 특성과 관련이 깊은 듯하다. 이미지 유추를 이용한 이제석의 공익광고 하나를 더 보자.

〈이미지 18.10〉은 미국 뉴욕에 있는 비영리 환경보호단체 NRDC Natural Resources Defense Council의 후원으로 제작된 공익광고인데, '지구온난화의 피해가 끔찍하다'는 메시지를 독창적인 방법으로 전달하고 있다. 창문에 반투명 스티커로 도시의 모습과 해수면을 그려 넣어, 환기를 위해 창문을 올릴 때마다 도시의 고층 건물이 바다에 잠기는 모습을 보여준다. 지구 온난화로 인해 극지방의 빙하가 녹으면 해수면이 상승해 얼마나 큰 피해를 줄 수 있는지 인상적으로 보여준다.

사람이 무언가에 몰입하면 풀리지 않던 문제의 해결 실마리를 꿈속에서 얻는 경우가 있다는 것을 16장에서 기술한 바 있다. 화학자 케쿨레F. A. Kekule가 발견한 벤젠의 고리형 분자모형도 그중 하나다(이영완, 2002).

〈이미지 18.11〉 케쿨레와 그가 발견한 벤젠의 분자모형을 담은 기념우표

벤젠은 탄소C 원자 6개와 수소H 원자 6개로 구성된 유기화합물로서 플라스틱, 염료, 세제, 살충제 등의 원료로 사용된다. 종전의 직선형 분자모형으로는 벤젠의 구조를 설명할 수 없어서 고민하던 케쿨레는 어느 날 난롯가에서 잠깐 잠을 자다가 뱀 한 마리가 자기 꼬리를 물고 꿈틀거리는 꿈을 꾸었다. 꿈에서 깨어난 그는 뱀이 자신의 꼬리를 물고 있는 형상에서 유추한 고리 모양의 분자모형을 생각해냈다.

영국의 작가이자 평론가였던 아서 쾨슬러Arthur Koestler는 이를 두고 "여윈 암소 7마리가 살찐 암소 7마리를 잡아먹는 이집트 왕의 꿈을 풍년과 흉년이 7년씩 계속될 것"이라고 요셉이 해몽한 구약성서 「창세기」의 기록 이래 역사상 가장 중요한 꿈이었다고 말했다.

기능 유추

문제해결과 관련해서 가장 많이 활용되는 유추의 형태는 '기능 유추'

다. 6장에서 이미 설명한 바와 같이 다이슨의 먼지봉투 없는 청소기도 목공소에서 사용되던 사이클론 집진기의 기능에서 유추한 것이다. 이미 몇 차례 예로 든 라면 이야기로 돌아가보자.

제2차 세계 대전 종전 후 식량 부족이 극심하던 시절 안도 모모후쿠는 "추운 밤 포장마차에서 라면을 먹기 위해 사람들이 길게 줄 서 있는 것을 보고 간편하게 끓여 먹을 수 있는 인스턴트 라면을 개발하기로 마음먹었다"고 한다. 뜨거운 물만 부으면 먹을 수 있는 인스턴트 라면을 개발하기 위해, 안도는 자기 집 마당에 3평짜리 작은 실험실을 만들었다. 가장 어려운 문제는 맛을 가미한 라면을 장기간 부패하지 않도록 보존하는 것과 뜨거운 물을 부으면 빠른 시간 내 부드러운 면발로 돌아가는 방법을 찾는 것이었다.

1년 넘게 실패를 거듭하던 중 부인이 저녁 식사를 준비하기 위해 튀김을 만드는 것을 보고 "식품을 튀기면 식재료 내의 수분이 밀가루를 입힌 튀김의 표면을 뚫고 단기간에 증발해 바삭바삭하게 건조되는데 면麵도 같지 않을까?" 하는 생각이 머리를 스쳤다고 한다. 맛을 가미한 면을 기름에 튀기면 건조과정에서 표면에 작은 구멍들이 생기고, 다시 뜨거운 물을 부으면 이 구멍들을 통해 수분이 흡수되면서 빠른 시간 내 면이 부드러운 원래 상태로 되돌아간다. 이처럼 안도는 튀김 건조에서 유추해 라면 제조에 사용되는 '순간 유열건조법'을 개발했다.

회전초밥은 맥주공장의 운반공정을 보고 아이디어를 생각해낸 것이다. 1947년 당시 33세의 히로이시 요시아키白石義明는 오사카에서 겐로쿠元綠라는 작은 생선초밥 가게를 운영하고 있었는데, 어느 날

〈이미지 18.12〉 회전초밥에 적용된 유추

아사히 맥주공장에 견학을 갔다. 거기서 컨베이어 벨트를 보는 순간 "저 컨베이어 위에 초밥을 얹어서 돌리면 어떨까?" 하는 생각을 했다. 수많은 시행착오 끝에 1958년 그는 세계 최초로 회전초밥 가게를 열었다. 2001년 87세의 나이로 세상을 뜰 때 그가 설립한 겐로쿠상요元禄産業는 일본 내에 250여 개의 지점을 운영할 정도로 사업이 번창했다.

근래 들어 미세먼지에 대한 우려가 점증해 공기청정기의 사용이 늘어나고 있다. 공기청정기가 제 기능을 발휘하려면 필터를 제때 청소 또는 교체해야 하지만 필터 청소나 교체에 어려움을 느끼는 사람이 많다.

건국대학교 백인엽, 곽현재, 안정현, 이상현, 이재범이 고안한 '에어 토스터Air Toaster'는 토스터에서 구워진 빵이 위로 올라오는 것처럼 필터의 청소나 교체가 필요할 때쯤 필터가 공기청정기 위로 올라온다. 만약 이 아이디어가 현실화된다면 필터 청소나 교체가 쉬워질

〈이미지 18.13〉 에어 토스터(Air Toaster)

것이다. 이 아이디어는 K 디자인 어워드를 수상했다.

이번에는 치아 미백제에 대한 이야기다. 활짝 웃을 때 새하얀 이가 반짝인다면 상큼하게 보일 것이다. 입이 큰 서양 여자들에게는 새하얀 이가 더욱 돋보이기 때문인지 미국에서는 치아 미백용 젤이 주요 화장품 중 하나로 장기간 사용되어왔다. 그러나 미백제 사용법이 여간 번잡하지 않았다. 이빨을 본떠 치아를 감싸는 용기tray를 만들고 용기 내부에 미백용 젤을 바른 다음 치아에 끼우고 보름가량 있어야 했다.

사용 방법이 번잡한 것도 문제지만 미백용 젤이 침을 통해 내장으로 들어갈 경우 몸에 해로울 수 있다. 그렇다고 젤의 농도를 낮추면 치아에 끼우는 용기를 더 오랜 기간 착용해야 한다. 이러한 문제를 일거에 해결한 것이 P&G가 개발한 크레스트 화이트스트립스Crest Whitestrips다. 미백 성분이 들어 있는 투명 테이프를 치아에 2주 정도 붙여두면 미백제가 치아 표면에 서서히 침투한다. 따라서 생활하기에 불편한 점이나 부작용이 거의 없다. 화이트스트립스는 몸에 붙이는 파스와 금연 패치에서 유추한 것이다.

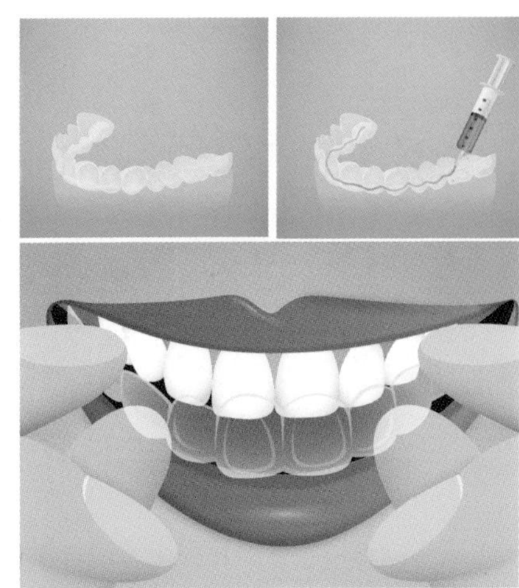

〈이미지 18.14〉 치아 미백용 젤의 사용

이처럼 다른 분야에서 사용되고 있는 기능이나 기술을 이용해 해결책을 찾는 것을 3장에서 설명한 TRIZ에서는 'FOSFunction-Oriented Search(기능중심탐색)'라고 한다.

포뮬러원Formula One은 세계 최고속 자동차 경주 대회다. 평균 55바퀴의 트랙을 질주하는 경기 중간에 '피트 스톱Pit Stop'으로 불리는 정비소에 정차해 타이어와 손상된 부품 교체 등 정비작업을 실시한다. 예전에는 연료도 주입했으나 화재 위험 때문에 지금은 연료 주입이 금지되어 있다. 0.001초를 다투는 경기 특성상 피트 스톱에서의 작업은 놀라운 속도로 진행된다. 피트 크루Pit Crew로 불리는 20명 내외의 작업자가 서로 보조를 맞춰 2초 이내에 타이어 4개를 교체할 정도다.

자동차 경주 못지않게 촌각을 다투는 곳이 병원 응급실이다. 생명이 위독한 환자가 실려오면 여러 명의 의료진이 달라붙어 빠른 시간 내 필요한 조처를 끝내야 한다. 영국의 한 병원은 포뮬러원의 피트 크루 작업방식을 벤치마킹해 응급 환자를 신속하고 정확하게

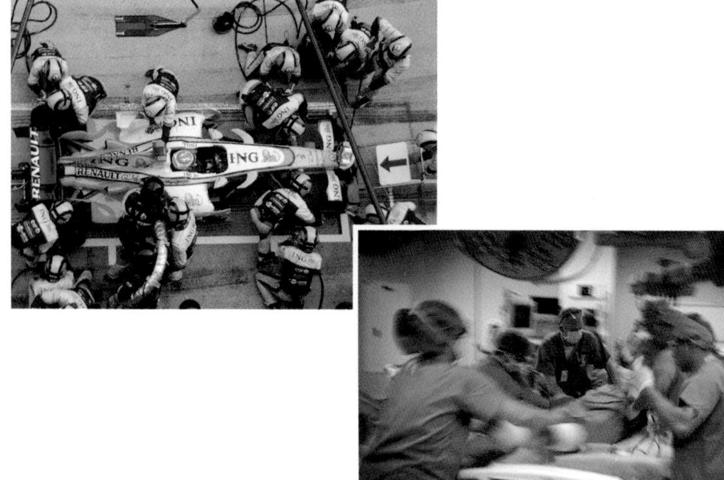

〈이미지 18.15〉 F1과 응급실

진료하도록 프로세스를 개선했다고 하는데, 이것도 FOS라고 볼 수 있다.

내가 필요로 하는 기능을 다른 곳에서 찾으려 하는 것이 FOS라고 한다면 그와 반대로 내가 보유하고 있는 기능을 새로운 곳에 활용하려는 것을 'Inverse FOS'라 한다. 예를 들어 세탁용 가루세제에 들어가는 건조기술을 인스턴트커피, 감자칩, 종이타월 등의 제조에 활용할 수 있다.

후지필름이 만드는 화장품 '아스타리프트ASTALIFT'는 Inverse FOS의 대표적 사례다. 디지털카메라의 보급으로 화학필름 시장이 사라지면서 코닥은 파산했지만, 후지필름은 신사업 개발을 통해 성공적인 변신을 하고 있다. 후지필름의 신사업 중 하나가 화장품이다. 얼핏 보기에는 필름과 화장품이 전혀 다른 분야로 생각되지만, 그렇지 않

〈이미지 18.16〉 후지필름의 아스타리프트(ASTALIFT)

다. 필름의 원재료는 콜라겐이다. 노화방지에 효과가 있는 콜라겐은 화장품에 많이 쓰인다. 70년 이상 콜라겐 합성물을 만든 후지필름은 다른 어떤 기업보다 관련 기술을 잘 알고 있어, 이를 토대로 화장품 시장에 뛰어든 것이다.

운영시스템 유추

'운영시스템 유추'는 슈퍼마켓의 운영방식에서 영감을 얻은 토요타 Toyota의 생산방식처럼 다른 분야의 사업 운영방식을 모방하는 것을 말한다. 먼저 많이 알려진 토요타 생산방식의 유래를 살펴보자.

토요타 생산방식의 창안자인 오노 다이이치大野耐一는 1956년 미국을 방문했을 때 슈퍼마켓의 운영방식을 보고 깊은 인상을 받았다. 당시 일본에는 슈퍼마켓이 없었다. 슈퍼마켓에서는 진열된 물품 중 판매되어 진열대가 빈 만큼 주기적으로 보충한다. 오노는 이를 보고 자동차도 수요에 상관없이 계속 만들어 쌓아놓고 판매할 것이 아니라 기본적인 재고만 유지한 상태에서 고객이 자동차를 사가면 팔린 만큼만 생산하는 후보충後補充 시스템을 생각해냈다.

간단한 발상이지만 이것은 공장 운영에서 큰 변화를 가져왔다. 종전에는 공장 가동률이 높을수록 좋으며 조기에 생산목표를 달성하면 잘한 것으로 생각했다. 그러나 필요 이상으로 많이, 필요 이상으로 빨리 만들면 모두 재고로 남게 된다. 재고란 곧 돈이다. 돈은 돌아야 하는데 재고가 있다는 것은 돈을 방석 밑에 두는 것과 다를 바 없다. 따라서 필요 이상으로 많이, 필요 이상으로 빨리 만들 바에야 차라리 공장을 놀리는 게 낫다. 이러한 사상이 반영된 토요타의 생산방식은 통상 저스트 인 타임Just-in-Time, JIT 시스템이라고 불린다.

'필요한 시기適時에, 필요한 물품適品을, 필요한 양適量만큼' 생산하자는 저스트 인 타임을 구현하기 위해 토요타는 '간판看板'이라는 정보 전달방식을 고안했다. 이 때문에 토요타의 생산방식을 간판방식이라고도 한다. 미국에서는 낭비를 군살에 비유해, 군살이 없다는 뜻의 린lean을 붙여 린 시스템이라고 한다.

토요타의 생산방식만큼 널리 알려지진 않았지만, 일본의 캐주얼 의류업체 유니클로UNIQLO도 운영시스템 유추가 적용된 예다. 부친이 운영하던 양복점 점원으로 사회생활을 시작한 야나이 다다시柳井正 회장은 1984년 히로시마広島에 유니클로 1호점을 열었다. 이후 사업이 자리를 잡아가자 청소년들이 북적이는 도쿄의 하라주쿠原宿에 진출해 성공 가능성을 확인한 뒤, 명품 업체들이 즐비한 긴자銀座로 진출했다.

유니클로가 땅값이 비싼 긴자에 진출한 것은 세계적인 브랜드가

〈이미지 18.17〉 미국 뉴욕의 유니클로 매장

모여 있는 긴자에 진출해야 명실공히 일본을 대표하는 브랜드로 자리매김할 수 있으며, 그것을 기반으로 해외에 진출할 수 있다고 생각했기 때문이다. 창업 25년째인 2009년 야나이 회장은 일본의 최고 부자로 등극했으며, 지금은 전 세계에 1,400개 넘는 매장을 운영하고 있다.

야나이 회장은 미국 대학의 생활협동조합 매장에서 사업 아이디어를 얻었다고 한다(차병석과 안상미, 2009). 협동조합 매장에서는 문구류와 티셔츠 등을 창고식으로 쌓아놓고, 점원의 도움 없이 손님들이 셀프서비스로 물건을 사가는 시스템이었다. 이를 보고 "저렴한 캐주얼웨어를 주간지처럼 부담 없이 셀프서비스로 파는 가게"라는 사업 콘셉트를 잡았다.

병원과 맥도날드는 전혀 다른 사업처럼 보이지만 맥도날드의 운영시스템을 모방해 세계적 병원으로 성장한 사례가 있다. 인도의 아

〈이미지 18.18〉 인도 마두라이의 아라빈드(Aravind) 안과병원

라빈드Aravind 안과병원 이야기다.

사시사철 햇볕이 강한 인도에서는 백내장 수술 받을 돈이 없어서 시력을 잃은 환자가 1천만 명 넘는다고 한다. 1976년 닥터 V라고 불리던 벤카타스와미Venkataswamy는 "가난한 사람들도 부자들과 마찬가지로 양질의 의료 서비스를 받을 수 있어야 한다"는 뜻을 품고 아라빈드 안과병원을 설립했다. 그러나 약자를 도우려는 사회적 기업도 지속적으로 이익을 내지 못하면 생존할 수 없다. 이익을 내면서도 가난한 이들을 도울 방안을 고민하던 그는 맥도날드 방식에서 힌트를 얻었다. 맥도날드의 경쟁력은 표준화를 기반으로 한 대량생산방식의 운영시스템에서 나온다. 안과병원이라고 해서 그렇게 하지 못할 이유가 없다고 생각한 닥터 V는 맥도날드 방식의 안과수술을 도입했다.

여러 개의 수술용 침대가 나란히 배치된 수술실에서 의사가 한 명의 수술을 마치면 곧바로 의자를 돌려 옆 침대에 누워 대기하고 있는 다른 환자의 수술에 들어간다. 그사이 수술을 마친 환자는 수술실을 나서고 또 다른 환자가 수술대에 누워 대기한다. 이렇게 하면 시간낭비를 최소화할 뿐 아니라 수술 숙련도가 높아지기 때문에 한 명의 환자를 수술하는 데 5분밖에 걸리지 않는다고 한다. 이러한 맥도날드 방식의 수술을 통해 백내장 수술 비용을 미국 병원의 30분의 1인 100달러 정도로 낮출 수 있었다.

또 가난한 사람들을 배려해 수술비용도 내고 싶은 만큼만 지불하도록 하는 PWYWPay What You Want 방식을 도입했다. 환자의 60% 정도가 돈이 없어서 무료 수술을 받지만 영업이익률이 무려 46%나 된다고 한다. 1976년 마두라이에서 11개의 병상으로 시작한 이 병원은 현재 7개의 병원과 교육 및 연구시설을 갖춘 세계 최대 안과병원으로 성장했다.

연 매출 4조 원이 넘는 제과제빵 전문 기업집단인 우리나라 SPC 그룹이 운영하는 파리바게뜨는 빵의 본고장인 프랑스 파리에도 두 개의 직영점을 성공적으로 운영하고 있다. 그런데 다른 식품도 파리바게뜨 매장과 같이 운영할 수 없을까?

2003년 영국 런던에서 사업을 시작한 테이크아웃 초밥 전문점 와사비Wasabi가 그렇게 운영한다. 이 식당에서는 초밥도 낱개로 포장해서 제과점처럼 진열해놓고 고객들이 원하는 것만 선택해서 테이크아웃할 수 있도록 했다. 와사비는 영국 런던에 38개, 영국 내 다른 도시에 6개 매장을 운영하고 있으며, 2014년에는 미국 뉴욕의 타임스퀘어에도 매장을 열었다.

〈이미지 18.19〉 영국 리즈(Leeds)의 와사비 매장

국내에도 이와 유사한 사례가 있다. 어묵 베이커리를 표방한 부산의 삼진어묵이다. 비위생적이고 비릿한 냄새가 나는 대중적 먹거리라는 보편적 인식을 바꾸기 위해 어묵 제조공정에 위생관리시스템을 도입하고, 매장 인테리어를 제과점과 같이 고급스럽고 밝게 꾸민 뒤 어묵을 종류별로 진열했다.

전국 철도역사 내에 있는 가게 중 매출액 1위는 줄곧 대전역의 성심당 빵집이었으나 2014년 부산역에 문을 연 삼진어묵은 입점 3개월 만에 1위로 올라섰다. 어묵의 생산과 판매를 베이커리 방식으로 바꾼 지 4년 만에 삼진어묵의 매출액은 10배로 늘어났다. 이러한 폭발적 성장에는 베이커리 방식의 운영시스템뿐 아니라 신제품 개발이 큰 역할을 했다. [참고: 삼진어묵은 코레일유통이 요구한 월 3억 원의 임차료 부담을 감당하기 어렵다고 판단해 부산역 매장을 철수했다(이은지, 2017).]

밀가루를 쓰지 않고 명태와 돔 등 고급 생선살로 만든 어묵 크로켓은 삼진어묵의 대표 상품이다. 이 제품은 사장의 아내가 직원 식당

〈이미지 18.20〉 부산역의 삼진어묵 매장

의 점심 메뉴로 나온 돈가스를 보고 '어묵에 빵가루를 입혀 튀겨보면 좋겠다'고 제안해서 탄생했는데, 대박이 났다. 여기서 보듯 어묵 크로켓도 유추의 산물이다.

은유

유추와 함께 많이 사용되는 단어로 '은유metaphor'가 있다. 은유는 직접 상관없는 것들의 연상 작용을 통해 전달하고자 하는 바를 암시적으로 나타내는 것이다.

〈이미지 18.21〉은 사람의 일생을 은유적으로 표현한 것이다. 어릴 때는 젖을 먹고, 청소년이 되어서는 탄산음료를 즐기고, 성인이 되어서는 술에 빠져 살고, 노년에는 병원 침대에서 링거액을 맞다가 세상을 떠난다는 것이다. 이처럼 은유는 단순하지만 깊은 인상을 주기 때문에 광고나 문학에서 많이 활용된다.

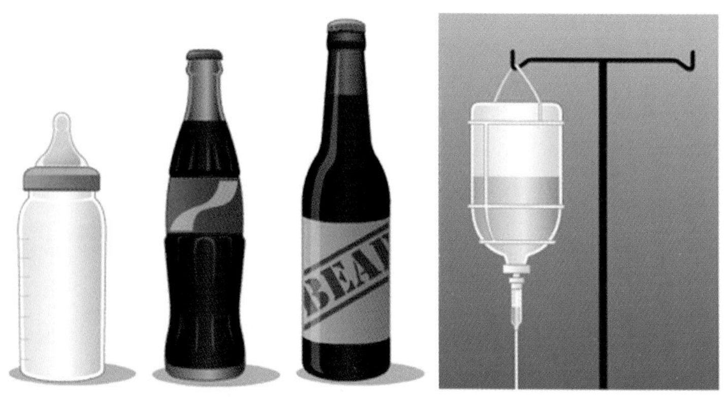

〈이미지 18.21〉 4개의 병으로 나타낸 인생의 축소판

"누군가에게는 이 계단이 에베레스트산입니다For some, it's Mt. Everest"라는 문구를 넣은 〈이미지 18.22〉는 장애인의 편의시설을 더 많이 확충하자는 메시지를 담은 이제석의 광고 작품이다. 보통 사람들에게는 낮은 계단이라도 장애인들에게는 에베레스트산처럼 오르기 힘들다는 것을 상징적으로 나타냄으로써 자연스럽게 역지사지를 유도하고 있다.

이번 장에서 다룬 유추는 창의발상코드 중에서 가장 고차원적인 것이다. 다른 코드들에 비해 추상적이기 때문에 적용하기가 상대적으로 어려울 수 있지만, 창조적 문제해결에 필요한 통찰력insight을 제공한다. 아르키메데스의 일화나 케쿨레의 벤젠 분자모형 발견에서 보듯, 유추는 유레카를 촉발시키는 방아쇠trigger 역할을 한다.

〈이미지 18.22〉 미국 장애인협회 광고

4부

창의적 발상의 특별 주제

Creative Ideation

창의적 발상의 핵심 원리는 인간이 설계하는 제품과 서비스, 비즈니스 모델에 국한되지 않는다. 우리는 대자연의 섭리에서도 동일한 원리를 배울 수 있다. 또한 실용성이라는 기준에 얽매이지 않는 문화예술 분야에서도 같은 원리가 적용된다.

19

자연에서 배우는 창의성

자연은 가장 지혜롭고 숭고한 스승

2010년 11월 1일 『내셔널 지오그래픽』에 실린 '중력에 도전하는 염소들'이라는 사진이 한때 화제가 된 적이 있다. 이 사진은 알프스 산양들이 이탈리아 북쪽 지역 국립공원에 있는 댐의 벽면을 오르는 장면을 촬영한 것이다. 산양의 무리가 거의 수직에 가까운 벽돌 벽면을 올라가는 모습은 그야말로 불가사의하다. 초식草食으로는 섭취하기가 힘든 염분이나 미네랄을 얻기 위해 산양들이 댐 벽면의 벽돌을 혀로 핥으며 오른 것이라고 한다.

알프스 산양들은 높은 고도의 가파른 산악 지역에서 서식하는데, 절벽을 오르내릴 때도 전혀 두려움이 없다고 한다. 이들이 가파른 절벽을 오르내릴 수 있는 비결은 발바닥에 있다. 산양의 발굽은 둘로 갈라져 있는데, 발굽이 갈라진 다른 어떤 동물들보다 갈라진 틈이 넓다. 또 발굽의 바깥 테두리 부분은 단단한 물질로 구성되어 있으며

〈이미지 19.1〉 알프스 산양

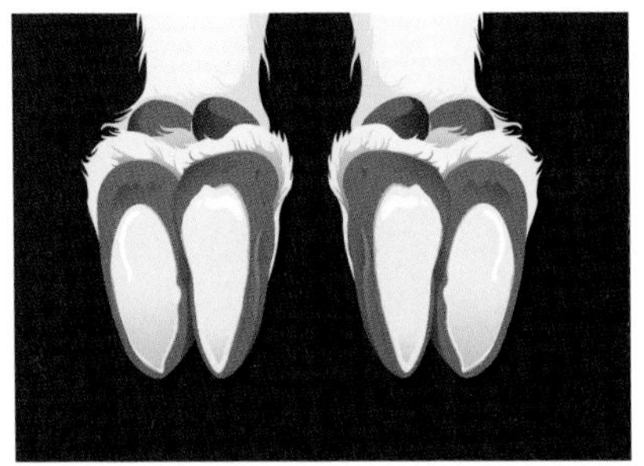

〈이미지 19.2〉 알프스 산양의 발바닥

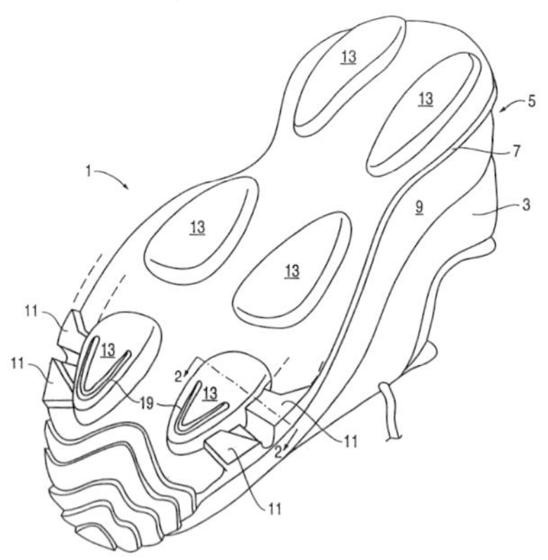

〈이미지 19.3〉 산양 발바닥을 모방한 신발
미국 특허(US 6226896 B1)

안쪽 부분은 고무처럼 말랑말랑하다. 이와 같은 발굽 덕분에 지형에 따라 갈라진 발굽을 오므리거나 벌리면서 땅에 밀착시키기 때문에 가파른 절벽에서도 미끄러지지 않는다.

등산화의 밑창도 알프스 산양의 발바닥을 모방하면 미끄럼을 방지할 수 있지 않을까? 이와 같이 생체의 구조나 기능에서 유추하는 것을 '생체모방공학Biomimetics' 또는 '생체모방Biomimicry'이라고 한다. 이보다 더 넓은 의미에서, 자연에서 영감을 얻은 산물産物을 지칭할 때는 '자연영감Bio-inspired'이라는 접두어를 사용한다.

나이키는 산양의 발바닥을 모방해 '고텍 트랙션Goatek Traction'이라는 신발을 출시했으나 좋은 기능성에도 불구하고 판매가 부진해 생산을 중단했다. 좋은 발상이라고 상업적으로 다 성공하는 것은 아니기 때문에, 현실 문제에서는 아이디어 발상 못지않게 아이디어의 선별도 중요하다.

우리나라의 트렉스타Treksta가 개발한 아이스그립 기술도 생체를 모방한 것이다(김진, 2015). 이 회사의 권동칠 대표는 우연히 TV에서 북극곰이 빙판 위를 걷는 것을 보고 "사람은 빙판길에서 미끄러지는데 곰은 왜 그렇지 않을까? 곰 발바닥에는 어떤 특수한 기능이 있는 걸까?" 하는 생각을 했다. 북극곰의 발바닥을 구해 연구한 결과 발바닥에 있는 털이 미끄럼을 방지한다는 사실을 알게 됐다. 그래서 곰 발바닥과 비슷한 효과를 낼 수 있도록 유리섬유를 갈아서 신발창에 넣었더니 빙판에서 미끄러지는 정도가 4배 이상 줄어들었다.

생체모방 제품 중 가장 널리 사용되는 것은 도꼬마리 씨앗 표면의 갈고리 구조에서 유추한 '벨크로Velcro'다.

1941년 어느 날 스위스의 전기기술자 조르주 드 메스트랄George de Mestral은 개를 데리고 들에 산책을 나갔는데, 자신의 바지와 개의 털에 도꼬마리 씨앗이 달라붙어 잘 떨어지지 않았다. 집에 돌아와 현미경으로 이 씨앗을 관찰해보니 씨앗 표면에 갈고리 모양의 가는 가시들이 많이 있었다. 여기서 아이디어를 얻어 서로 접촉하는 소재의 한 면에는 도꼬마리

〈이미지 19.4〉 도꼬마리 씨앗

〈이미지 19.5〉 모기의 흡혈

씨앗과 같은 갈고리들을 만들고 다른 면에는 걸림 고리들을 부착한 것이 벨크로(일명 찍찍이)다.

여름밤 우리를 괴롭히는 것은 무더위뿐만이 아니다. 모기가 한 마리라도 있으면 잠을 제대로 잘 수 없다. 모기가 우리 피부 속으로 주둥이를 꽂을 때는 통증을 전혀 느끼지 못하기 때문에 모기를 잡기가 매우 어렵다. 모기의 주둥이를 모방하면 찔러도 아프지 않은 주삿바늘을 만들 수 있지 않을까?

일본의 테루모Terumo사가 개발한 '나노패스 33'은 모기의 주둥이를 모방한 무통 주삿바늘이다. 이 바늘은 모기의 주둥이처럼 끝으로 갈수록 점점 가늘어지는데, 끝부분의 지름이 0.2밀리미터로서 기존 바늘보다 20% 정도 가늘다. 무통 바늘은 주사 맞는 것을 두려워하는 어린 환자들과 인슐린을 매일 투약해야 하는 당뇨병 환자들에게 특히 인기가 높다. 이 제품은 2005년 일본의 굿 디자인 어워드 대상을 받았으며, 생체모방 제품 중 벨크로 다음으로 사용자가 많을 것으로 추정된다.

르네상스 시대의 천재 레오나르도 다 빈치Leonardo da Vinci는 자연은 가장 지혜롭고 숭고한 스승이라고 했는데, 이러한 생각이 생체모방의 출발점이다.

생체모방 소재

〈이미지 19.6〉 연잎효과(Lotus Effect)

생체모방이 적용되는 대표적 영역 중 하나가 소재 분야다. 앞서 소개한 벨크로와 더불어 생체모방의 사례로 많이 인용되는 것이 연잎 표면을 모방한 방수 소재다. 소재가 물에 잘 젖으면 친수성親水性이 강하고, 그 반대면 소수성疏水性이 강하다고 한다.

연잎 표면에는 미세한 돌기들이 촘촘하게 배열되어 있어 빗물이 떨어지면 퍼지지 않고 돌기 위에 물방울 형태로 얹혀서 낮은 곳으로 굴러 내린다. 물에 젖지 않는 방수 소재는 '연잎효과Lotus Effect'라고 불리는 연잎의 소수성을 모방한 것이다.

강한 소수성을 가진 연잎의 또 다른 장점은 먼지가 비에 잘 씻겨 내려간다는 것이다. 미세한 돌기 때문에 연잎 표면에 밀착되지 못한 먼지가 물방울에 묻어서 함께 굴러 내리기 때문에, 넓은 연잎은 따로 닦아주지 않아도 비 온 뒤에 항상 깨끗해진다. 이러한 연잎의 자기 세정 기능을 도료에 처음 적용한 것이 '로터산Lotusan 페인트'다. 이 페인트를 건물 외벽에 칠해놓으면 비가 올 때마다 외벽이 깨끗하게 청소된다.

방수 페인트의 재미있는 적용 사례 중 하나가 노상 방뇨 방지용으로 사용한 것이다. 2015년 3월 독일 함부르크의 한 상가번영회에서는 담벼락 곳곳에 초소수성 페인트를 칠하고 "여기에 소변을 보지 마시오. 당신이 소변을 보면 담벼락이 거꾸로 당신에게 소변을 볼 것입니다"라는 경고문을 붙였다고 한다. 초소수성 페인트를 칠한 담벼락에 소변을 보면 오줌이 튕겨나와 본인의 신발과 바지가 젖게 된다. 노숙자와 취객, 마약 중독자들의 노상 방뇨로 몸살을 앓고 있는 샌프란시스코에서도 2015년 7월 이를 시범적으로 도입했다고 한다.

2000년 시드니 올림픽에서 수영 종목의 금메달 33개 중 28개를 '스피도Speedo'라는 전신 수영복을 착용한 선수들이 가져갔다. 그중에는 3관왕을 차지한 호주의 수영 영웅 이언 소프Ian Thorpe도 포함되어 있다. 또한 15개의 수영 세계 신기록 중 13개가 이 수영복을 착용한 선수들로부터 나왔다.

수영은 0.01초로도 승부가 갈리기 때문에 선수들의 기량뿐 아니라 물의 저항을 줄일 수 있는 수영복이 매우 중요하다. 따라서 올림픽 수영 종목은 물의 저항을 최소화하기 위한 신소재 개발의 경연장이기도 하다. 수영복의 역사를 보면 물의 저항을 줄이기 위해 전신 수영복에서 사각팬티, 삼각팬티의 순으로 작아져왔는데, 스피도는 거꾸로 전신 수영복으로 되돌아간 것이다.

〈이미지 19.7〉 상어 피부의 치상(齒狀) 돌기

스피도에 적용된 핵심 기술은 상어 피부에서 유추한 것이다. 상어 피부는 매끄러워 보이지만 사실은 작은 이빨 모양의 돌기들이 촘촘히 배열되어 있다. 얼핏 생각하기에는 이러한 돌기들이 헤엄칠 때 전진하는 것을 방해하는 저항력을 증가시킬 것 같지만 사실은 그 반대다. 이 돌기들 때문에 상어가 헤엄칠 때 물에서 작은 소용돌이가 발생하는데, 이 소용돌이가 피부를 물에서 떼어놓기 때문에 물의 저항력이 오히려 줄어든다. 이것은 골프공이 날아갈 때 공 표면의 딤플(표면에 오목하게 파인 작은 구멍들)이 공기의 저항을 줄여주는 것과 흡사하다.

상어 피부를 모방한 다른 제품으로는 박테리아나 미생물의 성장을 억제하는 '샤클렛Sharklet'이라는 코팅용 필름이 있다. 상어 피부에는 표면의 치상 돌기 때문에 박테리아나 미생물이 달라붙어서 자라지 못한다. 세균에 감염되기 쉬운 병실이나 공중 화장실, 어린이 시설, 각종 실험실 등에 이 필름을 코팅하면 박테리아나 미생물의 성장이 크게 억제된다. 이것은 물질 표면의 구조 변경을 통해 박테리아의 성장을 억제한 최초의 기술이다.

야행성 동물인 게코 도마뱀은 몸길이가 꼬리를 포함해 30~50센티미터, 몸무게가 4~5킬로그램 정도인 작지 않은 동물이지만 곤충처럼 벽을 타고 올라가는가 하면 천장에 거꾸로 매달려 걷기도 한다. 이러한 게코의 능력은 발가락 바닥의 특수한 구조 덕분이다(이인식, 2014).

〈이미지 19.8〉 게코 도마뱀의 발바닥

게코의 발가락 바닥에는 사람의 손금처럼 작은 주름이 새겨져 있는데, 이 작은 주름들은 빳빳한 털로 덮여 있다. 작은 빗자루처럼 생긴 털의 끝에는 잔가지들이 나 있다. 미세하면서도 촘촘하게 박혀 있는 이러한 잔가지들이 접촉 표면적을 늘려서 쉽게 달라붙을 수 있도록 해준다. 게코 발바닥의 흡착력은 두 개의 물체가 2나노미터 이하로 떨어져 있을 때 작용하는 반데르발스 힘van der Waals force에서 나온다.

게코 도마뱀의 발바닥에 끈끈한 접착성분은 없지만 어떤 물체의 표면에도 쉽게 달라붙는다. 이를 모방한 것이 '게코 테이프Gecko Tape'다. 또한 미국 항공우주국NASA은 무중력 상태의 우주공간에서 작업을 용이하게 수행할 수 있도록 게코의 발바닥을 모방한 흡착판을 개발했다.

게코의 강력한 접착력도 물속에서는 무용지물이다. 그러나 생명체 중 접착력이 가장 강한 것으로 알려진 홍합은 물속에서 오히려 접착력이 더 강해진다. 파도가 치는 해안 바위에 붙어 있는 홍합은 칼로 긁어내야 겨우 떨어질 정도로 접착력이 강하다. 인체 대부분이 물로 구성되어 있기 때문에 홍합의 접착물질은 골절이나 수술 부위를 봉합하는 의료용 접착제로 주목받고 있다.

〈이미지 19.9〉 게켈이 실린 『네이처』 표지(2007년 7월 19일)

건조한 곳에서 잘 붙는 게코Gecko와 습한 곳에서 강력한 접착력을 유지하는 홍합Mussel의

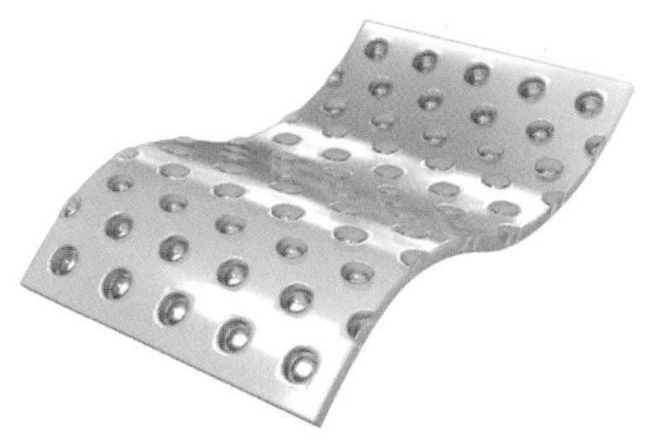

〈이미지 19.10〉 문어 빨판 모방 접착 패치

장점을 결합해 습기에 상관없이 강한 접착력을 유지할 수 있도록 만든 것이 '게켈Geckel'이다. 이 접착제는 게코의 발바닥을 모방한 실리콘 섬유에 홍합의 접착성분과 유사한 고분자 화합물을 코팅한 것이다.

성균관대학교 바이오 인스파이어드 매터리얼스&인터페이시스 랩Bio-inspired Materials & Interfaces Lab의 방창현 교수 연구진은 문어 빨판을 모방한 접착 패치를 세계 최초로 개발했다. 이 접착 패치는 젖은 표면이나 굴곡진 피부 등에 1만 번 이상 반복적으로 붙이고 뗄 수 있으며, 기존 화합물 기반 접착제와 달리 접착 부위에 오염물질이 남지 않는다. 이 때문에 반도체 제조공정, 각종 웨어러블 기기, 의료용 패치 등 여러 분야에 응용될 것으로 기대된다.

문어 빨판 모방 접착 패치의 작동원리는 다음과 같다. 문어의 빨

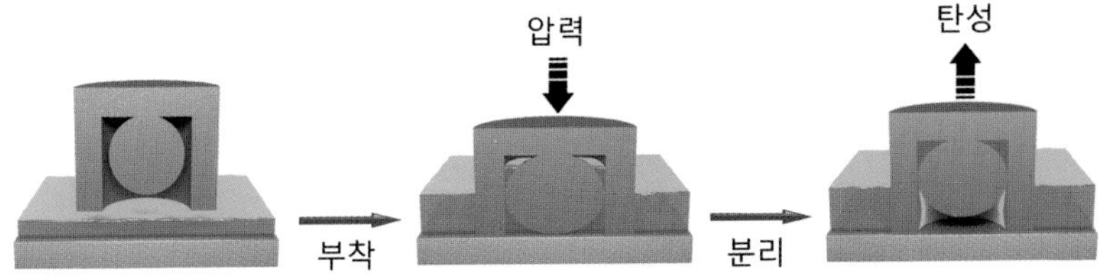

〈이미지 19.11〉 문어 빨판 모방 접착 패치의 작동원리

판을 보면 내부에 둥근 돌기가 있다. 빨판을 물체에 대고 누르면 표면의 수분이 옆으로 밀리면서 일부가 돌기 옆 공간을 통해 안쪽으로 들어간다. 또 빨판에서 힘을 빼면 돌기와 물체 사이에 수분이 있던 공간이 확대되기 때문에 내부 기압이 낮아지면서 흡입력이 발생한다.

1973년 경주 황남대총에서 비단벌레의 껍질로 장식된 금동 말안장 가리개, 발걸이, 허리띠꾸미개 등의 유물이 발굴됐다. 복원 작업을 거치자 황금빛과 초록색이 섞인 한국 비단벌레의 영롱한 빛이 살아났다. 어떻게 비단벌레는 1,600년 동안 아름다운 빛을 그대로 간직했을까? 비단벌레의 껍질에는 색소가 없지만 빛을 반사하는 미세 결정 구조들이 촘촘히 나 있다(이영완, 2015).

이처럼 색소가 없어도 특정한 파장의 빛을 반사시키는 광결정光結晶 때문에 나타나는 빛깔을 구조색structural color이라고 한다. 공작새의 화려한 깃털이나 보석 오팔의 영롱한 빛깔도 모두 구조색이다. 색소 때문에 나타나는 색깔은 어느 방향에서든 같은 색으로 보이지만, 구조색은 보는 방향에 따라 색깔이 조금씩 다르게 나타나는 것이 특징이다.

〈이미지 19.12〉 모르포 나비

구조색과 관련해 가장 많이 인용되는 것이 남아메리카 정글에 사는 모르포Morpho 나비다. 모르포 나비의 날개는 보석처럼 아름다운 파란빛을 띤다. 일본의 고기능 섬유 및

〈이미지 19.13〉 크로마플레어 색소로 도장한 자동차

재료 기업인 테이진帝人은 모르포 나비의 구조색을 모방한 '모르포텍스Morphotex'를 개발했다. 물감을 사용하지 않았지만 모르포텍스는 빛이 비치는 방향이나 보는 위치에 따라 옷감의 색깔이 바뀐다. 염료가 들어가지 않기 때문에 이 옷감의 제조공정은 친환경적이다. 그러나 상업적 성공을 위한 제반 문제들이 해결되지 못한 탓인지 2011년에 생산이 중단되었다.

JDSUJDS Uniphase Corporation에서 생산하는 크로마플레어ChromaFlair 색소는 구조색을 내는 초박막超薄膜 다층 조각으로 만들어졌다. 이 색소를 페인트나 코팅제에 넣으면 보는 각도에 따라 색깔이 달라진다. 〈이미지 19.13〉은 2003년 도쿄 모터쇼에 출품된 크로마플레어 색소로 도장한 TVR 투스칸Tuscan 스포츠카다.

〈이미지 19.14〉 물총새

생체모방 디자인

강물 가까운 벼랑에 사는 여름새 중 비취처럼 아름답다고 하여 취조翠鳥라 불리는 새가 있다. 총알처럼 빠른 속도로 입수해 물고기를 잡는 물총새다. 서양 사람들은 최고의 고기잡이라는 의미로 킹피셔kingfisher라고 부른다.

수면 위의 새가 물속으로 다이빙하듯 들어오는데, 물고기들이 왜 도망가지 못할까? 부리가 둥근 다른 새들과 달리 물총새의 부리는 앞부분이 가늘고 길게 뻗어 있어 입수할 때 물의 요동이 거의 없다. 이 때문에 물고기가 미처 눈치채기 전에 부리로 낚아챌 수 있다.

일본의 신칸센新幹線은 물총새의 부리를 모방했다. 1964년 개통된

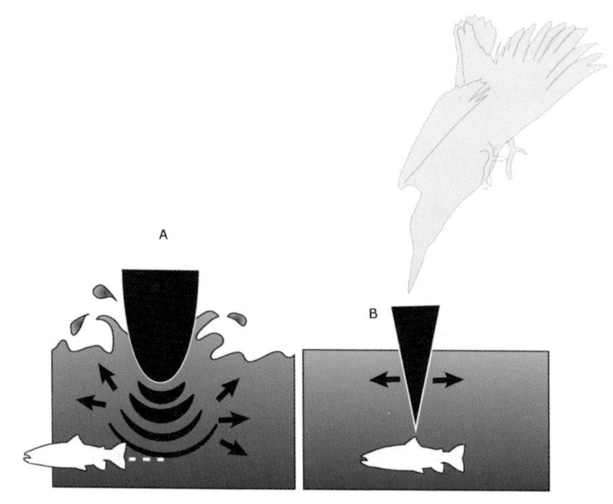

〈이미지 19.15〉 다른 새와 비교한 물총새의 입수(入水)

〈이미지 19.16〉 일본 신칸센 열차

신칸센은 당시 기술로는 놀라운 시속 300킬로미터까지 속도를 낼 수 있었기 때문에 탄환열차bullet train라고 불렸다.

운행 초기에는 탄환열차가 터널을 통과할 때 나오는 소음이 문제가 되었다. 고속의 열차가 터널로 진입하면 터널 내의 공기가 압축되면서 압력이 높아진다. 열차가 터널 안쪽으로 들어올수록 터널 내 공기압이 점점 높아지다가 이 고압 공기가 터널의 출구를 빠져나가면서 굉음을 내는 것이다. 이 때문에 터널 주변 사람들의 민원이 끊이지 않았다.

신칸센의 엔지니어들은 물총새에 주목했다. 물총새는 빠른 속도로 입수하지만 물의 요동이 거의 없다. 물총새가 공기보다 저항이 큰 매질媒質인 물로 빠르게 진입해도 물이 튀지 않는 것은 독특한 부리 모양 때문이라고 보고 신칸센 열차의 앞부분을 물총새 부리 모양으로 개조했다. 변경된 디자인은 맵시도 좋았을 뿐 아니라 소음 문제를 해결하는 데도 크게 기여했다.

소음의 감소와 관련된 생체모방공학의 예를 하나 더 보자. 영국 BBC의 〈올빼미의 정숙 비행The silent flight of an owl〉이라는 재미있는

〈이미지 19.17〉 외양간 올빼미

과학 프로그램이 있다. 이 프로그램에서는 고성능 마이크로폰을 설치한 스튜디오에서 비둘기와 송골매, 외양간 올빼미가 각각 먹이를 향해 날아갈 때 나는 날갯짓 소리와 이것을 녹음한 음파音波를 보여준다.

비둘기가 날아갈 때는 거의 연속적으로 소리가 나는 데 반해 송골매는 날갯짓을 할 때만 소리가 난다. 그러나 올빼미가 날아갈 때는 날갯짓 소리조차 들리지 않으며, 감지된 음파의 파형도 거의 나타나지 않는다. 올빼미가 이와 같이 침묵 비행을 할 수 있는 이유는 깃털의 구조가 다른 새들과 다르기 때문이다.

올빼미의 깃털 끝은 빗살처럼 가늘게 갈라져 있는데 이것이 공기의 난류亂流를 만들어 소음을 흡수한다고 한다.

독일의 팬 모터 제조회사인 지라벡Ziehl-Abegg은 올빼미의 깃털을

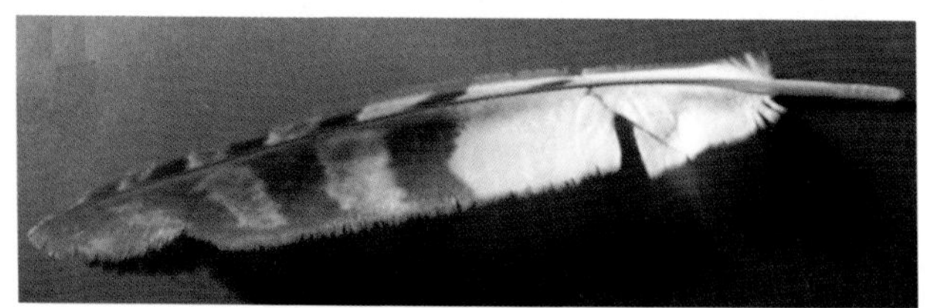

〈이미지 19.18〉 외양간 올빼미의 깃털

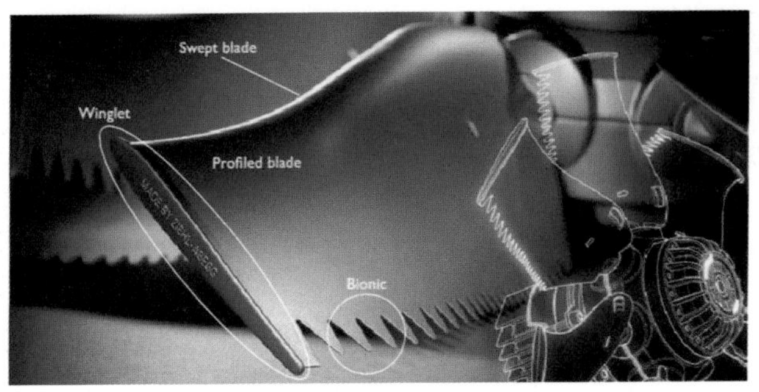

〈이미지 19.19〉 올빼미 깃털을 모방한 축류 팬

모방한 축류 팬axial fan을 설계해 기존 제품보다 소음을 6dB 정도 줄였다. 축류 팬은 에어컨, 냉장고, 냉각기, 송풍기 등과 같이 다양한 곳에 사용된다. 우리 귀로 차이를 인지할 수 있는 소음의 최소 크기가 1~1.5dB 정도라는 것을 감안하면, 6dB은 상당한 것이다. 모터 소리가 조용하다는 것은 공기의 저항을 적게 받는다는 뜻이므로 에너지 효율도 그만큼 높다.

등back에 붙은 지느러미가 혹hump처럼 보여 혹등humpback이라는 이름이 붙은 혹등고래는 여름철에 극지방에서 지내면서 먹이를 풍부하게 먹고 몸에 지방을 비축했다가 겨울이 가까워지면 무려 2만 5천 킬로미터를 이동해 따뜻한 열대나 아열대 지방에서 새끼를 낳고 기른다. 새끼를 양육하는 동안에는 먹이 사냥을 하지 않고 몸에 비축해 둔 지방으로만 살아간다. 혹등고래는 수면 위로 몸을 솟구쳐 오르는 등 바깥으로 모습을 많이 드러내기 때문에 관광의 대상이 되는데, 매년 12월부터 이듬해 5월 사이 북태평양에 서식하던 고래들이 돌아오는 하와이 제도는 세계 최대 혹등고래 관광지다.

혹등고래는 버블 넷 피딩bubble net feeding이라는 독특한 먹이 사냥으로 많이 알려져 있다. 청어 떼를 사냥하기 위해 혹등고래의 무리는 먹이 아래에서 원형을 이루어 돌면서 머리 위에 있는 분수공噴水孔을 통해 공기를 내뿜는다. 이 공기 때문에 혹등고래의 무리가 회전하는 원 위로 수많은 기포가 형성되고, 청어 떼는 그 안에 갇히게 된다. 고래들은 회전하는 원의 반경을 점점 좁혀가며 청어 떼를 안쪽으로 몬 후, 입을 크게 벌린 상태로 원의 중심부를 향해 수면 위로 솟구치면 수많은 청어가 고래 입속으로 들어간다. 이처럼 혹등고래는 상호 협력하면서 지혜로운 방법으로 먹이 사냥을 한다.

수면 위에서 보면 혹등고래의 사냥 장면이 장관이라고 한다. 먼저 커다란 공기방울이 큰 원을 그리면서 계속 올라오다가, 시간이 지나면 엄청난 양의 물고기 떼가 수면으로 올라오면서 파닥거리고, 이어서 한 무리의 고래가 입을 크게 벌리고 수면 위로 솟구치면서 물고기들을 삼키면 바닷새들도 먹이를 낚아채기 위해 몰려든다.

과학자들이 혹등고래의 등에 카메라를 달아서 관찰한 바에 따르

〈이미지 19.20〉 혹등고래의 버블 넷 피딩

면 사냥하는 방법이 겉으로 보는 것보다 훨씬 더 현명하다고 한다. 한 무리의 혹등고래가 청어 떼 밑에서 원을 그리며 공기를 뿜어내는 동안 일부는 소리를 이용해 청어 떼를 공기방울 벽 안으로 몰아넣고, 또 다른 혹등고래는 더 깊이 들어가서 실린더 형상의 공기방울 벽에 갇힌 청어 떼를 위로 몬다고 한다. 이와 같이 혹등고래가 영리하게 먹이 사냥을 할 수 있는 것은 지적 능력뿐 아니라 민첩하고 정교하게 헤엄칠 수 있는 신체적 능력 때문이다.

몸길이가 15미터, 무게가 40톤까지 나가는 거대한 혹등고래가 탁월한 수영 실력을 발휘할 수 있는 것은 가슴에 붙어 있는 지느러미 때문이다. 혹등고래의 가슴지느러미는 몸길이의 3분의 1이나 될 만큼 긴데, 앞부분에 여러 개의 돌기가 있어 끝이 울퉁불퉁하다.

혹이 없는 매끈한 지느러미에 부딪힌 물은 수많은 소용돌이로 분산되지만, 혹등고래의 지느러미에 부딪힌 물은 돌기 사이의 골짜기를 따라 흘러나간다. 이러한 지느러미 구조 덕분에 혹등고래는 천천

〈이미지 19.21〉 혹등고래의 가슴지느러미

히 움직일 때도 정교한 수영이 가능하다고 한다. 풍동風洞 실험에 따르면 혹등고래의 지느러미처럼 날개의 끝부분에 작은 혹 모양의 돌기들을 만들어주면 양력揚力이 8% 증가하고 항력抗力은 32% 줄어든다고 한다.

캐나다의 웨일파워WhalePower라는 회사는 풍력발전기의 날개 끝부분에 혹등고래의 지느러미처럼 돌기를 만들어 전력생산 효율을 20% 정도 높였다. 또한 독일의 과학자들은 헬리콥터의 날개 각각에 186개의 작은 고무돌기를 부착해 양력을 높이고 조종 안전성을 향상시킬 수 있었다.

2015년 서울대학교 최해천 교수와 LG전자 연구진은 혹등고래의 지느러미와 큰가리비의 껍질 형상을 모방한 에어컨 팬을 개발했다. 큰가리비는 적을 만나면 물을 뿜어 그 추진력으로 물속을 날듯이 도망가는데, 껍질에 있는 빨래판 모양의 줄무늬 홈이 물의 저항을 줄이고 뜨는 힘을 키운다. 에어컨 팬 표면에 혹등고래의 지느러미처럼 돌기들을 배열하고 그 안쪽에 큰가리비의 껍질처럼 줄무늬 홈을 만들었더니 소비전력이 10% 정도 줄어들고 소음도 2dB 정도 낮아졌다고 한다.

국제적 관심사 중 하나로 생물 다양성이란 말이 있듯이, 지구상에는 그야말로 다양한 생명체와 서식 환경이 존재한다. 외적이 침입하기 힘들게 댐을 만들어 물길을 막고, 물 한가운데 집을 지어놓고 물속으로 드나드는 동물이 있다. 거대한 땅다람쥐처럼 생긴 비버beaver가 그 주인공이다.

비버는 하천 가까이 있는 나무를 갉아서 쓰러뜨린 후 물가로 끌고 나온다. 그러고는 그것을 또다시 갉아서 적당한 크기로 잘라 물길을 막고 빈틈을 진흙으로 발라서 댐을 만든다. 비버의 앞니는 지름 30센티미터 정도의 나무를 10~15분이면 갉아서 쓰러뜨릴 정도로 예리하다.

〈이미지 19.22〉 비버가 갉아낸 나무

칼은 사용시간이 경과함에 따라 무뎌지기 때문에 주기적으로 갈아서 사용해야 하지만, 비버의 앞니는 갈아주지 않아도 평생 날카로운 상태를 유지한다. 비버의 앞니를 모방하면 평생 갈지 않아도 되는 부엌칼을 만들 수 있지 않을까?

〈이미지 19.23〉 앞니를 드러낸 비버

독일의 조리기구 생산업체인 휘슬러Fissler는 비버의 앞니를 모방해 칼날을 갈지 않아도 계속 날카로움을 유지할 수 있는 '휘슬러 바이오닉Fissler Bionic'이란 부엌칼을 출시했다. 비결은 마모 속도가 다른 두 개의 층으로 구성된 금속을 칼날의 재료로 사용한 것이다. 칼날이 마모되더라도 양쪽 면의 마모 속도가 다르면 두 면이 만나는 중간 접촉 부분은 언제나 날카로운 상태가 유지된다. 이 제품은 2014년 레드닷 디자인 어워드의 제품 디자인 부문 최고상을 수상했다.

이번에는 생체모방 로봇 중 하나를 보자. 전통적 로봇은 금속과 같이 단단한 재료를 사용해 로봇의 팔다리를 만들었으며 복잡한 프로

그래밍을 통해 로봇의 움직임을 정교하게 제어했다. 그러나 정형화되지 않은 물품들은 로봇이 집고 움직이기 어렵다.

독일의 자동화 전문기업 페스토Festo는 카멜레온의 혀에서 영감을 얻어 다양한 형태의 물건을 집어서 옮길 수 있는 '플렉스셰이프그리퍼FlexShapeGripper'라는 로봇을 개발했다. 카멜레온은 순식간에 긴 혀를 뻗어 다양한 형태의 먹이를 감싸 입에 넣는다. 플렉스셰이프그리퍼는 신축성이 좋은 실리콘 마개를 집게로 활용해 다양한 형태의 물품을 집을 수 있도록 했다.

이탈리아 수학자 레오나르도 피보나치Leonardo Fibonacci의 이름을 딴 피보나치수열은 자연현상을 설명하는 데 많이 사용된다. 다음은 피보나치수열의 앞부분이다.

1, 1, 2, 3, 5, 8, 13, 21, 34, 55, 89, 144, …

피보나치수열은 복잡해 보이지만 아주 간단한 규칙성이 있다. 연속된 두 숫자를 합하면 바로 다음에 나오는 숫자가 된다. 그런데 이

〈이미지 19.24〉 플렉스셰이프그리퍼(FlexShapeGripper)

수열에 나오는 숫자들은 자연에서 광범위하게 관찰된다. 꽃잎의 수를 예로 보면 다음과 같다(서현교, 2005).

화이트칼라 백합의 꽃잎 수는 1장, 등대풀은 2장, 연령초는 3장, 채송화와 딸기꽃은 5장, 코스모스와 모란은 8장, 금잔화는 13장, 치커리는 21장, 질경이는 34장, 쑥부쟁이는 55장 또는 89장이다.

대다수 꽃의 꽃잎 수는 피보나치수열에 포함된 숫자 중 하나다. 네잎 클로버는 잎의 수가 4개이므로 피보나치수열에 속하지 않는다. 이것은 일종의 돌연변이로, 찾기가 힘들기 때문에 많은 사람이 행운의 상징으로 여긴다.

해바라기 꽃의 배열을 보면 중앙에서 시계 방향으로 휘어진 나선들과 반시계 방향으로 휘어진 나선들이 교차하고 있다. 꽃이 작을 경우 시계 방향과 반시계 방향의 나선 수가 각각 21개, 34개다. 꽃이 크면 이 나선의 수가 34개와 55개, 더 크면 55개와 89개로 늘어난다.

〈이미지 19.25〉 해바라기 꽃의 배열

이 나선의 수도 모두 피보나치수열에 속한다.

피보나치수열에 있는 수를 바로 앞에 있는 수로 나누면 다음과 같다.

1/1 = 1

2/1 = 2

3/2 = 1.5

5/3 = 1.66666

8/5 = 1.6

13/8 = 1.625

21/13 = 1.61538

34/21 = 1.61904

55/34 = 1.61764

89/55 = 1.61818

이 비율은 뒤로 갈수록 대략 1.618에 가까워지는데, 이 비율(1:1.618)을 황금비Golden Ratio라고 한다.

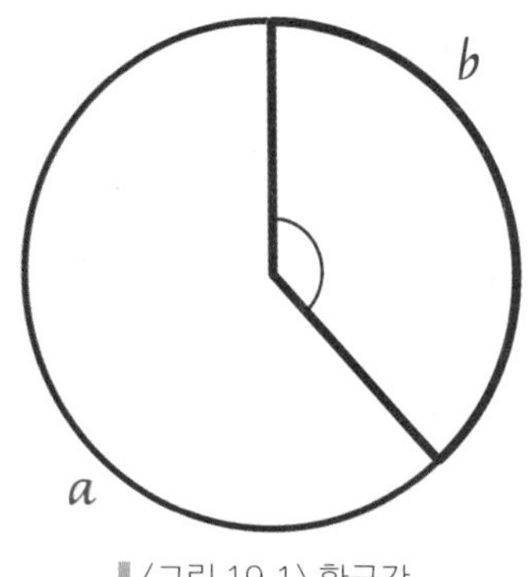

〈그림 19.1〉 황금각

원의 둘레를 황금비로 분할할 때 나오는 각도를 황금각Golden Angle이라고 한다. 즉, 〈그림 19.1〉에서 호弧 *a*와 *b*의 길이 비율이 황금비(즉, a/b = 1.618)가 될 때 작은 호 *b*에 대응하는 각도를 황금각이라고 하는데, 이 각도는 대략 137.5도가 된다.

참고로, 황금비가 되면 원의 둘레와 큰 호의 길이 비율이 큰 호와 작은 호의 길이 비율과 같다[즉, $(a+b)/a=a/b=1.618$]. 앞서 살펴본 해바라기 꽃의 시계 방향 나선과 반시계 방향 나선이 교차하는 부분에서 벌어지는 두 나선 사이의 각도는 황금각과 거의 일치한다.

스페인 안달루시아 지역의 세비야에서 서쪽으로 20킬로미터 정도 떨어진 곳에 있는 태양광 발전소 PS10은 세계 최초로 해바라기 꽃의 배열을 모방한 10MW급 집광형 발전소다. 헬리오스탯heliostat이라고 불리는 624개의 대형 반사거울이 하루 종일 태양을 향해 움직이면서 115미터 높이의 중앙 기둥에 태양광을 모은다. 이렇게 모은 태양광 에너지를 이용해 증기 터빈을 돌려 약 6천 가구에 공급할 수 있는 전기를 생산한다. 해바라기 꽃의 배열과 같이 반사거울을 배치하면 종전의 격자형 배치에 비해 반사거울의 그림자가 다른 반사거울을 가리는 일이 줄어들기 때문에 공간 소요를 20% 정도 줄이고도 더 많은 전기를 공급할 수 있다.

〈이미지 19.26〉의 왼쪽 앞부분은 2007년 가동에 들어간 PS10이

〈이미지 19.26〉 태양광 발전소 PS10과 PS20

고, 오른쪽 뒷부분은 그보다 2년 뒤에 가동을 시작한 PS20이다. PS20은 PS10보다 반사거울이 두 배 정도 많으며 발전용량도 두 배인 20MW급이다.

자연모방 디자인

자연에서 보면 토네이도나 월풀처럼 소용돌이를 일으키며 움직이는 것이 많다. 태풍의 눈이나 은하수의 움직임도 소용돌이 형태다.

자연에서 관찰되는 소용돌이는 피보나치 나선Fibonacci Spiral과 흡사하다. 〈그림 19.2〉에 나타낸 피보나치 나선을 보면 중심각이 90도인 부채꼴의 호가 연속적으로 확대되면서 휘감기는데, 부채꼴을 포함하는 정사각형 변의 길이가 피보나치수열을 따르는 것을 볼 수 있다.

팬, 펌프, 프로펠러 등과 같은 종래의 회전장치는 평면 또는 단순한 형태의 곡면 날개가 돌면서 원심력을 발생시킨다. 이에 반해 자연에서 관찰되는 소용돌이는 피보나치 나선 형태로 휘감기면서 구심력을 발생시킨다. 이러한 차이에 착안해 팍스 사이언티픽PAX Scientific을 창

〈이미지 19.27〉 토네이도와 월풀

업한 제이 하먼Jay Harman은 자연의 소용돌이 형상을 발생시키는 백합꽃 모양의 '릴리 임펠러Lily Impeller'를 개발했다. 이 임펠러는 식수용 대형 물탱크의 물을 섞는 데 이용된다.

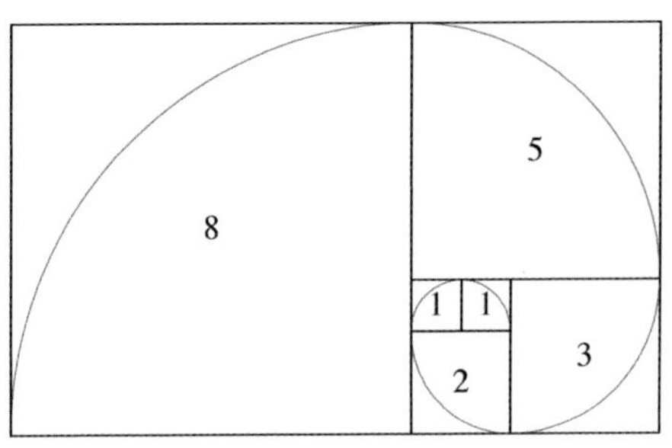

〈그림 19.2〉 피보나치 나선

무더운 여름철 낮 동안 물탱크 안의 온도가 올라가면 대류 현상으로 인해 더운 물은 위로 올라가고 찬물은 아래에 남는 열성층화thermal stratification가 발생한다. 물탱크 아래쪽 배수구를 통해 사용자들에게 물을 공급해 수위가 낮아지더라도 윗부분에 있던 따뜻한 물은 탱크 안에 남아 있다. 또한 탱크에 물을 보충해주면 남아 있던 따뜻한 물이 다시 위로 올라가기 때문에 따뜻해진 물은 항상 탱크 안에 남아 있게 된다. 이를 방치하면 따뜻한 물에서 유해한 박테리아가 성장하고 질산화가 진행된다. 이러한 문제를 예방하기 위해서는 물탱크 안에 소독약을 넣고 임펠러를 돌려서 물을 골고루 섞어줘야 한다.

피보나치 나선 형태의 소용돌이를 만드는 릴리 임펠러를 사용하면 종전의 임펠러에 비해 탱크 안의 물을 완전히 섞는 데 소요되는 에너지가 15~30%

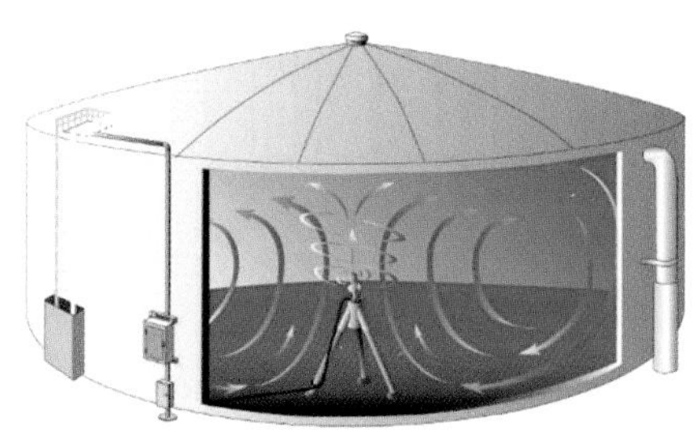

〈이미지 19.28〉 릴리 임펠러(Lily Impeller)

〈이미지 19.29〉 페르시안 카펫

정도 절감되며 소음도 75% 가까이 줄어든다. 릴리 임펠러는 팍스 사이언티픽의 특허 기술이다.

페르시아 제국의 문명을 이어받은 이란은 건축, 회화, 직조織造, 도예, 석공예, 금속가공, 캘리그래피calligraphy 등과 같은 다양한 영역에서 풍부한 문화적 유산을 갖고 있지만 일반인들은 카펫을 가장 먼저 떠올린다. 아름다운 페르시안 카펫의 비밀 중 하나는 천연 염색제의 활용에 있다(유달승, 2009).

붉은색은 이란의 광야에서 자라는 꼭두서니 뿌리와 선인장에 기생하는 연지벌레에서 얻는다. 푸른색은 인디고 나뭇잎에서 얻고, 보다 진하게 하기 위해서는 이것을 발효통에 넣고 숙성시킨다. 노란색은 사막 지역에서 야생하는 사프란 꽃을 사용한다. 검은색은 흑양의 털을 사용해 만든다. 그리고 연두색은 오디나무에서 얻는다. 실을 염색할 때는 통째로 하지 않고 실 한 올씩 염료통에 집어넣어 바람이나 햇빛으로 건조시킨다. 이때 바람이나 햇빛의 강도에 따라 다양한 색감이 만들어진다.

유목민들에게 카펫은 주거를 위한 필수품이지만 정착민들에겐 장식용 사치품으로 많이 사용된다. 그런데 아무리 아름다운 카펫이라도 일부분이 손상되면 복구하기가 매우 어렵다. 이에 반해 타일은 손상된 부분을 쉽게 교체할 수 있다. 이러한 타일의 장점을 카펫에 접목한 것이 카펫 타일이다.

서울에서 수원으로 연결되는 1번 국도 경수대로의 수원 초입에 지지대遲遲臺라는 고개가 있다. 조선 후기의 개혁군주였던 정조 대왕은 어린 시절 할아버지 영조 대왕의 명에 의해 아버지 사도세자가 쌀 뒤주에 갇혀 죽는 것을 목도했는데, 이것이 평생의 한으로 남았다. 정조는 자신이 왕위에 오르자 양주 배봉산에 있던 아버지의 능침을 수원 화산으로 옮기고 자주 찾아가 참배했다. 정조가 참배하러 가는 길에 지지대 고개에 이르면 아버지의 능이 내려다보이는데, 빨리 가고 싶은 마음에 "행차가 왜 이리 더딘가?" 하면서 어서 가자고 채근했다. 또 돌아오는 길에 이 고개를 넘으면 더 이상 아버지의 능이 보이지 않기 때문에 거기서 천천히 갈 것을 명했다. 이 때문에 고개의 이름에 늦을 '지遲'자가 두 번 들어갔다고 한다.

2005년 서울시는 청계천 복원공사의 준공을 앞두고 〈정조 대왕 능행반차도〉를 세계 최대 규모의 도자벽화로 만들어 청계천 복원 구간에 설치했다. 이 그림은 1795년 정조 대왕이 아버지 사도세자의 회갑을 맞이해 어머니 혜경궁과 함께 현륭원 참배를 다녀온 8일간의 행차를 나타낸 것이다. 1,799명의 인물과 779필의 말이 행진하는 모습을 담은 이 행차 장면은 유네스코 세계기록유산으로 지정된 『원행을묘정리의궤園幸乙卯整理儀軌』에 63쪽에 걸쳐 자세하게 묘사되어 있다.

동일한 문양이 반복되는 타일이라면 손상된 부분을 새것으로 쉽게 교체할 수 있지만 청계천 타일 벽화와 같은 경우에는 보수를 위해 각각의 문양이 담긴 타일들을 모두 재고로 보유해야 한다. 재고가 없으면 교체가 필요한 부분을 다시 제작해야 하는데, 가마에 구워서 만드는 타일의 특성상 예전 것과 동일하게 재현하는 것이 쉽지 않다. 카펫 타일도 같은 문제를 안고 있다. 개성 있는 문양을 가진 카펫 타일을 쉽게 보수할 방법이 없을까?

카펫 타일을 전문적으로 제작하는 미국의 인터페이스플로어InterfaceFLOR는 자연모방을 통해 해결책을 찾았다. 1999년 말 사내 각 부문 직원들을 대상으로 생체모방에 대한 기본 교육을 실시한 뒤 업

〈이미지 19.30〉 〈정조대왕 능행반차도〉 타일

계 내부가 아니라 외부 자연의 바닥재에서 해결책을 찾아보라고 주문했다. 그들은 늦가을 낙엽에서 해결의 실마리를 찾았다.

'만추晩秋'라는 단어는 고독과 애수가 깃든 아름다움을 연상시킨다. 떨어지는 나뭇잎이나 잎이 떨어지고 난 앙상한 나뭇가지는 가슴을 아리게 하지만 바닥에 떨어진 낙엽은 정말 아름답다. 그런데 낙엽에는 인간이 만든 것과 달리 규칙적인 문양이 들어 있지 않다. 그 때문에 바람 부는 대로 이리저리 쓸려도 아름다움이 유지된다.

카펫 타일도 낙엽처럼 색상이나 무늬를 조금씩만 다르게 해주면 어떻게 조합해도 자연스러운 아름다움이 유지될 것이라는 생각하에 탄생한 것이 유명한 '엔트로피 디자인'이다. 이 디자인이 적용된 카펫 타일은 규칙적으로 반복되는 문양이 없기 때문에 작업 시 어느 모듈을 어디에 맞출지 신경 쓸 필요가 없으며 손상된 부분을 교체할 때도 아무 모듈이나 사용하면 된다. 따라서 카펫 타일의 설치 및 보수에 들

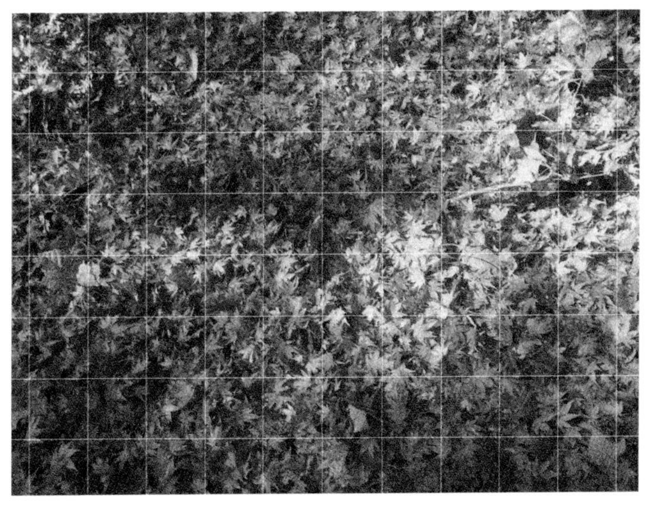

〈이미지 19.31〉 자연모방 카펫 타일의 개념

어가는 노력과 비용이 대폭 절감된다. 인터페이스플로어는 엔트로피 디자인이 자연의 정돈된 무질서ordered chaos를 모방한 것이라고 했다.

20세기 최고의 건축가로 손꼽히는 안토니오 가우디Antonio Gaudi(1852~1926)는 스페인의 바르셀로나를 중심으로 많은 독창적 건축물을 남겼는데, 그중 7개가 유네스코 세계문화유산으로 지정되었다. 가우디가 설계한 건축물의 특징은 '반듯해야 한다'는 종래의 고정관념에서 벗어나 독창적이면서도 아름다운 곡선 구조가 많다는 점이다.

가우디의 건축물 중 가장 유명한 것은 바르셀로나의 상징이 된 사그라다 파밀리아 성당이다. 스페인어로 Sagrada Familia는 성聖가족이라는 뜻이기 때문에 우리나라에서는 성가족 성당이라고도 한다. 1882년에 착공된 이 성당은 아직도 건축이 진행되고 있다. 가우디는 1883년부터 1926년 사망할 때까지 43년 동안 이 성당의 건설을 책임졌으며, 세상을 뜨기 전 마지막 15년간은 전적으로 이 일에만 몰두했다고 한다.

〈이미지 19.32〉 사그라다 파밀리아 성당의 중앙 천장

사그라다 파밀리아의 중앙 천장을 보면 기둥들이 위로 올라가면서 나뭇가지처럼 벌어져 있는데, 채광창을 통해 빛이 들어오면 마치 나무가 우거진 숲속에 있는 듯한 느낌이 든다. “새로운 일을 하는 데 도움을 구하기 위해 자연의 법칙을 찾는 사람은 창조주의 동역자”라는 그의 말을 상기해보면, 가우디가 실제로 숲속에 있는 느낌을 구현하고자 했음을 짐작할 수 있다.

연구를 뜻하는 영어 단어 Research는 ‘다시Re+찾는다Search’는 의미로 풀이할 수 있다. 이것은 “사람은 창조하는 것이 아니라 발견할 뿐이다”라는 가우디의 말과 일맥상통한다. 자연에 대한 경외심을 갖고 자연에서 해결책을 유추해보자는 것이 이번 장에서 다룬 생체모방인 것이다.

20

문화예술에서 배우는 창의성

시각예술에서 배우는 창의성

예술은 다른 어떤 분야보다 창의성이 중요하다. 기업의 세계에서는 남이 먼저 한 것이라도 '더 좋게better, 더 빨리faster, 더 싸게cheaper' 따라 할 수 있다면 운영효율과 제조경쟁력이 높다고 한다. 그러나 예술에서는 남다른 점이 없으면 모두 짝퉁에 불과하다. 따라서 예술에서 창의적 발상이 어떻게 구현되고 있는지 살펴보면 창의성을 이해하는 데 큰 도움이 된다.

2014년 8월 「뉴욕타임스」는 애플의 사내 교육기관인 애플 대학을 취재한 기사를 실었다(Chenaug, 2014). 애플 대학은 자사의 역사를 가르치고 기업문화를 심어주기 위해 스티브 잡스가 설립했는데, 그동안 외부에 공개된 적이 없었다고 한다. 다음은 「뉴욕타임스」에 실린 기사의 주요 내용이다.

애플 대학의 학장인 랜디 넬슨Randy Nelson은 피카소의 석판화 연작

〈이미지 20.1〉 피카소의 석판화 연작 〈황소〉

〈황소〉를 이용해 애플이 추구하는 최고 가치인 단순함simplicity에 대해 설명했다.

피카소는 1945년 12월 5일부터 1946년 1월 17일 사이 황소를 주제로 11개의 석판화를 제작했는데, 처음에는 황소를 사실적으로 묘사했지만 뒤로 갈수록 점점 단순한 형태로 추상화했다. 〈이미지 20.1〉에는 11개의 연작 중 8개가 제작순으로 정리되어 있다. 〈황소〉 연작의 마지막 작품을 보면 얼굴, 다리 골격, 발굽 등이 없지만 누가 보더라도 그것이 황소라는 것을 알 수 있다. 가장 본질적인 핵심 요소만 남을 때까지 단순화시켜야 한다는 애플의 디자인 철학을 설명하기 위해 피카소의 작품을 예로 사용한 것이다.

이러한 애플의 디자인 철학이 현실 문제에서 어떻게 구현되는지 설명하기 위해 랜디 넬슨은 구글 TV와 애플 TV의 리모컨을 비교한 슬라이드를 종종 사용한다. 구글 리모컨에는 버튼이 78개나 달려 있지만, 애플 리모컨에는 버튼이 3개밖에 없다. 구글은 프로젝트에 참여한 엔지니어와 디자이너들이 필요하다고 생각한 것을 다 담았지만, 애플은 꼭 필요한 것만 남을 때까지 열띤 논쟁을 벌였다는 것이다. 그렇게 해서 최종적으로 남은 것이 동영상의 재생과 멈춤, 시청 프로그램의 선택, 메인 메뉴로의 복귀 버튼이었다.

애플이 피카소의 석판화 연작에서 배운 창의발상코드는 다름 아닌 '제거'였다. 실제로 피카소도 "예술이란 불필요한 것들을 제거하는 것"이라고 말한 바 있다.

추상 조각의 선구적인 작품으로 평가받는 콘스탄틴 브란쿠시Constantin Brancuşi의 〈공간 속의 새Bird in Space〉에 얽힌 다음 이야기를 보자(우정아, 2011).

〈이미지 20.2〉 콘스탄틴 브란쿠시의 〈공간 속의 새〉

1926년 미국의 사진작가 에드워드 스타이컨Edward Steichen은 파리에서 이 작품을 구입해 돌아오면서 면세품인 미술품으로 세관신고를 했다. 그러나 '새'라면 마땅히 부리와 날개, 깃털이 있어야 한다고 굳게 믿었던 세관원의 눈에 뾰족한 쇳덩이가 미술품으로 보일 리 없었다. 세관원은 이를 '주방용기와 병원용품' 항목으로 분류하고 230달러의 관세를 매겼다.

스타이컨은 세관을 상대로 소송을 제기했다. 미술에 대해 보수적인 이들은 이 작품에 대해 "새처럼 보이지 않고, 별로 아름답지 않으며, 작가가 손으로 만든 것이 아니므로 미술이 아니다"라고 했다. 그러나 브란쿠시는 "평생토록 나는 비상의 본질을 추구했다"고 증언했으며, 스타이컨은 "미술가가 '새'라고 했으니 이것은 새"라고 주장했다. 판사는 스타이컨에게 "만일 사냥을 나갔는데 나무 위에 저 물건이 있었다면 '새'라고 여기고 쏘았겠느냐"고 물었다. 당황한 스타이컨은 대답을 못했지만, 어쨌든 재판정은 '새를 연상하긴 어렵지만 전업작가가 만든 작품이며 보기 좋기 때문에 미술품'이라고 판결하고 스타이컨의 손을 들어주었다.

이 일화는 눈에 보이는 것을 '재현'하는 구상 미술에서 대상의 본질을 '표현'하는 추상 미술로의 전환기에 있었던 예술 인식의 간극을 잘 보여준다. 사물의 본질을 간결하게 표현하려면 '제거'를 통해 눈에 보이는 것을 부분적으로 생략하고 단순화해야 한다. 브란쿠시의 청동 조각 〈공간 속의 새〉는 하늘을 향해 비상飛上하는 새의 역동적인 이미지를 군더더기 없이 간결하게 표현하고 있다.

팝아트Pop art의 'Pop'은 'popular(대중적)'의 줄임 말이다. '저급한 문화'로 여겨졌던 만화와 상업 포스터, 대량생산·대량소비 시대의 산물인 콜라 병과 통조림 깡통 등은 팝아트의 주된 작품 소재였다. 이것은 예술이란 일상생활과 거리가 있는 무언가 '고상한 것'이라는 고정관념에 대한 '역전도발'이었다.

앤디 워홀Andy Warhol은 '팝의 교황Pope of Pop'이라고 불렸던 팝아

〈이미지 20.3〉 앤디워홀의 〈메릴린 먼로〉

트의 선구자였다. 그는 상업 포스터 제작에 사용되던 실크스크린 기법을 사용해 코카콜라 병이나 통조림 캠벨 수프 등의 이미지를 인쇄했다. 공판화孔版畵 기법 중 하나인 실크스크린을 이용하면 단시간에 여러 장의 작품을 찍어낼 수 있다. 워홀은 실크스크린 기법을 사용해 한 가지 그림에 여러 색채를 입혀 다양한 느낌의 작품을 만들었다. 아마도 그는 예술 세계에서 '복제'의 개념을 의도적으로 도입한 최초의 작가였을 것이다.

실크스크린을 이용한 워홀의 제작 방식은 미술의 개념에 근본적인 변화를 가져왔다. 미술은 화가의 특별한 독창성을 기반으로 해야 한다는 종래의 인식을 깨뜨리고 어떤 방식이든 간에 미술가들은 자신이 원하는 방식으로 자유롭게 작품을 만들 수 있게 된 것이다(박희숙, 2010). 워홀은 작품 제작과정까지 대부분을 조수들에게 맡겼다.

앤디 워홀은 가난한 유년 시절을 보냈기에 '돈'과 '명성'에 대한 욕심이 컸다고 한다. 그의 대표작 중 하나인 〈달러 사인Dollar Sign〉은 돈에 대한 그의 관심을 보여준다. 돈뿐만 아니라 명성에도 욕심이 컸던

워홀은 그 자신이 '스타'가 되고 싶어 했다(김해인, 2010). 그러한 연유인지 워홀은 대중 스타를 소재로 한 작품을 많이 제작했다. 〈메릴린 먼로〉, 〈마이클 잭슨〉, 〈제인 폰다〉, 〈엘리자베스 테일러〉, 〈엘비스 프레슬리〉, 〈잉그리드 버그만〉 등이 대표적이다.

"돈 버는 것이 예술이고, 일하는 것도 예술이며, 좋은 사업은 최고의 예술이다"라고 말한 바 있는 워홀은 생전에 큰 부자가 되었다. 2007년 KBS에서 방영한 미술사 다큐멘터리 〈미술공장의 CEO 앤디 워홀〉을 보면, 전기 작가 리처드 폴스키Richard Polsky는 워홀이 작품을 '복제'해서 돈 버는 방법을 다음과 같이 설명하고 있다.

> 그는 항상 초상화 작품 4장을 하나의 세트로 만들었다. 작품이 준비되면 부자 남편과 그의 아내에게 전화했다. 스튜디오에 온 그들은 4장의 작품이 다 좋기 때문에 어떤 걸 골라야 할지 결정하지 못했다. 그러면 워홀은 그들에게 "1장을 구입하면 2만 5천 달러지만 4장을 전부 구입하면 4만 달러에 주겠다"라고 이야기했다. 그러면 사람들은 보통 4장을 모두 구매했기 때문에 큰돈을 벌었다. 그는 매주 이런 일을 했고 초상화만 갖고도 1년에 200만 달러를 벌었다.

백남준 비디오예술의 백미로 꼽히는 작품 가운데 예술성이나 미학적 근거에서 늘 빠지지 않고 거론되는 작품이 〈TV부처〉다(이용우, 2009). 부처가 텔레비전 앞에 앉아 TV에 나타난 자신의 '복제'된 모습을 물끄러미 바라보는 단순하면서도 미묘한 작품이다. 이 작품에는 백남준 특유의 현란하고 율동적인 화면이나 음악이 없으며 정적

〈이미지 20.4〉 백남준의 〈TV부처〉

인 분위기만 감돈다. 어두운 조명 아래 TV와 조용히 마주 앉은 불상이 주는 적막한 분위기는 불상이 미술관이 아니라 고즈넉한 산사에 봉안되어 있는 듯한 느낌을 준다. 이 작품을 보고 있으면 "실제 불상과 TV 속의 불상 중 어느 것이 붓다의 참모습인가"라는 화두가 생기게 마련이다(배재호, 2016). 또한 "실제 자기 자신과 다른 사람들에게 비춰진 자신의 모습 중 어느 것이 '진짜 나眞我'인가"라는 생각을 불러일으킨다.

이 작품의 탄생 배경을 설명한 다음 글(이용우, 2009)을 보면 '상자 안 사고thinking inside the box'가 가져다준 창의적 산물임을 알 수 있다.

> 〈TV부처〉는 68년 백남준이 미국 뉴욕의 보니노 화랑에서 가진 네 번째 개인전에 처음으로 출품되었다. 원래 백남준은 전시장 천장에 텔레비전 모니터를 가득 매달고 불을 끈 뒤 흡사 하늘에 물고기가 가득 날아다니는 것과 같은 'TV물고기'를 연출할 계획이었다.
>
> 그러나 전시 개막 며칠 전까지도 텔레비전을 필요한 만큼 구할 수가

없었다. 절망감에 젖어 있던 백남준은 부지런히 대용작품을 찾았다. 길을 가다가 거의 공짜로 구해놓았던 부처가 생각났다. 원래 연출하려던 'TV물고기'만은 못하겠지만 그 넓은 공간을 비워놓기보다는 부처님이라도 모셔놓아야겠다고 결심했다.

처음에는 부처를 텔레비전을 보는 단순한 관객으로 등장시킬 예정이었으나 부처의 위치를 이리저리 옮기는 과정에서 최종적으로 카메라에 사로잡힌 이미지로 연출했다.

(……)

만약 백남준에게 보니노 화랑 전시 당시 충분한 텔레비전이 제공되었다면 아마도 〈TV부처〉는 세상에 태어나지 않았을 수도 있을 것이다.

건축계의 노벨상이라고 불리는 프리츠커상을 받은 일본 출신의 세계적인 건축가 이토 도요伊東豊雄의 대표작은 요코하마에 있는 〈바람의 탑風之塔〉이다(Naja, 2013). 이 탑은 21미터 높이의 원통형 형상을 하고 있는데, 밤이 되면 바람의 방향이나 소음의 수준에 따라 건축물에 설치되어 있는 1,300개의 등과 12개의 네온 고리 및 30

〈이미지 20.5〉 이토 도요의 〈바람의 탑〉

개의 투광 조명등의 밝기와 색상이 변하도록 설계되어 있다. 이처럼 외부 바람과 소음에 따라 내부 조명이 변하기 때문에 조명의 패턴이 시시각각 매우 다양하게 변한다. 이것은 건축물에 '속성의존'이 적용된 독특한 사례다.

이탈리아 우피치 미술관에 있는 〈수태고지受胎告知〉는 레오나르도 다 빈치가 그린 성화聖畵 중 하나다. 가브리엘 천사가 동정녀 마리아에게 성령으로 잉태할 것임을 알리는 장면을 그린 것이다. 성서에 나오는 내용을 그린 성화는 동일한 주제라도 화가의 상상에 따라 전혀 다른 모습으로 나타난다. 〈이미지 20.6〉의 왼쪽에 있는 레오나르도 다 빈치의 〈수태고지〉는 페테르 파울 루벤스Peter Paul Rubens나 얀 반 에이크Jan van Eych 등 다른 화가들이 그린 작품에 비해 부자연스러운 곳이 많다. 가브리엘 천사의 크기가 상대적으로 커서 위압적으로 보이고, 마리아의 오른쪽 팔이 왼쪽보다 현저하게 길다. 또한 마리아의 뒤쪽 왼편에 있는 벽돌과 오른쪽에 있는 벽돌의 소실점이 일치하지 않는다. 이처럼 이 그림은 천재 화가가 그린 것이라고 보기에는 이상한 점이 많다.

다 빈치는 왜 이렇게 그렸을까? 의도적으로 그렇게 한 것이다. 작품의 관점을 화가 자신이 아니라 이를 감상하는 관람객 입장으로 '재정의'한 것이다. 이 작품은 큰 성당의 오른쪽 벽 앞부분 위에 걸어놓을 예정이었기 때문에 고객들이 측면에서 위를 올려다보면 〈이미지 20.6〉의 오른쪽과 같이 자연스럽게 보인다. 이처럼 다 빈치는 그림은 항상 정면에서 본다는 고정관념을 뛰어넘었던 것이다.

예술의 세계에서 가장 흔히 관찰되는 것이 '결합'이다. 손으로 쓴

〈이미지 20.6〉 레오나르도 다 빈치의 〈수태고지〉

그림문자인 캘리그래피도 그중 하나다. 강병인 작가의 작품 〈봄〉을 보면 따뜻한 봄을 맞아 겨우내 움츠리고 있던 사람이 기지개를 켜고 나오려는 것 같기도 하고, 꽃봉오리가 벌어지는 것 같기도 하다. 또한 〈꽃〉이라는 작품을 보면 활짝 핀 꽃이 암술과 수술을 드러내고 나비를 부르는 듯하다.

이미지를 조합해 다른 이미지를 만들어내는 이중그림은 창의발상코드의 관점에서 볼 때 작은 그림들이 큰 그림을 구성하는 세부요소가 된다는 점에서 '용도통합', 작은 그림들이 모여서 큰 그림이 된다는 점에서 작은 그림들의 '결합'으로 볼 수 있다. 또한 멀리서 볼 때는 큰 그림이 보이고 가까이에서는 큰 그림을 구성하는 작은 그림들이 보인다는 점에서 '속성의존'이 적용되었다.

〈이미지 20.7〉 강병인의 캘리그래피 작품

합스부르크 왕가의 궁중화가였던 주세페 아르침볼도Giuseppe Arcimboldo는 이중그림의 창시자다. 그는 과일이나 꽃, 동물 등을 이용한 독특한 인물화를 많이 남겼다.

아르침볼도의 작품 중 많이 알려진 〈베르툼누스Vertumnus〉는 다음과 같이 구성되어 있다(이명옥, 2006).

> 인물의 머리는 달콤한 포도와 체리, 배, 수수 다발로 풍성하게 장식했다. 이마는 둥그런 호박, 눈썹은 밀 이삭, 눈동자는 산딸기, 눈꺼풀은 싱그러운 완두콩이다. 뭉툭한 코는 서양배, 두 뺨은 빨간 사과, 코 밑의 팔자수염은 싸리버섯, 구레나룻은 수수 다발, 아랫입술은 체리 두 알이다. 턱은 밤송이, 목은 애호박과 무, 가지, 양쪽 어깨는 양파와 대파, 가슴은 커다란 호박과 사계절 피는 아름다운 꽃들로 장식했다.

이 작품의 모델은 합스부르크 왕가의 황제였던 루돌프 2세다. 군왕의 초상화는 영웅이나 신적 존재로 묘사하는 것이 불문율이라는 점에 비추어볼 때, 가히 파격적이라 할 수 있다. 베르툼누스는 로마 신화에 나오는 과수果樹와 계절의 신이다. 따라서 이 그림은 황제의 뛰어난 통치력 덕분에 농사가 잘되어 먹을 것이 풍성하고 태평성대를 맞이하게 되었다는 뜻을 담고 있다.

〈이미지 20.8〉 주세페 아르침볼도의 〈베르툼누스(Vertumnus)〉

김동유는 인물을 이용해서 다른 인물을 그리는 작가로서 독보적 명성을 얻고 있다. 〈메릴린 먼로 vs 존 F. 케네디〉라는 작품은 케네디 대통령의 얼굴을 이용해서 메릴린 먼로의 초상화를 그린 것이다. 이 작가의 작품이 많은 사람의 사랑을 받는 이유는 대중이 열광하는 아이돌idol을 '상반형 결합'으로 표현하기 때문이다. [참고: 김동유 화가의 작품은 인물 이미지를 '복제'해서 다른 인물을 그린 것으로도 볼 수 있다.]

김동유 작가의 작품은 멀리서 보면 디지털 프린팅 같지만 가까이 다가서면 망점의 역할을 하는 작은 인물들을 일일이 아날로그적인 방식으로 그린 것을 알 수 있다. 또한 작품 속의 두 인물은 세인의 주목을 끄는 유명 인사이면서 상호 대비되거나 연관성을 갖고 있다. 〈메릴린 먼로 vs 존 F. 케네디〉를 예로 보면 메릴린 먼로는 은막의 여

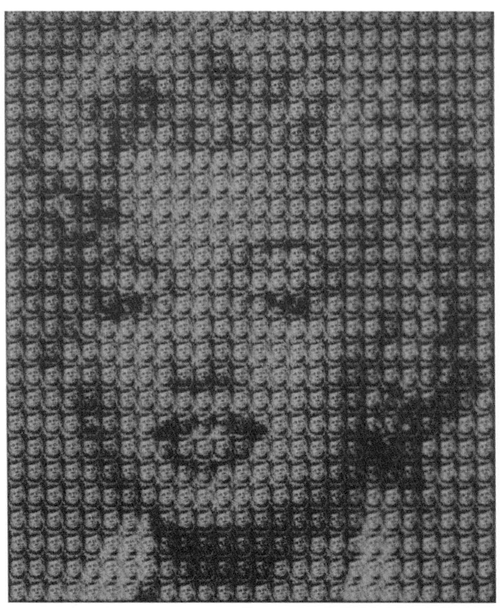

〈이미지 20.9〉 김동유의 〈메릴린 먼로 vs 존 F. 케네디〉

왕이었으며 케네디는 권부의 왕이었다. 더 나아가, 이 두 사람 사이에 시쳇말로 섬씽이 있었다는 것은 공공연한 비밀이다.

2012년 영국 국립초상화미술관National Portrait Gallery에서 개최된 '엘리자베스 여왕 즉위 60주년 기념전'에 아시아 작가의 작품으로는 유일하게 김동유의 〈엘리자베스 vs. 다이애나〉가 전시되었다. 이 작품은 고故 다이애나 왕세자빈의 작은 얼굴 그림 1,106개를 조합해서 엘리자베스 여왕의 인물을 만든 것이다. 여왕과 왕세자빈은 영국에서 가장 유명한 인물이면서도 두 사람은 애증이 교차하는 고부 관계였다.

'상반형 결합'의 다른 예를 보자. 네덜란드의 판화가 마우리츠 코르넬리스 에스허르Maurits Cornelis Escher는 욕실 바닥의 타일처럼 동일한 모양의 도형을 겹치지 않으면서 빈틈없이 채우는 테셀레이션tessellation 작품을 많아 남겼다.

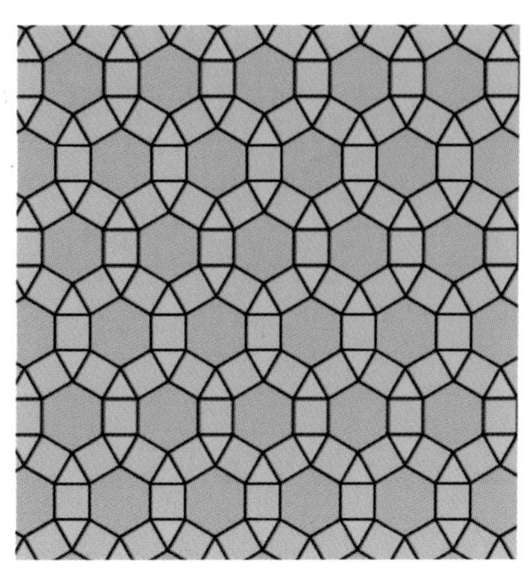

〈이미지 20.10〉 테셀레이션(tessellation) 예

에스허르의 작품 중 가장 널리 알려진 것은 〈천국과 지옥Heaven and Hell〉이라는 목판화다. 이 작품의 흰색 문양에 주목하면 천사들이 중심에서 주변으로 갈수록 크기가 작아지면서 연속적으로 배열되어 있고, 검은색 문양에 주목하면 마귀처럼 보이는 박쥐가 같은 방식으로 배열되어 있다. 서로 상반되는 천사와 마귀의 형상이 절묘하게 결합되어 있기 때문에 한 번 보고 나면 좀처럼 잊히지 않는다. 참고로, 이 작품은 작은 문양을 확대하면 큰 문양과 같아지는 프랙털fractal 구조로 되어 있다.

〈이미지 20.11〉 에스허르의 〈천국과 지옥(Heaven and Hell)〉

벨기에의 초현실주의 화가 르네 마그리트René Magritte의 작품에서도 '상반형 결합'의 예들을 볼 수 있다. 그중 하나가 〈빛의 제국The Empire of Light〉이다. 마그리트는 1949년에서 1954년 사이에 〈빛의 제국〉이

라는 유화 3점을 그렸는데, 〈이미지 20.12〉는 뉴욕 현대미술관MoMA 소장품이다.

대부분 초현실주의 화가가 일상생활과 유리된 무의식無意識의 세계를 표현하려 한 데 반해, 마그리트는 우리가 일상생활에서 늘 접하는 사물들을 예기치 못한 방식으로 제시해 '익숙한 것을 낯설게' 만든다. 마그리트는 생전에 "나는 나의 작품을 단순히 보는 것이 아니라 생각하게 하고 싶다"는 말을 즐겨 했다고 하는데, 익숙한 것이 낯설게 다가오면 누구든 생각에 잠기게 된다. 마그리트의 작품을 보면 작품 자체뿐 아니라 작품에 붙인 이름까지도 '왜 이렇게 붙였지?' 하는 의문을 불러일으킨다.

〈빛의 제국〉은 빈방에 불만 켜 있는 듯 보이는 어두운 저택 앞에서 가로등 하나가 외로이 주위를 비추고 있는 모습이다. 그런데 배경을

〈이미지 20.12〉 르네 마그리트의 〈빛의 제국(The Empire of Light II)〉

보면 푸르스름한 하늘에 흰 구름 뭉치가 여기저기 떠 있다. 밤 풍경도 낮 하늘도 모두 익숙한 것이지만 같은 시간에 함께할 수 없는 이 둘을 병치倂置시켜 '익숙한 것을 낯설게' 만들었다.

이 그림을 보는 사람들은 여러 가지 생각과 추측을 하게 된다. "빛과 어둠의 공존이란 선과 악의 공존이나 공생을 의미하는 것일까?", "이 세상엔 절대선絕對善도 절대악絕對惡도 없음을 의미하는 것일까?", "빛과 어둠이 공존하는데 작품의 이름은 왜 '빛의 제국'일까?", "어둠이 결국에는 빛을 이기지 못한다는 말일까?" 이와 같은 여러 가지 생각이 들 수도 있겠지만, 예술은 어떤 게 맞고 틀리는지 판단하는 심판관이 아니다. 아마도 마그리트는 많은 생각을 불러일으키는 것이 예술의 중요한 역할 중 하나라고 여긴 듯하다.

눈에 보이는 것을 그대로 재현하는 사진술이 어떻게 독자적 예술의 한 장르로 발전할 수 있었을까? 눈에 보이는 것 그 이상을 담아내기 위해 창의적 발상을 다양한 방식으로 접목했기 때문이다. 그중 '연결'이 적용된 예를 보자.

원범식 작가는 '건축조각Archisculpture'이라 불리는 새로운 작품세계를 개척했다. 목재나 석재가 아니라 건축물의 사진을 재료로 새로운 가상의 건축물을 창작하는 것이다. "저 푸른 초원 위에 그림 같은 집을 짓고 사랑하는 우리 님과……"라는 유행가 가사처럼 사람들은 사랑과 더불어 자신의 정취情趣가 담긴 집에 대한 꿈을 가지고 있다. 이런 이루기 힘든 꿈을 작가는 사진 콜라주로 구현했다.

건축조각 사진작품의 특징 중 하나는 작품번호만 있지 다른 작품명이 없다. 작품에 이름을 붙이지 않은 것은 "관람객들의 상상력을

〈이미지 20.13〉 원범식의 〈건축조각(Archisculpture) 017〉

제한하고 싶지 않다"는 작가의 의도 때문이다. 작품에 이름을 붙이면 작품명이란 프레임 속에서 감상할 가능성을 염려한 것이다. 겉으로 드러나지 않지만 작품의 중요한 특징 중 하나는 한 번 쓰인 이미지는 두 번 다시 사용하지 않는다는 점이다. 여기에는 가상의 건축물을 만들긴 하지만 그것의 예술성을 담보하기 위한 작가의 의도가 들어간 것으로 생각된다.

권오상 작가는 평면적 사진과 입체적 조각을 결합한 '사진조각Photo Sculpture'이란 영역을 개척했다. 대학에서 조각을 공부하던 작가는 "왜 조각은 돌이나 청동같이 무거운 소재를 사용할까?", "가벼운 조각 작품을 만들 수는 없을까?" 하는 의문을 가졌다. 그러던 중 자신이 좋아하는 조각과 사진을 결합한 사진조각이라는 것을 착상했다. 아주 가벼운 소재인 스티로폼으로 조각하고, 그 위에 모델의 실제 사진 수백 장을 오려서 이어 붙인 다음 투명한 에폭시 수지를 입힌 작품을 만들었다. 2008년 영국의 유명한 4인조 록밴드 '킨Keane'의 세

번째 음반 재킷에 권오상 작가의 작품 사진이 실려 언론에도 많이 소개된 바 있다.

〈이미지 20.14〉 권오상의 〈킨 채플린(Keane Chaplin)〉

이이남 작가는 '영상회화'라는 새로운 영역을 개척했다. 전통 수묵회화가 그의 손을 거치면 디지털 모니터에서 움직이는 그림으로 다시 탄생한다. 이이남 작가의 초기 작품인 단원 김홍도의 〈묵죽도〉를 보자(김윤섭, 2012).

> 처음 화면에는 선비의 기개를 닮은 단원의 〈묵죽도〉가 등장한다. 곧이어 대나무밭 사이로 시원한 겨울바람이 한차례 불더니만, 이내 함박눈이 가득 내리기 시작한다. 바람결에 날리던 댓잎은 흰옷을 입고 요동을 잠시 멈춘다. 꿋꿋이 선 대나무도 어느덧 점점 쌓여가는 백설의 무게를 못 이겨 고개를 숙인다.

이이남 작가의 작품에서는 상반형 결합의 특성도 많이 볼 수 있다. 디지털 8폭 병풍을 예로 보면, 고전적인 병풍 안에 현대적인 디지털 모니터가 들어가 있고, 정적인 동양화가 모니터 안에서 움직이는 그림으로 바뀐다.

〈이미지 20.15〉 이이남의 〈디지털 8폭 병풍 III〉 스틸컷

시詩·서書·화畵에 모두 뛰어난 재능을 겸비한 사람을 삼절三絶이라고 한다. 추사 김정희는 이러한 삼절의 대표적 인물이다. 김정희의 〈부작란도不作蘭圖〉는 〈세한도歲寒圖〉(국보 180호)와 더불어 문인화의 걸작으로 꼽힌다. '불이선란도不二禪蘭圖'라고도 불리는 〈부작란도〉는 작가가 붙인 이름은 없으나 그림 왼쪽 윗부분에 '부작란화 20년不昨蘭畵二十年…'으로 시작되는 제시題詩가 있어 그렇게 불린다. 이 글의 첫 부분을 보면 다음과 같다.

不作蘭花二十年 偶然寫出性中天
난 꽃을 그리지 않은 지 어언 20년,
우연히 본성의 참모습을 그렸네.

이 글을 보면 추사는 자신이 그린 난초에 크게 만족했다는 것을 알 수 있다. 그런데 이 그림은 전통적 사군자도에 나타나는 청초한

자태의 난과 달리 성긴 잡초처럼 보인다. 그럼에도 불구하고 추사가 이 작품을 흡족하게 여긴 이유는 오른쪽 위로 길게 꺾인 잎 옆에 쓴 다음 글에 나타나 있다.

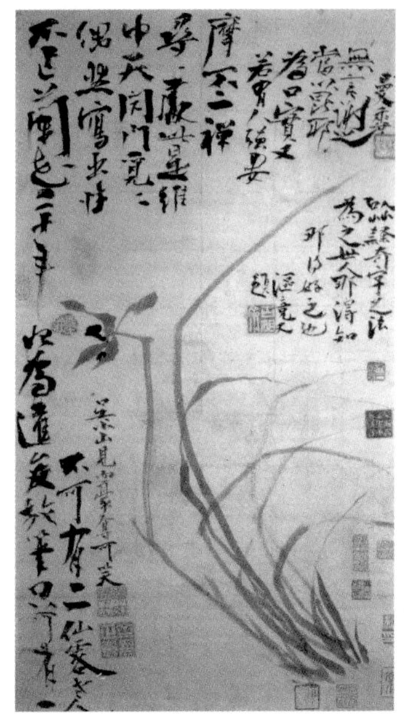

〈이미지 20.16〉 추사 김정희의 〈부작란도〉

> 以草隸奇字之法爲之 世人那得知
> 초서와 예서의 기이한 자법으로 그렸으니,
> 세상 사람들이 어찌 알겠으며

마치 서예 글씨를 쓰듯 자신의 방식대로 난을 그렸으며 그 결과 흡족한 작품이 나왔다는 것이다. 추사는 '글씨와 그림은 같은 것'이라는 서화불분론書畵不分論을 주장했는데, 그 배경에는 "한자는 상형문자에서 나왔고 상형문자는 곧 그림이며, 따라서 한자는 극도의 추상화"라는 인식이 깔려 있다(조현욱, 2001).

사군자四君子로 불리는 매梅·란蘭·국菊·죽竹은 문인화의 전통적 소재였다. 매·란·국·죽이 덕德과 학식을 겸비한 군자가 지녀야 할 품성을 상징한다고 보았기 때문이다. 한국민족문화대백과사전에는 사군자의 특성을 다음과 같이 기술하고 있다.

> 매화는 이른 봄의 추위를 무릅쓰고 제일 먼저 꽃을 피운다.

난초는 깊은 산중에서 은은한 향기를 멀리까지 퍼뜨린다.

국화는 늦은 가을에 첫 추위를 이겨내며 핀다.

대나무는 모든 식물의 잎이 떨어진 추운 겨울에도 푸른 잎을 계속 유지한다.

〈이미지 20.17〉 김광호의 〈부작란도〉 조각

사군자 조각가로 알려진 김광호 작가는 문인화의 소재인 사군자를 조각과 '연결'해 독특한 자신만의 작품세계를 구축했다.

우리나라 전통예술 중 특히 회화 부문은 대다수 젊은이로부터 외면당하고 있다. 동양화나 한국화라고 하면 누구나 산수화나 초상화를 떠올리듯이, 소재가 한정적이고 표현 방법 또한 별다른 변화가 없어 고루하다는 인상을 주기 때문이다. 한국화가 김현정은 이러한 인식을 깨뜨린 신세대 작가다. 2014년 인사동 가나아트센터에서 열린 개인전 '내숭올림픽'은 하루 최다 관람객을 기록하며 화단의 주목을 받았다. 또한 2016년 미국 뉴욕 메트로폴리탄 미술관MET 초대전에서 호평을 받은 바 있다.

김현정 작가의 작품 속 여인은 모두 한복을 입고 있는데, 단아하고 우아한 전통적 여인상과 달리 방바닥에 앉아 양은 냄비에 끓인 라면

〈이미지 20.18〉 김현정의 〈나를 움직이는 당신〉

을 뚜껑에 덜어 먹거나 배달시킨 중국음식을 택배 상자 위에 놓고 먹는 모습, 허벅지를 드러내고 자전거를 타거나 스케이트보드를 즐기는 모습 등과 같이 젊은 현대 여성의 생기 넘치는 일상생활을 파격적으로 표현하고 있다.

덧칠해도 탁해지지 않고 오히려 투명한 느낌을 줄 수 있는 수묵화의 매력을 살리기 위해 누드 밑그림을 그린 다음 치마는 먹을 이용해 반투명으로 표현한다. 또한 저고리는 직접 염색한 한지를 붙여 질감을 살린다. 이러한 작품 제작방식은 동양의 수묵담채와 서양의 콜라주collage 기법을 독특하게 '결합'한 것이다. 또한 그림 속 모델을 활기찬 현대 여성으로 '대체'했다. 김현정 작가 자신은 '내숭과 파격'이라는 단어가 따라다니는 자신의 작품세계는 전통적 동양화와 자신의 삶을 '연결'한 데서 시작되었다고 말한다.

우리가 머릿속에 그리는 상상 속의 동물 인어는 안데르센의 동화

『인어공주』의 주인공처럼 젊고 예쁜 여인의 상반신과 물고기의 하반신을 결합한 것이다. 그리스 신화에 나오는 사이렌(여자의 모습을 하고 바다에 살면서 아름다운 노래로 선원들을 유혹해 위험에 빠뜨리는 동물로, 스타벅스 로고에도 들어 있다)의 상반신도 젊은 여인이다.

〈이미지 20.19〉 코펜하겐에 있는 '인어공주' 동상

벨기에의 초현실주의 화가 르네 마그리트의 작품 〈집합적 발명Collective Invention〉은 인어의 하반신을 여성의 몸으로, 상반신을 물고기로 '역전'시켜 고정관념의 허를 찌른다. 또한 이러한 '역전'의 충격을 극대화하기 위해 물속에 절반 정도 몸을 담근 모습이 아니라 낚시로 잡힌 물고기가 모래사장에 놓여 있는 듯 무기력하게 죽음을 기다릴 수밖에 없는 측은한 모습으로 그렸다.

예술작품의 모델들은 대개 팔등신의 늘씬한 몸매를 자랑한다. 그러나 콜롬비아의 화가이자 조각가인 페르난도 보테로Fernando Botero는 뚱뚱한 모델을 내세우는 작가로 유명하다. 그의 작품 속 인물이나 사물들은 한결같이 풍선처럼 부풀려져 있다. 또한 이목구비를 작게 그려 더욱 풍만해 보이도록 한다.

미술평론가들은 보테로가 고향인 남미 사람들의 낙천적 성격을

〈이미지 20.20〉 페르난도 보테로의 〈모나리자〉와 〈커플 댄싱〉

표현하기 위해 풍선처럼 부풀려진 이미지inflated images를 그린다고 설명한다. 그러나 작가 자신은 그렇게 그리는 특별한 이유는 없으며 단지 그런 이미지에 마음이 끌리기 때문이라고 한다. 한 가지 분명한 사실은 보테로가 세계적 명성을 얻게 된 배경에는 늘씬한 모델이 아니라 풍만한 모델을 전문으로 그린다는 '역전'의 사고가 숨어 있다는 점이다.

미국의 화가 조지아 오키프Georgia O'Keeffe도 '역전'의 사고로 명성을 얻었다. 이전의 그림 속 꽃들은 장식용 꽃이나 배경으로서의 꽃밭이었으나, 그녀는 〈이미지 20.21〉과 같이 하나의 꽃이 큰 캔버스를 꽉 채우는 작품을 선보였다. 여성 화가가 드물던 시절 대담한 꽃 그림을 들고 나온 오키프에 대해 평론가들은 중심핵을 둘러싸고 소용돌이치듯 펴져나간 꽃잎이 여성의 몸을 은유적으로 표현하는 것이라고 했다. 그러나 그녀는 이러한 성적 해석을 완강히 부인했다. 오키프는 꽃을 크게 그린 이유를 다음과 같이 설명했다(Root-Bernstein and Root-Bernstein, 2001).

〈이미지 20.21〉 조지아 오키프의 〈검은 붓꽃(Black Iris)〉

내가 본 꽃을 그대로만 그렸다면 아무도 내가 본 것을 보지 못했을 것이다. 꽃이 작은 만큼 그림도 작게 그렸을 테니까 말이다.

그녀는 다른 화가들과 달리 의도적으로 꽃을 크게 그렸던 것이다.

윤쌍웅 화가는 전통 수묵화를 기반으로 아크릴 컬러와 오일 페인팅을 접목해 한국화의 전통을 유지하면서 새로운 작품세계를 구축했다. 그는 전통적 한지나 화선지 대신 자신이 직접 개발한 '나이테 한지'를 사용한다. 밋밋한 한지를 나이테 질감의 두꺼운 한지로 '대체'해 물, 구름, 안개, 바람 등이 유유자적하게 흘러가는 것을 운치

〈이미지 20.22〉 윤쌍웅의 〈일월송〉

있게 표현하고 있다.

X선 작가라고 불리는 한기창은 한지 대신 X레이 필름을 사용해 동양화의 경지를 넓혔다. 해외 유학을 앞두고 큰 교통사고를 당해 병원에 장기 입원했는데, 이때 무수히 많은 X레이 사진을 찍었다. 동양화를 전공한 작가는 병상에서 한지를 X레이 필름으로 대체해보자는 착상을 했다고 한다. 한지 위에 엷은 먹물을 묻히는 전통적 방법 대신, X레이 필름 위에 다양한 색감의 그림을 그리고 이를 LED 조명과 결합했다. 그는 동양화의 재료를 '대체'하고 조명과 '결합'해 고전적 기품을 유지하면서도 현대적 감각이 가미된 독특한 작품세계를 구축했다.

〈이미지 20.23〉 한기창의 〈혼성의 풍경 04〉

'청바지 작가'라고 불리는 최소영도 '대체' 코드의 적용을 통해 자신의 작품세계를 구축했다. 누군가 입다 버린 청바지의 실올이나 청바지 공장에서 나온 자투리를 물감 대신 이용해 풍경화를 만들어내는 제작 기법은 그동안 누구도 생각하지 못한 것이었기 때문에, 그녀는 젊은 나이에 국제적으로 주목받을 수 있었다.

1831년 프랑스의 다게르L.J.M. Daguerre가 개발한 사진술은 당시 화가들에겐 절망의 기술이었다. 한 방의 사진으로 눈에 보이는 것이 그대로 재현된다면 사물을 사실적으로 표현하는 재능으로 먹고사는 화가들이 더 이상 필요 없을 것으로 생각되었다. 그러나 절박한 위기의 순간에는 이를 극복하기 위한 창의성이 발현된다.

오늘날 우리가 인상파 화가라고 부르는 클로드 모네Claude Monet와 오귀스트 르누아르Auguste Renoir 등은 르네상스 시대 이후 400년 동안 지속되어온 사실적 화풍에서 벗어나 눈으로 볼 때 받는 느낌이나 인상을 표현하고자 했다. 눈으로 받는 풍경의 느낌은 주로 빛에 의해 좌우된다. 아름다운 단풍도 청명한 가을 하늘 아래에서 보는 것과 흐린 날 보는 것은 완전히 다른 느낌을 준다. 인상파 화가들은 빛에 의해 시시각각 변하는 사물의 순간적 인상을 표현함으로써 사진의 한계를 뛰어넘고자 했다.

조르주 쇠라Georges Seurat는 점묘법點描法이라는 새로운 화법을 도입한 신인상파의 창시자다. 이전의 그림들은 팔레트 위에서 물감을 섞어 원하는 색을 만든 후 그림을 그렸으나, 쇠라는 물감을 섞지 않고 순색의 작은 점들을 캔버스 위에 촘촘하게 찍었다. 이렇게 하면 빛의 작용으로 색감이 밝고 부드러워진다. 왜냐하면 삼원색의 물감을 섞으면 검은색이 되지만 삼원색의 빛을 혼합하면 흰색이 되기 때문이다. 그가 도입한 점묘법은 색의 혼합을 빛의 혼합으로 '대체'한 예술적 표현 방법이라고 볼 수 있다.

"미술은 표절이 아니면 혁명이다"라는 후기 인상주의 화가 폴 고갱Paul Gauguin의 말처럼 기존 관습을 따라 하는 것보다 새로운 방식을 개척하는 것이 높이 평가받기 때문에 현대미술은 일반인들이 이해하기 어려운 부분이 많다. 미국의 화가 잭슨 폴록Jackson Pollock은 급진

〈이미지 20.24〉 조르주 쇠라의 〈그랑드자트섬의 일요일 오후〉

적 혁명가였다.

그는 이젤 위에 캔버스를 얹어놓고 붓으로 그리는 방식 대신 바닥에 두루마리 캔버스를 펼쳐놓고 나무 막대로 물감을 뿌리거나 깡통에 든 페인트를 쏟아부어 작품을 만들었다. 이 때문에 그가 시도한 새로운 방식의 미술작업을 '드립 페인팅drip painting'이라고 한다. 또한 작품에 대한 사전 구상이나 밑그림 없이 순간적 감정이나 격정에 따라 춤을 추듯 온몸을 움직이며 작업했다. 이처럼 행위예술과 같은 몸동작을 통해 분출된 에너지를 화폭에 담았기 때문에 그의 작업방식을 '액션 페인팅action painting'이라고도 한다. 그는 그림 그리는 방법을 완전히 새로운 방식으로 '대체'한 것이다. 또한 미술도구도 붓 대신 나무 막대로, 고급 물감 대신 값싼 공업용 페인트 등으로 '대체'했다.

자신이 시도한 새로운 방식이 워낙 극단적이었기 때문에 추상화가였던 부인에게 "이게 그림이야?"라고 물었다고 한다. 스스로도 좋

〈이미지 20.25〉 잭슨 폴록의 〈넘버 30〉과 페인팅 모습

은 작품이란 평가는 고사하고 그림이라고 볼 수 있을지조차 확신하지 못할 정도의 급진적 변화였다. 잭슨 폴록은 살아 있는 동안 높은 명성만큼 악평도 받았지만, 세상을 떠난 후 미술시장은 그의 새로운 시도를 높게 평가했다. 1948년에 그린 〈넘버 5〉란 작품은 2006년 무려 1억 4천만 달러에 판매되었다. [참고: 잭슨 폴록은 작품에 대한 관람객들의 선입견을 피하기 위해 작품 이름 대신 번호를 붙였는데, 번호가 제작 순서와 일치하는 것은 아니다. 〈이미지 20.25〉의 〈넘버 30〉은 잭슨 폴록이 나중에 '가을의 리듬Autumn Rhythm'이라고 이름을 붙였는데, 그 이유는 따로 알려진 바 없다.]

브라이언 데트머Brian Dettmer는 조각의 소재를 오래된 책으로 '대체'한 미국의 현대 예술가다. 백과사전, 예술서적, 과학기술서적, 역

사책 등의 모서리에 두꺼운 광택제를 발라 접착시킨 뒤 책의 표면에서부터 안쪽으로 조각한다. 책의 질감뿐 아니라 그 속에 담긴 글과 이미지를 고려해 흥미로운 것들 주위를 잘라낸다. 기존 내용을 바꾸거나 무언가를 더 추가하지 않기 때문에 완성된 조각에 나타난 이미지들은 원래 책에 있던 것들이다. 그는 자신의 작품세계가 다른 사람들이 만들어놓은 오래된 소재를 리믹스remix해서 좀 더 새롭고 현대적으로 재탄생시키는 것이라고 설명한다.

〈이미지 20.26〉 브라이언 데트머의 조각작품

예술사적으로 볼 때 우리나라 작가 중 국제적으로 가장 높은 평가를 받은 사람은 아마도 백남준일 것이다. 그는 캔버스가 브라운관으로 '대체'될 것을 예견하고 '비디오 아트Video Art'라는 분야를 개척했다. 비디오라는 매체가 중요한 이유는 기술의 발달에 따라 새로 등장한 표현 매체라는 점이다. 이를 이용해 백남준은 신기술이 어떻게 예술에 접목될 수 있는가를 보여주었다.

경기도 용인의 백남준 아트센터에 훌륭한 해설과 함께 많은 작품이 전시되어 있지만 미국 워싱턴 DC에 있는 스미소니언 아메리칸 아트 미술관Smithsonian American Art Museum도 백남준의 작품을 많이 소장하고 있다. 그중 하나가 〈전자 초고속도로Electronic Superhighway〉인

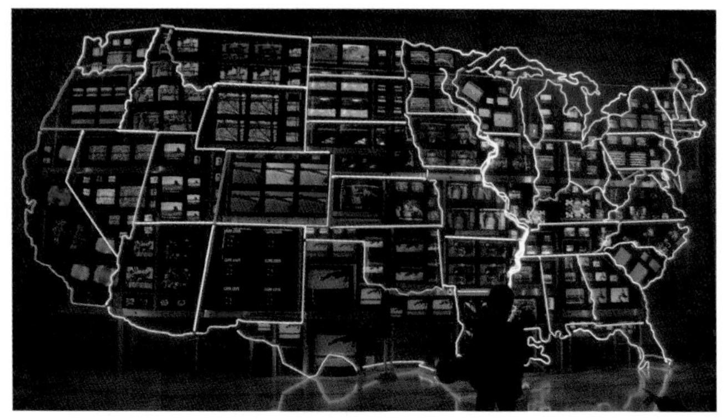

〈이미지 20.27〉 백남준의 〈전자 초고속도로〉

데, 작품의 이름에서 짐작할 수 있듯이 백남준은 정보기술이 예술에 접목되면 참여와 소통이 활발해질 것이라고 생각했다.

백남준의 참여와 소통 정신을 가장 잘 보여주는 것은 미국 뉴욕 시간으로 1984년 1월 1일 정오에 인공위성을 통해 생중계된 〈굿모닝 미스터 오웰Good Morning, Mr. Orwell〉이다. 이것은 백남준이 기획한 세계 최초의 인공위성을 통한 생중계 쇼인데, 뉴욕의 WNET TV 스튜디오와 파리의 퐁피두 센터를 인공위성으로 연결해 100여 명의 예술가가 펼치는 퍼포먼스를 송출했다. 〈굿모닝 미스터 오웰〉은 서울과 베를린에도 실시간 중계되어 2,500만 명 넘는 사람이 시청했다.

이 쇼의 제목을 '굿모닝 미스터 오웰'이라고 붙인 이유는 영국의 소설가 조지 오웰George Orwell의 유명한 소설 『1984』가 예견한 암울한 미래상이 절반은 틀렸음을 나타내려는 의도 때문이다. 오웰은 이 소설에서 빅 브라더가 세계를 통치하면서 개인을 감시하고 통제하는 암울한 디스토피아를 예언했다. 그러나 백남준은 텔레비전과 같은 매체가 감시의 수단이 될 수도 있지만 참여와 소통의 도구로서 순기능이 많을 것이라고 생각했다.

과천 국립현대미술관 중앙 홀에는 백남준의 작품인 〈다다익선The More, The Better〉이라는 거대한 비디오 탑이 있다. 1988년 서울 올림픽 개막을 기념해서 만든 이 작품은 우리나라의 전통 3층 석탑을 모티브로 하고 있다. 이 비디오 탑에는 1,003개의 모니터가 설치되어 있는데, 이것은 개천절인 10월 3일을 상징한다. 여기에는 하늘이 열린 개천절처럼 서울 올림픽이 우리나라의 새로운 미래를 열어주길 바라는 염원이 담겨 있다.

〈이미지 20.28〉 백남준의 〈다다익선〉

그런데 영상예술과 조형예술을 결합한 이 작품의 제목을 '다다익선'이라고 붙인 이유는 뭘까? 비디오 탑의 맨 꼭대기에 다보탑의 보주寶珠처럼 생긴 안테나 형상을 보면 수신受信의 수, 즉 소통이 많으면 많을수록 좋다는 작가의 철학이 깃들어 있는 듯하다.

피카소의 〈황소머리Bull's Head〉는 '파운드 오브젝트 미술Found Object Art'의 대표작으로 꼽힌다. '오브제 트루베objet trouvé'라는 프랑스 미술 용어를 영어로 옮긴 '파운드 오브젝트found object'는 "예술가에 의해 발견된 물건으로서 최소한의 수정을 거쳐 작품 소재로 활용되는 것"을 말한다. 모래, 돌, 조가비, 특이한 형상의 나무, 동물이나 사람의 두개골, 신문이나 잡지, 유리나 금속 조각, 섬유 조각, 사람이 만든 각종 물건 등이 파운드 오브젝트가 될 수 있다.

어느 날 피카소는 잡동사니를 수북이 쌓아놓은 더미에서 낡은 자전거 안장과 그 옆에 있는 녹슨 손잡이를 보았다. 그 순간 어떤 이미지가 뇌리를 스쳤다. 안장의 앞부분이 아래를 향하도록 한 후 손잡이가 위를 향하도록 용접했다. 그가 머릿속에 그린 것은 뿔이 달린 황소머리였다. 다른 사람들이라면 무심코 지나쳤을 고물 더미에서 피카소는 황소 머리 이미지를 순간적으로 '유추'한 것이다.

1942년에 제작된 이 조각 작품은 2년 뒤 프랑스 파리의 연례 가을 미술전the Salon d'Automne에 출품되었다. 피카소의 새 작품이 전시된다는 소문을 듣고 전시회를 찾은 관람객들은 입체주의 명작을 기대했지만 〈황소머리〉를 보고 경악했다. 이것도 작품인가 항의하는 관람객들 때문에 이 작품은 더 이상 전시되지 못했다. 다행히 몇 년 지나

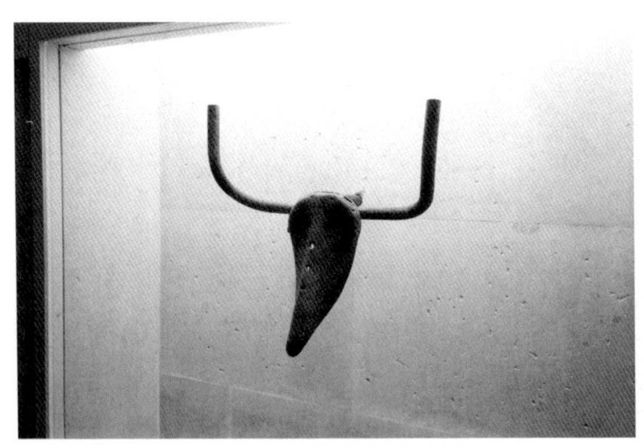

〈이미지 20.29〉 피카소의 〈황소머리(Bull's Head)〉

자 이 작품에 대한 관심과 재평가가 빠른 속도로 늘어나기 시작했다. 현재 이 작품은 파리에 있는 피카소 미술관의 영구 소장품으로 관리되고 있다.

초현실주의 화가 살바도르 달리Salvador Dali의 작품 중 가장 널리 알려진 〈기억의 지속The Persistence of Memory〉을 보면 해변가에 관처럼 생긴 나무상자가 놓여 있고 그 상자를 뚫고 나온 앙상한 나무가 있다. 이 나뭇가지와 상자 위에는 축 늘어진 시계가 하나씩 걸려 있고, 상자 위에 놓인 물컹한 시계 위에는 파리 한 마리가 앉아 있으며, 그 옆 회중시계 위에는 개미 떼가 몰려 있다. 더욱 기이한 것은 화면 중앙에 있는 괴생명체 위에도 늘어진 시계가 안장처럼 놓여 있는 것이다.

이 그림이 유명해진 것은 '녹아내리는 시계melting clock' 때문이다. 우리는 시간의 제약이나 압박 속에서 일정을 계획하고 거기에 따라

〈이미지 20.30〉 살바도르 달리의 〈기억의 지속(The Persistence of Memory)〉

활동하지만 꿈속에서는 그렇지 않다. 꿈속에서 경험하는 장면들의 시간적 길이나 순서는 물리적 시간과 다르다. 그림 중간에 있는 정체를 알 수 없는 생명체는 긴 속눈썹만 드러내고 잠에 빠진 화가 자신의 모습을 그린 것이라 생각된다.

이제는 달리의 상징이 된 '녹아내리는 시계'의 아이디어는 어디서 나온 것일까? 여름날 식탁 위에 있던 카망베르 치즈가 녹아내리는 모습을 보고 '유추'했다고 한다. 따사한 날 식후 나른한 상태에서 녹아내리는 치즈를 보는 순간을 상상해보면 시간마저 녹아내릴 것 같다. 달리는 이 그림을 통해 시간의 절대성을 부인하고 있다. 또한 녹아내리는 시계 위에 앉은 파리나 몰려든 개미 떼는 소멸을 향해 나아가는 생명체의 유한성을 보여준다.

공연예술에서 배우는 창의성

백남준은 1959년 독일 뒤셀도르프의 갤러리22에서 생애 첫 번째 퍼포먼스인 〈존 케이지John Cage에 대한 경의〉를 선보였다. 여기서 그는 깡통을 차서 유리판을 깨고, 그 유리로 달걀과 장난감을 쳤다. 녹음테이프에서는 오토바이의 굉음과 베토벤의 교향곡, 독일 가곡, 라흐마니노프의 피아노 협주곡, 사이렌 소리 등이 울려 퍼졌다. 백남준은 피아노를 때려 부쉈고 관객들은 경악했다(정상영, 2012).

백남준의 이러한 기행奇行을 이해하기 위해서는 존 케이지가 어떤 인물인지 알아야 한다. 1958년 8월 어느 날 존 케이지의 음악회에 참석한 백남준은 여기서 큰 깨달음을 얻는다. 1970년대에 제작된 비디오 작품 〈텔레비전을 위한 백남준의 편집〉에서 그는 다음과 같이 밝혔다(이용우, 2009).

> 콘서트가 진행되면서 나는 서서히 케이지의 음악 속으로 빠져들기 시작했다. 그리고 콘서트가 끝났을 때 나는 완전히 다른 사람이 되어 있었다.

이날 이후 백남준은 자신의 인생에서 존 케이지를 만나기 전해인 1957년을 기원전 1세기였다고 말했다. 또한 존 케이지가 사망한 이듬해인 1993년을 기원후 1년이라고 했다. 이처럼 존 케이지는 백남준에게 스승 이상의 존재였다.

존 케이지는 미국의 전위 음악가였는데, 그의 작품 중 가장 널리 알려진 것은 〈4분 33초〉다. 전체 3악장으로 구성된 이 작품은 총 길이가 4분 33초인데, 1악장이 33초, 2악장이 2분 40초, 3악장이 1분 20초다. 존 케이지는 이 작품이 악기의 종류에 상관없이 독주나 합주가 모두 가능한 곡이라고 했다.

〈이미지 20.31〉 존 케이지 (John Cage)

이 곡은 1952년 8월 29일 뉴욕주 우드스톡의 매버릭 콘서트홀에서 피아니스트 데이비드 튜더David Tudor에 의해 초연初演되었다. 무대에 오른 튜더는 피아노 앞으로 다가가서 앉은 다음 피아노 뚜껑을 닫고 스톱워치를 보며 33초를 기다린 뒤 1악장이 끝났다는 표시로 피아노 뚜껑을 열었다. 2악장과 3악장 역시 뚜껑을 닫고 각각 2분 40초와 1분 20초를 기다렸을 뿐 어떤 연주도 하지 않았다. 연주에 사용된 악보에는 어떤 음표도 없었다. 다만 각 악장에는 연주하지 말라는 뜻의 '타셋TACET' 표시만 있었다.

피아노 앞에 앉은 연주자가 아무런 연주도 하지 않자 청중은 웅성거리기 시작했고, 어떤 이는 화나서 자리를 박차고 나갔다. 삐걱거리는 의자 소리와 기침 소리 등이 간간이 들렸다. 연주회는 그렇게 끝났지만 〈4분 33초〉는 금세 가장 논란이 많은 20세기 음악 작품 중 하나가 되었다.

존 케이지는 이 작품에서 왜 모든 음표를 '제거'했을까? 음표가 없는 작곡이 어떻게 있을 수 있으며, 연주가 없는 연주회가 말이나 되는가? "우리가 하는 모든 것이 음악Everything we do is music"이라는 그의 글에서 기존 음악세계를 탈피하려는 의도를 읽을 수 있다. 그는 "음악이란 무엇인가?"라는 근본적 질문을 던지면서 관객들의 기침 소리, 웅성거림, 빗소리, 침묵 또한 음악이 될 수 있다고 보았다(정상영, 2012). 존 케이지는 피아노나 바이올린 등 18세기 악기가 내는 소리만을 음악의 영역으로 설정하는 고정관념에 대해 반기를 든 가장 적극적인 전위 음악가였다(이용우, 2009).

우리나라 공연사상 최다 관객을 동원한 것은 〈난타〉다. 1997년 10월 호암아트홀에서 열린 초연 이래 공연을 지속해 2014년 연말 기준으로 누적 관객 1천만 명을 돌파했다. 그동안 국내에서 1천만 관객을 돌파한 한국영화만 10개 이상 나왔기 때문에 〈난타〉 1천만 명 돌

〈이미지 20.32〉 비언어극 〈난타(Nanta)〉 공연 장면

파가 대단한 기록이 아니라고 생각하기 쉽지만, 수백 개의 극장에서 하루에 몇 차례씩 상영되는 영화와는 그 의미가 다르다.

〈난타〉는 전통 혼례 피로연 음식을 시간에 쫓겨 급히 준비하는 왁자지껄한 소동극이다. 1천만 관객을 동원하기까지 17년 동안 무대 위에서 오이 29만 개, 당근 29만 개, 양배추 20만 개, 양파 11만 개가 부엌칼로 난타亂打를 당했다. 이 과정에서 도마 2천 개, 부엌칼 1만 5천 자루가 충격과 마모로 인해 못 쓰게 되었다.

소재의 차별화와 언어장벽의 극복이라는 두 가지 전략에 따라 〈난타〉는 무대를 한국의 부엌으로 삼고 사물놀이 장단에 맞춰 대사 없이 주방기구를 신명 나게 두드리는 코미디극으로 기획되었다. 우리말을 모르는 외국인들도 쉽게 관람할 수 있도록 대사를 '제거'한 비언어극non-verbal performance으로 만들었기 때문에 1천만 관객 중 85%를 외국인이 차지했다.

2012년 4월 2일, 미국의 작곡가이자 지휘자인 에릭 휘태커Eric

〈이미지 20.33〉 에릭 휘태커 (Eric Whitacre)

Whitacre는 뉴욕 링컨센터에서 무려 3천 명에 가까운 단원이 참여한 합창 공연을 선보였다. 이날의 공연이 사람들의 이목을 끈 이유는 합창단의 규모뿐 아니라 공연의 주체가 가상합창단virtual choir이라는 점 때문이었다.

휘태커의 가상합창 구상은 우연한 계기로 시작되었다. 2009년 한 소녀가 〈슬립Sleep〉이라는 노래를 부르는 자신의 모습을 유튜브에 올렸다. 소녀는 작곡자인 휘태커가 이 동영상을 보고, 이렇게 감동적인 음악을 만든 그에게 자신이 얼마나 감사하고 있는지 알아줬으면 좋겠다는 메시지도 함께 올렸다.

여기서 영감을 얻은 휘태커는 온라인 팬들에게 자신이 작곡한 〈황금처럼 찬란한 빛Lux Aurumque〉이라는 곡을 부르는 동영상을 찍어서 보내달라고 부탁했다. 얼마 후 12개국에서 185명이 동영상을 보내왔다. 이를 합성한 첫 번째 가상합창을 유튜브에 올리자 두 달 만에 조회 수가 무려 200만 명을 넘어섰다. 〈슬립〉을 부른 두 번째 가상합창은 2011년 4월에 공개되었는데, 여기에는 58개국에서 1,752명이 보낸 2,052개의 동영상이 사용되었다.

2011년 9월, 휘태커는 자신의 블로그에 세 번째 가상합창 구상을 올렸다. 자신이 작곡한 〈밤의 물결Water Night〉이라는 곡의 무반주 지휘 동영상을 유튜브에 올린 다음 네티즌들에게 알토, 베이스, 소프라노 등의 각 화음 파트를 부르는 동영상을 올려달라고 요청했다. 마감

일인 2012년 2월 1일 무려 73개국의 2,945명으로부터 3,746개의 동영상이 접수되었다. 이렇게 모인 동영상을 합성해 아름다운 합창을 만들고 노래 부르는 사람들의 모습까지 편집해서 공개한 것이 2012년 링컨센터 공연이었다.

휘태커가 서로 얼굴 한 번 본 적 없는 수천 명의 사람으로 구성된 가상합창단을 창안한 것은 그들의 목소리를 인터넷이라는 가상공간에서 '결합'해보겠다는 생각에서 시작되었다.

1925년 일본에서 서커스단원으로 활동하던 박동춘이 고국으로 돌아와서 30명을 모아 시작한 동춘 서커스단은 6·25 전쟁 이후 나라가 안정되어가던 1960년부터 1980년까지 약 20년 동안 전성기를 구가했다. 한 시절 연예계를 주름잡았던 영화배우 허장강, 코미디언 서영춘과 배삼룡, 가수 정훈희 등이 모두 이곳에서 배출되었다. 그러나 1980년대 초반 프로야구가 출범하고 컬러 TV까지 보급되면서 서커스는 점점 설 자리를 잃어갔다.

모든 사업은 한 번 온 고객이 다시 오고, 다시 올 때 다른 고객까지 데리고 와야 번창할 수 있지만, 전통적 서커스가 보여주는 묘기는 처음 볼 땐 신기하지만 다시 볼 땐 놀라움이 사라지기 때문에 반복 구매로 이어지기 힘들다. 즐길 거리가 넘쳐나는 새로운 환경과 더불어 재구매로 이어지기 힘든 서커스의 특성상 유럽과 미국에서도 지역을 돌며 공연하던 유랑극단이 대부분 해체되었다.

전통적 서커스가 몰락의 길로 접어들던 시기에 '태양의 서커스Cirque du Soleil'를 창단한 기 랄리베르테Guy Laliberte는 지금 억만장자가 되었다. 길거리에서 입으로 불을 뿜는 묘기를 보이던 20대 청년이

〈이미지 20.34〉 태양의 서커스 〈알레그리아(Alegria)〉 공연 장면

1984년에 10여 명의 단원을 모아 유랑극단을 만든 것이 시작이었다. 곡예사가 공중제비를 돌고 저글링 묘기를 보여주는 건 일반 서커스와 다를 바 없지만, 태양의 서커스는 단순히 묘기를 보여주는 데 치중했던 전통적 서커스를 예술로 탈바꿈시켰다.

곡예사의 묘기는 한 번 보고 나면 다시 보고 싶은 욕구가 시들해지는데, 똑같은 배우들이 나오는 연극이나 뮤지컬은 왜 보고 또 보고 싶은 걸까? 그것은 바로 스토리가 있기 때문이다. 이러한 점에 착안한 기 랄리베르테는 연극이나 뮤지컬처럼 서커스에 스토리를 입히고 춤, 체조, 음악, 의상, 무대 디자인 등을 결합해 〈미스테르Mystere〉, 〈알레그리아Alegria〉, 〈오O〉, 퀴담Quidam〉, 〈바레카이Varekai〉, 〈카KA〉, 〈토템TOTEM〉 등과 같은 다양한 공연작품을 만들었다. 요컨대 태양의 서커스는 전통적 서커스의 묘기에 다양한 장르의 예술을 '결합'해 서커스를 재창조한 것이다.

16세기 말 이탈리아에서 시작된 오페라는 독창·합창·관현악 등

〈이미지 20.35〉 뮤지컬 〈캣츠(Cats)〉 공연 장면

의 음악적 요소, 대본·가사 등의 문학적 요소, 장치·의상·조명 등의 미술적 요소, 연출·연기 등의 연극적 요소가 '결합'된 예술의 쇼윈도와 같기 때문에 수백 년 동안 예술 공연의 최고봉으로 군림해왔다. 이러한 오페라에 위협적 존재로 부상한 것이 영국 런던의 웨스트엔드와 미국 뉴욕의 브로드웨이에서 꽃피우고 있는 뮤지컬이다.

19세기 말 영국 런던에서 시작된 뮤지컬은 연간 부가가치 창출 금액이 5조 원 넘는 하나의 산업으로 성장했다. 뮤지컬 산업의 효과는 전방위적이다. 공연 출연진부터 극장, 의상, 조명, 무대감독, 제작자, 극작가 등을 포함해 수만 명의 직접고용 효과가 있다. 댄스 학교, 디자인 학교 등 각종 뮤지컬 인재양성과 관련된 교육기관이나 극장산업 관련 위원회까지 범위를 넓히면 고용 규모는 더 늘어난다(김동욱, 2012).

런던을 방문하는 관광객의 40% 이상이 뮤지컬을 보기 위해서 왔다고 대답할 만큼, 뮤지컬은 영국 관광산업을 이끌어가는 기관차 역할을 하고 있다. 르네상스 문화에 바탕을 둔 오페라를 수동적으로 도입한 유럽의 다른 나라들과 달리 해가 지지 않는 제국이라는 별칭을 가질 정도로 부강해진 영국은 전통적 오페라를 현대적 뮤지컬로 재창조했다.

사실 오페라와 뮤지컬은 음악적 요소, 문학적 요소, 미술적 요소, 연극적 요소를 가진 종합적 예술이라는 점에서 차이가 없다. 그러나 오페라의 출연진을 오페라 가수라고 하는 데 비해 뮤지컬의 출연진은 뮤지컬 배우라고 불린다. 여기서 짐작할 수 있듯이 오페라는 음악적 요소가 중심이 되고, 뮤지컬은 연극적 요소가 중심이 된다. 오페라에서는 가슴에서 울리는 흉성을 쓰는 오페라 창법으로 노래하지만, 뮤지컬에서는 이러한 제약 없이 자유로운 창법을 구사한다. 또 오페라에서는 원칙적으로 춤은 전문 무용수들에게 맡기고 주역 가수들은 노래에 집중하지만, 뮤지컬에서는 주역들이 직접 춤추며 노래하기 때문에 무용 솜씨 또한 매우 중요하다.

이처럼 뮤지컬은 오페라의 구성요소를 '결합'하는 방식을 바꾸어 지적인 자극보다는 보고 듣고 즐길 거리를 찾는 현대 관객들의 요구를 충족시켜줌으로써 새로운 문화산업을 창조한 것이다.

이번에는 춤 이야기를 해보자. 어떤 면에서 모든 예술은 자기가 나타내고 싶은 것을 바깥으로 드러내는 것이다. 그것을 위해 소리를 수단으로 하는 청각을 사용하면 음악이 되고, 시각을 사용하면 미술이 되고, 몸을 사용하면 춤이 된다. 독일의 안무가 피나 바우슈Pina Bausch는 춤과 연극을 결합해 '탄츠테아터Tanztheater'라는 춤의 새로운 영역을 개척했다. 탄츠테아터를 영어로 옮기면 무용극이란 뜻의 '댄스 시

〈이미지 20.36〉 탄츠테아터 〈봄의 제전(The Rite of Spring)〉 공연 장면

어터Dance Theater'가 된다.

전통적으로 무용이란 단출한 무대 위에서 상징성을 지닌 몸동작을 보여주는 것이었으나, 무용에 연극적 요소를 도입한 탄츠테아터는 무용의 새로운 지평을 열었다.

2016년에 시카고 다문화 무용단Chicago Multi-Cultural Dance Center이 랩rap 음악에 맞춰 역동적으로 발레를 하는 동영상을 인스타그램에 올리자 7,400만 조회 수를 기록하면서 화제가 됐다. 이 춤은 이후 미국 온라인 매체 버즈피드BuzzFeed와 미국 TV 프로그램 〈굿모닝 아메리카Good Morning America〉에 소개됐고, 이 무용단은 토크쇼 〈테드엑스TEDx〉에 출연해 미국 전역에 이름을 알렸다(이자은, 2017). '힙레Hiplet'라고 불리는 이 춤은 '힙합hip-hop'과 '발레ballet'를 '결합'한 새로운 장르의 무용이다.

자신을 요정처럼 표현하기 위해 감정을 절제해야 하는 발레와 달리 힙레는 자신의 감정을 그대로 표현할 수 있기 때문에 주도적으로 활동하는 현대 여성상과도 부합한다. 또한 발레는 유럽 백인 중산층이 즐

〈이미지 20.37〉 메르세데스 벤츠 홍보에 사용된 '힙레(Hiplet)'

기던 춤인 데 반해, 힙합은 아프리카에서 탄생한 춤으로 유색인종 저소득층을 통해 도시문화로 성장했기 때문에 인종의 장벽도 허문다.

표트르 차이콥스키Pyotr Tchaikovsky가 음악을 작곡한 〈백조의 호수〉는 100년 이상 고전 발레의 대명사로 군림해왔다. 백조처럼 목을 둥글게 돌리는 움직임, 양쪽으로 팔을 굽히고 펴는 날개 동작, 날개 끝처럼 파르르 떨리는 손의 움직임, 다리에 묻은 물방울을 톡톡 털어내는 모습 등과 같이 백조의 움직임을 섬세한 발레 동작으로 담아낸 이 작품은 보는 이들로 하여금 감탄을 자아내게 한다.

그런데 불행하게도 이 명작은 발레의 발전에 가장 큰 걸림돌이다. 새로운 창작 발레를 선보여도 〈백조의 호수〉의 높은 명성에 사로잡힌 대중이 좀처럼 보려고 하지 않는다는 것이다. 이러한 장벽을 깨뜨리기 위한 시도 중 가장 성공한 것은 영국의 안무가 매슈 본Matthew Bourne이 댄스 뮤지컬로 재탄생시킨 〈매슈 본의 백조의 호수〉다.

이 작품의 가장 큰 특징은 동화 속 이야기와도 같았던 원작의 무대를 현대 영국 왕실로 옮기고, 가냘프고 우아한 이미지의 여성 대신 근육질의 남성들에게 백조 역할을 맡긴 것이다. 관객들의 시선을 압

〈이미지 20.38〉 발레 〈백조의 호수〉 공연 장면

도하는 남성 백조들의 군무는 큰 충격과 더불어 화제를 몰고 다녔다. 1995년 런던에서 처음 공연된 〈매슈 본의 백조의 호수〉는 웨스트엔드와 브로드웨이에서 최장기간 흥행한 댄스 뮤지컬이 되었다. 이 작품은 로렌스 올리비에상과 토니상을 비롯해 30여 개의 국제적인 상을 수상했다. 원작의 배경을 설화說話에서 현대 왕실로 바꾸고 우아한 여성 백조를 역동적인 남성 백조로 바꾼 것은 '역전'이 적용된 것으로 볼 수 있다.

문학에서 배우는 창의성

문학적 표현에도 창의적 발상의 공통적인 유형이 많이 발견된다. 먼저, 정희성 시인의 「새우젓 사러 광천에 가서」라는 시를 보자.

> 주일날 새우젓 사러 광천에 갔다가
> 미사 마치고 신부님한테 인사를 가니

신부님이 먼저 알고, 예까지 젓 사러 왔냐고
우리 성당 자매님들 젓 좀 팔아주라고

우리가 기뻐 대답하기를, 그러마고
어느 자매님 젓이 제일 맛있냐고

신부님이 뒤통수를 긁으며
글쎄 내가 자매님들 젓을 다 먹어봤느냐고

우리가 공연히 얼굴을 붉히며
그도 그렇겠노라고

이 시에는 해학諧謔이 넘친다. 어느 집 새우'젓'이 가장 맛있냐는 질문이 어느 자매의 '젖'이 가장 맛있냐는 의미로 들리는 난감한 상황에 처한다. 하지만 "뒤통수를 긁으며"라는 신부님의 민망한 모습을 "우리가 공연히 얼굴을 붉히며"라며 당황하는 장면으로 연결해 외설적 분위기를 수습하면서 웃음을 자아낸다.

여기서 '젓'은 젓갈과 젖가슴이라는 두 가지 의미를 갖는데, 수사법에서는 이를 중의법重義法이라고 한다. 창의적 발상 관점에서 보면 하나의 요소가 두 개 이상의 기능을 담당하는 '용도통합'에 해당한다.

이탈리아 피렌체 출신의 작가 카를로 로렌치니Carlo Lorenzini(필명 Carlo Collodi)가 1883년에 출간한 어린이 동화 『피노키오의 모험』은 지금까지 300여 개의 언어로 번역되었는데, 『성서』와 같은 종교 경전을 제외하면 가장 많은 언어로 번역된 책이다. 또한 저자가 사망한 지 50년이 지난 1940년부터는 저작권이 소멸되었기 때문에 공식적인 도서 판매량은 알 수 없지만, 지금까지 출판된 도서 가운데 최고 베스트셀러 중 하나임에는 이론의 여지가 없다.

〈이미지 20.39〉『피노키오의 모험』 초판에 게재된 삽화

목각 인형 피노키오가 벌이는 짓궂은 모험과 시련을 담은 이 동화가 이렇게 유명해진 데는 '거짓말하면 코가 길어진다'는 재미있는 설정 때문이다. 이 동화에서는 '거짓말'이라는 조건과 '인형의 코 길이'라는 속성이 관계를 맺고 있다. 이처럼 소설의 스토리 구상에도 '속성의존'을 활용할 수 있다.

다음으로 청마 유치환 시인의 대표작 「깃발」을 보자.

이것은 소리 없는 아우성.
저 푸른 해원海原을 향하여 흔드는
영원한 노스탤지어의 손수건.
순정은 물결같이 바람에 나부끼고
오로지 맑고 곧은 이념理念의 푯대 끝에
애수哀愁는 백로처럼 날개를 펴다.
아! 누구던가?

이렇게 슬프고도 애달픈 마음을

맨 처음 공중에 달 줄을 안 그는.

이 시에서 가장 유명한 구절은 첫머리에 나오는 "소리 없는 아우성"이다. 그 이유는 양립할 수 없는 두 개의 표현을 병치竝置한 '상반형 결합'이기 때문이다.

이와 같이 상호 모순되는 두 개의 표현을 결합하는 것을 모순어법oxymoron이라고 한다. 모순어법은 겉보기엔 모순 같지만 많은 사람이 간과하는 진실을 담고 있기 때문에 메시지의 울림이 크다. 현대사회의 특징을 나타내는 "고독한 군중"이나 양보의 힘을 나타내는 "지는 것이 이기는 것이다"는 모순어법의 대표적 예다. 충무공 이순신 장군이 12척의 배로 왜군 133척과 맞서야 하는 절박한 상황에서 외친 "필사즉생 필생즉사必死卽生 必生卽死"도 강력한 모순어법이다.

언어의 마술사라고 불리는 영국의 대문호 윌리엄 셰익스피어William Shakespeare는 「로미오와 줄리엣」에서 다음과 같은 절묘한 모순

〈이미지 20.40〉 통영 남망산조각공원의 청마 유치환 시비

어법을 구사했다(이윤재, 2006).

2막 2장에서, 줄리엣은 로미오에게 사랑을 맹세한 후 이렇게 작별 인사를 한다.

> 안녕, 안녕! 헤어진다는 것은 감미로운 슬픔이니
> 날이 샐 때까지 줄곧 안녕이라는 말만을 하고 있을 거예요.

여기서 "감미로운 슬픔sweet sorrow"이라는 모순어법은 헤어지기 싫은 마음을 운치 있게 표현한 것이다.

5막 3장에서, 가사假死 상태에서 깨어난 줄리엣이 진짜 죽어버린 애인의 뒤를 따르는 장면에 다음과 같은 표현이 나온다.

> 이게 뭐지? 잔이 로미오 님의 손에 꼭 쥐어져 있네?
> 독약을 마시고 순식간에 죽었나 보다.
> 인색한 사람, 내가 뒤따라가지 못하게 다 마시고
> 단 한 방울도 남겨놓지 않았단 말인가? 그럼 당신 입술에 키스하리다.
> 혹시나 독약이 아직도 묻어 있다면,
> 생명의 묘약처럼 날 천당으로 보내주겠지.

여기서 셰익스피어는 '죽음의 독약'을 '생명의 묘약'으로 바꿔 줄리엣의 죽음을 애절하면서도 낭만적으로 그려냈다.

문학에서는 표면 아래의 진실을 드러내거나 사람들의 고정관념을 깨기 위해 통상적인 생각이나 표현을 '역전'시키기도 한다. 영국의 서정시인 윌리엄 워즈워스William Wordsworth의 시 「무지개」를 보자.

저 하늘 무지개를 보면
내 가슴은 뛰노라
내 어릴 때도 그러했고
지금도 그러하고
늙어서도 그러하리,
그렇지 않다면 차라리 죽는 게 나으리!
아이는 어른의 아버지
내 하루하루가
자연의 숭고함 속에 있기를.

이 시에서 가장 유명한 구절은 "아이는 어른의 아버지"다. 어른이 아이의 아버지가 아니라 어떻게 아이가 어른의 아버지일까? 아이가 자라서 어른이 되니, 어른이 되기 전에 있던 아이가 오히려 아버지라고 볼 수 있다. 또한 어릴 적 삶과 경험이 훗날 어떤 어른이 될 것인지에 큰 영향을 미치므로 아이가 아버지일 수도 있다. 시인은 "아이는 어른의 아버지"라는 표현을 통해 대자연에 대한 변함없는 경외심을 감동적으로 그려냈다.

고전동화에는 일정한 도식이 있다. 미녀는 착하고 추녀는 악하며, 어머니가 일찍 세상을 떠난 예쁜 여아는 계모로부터 구박받지만 결국에는 백마 탄 왕자를 만나는 식의 해피엔드로 마무리된다.

이러한 고정관념을 깨기 위해 미국의 저명한 여성학자인 바버라

워커Barbara G. Walker는 기존 동화들을 거꾸로 비튼 『흑설공주Feminist Fairy Tales』라는 책을 써서 큰 반향을 일으켰다. 다음은 이 책에 실린 작품들이다(박혜란 역, 2002).

흑설공주

못난이와 야수

개구리 공주

릴리와 로즈

분홍요정 세 자매

막내 인어공주

하얀모자 소녀

신데헬

벌거벗은 여왕님

질과 콩나무

알라딘과 신기한 램프

늑대 여인

퀘스타 공주

바비인형

백설공주가 아니라 흑설공주, 미녀와 야수가 아니라 못난이와 야수, 개구리 왕자가 아니라 개구리 공주, 벌거벗은 임금님이 아니라 벌거벗은 여왕님, 늑대 소년이 아니라 늑대 여인이라는 제목에서 쉽게 알 수 있듯이, 저자는 관점 '역전'을 통해 자신의 메시지를 쉽고도 분명하게 전달하고 있다.

문학에서 작가가 자신의 사상이나 감정을 효과적으로 전달하기 위해 사용하는 수사법 중 가장 대표적인 것이 비유법이다. 특히 시에서는 은유법을 활용한 상징적 '유추'가 많이 활용된다.

도종환 시인의 「흔들리며 피는 꽃」은 세파에 시달리는 사람들에게 위안을 주기 때문에 많은 이의 사랑을 받고 있다.

흔들리지 않고 피는 꽃이 어디 있으랴
이 세상 그 어떤 아름다운 꽃들도
다 흔들리면서 피었나니
흔들리면서 줄기를 곧게 세웠나니
흔들리지 않고 가는 사랑이 어디 있으랴

젖지 않고 피는 꽃이 어디 있으랴
이 세상 그 어떤 빛나는 꽃들도
다 젖으며 젖으며 피었나니
바람과 비에 젖으며 꽃잎 따뜻하게 피웠나니
젖지 않고 가는 삶이 어디 있으랴

항상 사람들로 북적이는 광화문광장 옆 교보생명 건물 외벽에는 커다란 글판이 있다. 1991년부터 교보생명은 계절별로 국내외 유명 시인들의 글귀 하나를 택해 이 글판에 게시했다.

2015년 광화문글판 운영 25주년을 맞아 교보생명이 한 달간 블로

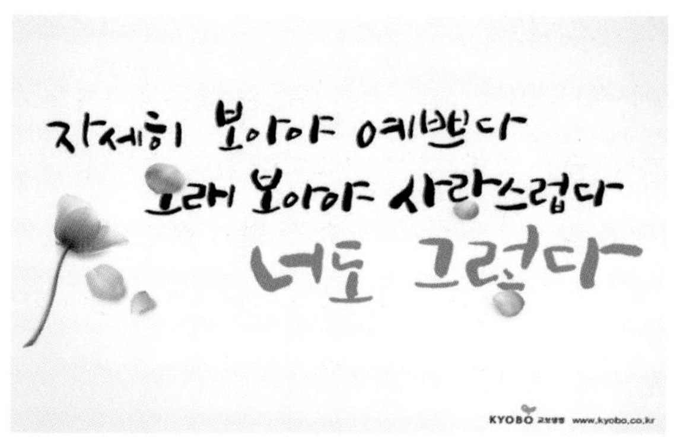

〈이미지 20.41〉 나태주 시인의 「풀꽃」 광화문글판

그를 통해 '내 마음을 울리는 광화문글판'이라는 주제로 온라인 투표를 한 결과 2012년 봄에 게시된 나태주 시인의 「풀꽃」이 1위로 선정됐다.

자세히 보아야 예쁘다
오래 보아야 사랑스럽다
너도 그렇다.

수십 년을 초등학교에서 어린아이들과 함께했기 때문인지, 나태주 시인의 시를 보면 어린아이들, 나아가 사람에 대한 따뜻한 애정이 듬뿍 묻어난다.

외롭고 힘든 결정을 내려야 할 사람들에게 큰 힘이 된 시로는 로버트 프로스트Robert Frost의 「가지 않은 길The road not taken」이 있다.

노란 숲속에 길이 두 갈래로 났었습니다.

나는 두 길을 다 가지 못하는 것을 안타깝게 생각하면서,
오랫동안 서서 한 길이 굽어 꺾여 내려간 데까지,
바라다볼 수 있는 데까지 멀리 바라다보았습니다.

그리고, 똑같이 아름다운 다른 길을 택했습니다.
그 길에는 풀이 더 있고 사람이 걸은 자취가 적어,
아마 더 걸어야 될 길이라고 나는 생각했던 게지요.
그 길을 걸으므로, 그 길도 거의 같아질 것이지만.

그날 아침 두 길에는
낙엽을 밟은 자취는 없었습니다.
아, 나는 다음 날을 위하여 한 길은 남겨두었습니다.
길은 길에 연하여 끝없으므로
내가 다시 돌아올 것을 의심하면서.

훗날에 훗날에 나는 어디선가
한숨을 쉬며 이야기할 것입니다.
숲속에 두 갈래 길이 있었다고,
나는 사람이 적게 간 길을 택하였다고,
그리고 그것 때문에 모든 것이 달라졌다고.

할아버지가 창업한 소규모 인화지 제조업체를 물려받은 조지프 윌슨Joseph Wilson은 회사명을 할로이드Haloid에서 제록스Xerox로 바꾼

뒤, 1947년부터 1960년까지 전기사진electrophotography이란 새로운 기술의 개발에 기업의 사활을 걸었다. 10여 년 동안 있는 돈 없는 돈 다 긁어모아 연구개발에 투입한 결과, 윌슨은 복사기 산업이라는 거대한 시장을 창출했다. 그는 희미한 가능성만 보이던 기술이 거대한 신산업으로 현실화될 때까지 겪었던 험난한 순간마다 좌절하지 않도록 자신을 지탱해준 힘이 "숲속에 두 갈래 길이 있었다고, 나는 사람이 적게 간 길을 택하였다고, 그리고 그것 때문에 모든 것이 달라졌다고"라는 시구詩句였다고 밝힌 바 있다. 이처럼 시에 많이 활용되는 '은유'적 표현은 사람들에게 위로가 되기도 하고, 교훈이 되기도 하고, 용기를 주기도 한다.

이 시와 관련해 한 가지 주목할 점은, 작가의 시작詩作 의도가 독자들에게 다르게 받아들여지고, 그러한 오해가 오히려 큰 울림을 준다는 점이다. 이 시의 제목인 '가지 않은 길'은 남들이 가지 않은 길이 아니라 내가 가지 않은 길이며, 이 시는 어느 길을 택하더라도 가지 않은 길에 미련이 생기는 인생의 아이러니에 대한 이야기다(문소영, 2016). 그러나 그러한 오해도 이 작품과 관련된 하나의 영역으로 봐야 된다. 또한 이 때문에 예술이 과학과 차별화되는 것이라고도 볼 수 있다.

21

상상력과 창의경영

생산성을 넘어 창의성으로

20세기는 생산성의 시대라고 규정할 수 있다. 20세기에 도입된 대량 생산 방식과 과학적 관리에 의해 일반 대중의 먹고 입는 문제가 해결되었다. 20세기가 생산성의 시대였다면 21세기는 창의성의 시대다. 이러한 시대적 전환기에 주목해야 할 점은 생산성의 논리와 창의성의 논리가 근본적으로 다르다는 것이다. 이것을 이해하기 위해 5장에서 기능적 고착을 설명하면서 예로 든 칼 던커의 촛불 문제로 돌아가 보자.

미국 육군의 인간공학연구실 소속 심리학 연구원으로 있던 샘 글럭스버그Sam Glucksberg는 금전적 인센티브가 성과에 미치는 영향을 파악하기 위해 5장에서 소개한 촛불 문제를 다음과 같은 방식으로 실험했다. 피실험자들을 두 그룹으로 나누고, 한 그룹에는 실험 목적이 단지 문제해결에 시간이 평균적으로 얼마나 걸리는지 알아보려는 것이라고 이야기하고, 다른 그룹에는 상금을 걸었다. 문제를 가장 빨리 푸는 사람에게는 20달러를 주고 문제해결 속도가 상위 25%에 속하는 사람들에게는 5달러씩 주겠다고 약속했는데, 당시 화폐가치를 생각한다면 5~10분 정도의 수고에 대한 보상으로는 꽤 큰 금액이었다.

이 실험을 통해 그가 알아보려고 했던 것은 "금전적 성과보상을 약속받은 그룹이 다른 그룹보다 얼마나 더 빨리 문제를 해결할 수 있을까?" 하는 점이었다. 결과는 어땠을까? 놀랍게도 예상과 반대였다. 금전적 보상이 수반된 그룹이 문제를 해결하는 데 평균 3.5분이나 더 걸린 것이다.

글럭스버그는 실험 조건을 조금 바꿔 다시 실험했다. 〈이미지 21.1〉과 같이 압정을 탁자 위에 쏟아 놓고 빈 상자를 옆에 둔 다음 다른 그룹을 대상으로 실험을 실시했더니 금전적 보상이 수반된 그룹이 훨씬 빠른 시간 내에 임무를 완수했다. 이유는 간단하다. 멍청이가 아닌 이상 빈 상자를 다른 용도로 쓸 수 있다고 금방 생각해내기 때문이다.

〈이미지 21.1〉 단순화한 촛불 문제

이처럼 금전적 보상은 명확한 목표를 가진 단순한 과업에는 효과를 발휘하지만, 그렇지 않은 경우에는 기능적 고착을 강화시키기 때문에 새로운 해결책을 모색하는 데 오히려 방해가 된다. 다시 말해 당근과 채찍에 의한 관리, 고상한 표현으로 성과에 따른 보상은 늘 해오던 일을 좀 더 잘하기 위해서는 약藥이 될 수 있지만 창의성이 요구되는 업무에는 독毒이 될 뿐이다.

MIT 미디어랩의 댄 애리얼리Dan Ariely 교수의 주도로 이루어진 또 다른 연구도 이를 뒷받침한다. 애리얼리와 그의 동료들은 MIT 학생들을 대상으로 여러 가지 게임을 이용해 실험을 했다. 단지 빠른 손놀림motor skill만 요구되는 단순한 게임을 할 때는 보상이 클수록 성과가 좋았지만, 인지능력cognitive skill까지 요구되는 복잡한 게임을 수행할 때는 그 반대로 나타났다. 이러한 결론을 일반화할 수 있는지 알아보기 위해 소득수준과 문화가 미국과 많이 다른 인도의 마두라이에서 같은 실험을 했으나 결과는 마찬가지였다.

이상의 실험들은 성과에 따른 보상이라는 20세기의 관리방식이 창의성을 오히려 저해한다는 것을 시사한다. 또한 생산성의 논리와 창의성의 논리가 본질적으로 다르다는 것을 의미한다. 창의성을 높이려면 금전적 인센티브와 같은 외재적 보상보다는 재미나 성취감 등과 같은 내재적 보상을 강화하고, 창의적 역량의 토대가 되는 발상력發想力을 높여야 한다.

이 책에서 다룬 창의발상코드가 발상력의 근간이 된다는 것을 확인하기 위해 몇 가지 예를 더 살펴보자.

■ 창의성에 얽힌 사과 이야기

① 뉴턴의 사과

〈이미지 21.2〉 영국 옥스퍼드 대학 자연사박물관에 있는 뉴턴의 석상

1660년경 20대 초반의 대학생이던 아이작 뉴턴Isaac Newton은 흑사병으로 휴교령이 내려져 집에 머무르고 있었다. 이때 그는 정원에 있는 사과나무에서 사과가 아래로 떨어지는 것을 보고 "왜 사과는 옆이나 위로 떨어지지 않고 항상 아래로 떨어지는가?"라는 의문을 품은 끝에 지구가 사과를 끌어당기는 힘을 갖고 있다고 생각했다. 여기서 유추한 것이 질량을 가진 모든 물질은 서로 잡아당기는 힘이 있다는 만유인력萬有引力의 법칙이다.

② 아오모리 합격사과

일본에서 가장 큰 섬인 혼슈本州 북단에 있는 아오모리현靑森縣의 특산품은 사과다. 일본 내에서 생산되는 사과의 절반 정도가 이곳에서 나온다고 한다. 아오모리 사과와 관련된 잘 알려진 이야기를 보자.

1991년 가을, 큰 태풍으로 수확을 앞둔 아오모리 사과의 96%가 땅에 떨어져 한 해 농사를 망쳤다. 모두가 망연자실해 있을 때 한 농부는 떨어지지 않고 매달려 있는 4%의 사과에 "어떤 일이 닥치더라도 절대 떨어지지 않는 사과"라는 뜻을 담아 수험생들에게 팔면 어떨까 생각했다. '합격사과'라고 이름 붙인 이 사과는 보통 사과의 10배 가격을 붙였는데도 불티나게 팔려나갔다. 역전의 발상이 빛나는 사례가 아닐 수 없다.

③ 기적의 사과

아오모리 사과에 얽힌 또 다른 이야기가 있다. 2006년 12월, 일본 NHK 방송 때문에 유명해진 사례다. 도쿄에 있는 한 음식점의 주방장이 사과를 반으로 갈라 냉장고 위에 두고는 잊어먹었다. 2년 뒤에 보니 놀랍게도 이 사과는 썩지 않고 시든 것처럼 쪼그라들었으나 여전히 달콤한 향을 지니고 있었다. 그것은 기무라 아키노리木村秋則라는 한 농부가 11년간에 걸친 끈질긴 집념과 도전 끝에 탄생한 사과였다. 그의 이야기는 논픽션 작가 이시카와 다쿠지石川拓治의 『기적의 사과』라는 책으로 국내에도 소개되었다.

그는 농약에 민감한 아내를 위해 모두가 불가능하다고 했지만 농약과 비료를 전혀 사용하지 않고 사과를 재배하기로 했다. 농약을 끊고 얼마 지나지 않아 나뭇가지가 처질 정도로 벌레들이 들끓었다. 하루에 나무 한 그루에서 잡은 벌레가 무려 비닐봉지 3개 분량이었다고 한다. 이듬해에는 나무에 열매가 하나도 맺히지 않았다.

투혼을 발휘했으나 아무런 희망이 보이지 않자 그는 밧줄 세 가닥을 엮어서 산에 올랐다. 그런데 죽는다고 생각하고 마음을 비우니 산이 그에게 새롭게 다가왔다. 같은 햇살을 받고 같은 벌레가 있는 산속의 도토리나무는 농약도 비료도 주지 않는데 사과나무라고 착각할 정도로 탐스러운 열매를 맺고 있었다. 잡초가 무성하게 자란 흙 속에 나무가 뿌리내렸기 때문이란 생각이 들자 그는 정신없이 산에서 내려와 사과밭의 흙을 관찰했다. 산속과 같이 사과밭에 잡초가 무성하도록 내버려두고 흙이 본래의 생명력을 회복할 수 있도록 하자 9년 만에 열매가 맺히기 시작했다. 이른바 '기적의 사과'가 탄생한 것이다.

이 사과는 앞서 소개한 합격사과의 배경이 된 큰 태풍 때도 80% 이상이 그대로 매달려 있었다고 한다. 이 기적의 사과는 자연유추에서 시작된 것이다.

■ 올림픽 성화 점화

① 어느 독일인의 글

올림픽과 관련해서 한 일간지에 실린 〈어느 독일인의 글〉이라는 기사가 많은 사람의 공감을 얻어 한동안 화제가 된 적이 있다. 스테판 뮐러Stefan Müller라는 사람이 독일의 한국대사관 문화홍보원 웹 사이트에 올린 글인데, 그중 일부만 소개하면 다음과 같다(김화성, 2009).

> 나는 어느 여름날 우연히 본 한 장의 사진 때문에 이 나라, 아니 이 민족에 얽힌 엄청난 이야기를 접하게 되었습니다. 1936년 히틀러 정권 시절 베를린에서 올림픽이 개최됩니다. 그 당시 마라톤 경기에서 두 명의 일본인이 1등과 3등을, 그리고 2등은 영국인이 차지합니다. 하지만 시상대에 오른 두 일본인의 그 표정이라는 것이 (……) 그건 인간이 지을 수 있는 가장 슬픈 표정입니다. (……) 정말 불가사의한

사진입니다. (……) 왜 그 두 사람은 그런 슬픈 표정을 지으며 시상대에 올라 있는 것일까요?

(……)

그 당시 식민지의 불행한 젊은이들은 엄청난 고통과 시련 속에서 개인의 꿈을 접고 살았습니다. 손기정과 남승룡이라는 두 젊은이도 예외는 아니었지요. 그래서 이 두 사람은 그 울분을 마라톤으로 표출할 수밖에 없었을 것입니다. 그리고 이들은 수많은 일본의 경쟁자를 물리치고 마침내 올림픽 경기에 참가할 수 있었습니다. 그리고 그들은 뛰고 또 뛰었을 것입니다. 그들은 달리는 동안 무슨 생각을 했을까요?

결국 그들은 우승해 시상대에 올랐지만 그들의 가슴에는 태극기가 아닌 일장기의 붉은 원이 붙어 있었습니다. 그리고 시상대에도 일본의 국기가 게양되었습니다.

그런데 그 두 젊은이의 얼굴 표정이란 것이 (……) 두 사람은 고개를 푹 숙이고 있었습니다. (……) 그들은 자신들의 한없는 부끄러움과 슬픈 얼굴을 아무에게도 보이고 싶지 않았던 것입니다. 그리고 일본의 검열하에서 이 기사를 실었던 「동아일보」는 사진에서 일장기를 말소합니다. 그런데 이 행동은 숭고한 정신적 종교인 유교에 어울리는 독특한 저항방식이 아니겠습니까? 그 후 일본 정부는 신문 폐간을 결정합니다. 이런 야비하고, 무지한 동시에 무식한 억압이 어디 있습니까?

하지만 이야기는 여기서 끝나지 않습니다. 마침내 이 민족은 해방을 맞이합니다. 그리고 이데올로기에 강요된 끔찍한 전쟁을 치른 후 이 민족은 한강의 기적으로 경제적으로 스페인이나 포르투갈보다 훨씬 더 부유한 국가를 만들어냅니다. 그 후 이 나라의 수도 서울에서 올림픽이 개최되었습니다. 52년이 지난 후에 말입니다. (……) 가슴에 태극기조차 달 수 없었던 이 나라, 아니 이 민족이 올림픽을 개최하는 겁니다.

그리고 개회식 세리머니에서 성화주자로 경기장에 들어선 조그마한 소녀 마라토너의 손에서 성화를 넘겨받은 사람이 바로, 그 당시 몹시도 슬프고 부끄러워했던 마라톤 우승자 손기정이었습니다. 손에 성화를 든 백발이 성성한 이 슬픈 마라토너는 마치 세 살배기 아이처럼 기뻐하며 달렸습니다!

1988년 서울 올림픽 개막식에서는 세 명의 점화자가 성화대에 승강기를 타고 올라가 불을 붙였다. 이것은 종래의 점화 방식과 두 가지를 차별화한 것이다. 이전 올림픽에서는 성화대에 불을 붙이기 위해 점화자가 계단을 올라가는 방식이었지만 서울 올림픽에서 처음으

〈이미지 21.3〉 서울 올림픽 성화대 점화 장면

로 승강기를 도입했다. 또한 종래에는 한 명의 점화자가 불을 붙였으나 서울 올림픽에서는 세 명이 동시에 점화했다.

서울 올림픽은 학술·예술·체육의 3박자가 어우러지는 문화적 축제가 되어야 한다는 취지에서 세 명의 점화자는 학계를 대표해서 시골 학교 교사로 근무하던 정순만, 예술계와 여성을 대표해서 서울예고 학생이었던 손미정, 체육계와 남성을 대표해서 마라톤 선수 김원탁으로 결정되었다. 세 명의 점화자가 전통 촛대를 본뜬 22미터 높이의 성화대 위로 승강기를 타고 올라가 불을 붙이는 장면은 감격적이었다.

그러나 이때 한 가지 예상치 못한 불상사가 있었다. 평화의 상징으로 날려 보낸 비둘기들이 성화대 위에 옹기종기 모여 있다가 성화대에 불이 붙는 순간 몇 마리가 타 죽는 모습이 그대로 방송에 노출되었다. 이 때문에 2012년 미국의 시사주간지 『타임』은 "비둘기들을 경기장에 풀어놓은 것은 서류상으로는 좋은 아이디어였을지 몰라도 현실은 매우 섬뜩했다"면서 서울 올림픽 개막식을 사상 최악의 개막식이라고 했다. 4년 뒤 개최된 바르셀로나 올림픽에서는 이러한 문제를 피하기 위해 비둘기들을 개막식 대신 폐막식 때 날려 보냈다.

② 바르셀로나 올림픽의 불화살

1990년부터 공식 집계된 올림픽 개막식 방송 시청률 중 우리나라의 최고 기록은 1992년 바르셀로나 올림픽이다. 이 방송의 시청률은 생방송과 재방송을 합해 52%로, 국민의 절반 이상이 본 셈이다. 개막식의 하이라이트인 성화대 점화 장면은 감동적이었지만, 우리에게 큰 아쉬움을 남겼다.

이전에는 계단이나 승강기를 이용해 성화대 상단으로 올라가 불을 붙였으나 바르셀로나 올림픽에서는 불화살을 쏘아서 점화하는 기발한 방식을 도입했다. 장애인 올림픽 양궁 금메달리스트인 안토니오 레볼로Antonio Rebollo가 어둠 속에서 수많은 관중이 숨죽이고 지켜보는 가운데 불화살을 날려 성화대의 불꽃을 밝히는 순간은 그야말로 장관이었다.

그러나 이것을 신궁神弓이라고 해도 과언이 아닌 우리나라 양궁 선수가 1988년 서울 올림픽에서 했으면 더없이 좋았을 것이다. 우리는 왜 그렇게 하지 못했을까? 상상하지 못했기 때문이다. 창의발상코드의 관점에서 설명하면 평화의 제전이 개막되었음을 알리는 성화대 점화와 우리나라 선수들이 독보적인 기량을 보유하고 있는 양궁을 '연결'하지 못했기 때문이다.

사실 바르셀로나 올림픽 개막식에서 쏜 불화살은 성화대를 명중시키지 못했으나, 불화살이 근접했을 때 자동점화 장치를 이용해 성화대에 불을 붙여 대다수 사람은 불화살이 빗나간 것을 알지 못했다.

〈이미지 21.4〉 바르셀로나 올림픽 성화대 점화 장면

지식보다 상상력이 중요하다

「창세기」에 나오는 노아의 방주는 정확한 연대를 알 수 없지만, 배의 역사가 그만큼 장구하다는 것을 보여준다.

9세기 동북아 해상을 장악한 신라의 해상왕 장보고, 11세기 중반 영국을 지배한 바이킹족, 16세기 스페인의 무적함대, 유럽 역사상 가장 기념비적인 해전으로 남아 있는 1805년의 트라팔가르 해전 등에서 보듯이, 바다를 정복하지 않고서는 세계를 지배할 수 없었다.

수천 년이 넘는 배의 역사에서 19세기 후반에 이르기까지 범선帆船은 그 중심에 있었다. 15세기 말 신대륙을 발견한 콜럼버스Christopher Columbus가 탄 산타마리아호, 16세기 세계일주에 나선 탐험가 마젤란Ferdinand Magellan이 사용한 5척의 선박, 1620년 미국 신대륙으로 청교도들을 실어 나른 메이플라워호, 19세기 자연과학사에 위대한 업적을 남긴 찰스 다윈Charles Darwin이 탔던 비글호 등은 모두 범선이었다.

바람을 이용하는 범선 대신 기계를 사용해 바다를 항해하게 된 것은 증기기관을 이용한 기선汽船이 나오고부터다. 1807년 미국의 로버트 풀턴Robert Fulton이 개발한 증기선 클레몬트호가 뉴욕에서 올버니까지 허드슨강을 거슬러 올라가는 항해에 성공함으로써 새로운 기선의 시대가 열렸다. 그러나 범선에서 기선으로의 전환이 쉽게 이뤄진 것은 아니다.

선주들은 "바람은 아무리 이용해도 무료인데, 무엇 때문에 추진력을 얻기 위해 돈을 지불해야 하는가?"라는 의문을 가졌다. 화물을 적재해야 할 공간에 대형 엔진과 그것을 돌리기 위한 막대한 양의 석탄을 적재해야 한다는 것도 문제라고 생각했다. 각기 다른 범선의 특성

〈이미지 21.5〉 트라팔가르 해전

상 선원들의 기량에 따라 성능이 좌우되므로 선원들은 선박에 대해 생사를 같이할 정도로 깊은 애정을 갖고 있었다. 그 때문에 선원들은 설계 시 기계적 성능이 미리 결정되는 증기선을 수용하는 데 상당한 거부감을 갖고 있었다.

그러나 증기선의 성능이 개선되면서 범선이 설 자리가 더욱 좁아졌다. 무풍지대로 들어가면 며칠씩 거의 움직이지 못하는 범선과 달리 증기선은 운항이 확실하게 보장됐다. 또한 증기선은 바람이 부는 방향에 따라 지그재그로 움직이지 않고 목적지를 향해 직진할 수 있었다. 증기선이 개발된 지 100년이 지나자 범선은 거의 자취를 감추었다.

한 가지 흥미로운 것은 범선이 5대양을 누비던 300년 동안의 전성기보다 증기선이 출현한 이후 50년 동안 범선의 성능이 훨씬 더 비약적으로 향상됐다는 사실이다. 감당하기 힘든 새로운 경쟁자가 나타나면 살아남기 위해 필사적인 노력을 기울이기 때문에 전례 없는 비약적 개선이 이루어지지만, 결국에는 다음에 올 자에게 자리를 내주게 된다. 이러한 현상을 범선효과sailing ship effect라고 한다.

〈이미지 21.6〉 19세기 중반 미국 콜린스라인(Collins Line)의 증기선

범선효과가 주는 중요한 교훈은 기존에 하던 일을 더 잘하는 것만으로는 지난날의 성공을 지속시킬 수 없다는 점이다. 이보다 더 주목해야 할 것은 기존에 하던 것을 더 잘하려는 노력이 오히려 장기적 성공에 걸림돌이 된다는 점이다. 이와 관련된 고전적 연구로 하버드 경영대학원의 위컴 스키너Wickham Skinner 교수의 논문 「생산성 모순productivity paradox」이 있다(Skinner, 1986).

이 논문의 요지는 "생산성 향상 운동을 강력하게 추진하는 기업일수록 시간이 지나면 경쟁력이 약화된다!"는 것이었기 때문에 생산성 향상 운동을 열심히 추진하던 기업들에 적지 않은 반향을 불러일으켰다. 생산성이 높을수록 경쟁력이 강해지는 것은 불문가지인데, 생산성 향상 운동에 치중하면 오히려 경쟁력이 떨어지는 모순은 왜 발생하는 것일까?

그 이유는 생산성 향상 운동의 초점이 직접 노동의 능률향상에 맞춰져 있기 때문이다. 이러한 환경에서는 장기·전략적인 시야가 아니라 단기·전술적인 관점에서 경영 의사결정이 내려지며, 기존 기술을 대체하는 신기술의 도입과 적용이 늦어진다.

범선효과는 영국 런던 경영대학원의 도널드 설Donald Sull 교수가 주장한 활동적 관성active inertia의 개념과 직결된다. 물리학에서 관성이란 움직이는 물체가 현재 궤도를 따라 계속 나아가려는 성질을 말한다. 활동적 관성이란 외부 환경이 급변함에도 불구하고 효과가 검증된 과거 방법으로 계속 대응하려는 경향을 말한다. 설 교수의 주장에 따르면 잘나가던 기업이 몰락하는 이유는 급변하는 환경에 미온적으로 대처하기 때문이 아니라 과거와 같은 방식으로 대응하기 때문이다(Sull, 1999).

활동적 관성의 개념을 설명하기 위해 설 교수는 미국 파이어스톤Firestone의 타이어를 예로 든다. 미쉐린Michelin이 레이디얼 기술을 도입했을 때 파이어스톤은 신기술과 그것이 초래할 변화를 제대로 파악하지 못하고 종전 방식대로 기존 설비 가동률을 극대화하는 방향으로 대응했다. 시장의 대세가 레이디얼 타이어로 기울어지자 88년 역사의 파이어스톤은 더 이상 버티지 못하고 일본의 브리지스톤Bridgestone에 매각되었다.

범선효과나 활동적 관성은 환경이 급변하는 시기에 창조적으로 대응하지 못하면 핵심 역량이 핵심 경직성으로 변해 조직의 몰락을 자초한다는 것을 일깨워준다.

마지막으로, 이 책의 첫 번째 장에서 거론한 피카소의 창의성에 대해 생각해보자. 많은 사람이 통상적 의미에서 피카소가 정말로 그림을 잘 그린다고 느끼지 못하기 때문에, 그의 그림이 왜 그렇게 높은 평가를 받는지 이해하지 못한다.

피카소는 일찍이 자기 자신에 대해 "나는 아홉 살 때 이미 라파엘로처럼 데생했다"고 말한 적이 있다(전원경, 2009). 피카소가 열다섯 살 때 그린 〈첫 성찬식The First Communion〉이라는 대형 유화油畫를 보면 누구라도 그의 말에 공감할 수 있다. 그러나 피카소가 그런 전통적 화풍의 그림만 그렸다면 타고난 천재성에도 불구하고 위대한 예술가로 자리매김하지 못했을 것이다.

피카소가 20세기 최고의 미술가로 등극할 수 있었던 것은 종전의 예술적 전통을 계승하려 한 것이 아니라 오히려 그것을 거부하고 입체주의cubism라는 새로운 화풍畫風을 창안했기 때문이다. 이전 회화에서는 하나의 시점에서 바라본 모습을 표현했지만, 입체주의에서는 보이는 사물을 조각들로 '분리'하고 이를 재구성해 다양한 각도에서 본 모습을 하나로 결합한다.

아름다웠던 추억이나 끔찍했던 경험을 회상할 때 그와 관련된 다양한 장면이 머릿속에서 순간적으로 중첩되는 경험을 누구나 한두 번은 했을 것이다. 꿈속에서는 그러한 경험을 좀 더 자주 할 것이다. 여러 시점에서 바라본 모습을 하나로 재구성하면 이러한 순간적 심상心像까지 표현할 수 있다.

피카소는 자신이 "사물을 본 대로 그리는 것이 아니라 생각하는 대로 그린다"라고 말한 바 있다. 한마디로 자신이 상상하는 대로 그렸다는 것이다. 1925년 노벨문학상을 받은 아일랜드의 작가 조지 버나드 쇼George Bernard Shaw는 "상상은 창조의 시작"이라고 했다. 창의적 발상의 뿌리도 결국은 상상력이다.

소설 『해리 포터Harry Potter』의 작가인 조앤 롤링Joanne Rowling의 인

〈이미지 21.7〉 피카소의 〈첫 성찬식〉(1896)과 〈도라 마르의 초상〉(1937)

생 역정을 동화 같은 삶이라고 한다. 남편과의 불화로 이혼한 뒤 생후 4개월 된 딸을 데리고 월 60만 원 정도의 정부 생활보조금으로 힘겹게 살았으나 『해리 포터』 시리즈의 성공으로 영국 여왕보다 더 많은 재산을 가진 거부가 되었다. 2008년 5월, 그녀는 하버드 대학교 졸업식 축사에서 "상상력은 인간만이 가지고 있는 독특한 능력이며, 우리는 상상을 통해 현실에 존재하지 않는 것을 생각해낼 수 있기 때문에 상상력은 모든 발명과 혁신의 토대다"라고 말했다.

이 책에서 다룬 창의적 발상의 공통적 패턴인 SIT와 이를 확장시킨 CIC가 우리 안에 잠재되어 있는 상상력을 끌어내는 통로 역할을 하길 희원하면서, 창의적 발상에 대한 견해를 마무리하기로 한다.

이미지 저작권

2.1 Courtesy of Seongyong Lee
2.2 Courtesy of Seungwoo Kim
2.3 Courtesy of Suhyun Yoo et al.
2.4 Courtesy of Seunghyun Kim and Yunjo Yu
2.5 Courtesy of Junwon Yang
2.6 Courtesy of Giha Woo
2.7 Wikimedia Public Domain

3.1 Wikimedia Public Domain; Flickr CC BY, Pixabay
3.2 Wikimedia Public Domain; Pixabay
3.3 Wikimedia Public Domain
3.4 Jason B, Wikimedia CC BY
3.5 Wikimedia Public Domain
3.6 Pixabay
3.7 Pavlina N., Wikimedia CC BY-SA
3.8 Renthal1969, Wikimedia Public Domain
3.9 Pixabay

6.1 Jörg Bittner Unna, Wikimedia CC BY
6.3 Labriazctomi, Wikimedia CC BY-SA
6.4 Courtesy of Dutch Windwheel Corporation
6.6 Courtesy of Jasmina Grase
6.7 Courtesy of Lucy Jung
6.9 YouTube Screen Capture, Stem Citrus Fruit Sprayer CC
6.10 Design that Matters, Flickr CC BY
6.11 Get Everwise, Flickr CC BY-SA
6.12 Courtesy of Dream Air Co.
6.13 Jack French, Wikimedia CC BY
6.14 F. Duten, Wikimedia CC BY-SA
6.15 Tplax15, Wikimedia CC BY-SA

7.1 Courtesy of Giha Woo
7.2 Courtesy of Giha Woo
7.3 Courtesy of Bobin Kim et al.
7.4 Courtesy of Byung-Kyu Park et al.
7.5 Courtesy of Min-gyu Choi
7.6 필자 촬영 사진
7.7 masaya, photozou.jp CC BY
7.8 Courtesy of Dohyuk Kwon et al.
7.9 Marit & Toomas Hinnosaar, Flickr CC BY
7.10 Courtesy of Scott Amron
7.11 YouTube Screen Capture, Steve Jobs introduces the iPhone CC
7.12 Courtesy of Quirky
7.14 Courtesy of Insok Oh et al.
7.16 Courtesy of Ryan Hensley and Tom Muller
7.17 Courtesy of Soohwan Kim et al.
7.18 Courtesy of Pil-ho Kim
7.19 Courtesy of Hyupsung University

8.3 Courtesy of Bich-Na Bae
8.4 Courtesy of Dan Bee Lee
8.5 Courtesy of Hyunsu Park
8.7 Courtesy of Wonjune Song
8.8 Courtesy of Jinhwan Kim
8.9 Crisco 1492, Wikimedia CC BY-SA
8.10 LG전자, Flickr CC BY
8.11 Samsung Newsroom
8.12 LG전자, Flickr CC BY
8.13 Courtesy of Jimmy Song
8.14 Samsung Newsroom
8.15 Courtesy of Wanki Kim
8.16 필자 촬영사진
8.17 YouTube Screen Capture, iRobot 710 Warrior with APOBS CC

9.1 Courtesy of Seongjin Kim et al.
9.2 Courtesy of Quirky
9.3 Courtesy of G. D. Kim
9.4 Eli Shany, Wikimedia CC BY-SA
9.5 Courtesy of Quirky
9.6 Courtesy of Mo-Sei Kim et al.
9.7 Courtesy of Quirky
9.8 Maks Vasilev, Wikimedia CC BY-SA
9.9 Motorola, Wikimedia Fair Use
9.10 Courtesy of Kobi Shikar
9.11 Courtesy of Kobi Shikar

10.1 Analogue Kid, Wikimedia CC BY-SA
10.2 Vanmeetin, Wikimedia CC BY-SA
10.3 Courtesy of Jungmin Park et al.
10.4 Courtesy of Daye Hwang
10.5 EdevaAB, Wikimedia CC BY-SA
10.6 Pixabay
10.7 Coolcaesar, Wikimedia CC BY-SA
10.8 Wikimedia Public Domain (Fischer von Erlach, 1721)
10.9 Robert Hextall, Wikimedia CC BY
10.10 Day Donaldson, Flickr CC BY
10.12 Eelke Dekker, Wikimedia CC BY
10.14 Courtesy of HoeYoung Jung et al.
10.16 Steenbergs, Flickr, CC BY

10.17 chee.hong, Wikimedia CC BY

11.5 Courtesy of Schinster

13.1 World Economic Forum, Flickr CC BY-SA
13.2 bryan, Flickr CC BY-SA
13.3 saname777, Flickr CC BY
13.4 Kumiko, Flickr CC BY-SA
13.5 Pyonko Omeyama, Flickr CC BY-ND

14.1 Wikemedia Public Domain(Ingres, 1808)
14.2 Jason L. Gohlke, Wikemedia CC BY-SA
14.3 Courtesy of Quirky
14.4 Courtesy of Quirky
14.5 Courtesy of Jaeseok Han
14.6 Courtesy of Bosoon Kang
14.8 Samsung Newsroom
14.9 Courtesy of Hoyoung Lee
14.10 Wikimedia Public Domain
14.11 Free Stock Photo
14.12 Courtesy of Junho Jin
14.13 Courtesy of Goeun Choi et al.
14.14 www.tradekorea.com
14.15 Courtesy of Danbee Lee et al.
14.16 Courtesy of Sungwon Yoon
14.17 Courtesy of Il-hyun Kwon and Ji-su Lee
14.18 Alexandr Chechin, Wikimedia CC BY-SA
14.19 Leodack, Wikimedia CC BY-SA
14.20 cumi&ciki, Wikimedia CC BY
14.21 Wikimedia Public Domain
14.22 Brian Roberts, Flickr CC BY-SA
14.23 Marco Verch, Flickr CC BY
14.24 Courtesy of Yeongwoo Kim
14.25 Love Green, Flickr CC BY
14.26 Studio Roosegaarde, Flickr CC BY

15.1 YouTube Screen Capture, Sleep with bears, eat with lions at this australian lodge CC
15.2 Courtesy of Jee Yun Sung
15.4 YouTube Screen Capture, 삼성화재 꽃병소화기, Uploaded by SamsungfireTalk
15.7 jespahjoy, Wikimedia CC BY

16.4 jingdianjiaju, Flickr CC BY-SA
16.5 David Jones, Flickr CC BY-SA
16.7 Someformofhuman, Wikimedia CC BY-SA; Mike Scott, Flickr CC BY-SA
16.8 YouTube Screen Capture, 1956 El Cortez Hotel Glass Elevator CC; Nehrams2020, Wikimedia CC BY-SA
16.9 Oh Paris, Flickr CC BY; Reinraum, Wikimedia CC BY-SA
16.12 Morio, Wikimedia CC BY-SA
16.16 Vimeo Screen Capture, 15,000 amazon kiva robots drives eighth generation fulfillment center CC BY
16.17 Courtesy of Buhyun Cho
16.18 Masaaki Komori, Flickr CC BY-SA
16.19 필자 촬영 사진
16.20 Simon Shek, Wikimedia CC BY-SA
16.22 Sergio Ortega, Flickr CC BY
16.23 Wikimedia Public Domain
16.24 Wikimedia Public Domain
16.25 Party Lin, Flickr CC BY-SA

17.1 Wikimedia Public Domain
17.3 Pixabay
17.4 Courtesy of Ocean Hugger Foods
17.5 Danamania, Wikimedia CC BY-SA
17.6 YouTube Screen Capture, Mini Projection Keyboard CC
17.7 Golfzon manager, Wikimedia CC0
17.8 YouTube Screen Capture, ProForm® TDF Pro Indoor Cycle CC
17.9 George Williams, Flickr CC BY-SA
17.10 YouTube Screen Capture, 세계가 놀란 서산 간척지 사업 CC
17.11 Wikimedia Public Domain
17.12 Courtesy of Blendtec
17.13 Courtesy of Je-seok Yi

18.1 Wikimedia Public Domain(Fetti, 1620)
18.5 Courtesy of Jinseok Kim
18.6 O Palsson, Flickr CC BY
18.7 Jeremy Binard, Wikimedia CC BY-SA
18.8 Wikimedia Public Domain and Fair Use
18.9 Courtesy of Je-seok Yi
18.10 Courtesy of Je-seok Yi
18.11 Wikimedia Public Domain
18.13 Courtesy of In yeop Baek
18.15 Bert van Dijk, Wikimedia CC BY-SA; Military Health, Flickr CC BY
18.16 Mj-bird, Wikimedia CC BY-SA
18.17 InSapphoWeTrust, Flickr CC BY-SA
18.18 Kannan shanmugam, Wikimedia CC BY-SA
18.19 Mtaylor848, Wikimedia CC BY-SA
18.20 필자 촬영 사진
18.22 Courtesy of Je-seok Yi

19.1 Wikimedia Public Domain
19.4 Zephyris, Wikimedia CC BY-SA
19.5 Free Stock Photos
19.6 Mike Seyfang, Flickr CC BY
19.7 Pascal Deynat, Wikimedia CC BY-SA
19.8 Bjørn Christian Tørrissen, Wikimedia CC BY-SA
19.10 Courtesy of C. Pang
19.11 Courtesy of C. Pang
19.12 Didier Descouens, Wikimedia CC BY-SA
19.13 Mytho88, Wikimedia CC BY-SA
19.14 Andreas Trepte, Wikimedia CC BY-SA
19.15 Emily Harrington, ehillustration.com
19.16 つ, Wikimedia CC BY-SA
19.17 Peter Trimming, Flickr CC BY
19.18 Kersti, Wikimedia CC BY-SA
19.19 Ziehl-Abegg, AskNature CC BY
19.20 Arturo de Frias Marques, Wikimedia CC BY-SA
19.21 Whit Welles, Wikimedia CC BY
19.22 Sylvain Haye, Wikimedia CC BY-SA
19.23 Sylvain Haye, Wikimedia CC BY-SA
19.24 Courtesy of Festo
19.25 Amada44, Wikimedia CC BY
19.26 Koza1983, Wikimedia CC BY
19.27 Justin1569, Wikimedia CC BY-SA; Chris Gladis, Flickr CC BY
19.28 PAX Scientific, AskNature CC BY-SA
19.29 Alan, Flickr CC BY
19.30 성균관대학교 이노베이션연구실
19.31 성균관대학교 이노베이션연구실
19.32 SBA73, Wikimedia CC BY-SA

20.1 Sora, Flickr, CC BY-ND
20.2 Art Poskanzer, Flickr CC BY
20.3 Jose Luiz, Wikimedia, CC BY-SA
20.4 필자 촬영사진
20.5 Forgemind ArchiMedia, Flickr CC BY
20.6 Google Art Project, Wikimedia Public Domain
20.7 Courtesy of Byung-in Kang
20.8 Wikimedia Public Domain
20.9 Courtesy of Dong Yoo Kim
20.10 R. A. Nonenmacher, Wikimedia CC BY-SA
20.11 Pedro Ribeiro Simoes, Flickr CC BY
20.12 Sharon Mollerus, Flickr CC BY
20.13 Courtesy of Beomsik Won
20.14 Courtesy of 한국사립미술관협회 Korean Artist Project
20.15 Courtesy of 한국사립미술관협회 Korean Artist Project
20.16 Wikimedia Public Domain
20.17 Courtesy of Kwang-ho Kim
20.18 Courtesy of Hyun-jung Kim
20.19 Avda-berlin, Wikimedia CC BY-SA
20.20 Micah MacAllen, Flickr CC BY-SA; Marc Smith, Flickr CC BY
20.21 필자 촬영 사진
20.22 윤쌍웅 작가 저작권 기증 작품
20.23 Courtesy of 한국사립미술관협회 Korean Artist Project
20.24 Wikimedia Public Domain
20.25 Matthew Mendoza, Autumn Rhythm, Flickr CC BY-SA; YouTube Screen Capture, The Painting Techniques of Jackson Pollock CC0
20.26 Trust, Wikimedia, CC BY-SA
20.27 eshutt, Flickr, CC BY
20.28 필자 촬영 사진
20.29 Lars Wästfelt, Flickr CC BY-ND
20.30 Mike Steele, Flickr CC BY
20.31 Rob Bogaerts, Wikimedia CC BY-SA
20.32 Republic of Korea, Flickr CC BY-SA
20.33 Eric Whitacre Inc, Wikimedia CC BY-SA
20.34 Burt Lum, Flickr CC BY
20.35 Effie, Wikimedia CC BY-SA
20.36 Damien HR, Wikimedia CC BY-SA
20.37 Vimeo Screen Capture, Midnight at the Mercedes-Benz Museum CC BY-ND
20.38 Alexander Kenney, Wikimedia CC BY
20.39 Wikimedia Public Domain
20.40 필자 촬영 사진
20.41 교보생명

21.2 Andrew Gray, Wikimedia CC BY-SA
21.3 Wikimedia Public Domain
21.4 YouTube Screen Capture, Lighting the Olympic Flame at Barcelona CC
21.5 Wikimedia Public Domain (Clarkson Stanfield, 1836)
21.6 Wikimedia Public Domain
21.7 Jorge Alberto Mussuto, Flickr CC BY; Yann Caradec, Flickr CC BY-SA

참고문헌

1장 창의성의 신화에서 깨어나기

Ashton, K.(2015), *How to Fly a Horse: The Secret History of Creation, Invention, and Discovery, Doubleday.* (이은경 역,『창조의 탄생』, 북라이프, 2015)

Boyd, D. and Goldenberg, J.(2013), *Inside the Box: A Proven System of Creativity for Breakthrough Results, Simon & Schuster.* (이경식 역,『틀 안에서 생각하기』, 책읽는수요일, 2014)

Furnham, A.(2000), "The brainstorming myth", *Business Strategy Review*, Vol.11 No.4, pp. 21~28.

Goldenberg, J., Mazursky, D. and Solomon, S.(1999), "Creative sparks", *Science,* Vol. 285 Issue 5433, pp. 1495~1496.

Johansson, F.(2006), *The Medici Effect: What Elephants and Epidemics Can Teach Us About Innovation,* Harvard Business School Press. (김종식 역,『메디치 효과』, 세종서적, 2011)

Runco, M. A. and Garrett J. J.(2012), "The standard definition of creativity", *Creativity Research Journal,* Vol.24 No.1, pp. 92~96.

3장 발명적 문제해결론(TRIZ)

김중현, 박영택(2017), "SIT 사고도구에 내재된 TRIZ 발명원리 분석",『공학교육연구』, 20권 6호, pp. 35~42.

박영택, 박수동(1999),『발명특허의 과학』, 현실과 미래.

Altshuller, G.(1999), *The Innovation Algorithm: TRIZ, Systematic Innovation and Technical Creativity,* Technical Innovation Center. (한국트리즈연구회 역,『이노베이션 알고리듬』, 현실과 미래, 1997)

Ideation International(2008), "What is TRIZ and Ideation TRIZ?", *Design for Innovation*, Weblog for Sustainable Innovative Solutions.

Ratanen, K., Domb, E.(2002), *Simplified TRIZ: New Problem-Solving Applications for Engineers and Manufacturing Professionals*, CRC Press.

Salamatov, Y.(2005), *TRIZ: The Right Solution at the Right Time*, Institute of Innovative Design.

Savransky, S. D.(2000), *Engineering of Creativity: Introduction to TRIZ Methodology of Inventive Problem Solving*, CRC Press.

Terninko, J., Zusman, A., Zlotin, B.(1998), *Systematic Innovation: An Introduction to TRIZ*, CRC Press.

4장 탁월한 아이디어의 조건

Boyd, D. and Goldenberg, J.(2013), *Inside the Box: A Proven System of Creativity for Breakthrough Results*, Simon & Schuster. (이경식 역,『틀 안에서 생각하기』, 책읽는수요일, 2014)

Goldenberg, J., Horowitz, R., Levav, A. and Mazursky, D.(2003), "Finding your innovation sweet spot", *Harvard Business Review*, Vol. 81 Issue 3, pp. 120~129.

Isaacson, W.(2011), *Steve Jobs*, Simon & Schuster. (안진환 역,『스티브 잡스』, 민음사, 2011)

Maimon, O. Z. and Horowitz, R.(1999), "Sufficient conditions for inventive solutions", *IEEE Transactions on Systems, Man, and Cybernetics,* Vol. 29 No. 3, pp. 349~361.

5장 SIT 개요

Boyd, D. and Goldenberg, J.(2013), *Inside the Box: A Proven System of Creativity for Breakthrough*

Results, Simon & Schuster. (이경식 역, 『틀 안에서 생각하기』, 책읽는수요일, 2014)

Horowitz, R.(2001), "From TRIZ to ASIT in 4 steps", *TRIZ Journal,* August.

6장 SIT 사고도구: 제거(Subtraction)

김준래(2015), "날개 없는 신개념 풍력 발전기 등장", 사이언스타임즈, 3월 4일.

김준래(2017), "기름 없이 튀김요리 할 수 있다", 사이언스타임즈, 2월 21일.

Boyd, D. and Goldenberg, J.(2013), *Inside the Box: A Proven System of Creativity for Breakthrough Results,* Simon & Schuster. (이경식 역, 『틀 안에서 생각하기』, 책읽는수요일, 2014)

Drexler, M(2008), "Looking under the hood and seeing an incubator", *New York Times*, December 15.

Gleason, S. and Mann, T.(2015), "Invention startup Quirky files for bankruptcy", *The Wall Street Journal*, 22 September.

O'Connor, C(2012), "Undercover billionaire: Sara Blakely joins the rich list thanks to Spanx", *Forbes*, March 7.

7장 SIT 사고도구: 용도통합(Task Unification)

박대로(2015), "LG화학, '손목에 차는 배터리' 개발", 뉴시스, 10월 20일.

류현정(2015), "크라우드 소싱의 힘", 조선일보 Weekly BIZ, 4월 4일.

심재율(2017), "투명 태양광 패널에 시선집중", 사이언스타임즈, 10월 25일.

안재광(2016), "리만 자전거용 킥스탠드 펌프, 맥가이버 펌프로 자전거족 고민 한번에 해결", 한국경제, 6월 20일.

이성규(2015), "매년 1천억 개 먹는 제3의 식량", 사이언스타임즈, 8월 12일.

진중권, 정재승(2011), "컵라면", 『한겨레 21』, 8월 15일, 873호.

황인혁(2017), "美 유통공룡 월마트 '퇴근 배송제' 승부수", 매일경제, 6월 2일.

Boyd, D. and Goldenberg, J.(2013), *Inside the Box: A Proven System of Creativity for Breakthrough Results*, Simon & Schuster. (이경식 역, 『틀 안에서 생각하기』, 책읽는수요일, 2014)

8장 SIT 사고도구: 복제(Multiplication)

금원섭(2011), "로봇 최강국 일본 그들을 구한 건 미제 로봇이었다", 조선일보, 8월 27일.

최현주(2018), "뒤에 4대, 앞에 1대… 갤럭시A9 세계 최초 쿼드러플(4) 카메라 단다", 중앙일보, 10월 11일.

Boyd, D. and Goldenberg, J.(2013), *Inside the Box: A Proven System of Creativity for Breakthrough Results*, Simon & Schuster. (이경식 역, 『틀 안에서 생각하기』, 책읽는수요일, 2014)

9장 SIT 사고도구: 분리(Division)

김영은(2018), "한국서 개발한 '사이렌 오더' 미국 본토로 역수출", 『한경비즈니스』, 5월 2일.

김준래(2015), "최적화된 나만의 스마트폰 나온다", 사이언스타임즈, 3월 6일.

박태진(2010), "스피드스케이팅 금메달 과학적으로 따져보니", KISTI의 과학향기, 3월 1일.

이성규(2015), "인쇄소 직원이 이룩한 칼의 혁명", 사이언스타임즈, 7월 22일.

이성규(2015), “매년 1천억 개 먹는 제3의 식량”, 사이언스타임즈, 8월 12일.

이재은(2018), “줄서지 않고 마시는 ‘사이렌 오더’”, 조선일보, 12월 21일.

Boyd, D. and Goldenberg, J.(2013), *Inside the Box: A Proven System of Creativity for Breakthrough Results*, Simon & Schuster. (이경식 역, 『틀 안에서 생각하기』, 책읽는수요일, 2014)

Gray, R.(2015), “Move over Amazon! Packages could one day be delivered by unicycle drones that swarm together to transport heavy parcels”, *Daily Mail Online*, 21 August.

Sheth, S.(2017), “The most impressive shoes ever made”, *Yanko Design*, 20 June.

Steeman, A.(2009), “Innovative dispensing bottle caps for sensitive vitamins”, *Best in Packaging*, 28 May.

10장 SIT 사고도구: 속성의존(Attribute Dependency)

강서진(2017), “동영상 플랫폼의 절대 강자, 유튜브의 성장과 변화”, KB지식비타민, 6월 28일.

구특교(2018), “과속하면 도로 내려앉아 ‘덜컹’… 속도위반 80→30%로 뚝”, 동아일보, 12월 10일.

김남국(2009), “고객이 가격을 정하면 기업이 망한다?”, 동아일보, 4월 4일.

김준래(2014), “하늘을 나는 자동차… 상용화 코앞”, 사이언스타임즈, 11월 25일.

김진수, 김기만(2018), “상속세 부담에 사업전망 악화까지… 혁신기업들마저 ‘팔아달라’”, 한국경제, 12월 19일.

김희경(2012), “영국항공 좌석 공간 확 넓힌 한국인”, 한국경제, 10월 3일.

박소영(2013), “NYT 구독료 사상 처음 광고 수입 추월”, 중앙일보, 2월 9일.

박순욱(2011), “렉서스가 1100페이지짜리 설명서 줄 때 에쿠스는 ‘설명서 담은 아이패드’ 공짜로”, 조선일보, 5월 27일.

성호철(2011), “NYT 온라인 유료화, 성공 궤도에 안착”, 조선일보, 7월 27일.

송혜진(2012), “흰 팔찌 찬 고객엔 말 걸지 말라”, 조선일보, 2월 23일.

안병준(2018), “가업승계, 뜻 있지만 상속세부담 커서…”, 매일경제, 2월 19일.

SK이노베이션(2014), “카페를 시간으로 나누다, 치페르블라트(Ziferblat)”, SK이노베이션 블로그, 6월 5일.

오유신(2017), “가업 승계, 부의 대물림일까 기업 경쟁력일까”, 조선일보, 7월 20일.

유필화(2012), “‘현대차에 경의!’ 미국차는 그때 고개를 떨궜다”, 조선일보, 2월 4일.

이계평(2012), “짝짝이 양말로 어린이 고객 사로잡은 ‘리틀 미스 매치드’”, 한국경제, 1월 11일.

이상욱(2009), 『욕망하는 테크놀로지』, 동아시아.

이슬기(2015), “카멜레온의 비밀이 밝혀지다”, 사이언스타임즈, 3월 17일.

이영완(2018), “민들레 씨앗 비행의 비밀은 두 개의 ‘공기 소용돌이’”, 조선일보, 10월 25일.

이지영(2018), “15개국 할머니 레시피 살리고, 1분 17원 시간제 카페 열고”, 중앙일보, 9월 27일.

장철기(2010), “Gateshead Millenium Bridge - 기능과 美가 어우러진 걸작”, 『CERIK Journa』l, 10월호, pp. 34~37.

정상혁(2015), “영 중학생들, 성병균 닿으면 색깔 변하는 콘돔 발명”, 조선일보, 6월 26일.

조건희(2013), “미 샌프란시스코 스마트 주차”, 동아일보, 9월 18일.

조용탁(2017), “독일 장수기업 DNA”, 중앙일보, 11월 9일.

최아리(2018), “하늘 나는 자동차, 내달 첫 예약 판매”, 조선일보, 9월 28일.

Boyd, D. and Goldenberg, J.(2013), *Inside the Box: A Proven System of Creativity for Breakthrough Results*, Simon & Schuster. (이경식 역, 『틀 안에서 생각하기』, 책읽는수요일, 2014)

Goldenberg, J. and Mazursky, D.(2002), *Creativity in Product Innovation*, Cambridge University Press.

Halliday, J.(2009), “Tells consumers: Lose your job, return your new vehicle”, *AdAge*, 9 January.

Kim, J. Y., Natter, M. and Spann, M.(2009), “Pay what you want: a new participative pricing mechanism”, *Journal of Marketing*, Vol. 73 No. 1, pp. 44~58.

Lanyado, B(2009), “Honesty pays in Berlin’s bars”, *The Guardian*, 12 February.

Read, R.(2011), “After 26 months, Hyundai assurance program gets its walking papers”, www.thecarconnection.com, 31 March.

Taylor, Z.(2014), “‘Fantastic voyage’ of Technion professor”, *ERSA Magazine*, Issue 173, February-March.

11장 SIT 사고도구의 활용

문갑식(2011), “사진이냐 연극이냐”, 조선일보, 2월 26일.

Boyd, D. and Goldenberg, J.(2013), *Inside the Box: A Proven System of Creativity for Breakthrough Results*, Simon & Schuster. (이경식 역, 『틀 안에서 생각하기』, 책읽는수요일, 2014)

Finke R. A.(1990), *Creative Imagery: Discoveries and Inventions in Visualization*, Psychology Press.

Schinster(2011), ‘Street Drama’ Full Presentation by Schinster, YouTube.

12장 창의발상코드(CIC) 개요

Mann, D.(2002), “Systematic win-win problem solving in a business environment”, *TRIZ Journal*, May.

Mann, D.(2007), *Hands-On Systematic Innovation for Business & Management*, IFR Press.

Mann, D. and Domb, E.(1999), “40 inventive (business) principles with examples”, *TRIZ Journal*, September.

13장 CIC 사고도구: 재정의(Redefinition)

남윤호(2002), “도쿄개별지도학원 TKG”, 중앙일보, 12월 12일.

뉴스와이어(2018), “소셜미디어 홍보의 4가지 성공 비결”, 6월 12일.

문병기(2010), “미소금융, 그라민 은행에서 배워라(상): 대출회수율 98%의 비밀”, 동아일보, 4월 20일.

문병기(2010), “미소금융, 그라민 은행에서 배워라(하): 철저한 사후관리로 가난 탈출”, 동아일보, 4월 27일.

신수정(2009), “10년 연속 수입보험료 1등 … ‘보험여제’ 예영숙 씨”, 동아일보, 4월 23일.

예영준(2007), “기업만 받는 줄 알았던 경영혁신상 고정관념 깬 동물원이 휩쓸었다”, 중앙일보, 1월 13일.

Gangemi, J.(2006), “What the Nobel Means for Microcredit”, *Business Week*, 13 October.

Tozzi, J.(2007), “The Greatest Entrepreneurs of All Time”, *Business Week*, 28 June.

14장 CIC 사고도구: 결합(Combination)

김민상(2014), “한 자루 수십만원 ‘셰프 필수품’ … 예리한 날로 음식 맛 살려”, 중앙일보, 9월 27일.

김상철(2001), “전등 달린 ‘반디펜’ 전세계가 원더풀”, 동아일보, 9월 4일.

김성윤(2014), “전통이 만들었다, 최고의 칼”, 조선일보, 10월 1일.

김준래(2016), “축구공이 저개발국 아이의 등불”, 사이언스타임즈, 12월 27일.

박한표(2011), “오이디푸스 이야기(1)”, 충청신문, 10월 28일.

박한표(2011), “오이디푸스 이야기(2)”, 충청신문, 11월 4일.

송원형(2011), “뉴욕 최고 요리사들, 한식메뉴 잇달아 선보여”, 조선일보, 7월 22일.

신정선(2014), “한식당 최초로 미슐랭 별… 뉴욕의 ‘한식 요리사’ 김훈이”, 조선일보, 11월 4일.

유재혁(2015), “식객 맛집 모은 식객촌… 연 매출 110억 대박”, 한국경제, 5월 5일.

윤형준(2014), “美 골프 인구 급감… 9홀 골프·풋 골프 등으로 젊은 층 공략 나서”, 조선일보, 7월 5일.

이지은(2013), “반디펜과 야광봉 만든 희망의 발명가 김동환”, 『과실연 인물』, 6월 11일.

이설희(2014), “탁구와 족구가 결합된 신종 스포츠 ‘테크볼’ 탄생”, 『BIZION』, 6월 24일.

전수진(2009), “밥으로 만든 디저트, 김치로 만든 잼… 한식을 비틀어라”, 중앙일보, 2월 14일.

정경원(2017), “개 목줄에 조명을 달았더니…”, 조선일보, 11월 13일.

정원엽(2015), “하늘 나는 자동차 추락… 아직은 먼 꿈?”, 중앙일보, 5월 12일.

조행만(2014), “물 위를 스치듯 날아가는 위그선”, 사이언스타임즈, 10월 10일.

주경철(2011), “스핑크스의 수수께끼”, 조선일보, 9월 16일.

최지영(2009), “김치·불고기 핫도그 대박… ‘발상 전환’ 미국서 통했다”, 중앙일보, 6월 4일.

15장 CIC 사고도구: 연결(Connection)

강승현(2018), “꽃병 소화기, 광고회사가 만들었네”, 동아일보, 10월 23일.

구혜진(2014), “약국 간판 달고, 약사 가운 입고… 홍대 앞 칵테일 바”, 중앙일보, 4월 11일.

김문석(2018), “판타스틱 DGX 27일 론칭, 드럼과 피트니스의 결합”, 경향신문, 2월 26일.

김영채(2007), 『창의력의 이론과 개발』, 교육과학사.

김주애(2011), “테이크아웃 커피 컵에 ‘한 끼 식사’ 담아”, 한경 Business, 10월 5일.

김충일(2001), “가발, 이젠 ‘머리보톡스’라 부르세요”, 매일경제, 4월 12일.

문예성(2015), “사자와 함께 만찬, 곰과 함께 목욕… 호주 동물원 속 호텔 화제”, 뉴시스, 1월 18일.

박민우(2014), “1000원짜리 눈물 밥으로 빚은 2000억 신화”, 동아일보, 9월 11일.

박종세(2009), “성장엔진? 바로 당신이 잘 알고 잘 하는 분야에 있다”, 조선일보, 7월 18일.

배정원(2015), “별개의 팩트를 연결했을 뿐인데… 통찰은 평범 속에 있다”, 조선일보, 3월 7일.

유재혁(2011), “『마법천자문』의 진화… 애니·게임·캐릭터로 대박 사냥”, 한국경제, 9월 16일.

조계완(2005), “성긴 정수리의 해법 헤어보톡스”, 한겨레, 7월 27일.

최종옥(2007), “아이디어를 강력하게 쏴라, 혁신의 로켓을 쏘아 올려라”, 조선일보, 4월 28일.

한국경제(2013), “비즈니스 유머 - 목사와 택시기사”, 5월 20일.

Geschka, H.(1983), “Creativity techniques in product planning and development: A view from West Germany”, *R&D Management*, Vol.13 No.3, pp. 169~183.

Klein, G.(2013), *Seeing What Others Don't: The Remarkable Ways We Gain Insights*, Public Affairs. (김창준 역, 『통찰, 평범에서 비범으로』, 알키, 2015)

Koestler, A.(1964), *The Act of Creation*, Dell Publishing Co., Inc.

Mcnab, H.(2015), “Room with a zoo!”, *Daily Mail*, 14 January.

Nichols, D.(2007), *Return on Ideas: A Practical Guide to Making Innovation Pay*, Wiley.

Miller, W. C.(1989), The *Creative Edge: Fostering Innovation Where You Work*, Basic Books.

Wolf, G.(1996), “Steve Jobs: The next insanely great thing”, *Wired*, February.

16장 CIC 사고도구: 역전(Reversal)

김진구(2018), “화장실 ‘손 건조기’ 세균 온상… 종이타월 5배”, 헬스조선, 9월 11일.

구본권(2011), “카메라 혁명… 일단 찍고, 초점은 골라 쓴다”, 한겨레, 7월 4일.

남윤호(2003), “일본 햄버거 체인 프레시니스 버거”, 중앙일보, 1월 29일.

박준철(2012), “1년 뒤 배달되는 ‘인천공항 느린 우체통’ 출국자들에 인기”, 경향신문, 7월 15일.

송의달(2007), “마카오에 세계 최대 카지노… 샌즈 그룹 회장 셸던 아델슨의 3색 경영”, 조선일보, 9월 22일.

송정훈(2007), “현대카드M 빅히트, 출시 4년 만에 500만 유효회원 돌파”, 디지털타임스, 8월 22일.

오윤희(2014), “일본인이 가장 좋아하는 브랜드 1위 모스 버거”, 조선일보, 10월 25일.

이건호(2014), “思務室서 거꾸로 지도 보고 미래 꿈꾸다”, 한국경제, 1월 2일.

이명옥, 백승재(2009), “하늘에서 비 대신 남자를 뿌렸더니…”, 조선일보, 5월 2일.

이상우(2015), “사진 대신 공간을 찍는 카메라 - 라이트로 일룸”, IT동아, 4월 13일.

이석원(2014), “아마존이 창고 로봇으로 얻은 것”, 테크홀릭, 12월 3일.

이석호, 임성은(2009), “디테일은 힘이 세다”, 중앙일보, 4월 29일.

이종민(2016), “파리의 이단아 건축물 퐁피두센터”, 철강금속신문, 5월 27일.

이창호(2011), “렌조 피아노와 리차드 로저스의 조르주 퐁피두 센터”, 매일경제 Luxmen, 4월호.

이학준(2014), “세계 미술 경매의 역사… 경매 망치 효시는 로마 때 노예 고르던 창”, 매일경제, 3월 4일.

조호진(2009), “배 찾아가는 부두 모바일 하버(Mobile Harbor)… 6000억 값 할까”, 조선일보, 8월 13일.

진중권, 정재승(2011), “컵라면”, 『한겨레 21』, 8월 15일, 873호.

최인철(2007), 『나를 바꾸는 심리학의 지혜 프레임』, 21세기북스.

최정아(2011), “젖가슴 전부 드러나는데… 브래지어 맞아?”, 동아닷컴, 4월 15일.

최지영(2013), “세계 14위 부자 ‘한국에 카지노 허가 나면…’”, 중앙일보, 2월 20일.

홍하상(2008), “한국인들도 즐겨 찾는 일본의 전통 맛집 기행”, 『월간조선』, 12월호.

황형규(2010), “5년간 주가수익률 912%… 프라이스라인닷컴 성공비결”, 매일경제, 11월 16일.

Asch, S. E.(1946), “Forming impressions of personality”, *The Journal of Abnormal and Social Psychology*, Vol.41 No.3, pp. 258~290.

Dee, J.(2009), "Eko lights: an invention to end road rage?", *The Guardian*, 16 December.

Howard, P. W.(2018), "GM patents airbags on outside of cars", 3 January.

Johnson, S.(2011), *Where Good Ideas Come From: The Natural History of Innovation*, Riverhead Books. (서영조 역, 『탁월한 아이디어는 어디서 오는가』, 한국경제신문사, 2012)

Root-Bernstein, R. S. and Root-Bernstein, M. M.(2001), *Sparks of Genius: The Thirteen Thinking Tools of the World's Most Creative People*, Mariner Books. (박종성 역, 『생각의 탄생』, 에코의 서재, 2007)

Sullivan, M(2012), "A brief history of GPS", *PC World*, 9 August.

Woolf, N(2016), "Google patents 'sticky' layer to protect pedestrians in self-driving car accidents", *The Guardian*, 18 May.

17장 CIC 사고도구: 대체(Replacement)

곽래건(2017), "스크린 자전거로… 겨울철에도 즐긴다", 조선일보, 11월 28일.

신병철(2013), "낯섦+공감대: 히트를 부르는 매직워드", 동아비즈니스리뷰, No. 132, pp. 84~87.

엄광용(2001), "에피소드로 본 고(故) 정주영 회장 라이프 스토리", 『신동아』, 통권 500호, 5월 1일, pp. 196~223.

유재혁(2009), "쓰나미를 코믹과 CG로 버무렸더니 관객 열광", 한국경제, 8월 11일.

유진우(2019), "6억 달러 몰린 '홈 피트니스'… 경쟁자는 체육관이 아니라 넷플릭스", 조선일보 Weekly BIZ, 1월 11일.

이위재(2018), "입소문 나서 돈 벌고 싶은가? 'STEPPS'를 명심하라", 조선일보 Weekly BIZ, 6월 16일.

이원영(2014), "디지털 액자의 진화 움직이는 미술관", 전자신문, 7월 24일.

임현우(2013), "대(竹)잇는 구찌 뱀부백", 한국경제, 8월 30일.

최보윤(2018), "참치 아닙니다, 토마토 초밥입니다", 조선일보, 3월 3일.

최순욱(2010), "아이폰 갈아버린 믹서기 매출 5배 증가", 매일경제, 5월 11일.

홍익희(2014), 『달러 이야기: 달러의 탄생과 세계지배의 역사』, 한스미디어.

Bailey, M(2017), "Zwift: the story behind the indoor cycling phenomenon", *Telegraph*, 3 November.

March, A.(1994), "Usability: The new dimension of product design", *Harvard Business Review*, September-October, pp. 144~149.

Mcqueeney, K.(2011), "Buy my face for advertising space!", *Daily Mail*, 20 October.

18장 CIC 사고도구: 유추(Analogy)

권희진(2011), "반도체 기포 없앤 건 샴페인 제조법 덕분… 그게 바로 트리즈", 중앙일보, 4월 5일.

김경일(2013), 『지혜의 심리학』, 진성북스.

김경준(2018), "인간과 디지털의 경이로운 조화 '포뮬러원'", 조선일보 Weekly BIZ, 12월 14일.

김미리(2013), "여든둘의 디자인 거장 알레산드로 멘디니", 조선일보, 10월 29일.

김인수(2013), "토요타 '저스트 인 타임' 슈퍼마켓에서 베꼈다", 매일경제, 5월 24일

남윤선(2015), "상식 깨버린 후지필름… '죽은 사업' 필름에서 미래를 만들다", 한국경제, 3월 30일.

방승언(2015), "소통과 공존의 주거지… 싱가포르 인터레이스 아파트 '올해의 건물' 선정", 서울신문, 11월 5일.

원선우(2014), “뉴욕서 돌아온 어묵집 손자, 어묵판을 바꾸다”, 조선일보, 12월 6일.
유창재(2006), “삼성전자 보르도TV vs LG전자 타임머신TV”, 한국경제, 10월 11일.
이성규(2015), “매년 1천억 개 먹는 제3의 식량”, 사이언스타임즈, 8월 12일.
이은지(2017), “월 매출 13억 부산기업 삼진어묵이 KTX 부산역에서 서울기업 환공어묵에 밀려난 사연”, 중앙일보, 5월 31일.
이영완(2002), “뱀꿈 꾸고 성공한 과학자 케쿨레”, 동아사이언스, 2월 25일.
전수용(2008), “돈 버는 자선병원 인도 아라빈드 안과병원”, 조선일보, 10월 10일.
정경원(2012), “러브 스토리 담았더니 기념품이 베스트셀러로”, 조선일보, 7월 16일.
정경원(2013), “런던 지하철 노선도, 세계 표준이 되다”, 조선일보, 9월 11일.
정경원(2017), “책과 지식을 소중히 떠받드는 마음을 담아”, 조선일보, 11월 20일.
정경원(2018), “블록 쌓기에서 힌트 얻은 싱가포르 아파트”, 조선일보, 8월 6일.
차병석, 안상미(2009), “유니클로 ‘불황속 대박’ 비밀”, 한국경제, 4월 27일.
최보윤(2013), “런더너의 눈과 입을 사로잡은 한식당 ‘김치’”, 조선일보, 3월 9일.
홍성욱(2006), “자동차 역사 바꾼 도요타의 미국 견학”, 한겨레, 9월 22일.
홍원상(2010), “창의적 문제해결기법 TRIZ의 산실”, 조선일보, 4월 10일.
Gick, M. L. and Holyoak, K. J.(1980), “Analogical problem solving”, *Cognitive Psychology*, Vol.12, pp. 306~355.
Markman, A.(2012), Smart Thinking: T*hree Essential Keys to Solve Problems, Innovate, and Get Things Done*, Perigee Books. (박상진 역, 『스마트 씽킹: 앞서가는 사람들의 두뇌습관』, 진성북스, 2012)
Root-Bernstein, R. S. and Root-Bernstein, M. M.(2001), *Sparks of Genius: The Thirteen Thinking Tools of the World's Most Creative People*, Mariner Books. (박종성 역, 『생각의 탄생』, 에코의 서재, 2007)

19장 자연에서 배우는 창의성

김준래(2013), “공작새를 모방한 고해상도 디스플레이”, 사이언스타임즈, 2월 27일.
김준래(2015), “우주공간 작업시 딱! 신소재 흡착판”, 사이언스타임즈, 8월 31일.
김진(2015), “늘 발만 쳐다보고 다녔더니, 어느새 발 냄새도 향기롭더라”, 조선일보, 3월 25일.
김택원(2013), “엔지니어들이 꼽는 위대한 스승, 자연”, 『KISTI의 과학향기』, 제1873호, 5월 22일.
삼성경제연구소(2012), 『그들의 성공엔 특별한 스토리가 있다』, 삼성경제연구소.
서현교(2005), “어디어디 숨었나? - 피보나치 수열”, 『KISTI의 과학향기』, 제281호, 4월 27일.
유달승(2009), “이란인들의 꿈과 인생이 그려져 있는 카펫”, 한겨레, 6월 22일.
이영완(2006), “강력 본드도 놀란 홍합의 접착력”, 조선일보, 8월 31일.
이영완(2007), “끈끈한 녀석들”, 조선일보, 7월 18일.
이영완(2012), “고래에게 배운 첨단 헬기 기술”, 조선일보, 2월 7일.
이영완(2015), “벌레에게도 찬란하게 빛나는 부분이 있다”, 조선일보, 6월 27일.
이영완(2015), “고래 지느러미 본딴 저소음·고효율 에어컨 팬 개발”, 조선일보, 11월 11일.
이영완(2017), “국내 연구진, 문어 빨판 닮은 접착패치 개발”, 조선일보, 6월 15일.

이인식(2012), 『자연은 위대한 스승이다』, 김영사.

이인식(2013), 『자연에서 배우는 청색기술』, 김영사.

이인식(2013), "인공 거미줄로 실크 짜는 21세기 아라크네", 중앙일보, 2월 10일.

이인식(2014), "자연에서 답을 찾는 청색기술과 청색경제", 『월간조선』, 9월호.

정진우(2015), "노상방뇨 방지 페인트… 소변 봤다가 신발 바지 낭패", 중앙일보, 7월 26일.

조인혜(2017), "'흐물흐물' 로봇이 주목받는 이유", 사이언스타임즈, 9월 7일.

Baik, S., Kim, D. W., Park, Y., Lee, T. J., Bhang S. H. and Pang, C.(2017), "A wet-tolerant adhesive patch inspired by protuberances in suction cups of octopi", *Nature*, Vol. 546, pp. 396~400.

Batt, E.(2012), "Pectoral fins of humpback whales inspire new flight technology", *Digital Journal*, 2 February.

Benyus, J. M.(2002), *Biomimicry: Innovation Inspired by Nature*, Harper Perennial. (최돈찬 · 이명희 역, 『생체모방』, 시스테마, 2010)

Daily Mail Reporter(2013), "The death-defying goats that don't give a dam! Animals scale Italian lake's near-vertical barrier to lick stones for their minerals", *Daily Mail Online*, 15 October.

Harman, J.(2013), *The Shark's Paintbrush: Biomimicry and How Nature Is Inspiring Innovation*, White Cloud Press. (이영래 역, 『새로운 황금시대』, 어크로스, 2013)

Noe, R.(2011), "Biomimetic designers take note: Goat hooves confer ninja-like climbing abilities", *Core77*, 23 March.

20장 문화예술에서 배우는 창의성

강병철(2015), "광화문 교보 글판 1위, 나태주의 '풀꽃'", 중앙일보, 10월 15일.

곽아람(2011), "리히텐슈타인·워홀… 전설이 된 팝아트 걸작을 만난다", 조선일보, 6월 14일.

김경갑(2016), "르네 마그리트 '겨울비'", 한국경제, 9월 6일.

김동욱(2012), "연 5조원대 거대 뮤지컬 산업", 한국경제, 1월 27일.

김미리(2014), "오웰은 절반만 맞다… 30년 전 백남준을 그리며", 조선일보, 7월 18일.

김보령(2011), "가벼움과 비움이 만들어낸 사진조각", 『월간사진』, 6월호.

김정운(2012), "짝짝이 팔 성모 그림에 숨겨진 비밀", 중앙선데이, 2월 12일.

김정태(2007), "백남준과 다다익선", 서울경제, 2월 7일.

김윤섭(2012), "디지털 화면서 다시 핀 김홍도의 묵죽도", 한국경제, 8월 8일.

김해인(2010), "팝 아트의 창시자, 앤디워홀을 만나다", 한겨레, 2월 25일

노만수(2007), "여성 편견 타파 '거꾸로 읽는 동화'", 『주간동아』, 11월 20일.

문소영(2016), "오해되는 시, 가지 않은 길", 중앙일보, 1월 3일.

박경미(2004), "미술가 에셔의 작품과 수학'", 사이언스타임즈, 10월 7일.

박은석(2008), "침묵도 음악, 전위적 도발", 한겨레, 1월 25일

박현영(2011), "'태양의 서커스' 기 라리베르테, 꺼져가던 서커스를 예술로 승화시키다", 중앙일보, 6월 4일.

박현주(2010), "디지털시대 미디어아티스트 이이남 대세", 파이낸셜뉴스, 10월 7일.

박희숙(2009), "다빈치의 상상력이 돋보이는 야외의 수태고지 표현", 사이언스타임즈, 2월 3일.

박희숙(2010), “실크 스크린 기법으로 예술을 ‘찍어내다’”, 사이언스타임즈, 8월 16일.
배재호(2016), “TV부처, 백남준”, 불교신문, 7월 2일.
송태형(2015), “난타 관객 1천만 명 돌파”, 한국경제, 1월 4일.
신용희(2007), “크리스티의 스타작가 김동유 화백”, 금강뉴스, 8월 22일.
신정선(2014), “1000萬을 난타하다”, 조선일보, 6월 21일.
신정선(2014), “뮤지컬 라이언 킹 매출 = 쏘나타 30만대”, 조선일보, 10월 4일.
신진아(2015), “원범식 개인전, 조각건축 아니고 건축조각입니다”, 뉴시스, 2월 26일.
오유교(2017), “세계를 놀라게 한 한국화가 ‘미술 문턱 낮추고 싶다’”, 조선일보, 6월 22일.
오윤희(2014), “매출 1조원 대기업 된 태양의 서커스”, 조선일보, 11월 1일.
우정아(2011), “공간 속의 새”, 조선일보, 9월 27일.
우정아(2013), “개척, 고독, 자유의 꽃”, 조선일보, 9월 13일.
우정아(2013), “공장에서 예술품을 ‘대량 생산’한 앤디 워홀”, 조선일보, 11월 19일.
이명옥(2006), “가까이 보는 것과 멀리 보는 것이 다른 그림”, 뷰스앤뉴스, 12월 28일.
이영경(2010), “댄스 뮤지컬 매튜 본의 백조의 호수”, 프레시안, 5월 18일.
이용우(2009), “백남준의 삶·예술⑦: 스승 존 케이지”, 동아일보, 9월 24일.
이윤재(2006), “모순어법(Oxymoron)”, 『신동아』, 11월호.
이은화(2018), “페인트를 쏟아부은 화가”, 동아일보, 7월 5일.
이자은(2017), “요즘 미국에서 선풍적 인기 춤 ‘힙레’, 어떻길래 이 야단”, 중앙일보, 3월 18일.
이진숙(2013), “구도적인 반복 행위로 탄생하는 이중그림”, 『톱클래스』, 1월호.
임도혁(2012), “엘리자베스 60주년展 유일하게 초청된 亞 미술가”, 조선일보, 5월 15일.
장석주(2018), “피나 바우슈의 ‘담배 한 대’”, 조선일보, 8월 30일.
전설리(2014), “피카소처럼… 애플 철학은 단순화”, 한국경제, 8월 13일.
전정은(2015), “현대미술 이야기 19 - 조지아 오키프”, 중앙일보, 9월 14일.
정범석(2013), “액션페인팅: 캔버스에 물감 흩뿌리기… 화가의 즉흥감정 행위로 표현 ”, 한국경제, 10월 12일.
정상영(2012), “백남준과 스승 존 케이지”, 한겨레, 3월 22일.
정원일, 박영택(2018), “문화예술 분야에 내재된 발명적 사고원리에 대한 소고”, 『공학교육연구』, 21권 5호, pp.3~10.
조미리(2013), “웅장함 베일 속에서 대도시의 환영을 보다”, 『월간사진』, 2월호.
조현욱(2001), “간송미술관서 ‘추사와 그 학파전’ 열려”, 중앙일보, 5월 15일.
주동준(2017), “‘재현’에서 ‘표현’으로 진화 - 추상미술”, 매일경제, 10월 12일.
최선호(2011), “이것은 파이프가 아니다”, 『한국경제매거진』, 2월호.
최영일(2009), “몰락한 동춘서커스와 억만장자 태양의 서커스”, 동아일보, 10월 25일.
한현우(2008), “영(英)밴드 킨 세번째 음반 재킷, 제 작품이에요”, 조선일보, 11월 6일.
황정수(2015), “불이선란(不二禪蘭)의 구성과 전승: 화제 글씨와 수장인을 중심으로”, 『추사박물관 학술총서 V: 다산과 추사』, 정벽 유최관.

Chenaug, B. X.(2014), "Simplifying the bull: How Picasso helps to teach Apple's style", *New York Times*, 11 August.

Gibson, E.(2011), "A magical metamorphosis of the ordinary", *The Wall Street Journal*, 16 April.

Naja, R.(2013), "AD Classics: Tower of winds", *ArchDaily*, 18 March.

Root-Bernstein, R. S. and Root-Bernstein, M. M.(2001), *Sparks of Genius: The Thirteen Thinking Tools of the World's Most Creative People*, Mariner Books. (박종성 역, 『생각의 탄생』, 에코의 서재, 2007)

Walker, B. G.(1996), *Feminist Fairy Tales*, HarperOne. (박혜란 역, 『흑설공주 이야기』, 뜨인돌출판사, 2009)

21장 상상력과 창의경영

김화성(2009), "어느 독일인의 글에 네티즌들 감동 물결", 동아일보, 9월 17일.

김현기(2010), "96 대 4의 역발상", 중앙일보, 4월 28일.

박미용(2010), "뉴턴 사과의 진실은?", 동아사이언스, 1월 20일.

박영택(2005), "품질혁신 범선효과의 교훈", 한국경제, 12월 7일

선우정(2009), "기적의 사과 집념의 31년", 조선일보, 8월 29일.

윤석철(2009), "창조경영의 조건", 동아일보, 9월 17일.

전원경(2009), "천재 화가 파블로 피카소", 『신동아』, 595호, 4월 1일.

Leonard-Barton, D.(1992), "Core capabilities and core rigidities: A paradox in managing new product development", *Strategic Management Journal*, Vol. 13 Issue S1, pp. 111~125.

Ramm, J., Tjotta, S. and Torsvik, G.(2013), "Incentives and creativity in groups", *Social Science Research Network*, CESifo Working Paper Series No. 4374.

Skinner, W.(1986), "The productivity paradox", *Harvard Business Review*, Vol. 64 Issue 4, pp. 55~59.

Sull, D.(1999), "Why good companies go bad", *Harvard Business Review*, Vol. 77 Issue 4, pp. 42~52.

주요 웹 사이트

en.red-dot.org

exhibition.ifdesign.de/index_en

www.asknature.org

www.designsori.com

www.idsa.org

www.kickstarter.com

www.quirky.com

www.yankodesign.com

www.wikipedia.org

박영택 창의발상론

개정판 1쇄 발행 2019년 2월 28일
개정판 3쇄 발행 2020년 4월 20일

지 은 이 박영택
발 행 인 김종립
발 행 처 KMAC
편 집 장 김종운
책임편집 최주한
홍보·마케팅 김선정, 박예진, 이동언
디 자 인 이든디자인
출판등록 1990년 5월 11일 제13-345호
주 소 서울 영등포구 여의공원로 101, 8층
문의전화 02-3786-0752 **팩스** 02-3786-0107
홈페이지 www.kmac.co.kr

©KMAC, 2019
ISBN 978-89-93354-05-8 03320

값 36,000원
잘못된 책은 바꾸어 드립니다.

이 책은 저작권법에 따라 보호받는 저작물이므로 무단 전재와 무단 복제를 금지하며,
책 내용의 전부 또는 일부를 이용하려면 반드시 KMAC의 동의를 받아야 합니다.